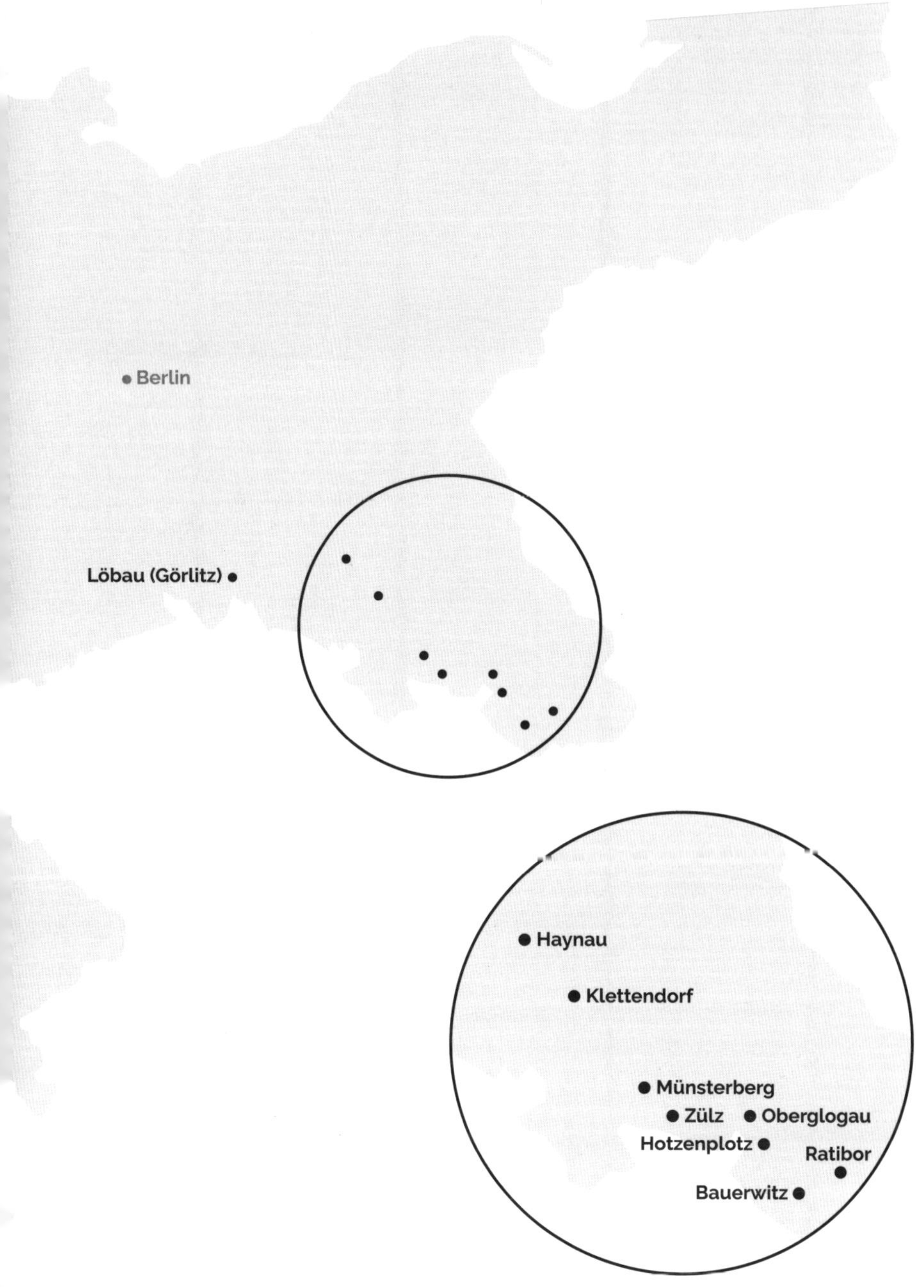
Berlin
Löbau (Görlitz)
Haynau
Klettendorf
Münsterberg
Zülz
Oberglogau
Hotzenplotz
Ratibor
Bauerwitz

Manfred Grieger

Die Süddeutsche Zucker-AG im Nationalsozialismus

Manfred Grieger

Die Süddeutsche Zucker-AG im Nationalsozialismus

Zuckererzeugung, Nazifizierung, Zwangsarbeit, Kontinuität

WALLSTEIN VERLAG

In Zusammenarbeit mit der
Gesellschaft für Unternehmensgeschichte
www.unternehmensgeschichte.de

Bibliografische Information der Deutschen Nationalbibliothek
Die Deutsche Nationalbibliothek verzeichnet diese Publikation in der
Deutschen Nationalbibliografie; detaillierte bibliografische Daten
sind im Internet über http://dnb.dnb.de abrufbar.

www.wallstein-verlag.de
Wallstein Verlag GmbH
Geiststr. 11, 37073 Göttingen
info@wallstein-verlag.de

Vom Verlag gesetzt aus der Adobe Garamond und der Raleway
Umschlaggestaltung: Günter Karl Bose, Berlin
Umschlagfoto: 100-Jahrfeier in der Zuckerfabrik Waghäusel am 11.7.1937
(Südzucker AG, Unternehmensarchiv)
Druck und Verarbeitung: Pustet, Regensburg

ISBN 978-3-8353-5819-5

Inhalt

Einleitung

Die industrielle Rübenzuckererzeugung des Deutschen Reichs fand in den letzten 35 Jahren nur ausnahmsweise die Aufmerksamkeit der Geschichtswissenschaft.[1] Im Gegensatz dazu erschienen in den 1920er und 1930er Jahren etliche, auch historisch argumentierende Dissertationen, die die wirtschaftliche Situation oder auch den nach der vom Versailler Vertrag besiegelten Kriegsniederlage eingetretenen Bedeutungsverlust der Zuckerindustrie thematisierten. Heute dagegen spielen die Zuckerbranche und ihre dezentralen Erzeugungsbetriebe bei der Auseinandersetzung mit der NS-Zeit faktisch keine Rolle. Die Zuckerunternehmen teilen dabei die weitgehende Nichtbeachtung mit einer Vielzahl mittelständischer Unternehmen.[2] In den letzten Dezennien entstanden vor allem Untersuchungen von Industriebetrieben oder auch Banken und Versicherungsunternehmen, während die Nahrungsmittelindustrie oder landwirtschaftsgebundene Industrien weithin außerhalb der Wahrnehmung blieben.[3]

1 Dirk Schaal, *Rübenzuckerindustrie und regionale Industrialisierung. Der Industrialisierungsprozess im mitteldeutschen Raum 1799-1930*, Münster 2005; Uwe Wallbaum, *Die Rübenzuckerindustrie in Hannover. Zur Entstehung und Entwicklung eines landwirtschaftlich gebundenen Industriezweigs von den Anfängen bis zum Beginn des Ersten Weltkriegs*, Stuttgart 1998; Herbert Pruns, *Innovationen in der Rübenzuckerindustrie. Ein frühes Segment des Industrialisierungsprozesses*, in: Rolf Walter (Hg.), Innovationsgeschichte, Stuttgart 2007, S. 209-248.

2 Vgl. Petra Bräutigam, *Südwestdeutsche Unternehmer der mittelständischen Industrie während des Nationalsozialismus*, in: Thomas Großbölting (Hg.), Unternehmerwirtschaft zwischen Markt und Lenkung. Organisationsformen, politischer Einfluss und ökonomisches Verhalten 1930-1960, München 2002, S. 121-140; Astrid Gehrig, *Zwischen Betriebsinteresse und Lenkungswirtschaft. Drei mittelständische Unternehmer im »Dritten Reich«*, in: ebd., S. 69-119; Michael C. Schneider, *Die Isabellenhütte Heusler während der Zeit des Nationalsozialismus 1933-1945*, Wiesbaden 2024; Andrea H. Schneider-Braunberger/Philip Meder, *Verantwortung gegenüber der eigenen Geschichte. Eine Bestandsaufnahme der Aufarbeitung der nationalsozialistischen Vergangenheit deutscher Unternehmen*, in: Zeitschrift für Unternehmensgeschichte 2 (2024), S. 361-375.

3 Andrea H. Schneider-Braunberger, *Miele im Nationalsozialismus. Ein Familienunternehmen in der Rüstungs- und Kriegswirtschaft*, München 2023; dies., *Das Bankhaus Metzler im Nationalsozialismus*, München 2022. Zur Beteiligung an der ökonomischen Besatzungspolitik in der Ukraine durch die Übernahme einer Keksfabrik in Kiew siehe Hartmut Berghoff/Manfred Grieger, *Die Geschichte des Hauses Bahlsen. Keks – Krieg – Konsum 1911-1974*, Göttingen 2024.

Die Jubiläumsreden und -publikationen der Süddeutsche Zucker-AG, dem größten Konzern der Branche, durchschritten nach 1950 lange Zeit die zwölf Jahre der NS-Diktatur mit schnellen Schritten. Auf der 125-Jahr-Feier der zum Konzern gehörenden Zuckerfabrik Waghäusel behauptete beispielsweise Direktor Willy Gehweiler am 1. Juni 1962, dass nach 1937 die »Aussichten für die nächste Zukunft wenig günstig« gewesen seien. Er räumte zwar ein, dass bis 1939/40 eine Steigerung der Rübenanbauflächen eingetreten war. Im Zweiten Weltkrieg bestanden nach dieser Lesart jedoch »viele Schwierigkeiten« : ein Rückgang des Rübenanbaus, Probleme bei der Beschaffung der notwendigen Arbeitskräfte und des erforderlichen Materials sowie zahlreicher werdende Fliegerangriffe hätten zu »erhöhten Unkosten« geführt. Hinzu traten noch »schärfere Reglementierungen, größere Belastungen, z. B. die Futtermittelerzeugungspflicht und die vergrößerte Zuckervorratspflicht«. Selbst nach dem »Zusammenbruch« gestaltete sich der »Wiederanfang« dann schwer.[4] Die NS-Diktatur blieb wie in vielen anderen Unternehmen ebenso außerhalb der Wahrnehmung wie die ersatzweise den Arbeitskräftemangel mindernden ausländischen Zwangsarbeiterinnen und Zwangsarbeiter, die während des Zweiten Weltkriegs in großer Zahl rekrutiert wurden.

Das eingeführte doppelte Opfernarrativ – unter staatlichen Reglementierungen und unter dem Bombenkrieg gelitten zu haben – fand 1987 anlässlich der 150-Jahr-Feier eine Erweiterung, da erstmals von 300 italienischen Militärinternierten die Rede war, die zwischen dem 9. und 13. Oktober 1943 im Werk Waghäusel eingetroffen waren.[5] 2001, als die Südzucker AG ihr 75. Firmenjubiläum beging, erschien eine von Manfred Pohl, dem damaligen Leiter des Historischen Instituts der Deutsche Bank AG und späteren Honorarprofessor, verfasste ausführliche Unternehmensgeschichte, die die NS-Zeit integrierte, aber weithin eine Zentralperspektive der Aufsichtsrats- und Vorstandssicht einnahm. Verdienstvollerweise thematisierte er die Ausbootung jüdischer Aktionäre und Gremienmitglieder und wies knapp auf die Ausbeutung ausländischer Zwangsarbeiter in den Konzernbetrieben hin.[6] Allerdings blieb die Darstellung auf der Makroebene und ihr fehlte eine Einordnung von Entwicklungen.

4 Direktor Willy Gehweiler, Ansprache an die Belegschaft anläßlich der Feier des 125-jährigen Jubiläums des Werkes Waghäusel am 1.6.1962, S. 11 f. (Südzucker AG, Unternehmensarchiv, WAG 11_00_012).

5 Artur J. Hoffmann/Süddeutsche Zucker-Aktiengesellschaft Mannheim (Hg.), *150 Jahre Werk Waghäusel, 1837-1987*, Mannheim 1987, S. 29.

6 Manfred Pohl, *Die Geschichte der Südzucker AG 1926-2001*, München 2001, S. 139 ff.

Denn zu den Spezifika der Zuckerindustrie insgesamt und der Süddeutsche Zucker-AG insbesondere gehörte die dezentrale Struktur der Zuckerfabriken in der Nähe der Rübenanbaugebiete. Als landwirtschaftsgebundene Industrie war die Betriebstätigkeit durch eine aus dem landwirtschaftlichen Anbaurhythmus abgeleitete Saisontätigkeit geprägt. Mit der kalendarisch leicht abweichenden Rübenernte erfolgte ab September/Oktober bis Dezember/Januar die Kampagne, um die angelieferten Rüben zu verschiedenen Zuckervorstufen bis hin zum Weiß- und Würfelzucker zu verarbeiten. In der Nachkampagne von Januar bis März wurden Zwischenprodukte zu Zucker raffiniert. Nach dem Kampagnenende begann die Phase der Reparatur und der Anlagenerweiterung, die rechtzeitig vor der neuen Kampagne abgeschlossen sein musste. Das ganze Geschäftsjahr hindurch erfolgte die Verkaufstätigkeit.

Wegen der hohen Bedeutung, die das NS-Regime einer ausreichenden Ernährung der deutschen Bevölkerung beimaß, lohnt die Analyse der Süddeutsche Zucker-AG, die als Leitunternehmen der Zuckerindustrie eingeordnet werden kann. Im Handeln eines noch überschaubaren Unternehmens können wie in einem Brennglas die Anforderungen des gesellschaftlichen oder staatlichen Systems an das Unternehmen ebenso wie die Eigeninitiativen und individuellen Beziehungen nachvollzogen werden. Hierzu werden die Entwicklung des Zuckergeschäfts während der NS-Zeit und die Wachstumsstrategie der Süddeutsche Zucker-AG während der NS-Zeit nachgezeichnet. Darin eingeschlossen sind die Fragen nach dem nach 1933 erreichten Nazifizierungsgrad des Unternehmens und dessen Reibungen mit der NSDAP oder mit Regulierungsstellen wie dem 1933 als halbstaatliche Selbstverwaltungskörperschaft der Agrarwirtschaft und der Agrarpolitik gegründeten Reichsnährstand. Darüber hinaus behandelt die Studie den Umgang mit jüdischen Anteilseignern und die Verdrängung von Juden aus den Unternehmensorganen sowie die Partizipation des Unternehmens oder ihrer Manager an den durch das NS-Regime ermöglichten Vorteilen. Schließlich gehört die besondere Aufmerksamkeit dem Unternehmenshandeln in der Kriegswirtschaft und dem Expansionsbemühen in das benachbarte Elsass oder in die eroberte Ukraine.

Wegen der herausragenden Bedeutung der Arbeitskräftefrage für das Funktionieren der Zuckerfabrikation bildet die Ausbeutung von Zwangsarbeiterinnen und Zwangsarbeitern der unterschiedlichen Kategorien an den Unternehmensstandorten ein ausführlich behandeltes Thema. Gerade die Auswirkungen eines die sozialen Kosten von Dritten nicht berücksichtigenden Unternehmerverhaltens öffnet die historische Studie für aktuelle Bezüge. In Summe soll die von Norbert Frei aufgeworfene

Frage beantwortet werden, ob die Süddeutsche Zucker-AG eher als ein Unternehmen »im Nationalsozialismus« oder »des Nationalsozialismus« agiert hat.[7] Dabei soll im Gegensatz zu vielen Studien der Zentralperspektive des Vorstands oder des Aufsichtsrats exemplarisch die Einbeziehung einzelner Standorte an die Seite gestellt werden. Denn gerade die Zwangsarbeit nahm in der Dezentralität der Zuckererzeugung durchaus unterschiedliche Formen an, wobei die jeweiligen Ausprägungen keineswegs auf Anweisungen aus der Konzernzentrale beruhten. Überhaupt zeigen Vorstandsunterlagen nur wenig Interesse an Fragen des Zwangsarbeitereinsatzes, sondern die Rekrutierung und die Behandlung waren ausdrücklich in die Hände der Betriebsleitungen gelegt.

Abschließend werden die unmittelbare Nachkriegszeit mit der durchaus nicht komplikationslosen Restitution vormals jüdischen Eigentums sowie die personellen und strukturellen Kontinuitäten skizziert. Insgesamt kommt den Übergängen und den Entscheidungen besondere Bedeutung zu, die unter dem Gesichtspunkt der Zuständigkeit und Verantwortung eingeordnet werden sollen.

Der Konkretionsgrad der Studie verdankt sich der insgesamt recht günstigen Überlieferungssituation. An erster Stelle muss das seit zwei Jahrzehnten bestehende Unternehmensarchiv der Südzucker AG in Neuoffstein genannt werden, das zu vielen Themen die jeweilige Innensicht der Unternehmensorgane oder der Standortverantwortlichen abbilden lässt. Die zu früheren Zeiten entstandenen Abgabelücken lassen sich selbstredend nicht mehr nachträglich ausgleichen. Da die Deutsche Bank AG im Beobachtungszeitraum auf Seiten der Anteilseigner stets die führende Position einnahm, besaßen auch die im Historischen Institut der Deutschen Bank aufbewahrten Akten der Konsortialverwaltung besondere Bedeutung. Wegen der dezentralen Lage der zum Südzuckerkonzern gehörenden Zuckerfabriken und der landwirtschaftlichen Betriebe halfen die in Staats- und Kommunalarchiven aufbewahrten Unterlagen, namentlich die Entnazifizierungs- und Entschädigungs- bzw. Restitutionsakten die Abstreifung der NS-Vergangenheit sowie die Schwierigkeiten der »Wiedergutmachung« nachzuzeichnen. Dahinter bleiben die in den verschiedenen Standorten des Bundesarchivs herangezogenen Aktenbestände deutlich zurück, was die nachgeordnete Stellung des Unternehmens in den zentralen Aktionsfeldern des NS-Regimes und seine Rolle in der deutschen Kriegswirtschaft widerspiegelt.

7 Norbert Frei, *Die Wirtschaft des »Dritten Reiches«. Überlegungen zu einem Perspektivwechsel*, in: ders./Tim Schanetzky (Hg.), Unternehmen im Nationalsozialismus. Zur Historisierung einer Forschungskonjunktur, Göttingen 2010, S. 9-24, hier S. 24.

Die Entwicklung des Zuckerkonzerns bis zur Weltwirtschaftskrise 1929/32

Fusion und Inlandsorientierung als Reaktion auf veränderte Marktbedingungen

Als Reaktion auf die nach der Kriegsniederlage beschränkten Exportmöglichkeiten und die durch die Hyperinflation untergrabene wirtschaftliche Basis der süddeutschen Zuckererzeuger verschmolzen im April/Mai 1926 die Aktiengesellschaften der Zuckerfabriken Frankenthal, Heilbronn, Offstein und Stuttgart sowie die Badische Gesellschaft für Zuckerfabrikation in Mannheim mit ihrer Zuckerfabrik in Waghäusel auf die Zuckerfabrik Frankenthal. Deren Generalversammlung nahm am 26. April 1926 die Umfirmierung in Süddeutsche Zucker-Aktiengesellschaft vor, die über ein Stammkapital von 30 Mio. Reichsmark verfügte. Das Geschäftsjahr lief vom 1. September bis zum 30. August des Folgejahrs. In Nachfolge der Vorläuferunternehmen war die Aktiengesellschaft durch Streubesitz geprägt. Wegen der garantierten Abnahmekontingente hatten Landwirte Aktien gezeichnet, während Privatanleger die regelmäßigen Dividenden schätzten. Die agrarischen und privaten Anteilseigner ließen sich mehrheitlich von ihren Banken in der Generalversammlung vertreten, sodass ihre Interessen nur indirekt repräsentiert wurden. Demgegenüber beanspruchte das ein Aktienpaket besitzende Land Baden Sitze im Aufsichtsrat.

Die Unternehmensgremien wie Vorstand und Aufsichtsrat waren durch einen die vorherigen Einzelgesellschaften additiv zusammenfügenden Kompromiss gekennzeichnet. Dem Vorstand gehörten als ordentliche Mitglieder neben Jacob Bühler (Waghäusel), Kommerzienrat Dipl.-Ing. Conrad Schumacher (Neuoffstein), Bruno Seeliger (Stuttgart-Cannstatt) und Richard Thielow (Frankenthal), der den am 13. August 1926 plötzlich verstorbenen Wilhelm Klumpp ersetzte, auch die stellvertretenden Mitglieder Karl Haber (Mannheim) und Dr. Peter Müller (Waghäusel) an.[1] Der Kaufmann Bühler und die Techniker Schumacher

1 Süddeutsche Zucker-AG, Bericht über das Geschäftsjahr 1925/26 für die 1. Ordentliche Generalversammlung am 18. März 1927, Mannheim 1927, S. 2 f. und 8; siehe auch Protokoll zu der 1. Aufsichtsratssitzung vom 7.4.1926 (Südzucker AG, Unternehmensarchiv, HV 01_00_186); siehe auch Fritz Langsdorf, *Die hessische*

Abb. 1 Die Stammaktie der Süddeutsche Zucker-Aktiengesellschaft, 1926

und Seeliger sollten die Entwicklung der Süddeutsche Zucker-AG für lange Zeit prägen.

Dem 40-köpfigen Aufsichtsrat gehörten 13 Bankiers und je sechs Fabrikanten und Kaufleute an. Demgegenüber blieben die zwei Landwirte und Gutsbesitzer, die beiden nach dem Betriebsrätegesetz von 1920 gewählten Belegschaftsvertreter – der Schlosser Heinrich Hofmann aus Frankenthal und der Kaufmann Karl Gaußele aus Heilbronn – sowie die beiden das Land Baden repräsentierenden Entsandten, der Badische Staatspräsident und Finanzminister, der Zentrums-Politiker Dr. Heinrich Köhler, und Ministerialrat Gustav Ullrich, erkennbar in der Minderzahl. Zu den Aufsichtsratsmitgliedern gehörten mit dem Heilbronner Kaufmann Isidor Flegenheimer und dem Stuttgarter Fabrikbesitzer Moses Flegenheimer sowie Kaufmann Adolf Herzfeld-Wolfes, Bankier Karl Herzfeld und Regierungsbaumeister Rudolf Herzfeld mindestens fünf Juden. Den Vorsitz im Aufsichtsrat übernahm der Jurist und Reichstagsabgeordnete der Deutschen Volkspartei (DVP), Albert Zapf, der als vormaliger Aufsichtsratsvorsitzender der Frankenthaler Zuckerfabrik die

und die süddeutsche Zuckerwirtschaft. Eine entwicklungsgeschichtliche Abhandlung zur Einheitsbewegung in der deutschen Land- und Nahrungsmittelwirtschaft, Neuwied a.Rh. 1935, S. 69 ff.; Pohl, *Südzucker*, S. 85 ff.

Abb. 2 Vorstand Jacob Bühler

Abb. 3 Vorstand Conrad Schumacher

Fusion der süddeutschen Zuckerfabriken vorangetrieben hatte. Zapf blieb bis zu seinem Tod im August 1940 Aufsichtsratsvorsitzender. Als sein Stellvertreter fungierte Eduard Ladenburg aus Mannheim, der als Vorsitzender des Aufsichtsrats der Süddeutsche Disconto-Gesellschaft AG die Entwicklung der regionalen Zuckerindustrie begleitet hatte. Um eine jederzeitige enge Zusammenarbeit mit dem Vorstand zu ermöglichen, erfolgte die Einrichtung eines zunächst sechs Mitglieder zählenden Verwaltungsrats, der aus der Mitte des Aufsichtsrats heraus mit dem Aufsichtsratsvorsitzenden Zapf und je einem Vertreter der fünf fusionierenden Fabriken besetzt wurde.[2]

Die deutsche Zuckerindustrie charakterisierte eine dezentrale Erzeugungsstruktur, die aus der im zweiten Drittel des 19. Jahrhunderts vermehrten Etablierung von Zuckerfabriken inmitten von Anbaugebieten gewachsen war. Die zumeist von regionalen Akteuren wie Rübenbauern und Privatinvestoren zum Zwecke der Errichtung und des Betriebs einer Zuckerfabrik gegründeten Aktiengesellschaften blieben zumeist auf den lokalen Standort beschränkt.[3] Obwohl die Transportlogistik etwa durch

2 Protokoll zu der 1. Aufsichtsratssitzung vom 7.4.1926, S. 4 ff. (Südzucker AG, Unternehmensarchiv, HV 01_00_186).

3 Vgl. etwa Horst Regling, *Von der Rübenbahn zum Fahrradweg. 100 Jahre Geschichte der Oderbruchbahn*, Angermünde 2013, S. 13 ff.; Manfred Grieger, *Die Süße der Industriegesellschaft: Die Fallersleber Zuckerfabrik 1879-1995*, in: Stadt Wolfsburg (Hg.),

den Bau von sogenannten Rübenbahnen das Einzugsgebiet wesentlich erweiterte und mitunter ein Unternehmen durch Steigerung der Verarbeitungskapazitäten einen Konkurrenzvorteil errang, der kleinere Unternehmen verdrängte, blieb branchenweit eine Konzernbildung mit Ausnahme von Pfeifer & Langen die Ausnahme. Der zur Gründung der Süddeutsche Zucker-AG führende Konzentrationsprozess resultierte mithin aus dem notwendig gewordenen Anpassungsprozess der deutschen Zuckerindustrie, da der vormalige Weltmarktführer im Ergebnis des Ersten Weltkriegs zum größeren Teil auf den Inlandsmarkt zurückgeworfen worden war.[4] Die durch Überproduktion auf ein unterdurchschnittliches Niveau gesunkenen Weltmarktpreise setzten der Süddeutsche Zucker-AG ebenso zu wie die aus der Fusion übernommenen Überkapazitäten. Zudem sanken im Inland während der Kampagnenmonate die Zuckerpreise pro 100 Kilogramm von 42 Reichsmark im September 1925 auf einen Tiefststand von 30 Reichsmark im Januar 1926, um danach wieder etwas anzusteigen. Um das Exportgeschäft anzukurbeln, erfolgte im Februar 1926 die Gründung der Ausfuhrvereinigung deutscher Rübenzuckerfabrikanten GmbH, die für eine gemeinsame Vermarktung des Zuckerüberschusses sorgen sollte.

Die wirtschaftliche Tätigkeit der Süddeutsche Zucker-AG umfasste in verschiedenen Regionen auch landwirtschaftlich genutzte Flächen in einer Größenordnung von mehr als 10.000 Hektar, die sich entweder im Eigenbesitz befanden oder langfristig angepachtet worden waren. Zwar ergab die Ernte im Jahr 1925 eine »Mittelernte« bei Getreide und Rüben, jedoch blieb die Qualität durch Witterungseinflüsse hinter dem Gewohnten zurück. Gerade bei den Hackfrüchten konnten die höheren Kosten wegen des Preisdrucks nicht vollständig abgewälzt werden und die meisten landwirtschaftlichen Betriebe fuhren Verluste ein. Die Rohzuckerfabriken arbeiteten dagegen durchgängig störungsfrei, aber es fehlte an manchen Standorten an Rüben. Außerdem konnte deren Zuckergehalt nicht befriedigen, woraufhin die Mehrzahl der Rohzuckerfabriken ebenfalls in die Verlustzone geriet. Nur die Raffinerien warfen Gewinn ab, der dem Gesamtunternehmen einen Reingewinn von 2,7

Hoffmannstadt Fallersleben. Zeitreise durch ein Jahrtausend, Braunschweig 2010, S. 228-241; Zertus GmbH (Hg.), *Zuckerfabrik Tangermünde seit 1826. Die Geschichte des Familienunternehmens Zertus*, Hamburg 2016; Pfeifer & Langen (Hg.), *Kölner Zucker. 100 Jahre Pfeifer & Langen*, Köln 1970.

4 Josef Hoischen, *Wandlungen der deutschen Zuckerwirtschaft gegenüber der Vorkriegszeit*, Bottrop 1934, S. 38 ff.; Karl Rogge, *Kontingentierung der deutschen Zuckerwirtschaft*, Berlin 1931, S. 15 ff.; Schaal, *Rübenzuckerindustrie*, S. 54 ff.

Abb. 4 Verwaltungssitz Mannheim

Mio. Reichsmark bescherte. Knapp 1,7 Mio. Reichsmark waren für Dividendenzahlungen und den Gewinnanteil des Aufsichtsrats vorgesehen, gut eine Mio. Reichsmark wurde auf neue Rechnung vorgetragen.

Um den Zuckerrübenanbau in Süddeutschland anzuregen, zahlte die Süddeutsche Zucker-AG 1925/26 vergleichsweise hohe Preise für die gelieferten Rüben in der Hoffnung, dass im Folgejahr größere Rübenmengen zur Verfügung stehen würden. Zur Preisstabilisierung regte das Unternehmen die Erhöhung des Einfuhrzolls auf Zucker an. Nur durch protektionistische Schutzmaßnahmen glaubte die deutsche Zuckerbranche, also die Rübenbauern und die Zuckerfabriken, die benötigten Rübenmengen zu rentablen Bedingungen zu erhalten. Das Kalkül ging auf, da die Landwirtschaftspolitik der Reichsregierung nach lobbyistischer Einwirkung der Zuckerindustrie und der Bauernverbände zum 1. August 1927 die Zuckerzölle von zehn auf 15 Prozent für Verbrauchszucker und von acht auf 13 Prozent für Rohzucker erhöhte. Zugleich wurde die Zuckersteuer auf 10,5 Prozent halbiert, was die Inlandsnachfrage deutlich steigerte.[5] Auch wenn bis dahin große Mengen ausländischen Zuckers

5 Richard Treiber, *Die Probleme der deutschen Zuckerwirtschaft der Gegenwart unter besonderer Berücksichtigung des internationalen Chadbourne-Abkommens vom 9. Mai 1931*, Tübingen 1933, S. 50; Fritz Simon, *Der Einfluss der deutschen Zuckersteuer und des deutschen Zuckerzolls auf die deutschen Zuckerpreise*, Würzburg 1929, S. 80ff.;

auf den deutschen Markt gebracht worden waren, entwickelte sich das Südzucker-Geschäft durchaus positiv. Ungeachtet des negativen Witterungseinflusses und der verminderten Abnahmepreise schlossen die meisten Landwirtschaftsbetriebe leicht positiv ab. Die gewachsenen Rübenabgabemengen ermöglichten den Rohzuckerfabriken einen durchgängigen und rentableren Betrieb. Der Raffineriebetrieb lief ähnlich, wenngleich noch ungenutzte Kapazitäten vorhanden waren.[6] Die mit der Fusion erhoffte Effektivierung des Geschäftsbetriebs ermöglichte eine Steigerung des Reingewinns um ein Fünftel auf 3,28 Mio. Reichsmark. Die Dividendenzahlung an die Stammaktionäre stieg von sechs auf acht Prozent.

Diese Entwicklung hielt durch eine bessere Ernte sowie die höhere Auslastung der Fabriken auch im dritten Geschäftsjahr an, sodass der Reingewinn auf 4,1 Mio. Reichsmark anstieg und eine Dividende von zehn Prozent ausgezahlt wurde.[7] Allerdings trübten die wieder stark sinkenden Zuckerpreise die Aussichten ein. Obwohl die Zuckererzeugung 1928/29 in Deutschland um elf Prozent zunahm, stieg der Verbrauch nur um vier Prozent. Daraufhin mussten immerhin 13 Prozent der Zuckerproduktion zu ungünstigen Preisen, die noch nicht einmal die Gestehungskosten deckten, im Ausland abgesetzt werden. Parallel drängte bis zu den am 18. Dezember 1928 beschlossenen Zollerhöhungen von 15 auf 23 Prozent für Verbrauchszucker und von 13 auf 32 Prozent für Rohzucker preiswerter Zucker aus dem Ausland, vor allem aus der Tschechoslowakei, auf den Inlandsmarkt und erreichte einen Marktanteil von fünf Prozent.[8] Eine Gegentendenz setzte mit der im Sommer 1929 zur Reduzierung von Verdrängungskämpfen gegründeten Vereinigung zur Verbrauchszucker-Verteilung und der Erholung der Weltmarktpreise ein. Wegen der hohen Erntemengen und der weiter steigenden und durch Neubauten effektivierten Erzeugung stieg der Reingewinn auf

siehe auch Fred Zeller, *100 Jahre VSZ. Die Stimme der süddeutschen Rübenanbauer*, Ochsenfurt 2021, S. 29 f.; vgl. zur Einkommenskrise der ländlichen Bevölkerung etwa Ursula Büttner, *Weimar. Die überforderte Republik, 1918-1933. Leistung und Versagen in Staat, Gesellschaft, Wirtschaft und Kultur*, Bonn 2008, S. 213 ff.

6 Süddeutsche Zucker-AG, Bericht über das Geschäftsjahr 1926/27 für die 2. Ordentliche Generalversammlung am 5. Januar 1928, Mannheim 1928, S. 6 f.

7 Süddeutsche Zucker-AG, Bericht über das Geschäftsjahr 1927/28 für die 3. Ordentliche Generalversammlung am 4. Januar 1929, Mannheim 1929, S. 7; Protokoll zu der 6. Aufsichtsratssitzung vom 6.12.1928, S. 4 (Südzucker AG, Unternehmensarchiv, HV 01_00_186).

8 Treiber, *Probleme*, S. 50; Simon, *Einfluss*, S. 80 ff.

Abb. 5 Zuckerfabrik Gernsheim

Abb. 6 Belegschaft der Zuckerfabrik Gernsheim

4,7 Mio. Reichsmark, während die Dividende auf satte zwölf Prozent erhöht wurde.[9]

Nachdem zwei Vorstandsmitglieder gestorben waren, bildeten ab April 1929 vier Männer den Vorstand. Generaldirektor Seeliger und seine Vorstandskollegen Bühler und Schumacher behielten ihre Funktion, während der zuvor bei der inzwischen mit der Deutsche Bank und Disconto-Gesellschaft AG fusionierten Rheinischen Creditbank und der Rheinischen Treuhandgesellschaft tätige Kaufmann Karl Haber in den Vorstand aufrückte. Eine erneute Zollerhöhung sperrte ab März 1930 zwar den Inlandsmarkt von weiteren Importen ab. Der Inlandsverbrauch nahm jedoch in Folge der aufziehenden Weltwirtschaftskrise ebenfalls ab. Ein massiver Preiskampf wurde durch die Vereinigung zur Verbrauchszucker-Verteilung vermieden, jedoch sah die Unternehmensleitung in einer Kontingentierung der Erzeugung keinen grundsätzlichen Ausweg aus der Absatzkrise. Denn unter den gegebenen Bedingungen mussten 15 Prozent des erzeugten Zuckers »zu Verlustpreisen« im Ausland abgesetzt werden, was das Ergebnis belastete. Darüber hinaus blieben auch die Erträge auf dem Futtermittelmarkt durch eine geringe Nachfrage nach Rübenschnitzeln und Melasse und nachgebende Preise hinter den Erwartungen zurück. Wegen der »sehr gut durchgeführten Rationalisierung« der Zuckerfabriken war das Unternehmen im Gegensatz zu vielen anderen in der Lage, seinen Zucker auf dem Inlandsmarkt »zu auskömmlichen Preisen« zu verkaufen.[10] Der Betriebsgewinn überstieg deshalb im Geschäftsjahr 1929/30 mit knapp 4,8 Mio. Reichsmark noch leicht den Vorjahresbetrag.[11] Zur Absicherung möglicher Risiken und Fortsetzung der Hochdividendenpolitik trug das Unternehmen immerhin 1,8 Mio. Reichsmark auf das neue Geschäftsjahr vor. Die Absenkung der Stammaktiendividende auf immerhin noch zehn Prozent deutete aber die Zuspitzung der wirtschaftlichen Gesamtsituation an, die sich auf das Unternehmen auszuwirken begann.[12]

9 Süddeutsche Zucker-AG, Bericht über das Geschäftsjahr 1928/29 für die 4. Ordentliche Generalversammlung am 7. Januar 1930, Mannheim 1930, S. 9.

10 Emil Georg von Stauß betr. Aufsichtsratswahl vom 8.4.1930 (Historisches Archiv der Deutschen Bank [künftig: HADB], P 24399).

11 Protokoll zu der 8. Aufsichtsratssitzung vom 6.12.1929, S. 3 (Südzucker AG, Unternehmensarchiv, HV 01_00_186).

12 Süddeutsche Zucker-AG, Bericht über das Geschäftsjahr 1929/30 für die 5. Ordentliche Generalversammlung am 9. Januar 1931, Mannheim 1931, S. 7; Protokoll zu der 1. Aufsichtsratssitzung vom 19.12.1930, S. 3 (Südzucker AG, Unternehmensarchiv, HV 01_00_186).

Abb. 7 Zuckerfabrik und Gutshof Heilbronn, 1928

Neue Eigentümerstruktur und ökonomische Behauptung in der Weltwirtschaftskrise

Inmitten einer stark rückläufigen Konjunktur brachte sich 1930 ein von der Deutsche Bank AG gegründetes Konsortium auf der Eigentümerseite in eine dominante Position. Als Auswirkung der Expansionsaktivitäten der Deutsche Bank AG etwa durch die Integration der Süddeutsche Disconto-Gesellschaft AG im Jahr 1929 und der Privatbank Ladenburg 1930 sowie als Teil der insbesondere vom starken Mann im Vorstand der Deutsche Bank und Disconto-Gesellschaft AG, Dr. Emil Georg von Stauß, betriebenen Industriestrategie finanzierte die Deutsche Bank AG den Einstieg zweier Großaktionäre vor.[13] Nicht nur dass die Deutsche Bank Provisionen für die Aktientransaktionen einstrich, darüber hinaus sicherte sich das Bankhaus durch Eigentumsvorbehalte ab und erhielt Zinszahlungen. Durch die Übertragung der Dividendenrechte sollte schrittweise der Schuldbetrag abgetragen werden. Die im internationalen

13 Alexander Nützenadel, *Zwischen Staat und Markt 1914-1989*, in: Werner Plumpe u. a., Deutsche Bank. Die globale Hausbank 1870-2020, Berlin 2020, S. 233-527, insb. 296 ff.

Abb. 8 Ilario Montesi, italienischer Zuckerindustrieller und Sprecher der Montesi-Gruppe

Zuckergeschäft tätige, in Padua ansässige und vom Großindustriellen Ilario Montesi geleitete Société Finanziaria Industriale Veneta übernahm innerhalb des Konsortiums 82,5 Prozent und die von den Gebrüdern Albert und Josef Flegenheimer beherrschte Württembergische Melassefutterwerke GmbH weitere 7,5 Prozent. Die Deutsche Bank AG hielt ihrerseits zehn Prozent, beanspruchte aber innerhalb des Konsortiums die Führung. Mit der Etablierung des Konsortiums geriet der bisher von verschiedenen Regionalbanken gebündelte Streubesitz in eine Randposition. Der Zuckerkonzern mutierte zu einem internationalen Finanzobjekt.

Der zunächst auf vier Jahre geschlossene und am 25. Januar 1934 bis Januar 1940 verlängerte Konsortialvertrag betraf die im Besitz der Deutsche Bank AG befindlichen Aktien der Süddeutsche Zucker-AG im Nominalwert von 1,2 Mio. Reichsmark, seitens der beiden anderen Konsorten nom. 10,8 Mio. Reichsmark. Als Konsortialzweck waren die »Verwaltung und eventuelle Verwertung« der Aktien der Süddeutsche Zucker-AG, vor allem aber die »Erhaltung des Einflusses auf die erwähnte Gesellschaft durch Entsendung von Vertretern in deren Organe« vereinbart. Die Konsorten besetzten den vierköpfigen Verwaltungsrat, in dem der Deutsche Bank AG und der Württembergischen Melasse je ein Sitz und der Finanziaria zwei Sitze zustanden.[14]

Die mit dem Einstieg dominanter Großaktionäre verbundene Unsicherheit über die weitere Ausrichtung des Zuckerkonzerns wusste Aufsichtsratsvorsitzender Zapf zu zerstreuen, sodass Bankier Hans Remshard am 9. Januar 1931 in der Aufsichtsratssitzung seinem Gefühl Ausdruck verlieh, dass »auch durch die neue Ordnung der Dinge eine Garantie für die Kontinuität und Stabilität der bewährten Verwaltung« gegeben war.[15] Die neue Eigentümerstruktur fand unmittelbar Niederschlag in der Be-

14 Konsortialvertrag vom 25.1.1934 (HADB, P 4849).

15 Protokoll zu der 11. Aufsichtsratssitzung vom 9.1.1931, S. 3 (Südzucker AG, Unternehmensarchiv, HV 01_00_186).

setzung der Unternehmensgremien. Im Vorstand ersetzte der Stuttgarter Unternehmer Albert Flegenheimer den erst im Vorjahr berufenen Karl Haber, der im März 1931 verstorben war. Dr. Theodor Frank, seit der Fusion der Disconto-Gesellschaft AG mit der Deutsche Bank AG deren Vorstandsmitglied, wurde zum stellvertretenden Aufsichtsratsvorsitzenden der Aktiengesellschaft gewählt, während Eduard Ladenburg dem Aufsichtsrat weiterhin als einfaches Mitglied angehörte.[16]

Abb. 9 Albert Flegenheimer, Vorstand der Süddeutsche Zucker-AG

Die im Deutschen Reich 1930 um ein Zwölftel gewachsenen Rübenanbauflächen sowie ein außerordentlich hoher Hektarertrag verschärften bei einem stabilen Inlandsabsatz die virulente Überproduktionskrise. Die auf 18 Prozent gestiegene Exportmenge konnte keine wirkliche Entlastung bringen, sodass »Überlager« von 25 Prozent aufliefen. Die krisenhafte Situation löste auf zwei Ebenen Maßnahmen aus. Durch die Verordnung über den Zusammenschluss der Zuckerindustrie vom 27. März 1931 erfolgte inmitten der Wirtschafts- und Gesellschaftskrise der Weimarer Republik die von der Zuckerindustrie geforderte Kontingentierung der Inlandsproduktion und eine »planmäßige Bewirtschaftung« von Zucker.[17] Damit ging die Reichsregierung von Heinrich Brüning einerseits auf die Forderung der Landwirtschaft und der Zuckerindustrie ein, verband die Neuregelung aber andererseits mit der Festlegung von Höchstpreisen für Verbrauchszucker. Die auf dem Verordnungsweg angeordnete Bildung der Wirtschaftlichen Vereinigung

16 Süddeutsche Zucker-AG, Bericht über das Geschäftsjahr 1930/31 für die 6. Ordentliche Generalversammlung am 8. Januar 1932, Mannheim 1932, S. 2 ff.

17 Reichsgesetzblatt I, 1931, S. 86 ff.; Süddeutsche Zucker-AG, Bericht über das Geschäftsjahr 1930/31 für die 6. Ordentliche Generalversammlung am 8. Januar 1932, Mannheim 1932, S. 8; Rogge, *Kontingentierung*, S. 26 ff.; Eberhard Apel, *Die Kontingentierung der deutschen Zuckerwirtschaft. Probleme, Versuche und Ergebnisse in 4 Jahrzehnten*, Emsdetten 1934, S. 123 ff.; Rolf W. Lamm, *Die Wirkungen der Kontingentierung vom 27. März 1931 innerhalb der deutschen Zuckerwirtschaft*, Berlin 1935, S. 12 ff.

der Deutschen Zuckerindustrie wollte durch Kontingentierung der für die Unternehmen zugelassenen Anbauflächen eine drastische Beschränkung des Rübenanbaus erreichen. Das brachte auch für die Süddeutsche Zucker-AG trotz der Zubilligung eines angemessenen Kontingents eine »scharfe Drosselung« des Rübenanbaus.[18]

Die Hoffnung auf eine internationale Vereinbarung, die die krisenhaften Verwerfungen auf den Weltzuckermärkten reduzieren sollte, führte nach längeren Verhandlungen zwischen den Zucker produzierenden Staaten mit dem sogenannten Chadbourne-Abkommen zu einer Regelung, die die Ausfuhr von Zucker in »freie Märkte« mit Quoten zwar begrenzte, jedoch die Abschottung und den Preiskampf zu durchbrechen versprach. Die Vereinbarung gewährte den deutschen Erzeugern 1930/31 eine Ausfuhrberechtigung von fünf Mio. Doppelzentnern, die aber nicht vollständig ausgenutzt wurde. Für die Jahre 1931/32 bis 1934/35 war die Ausfuhrquote auf 3,5 bzw. drei Mio. Doppelzentner fixiert worden.[19] Eine positive Auswirkung auf die Preissituation des Weltzuckermarktes stellte der Südzucker-Vorstand im Geschäftsjahr 1931/32 noch nicht fest. Die großen Zuckervorräte sowie die verbrauchsmindernde Wirkung der Weltwirtschaftskrise verhinderten zusammen mit einem durch ein Rekordtief der Preise weiter erschwerten Export eine Trendwende.[20]

Mehr Hoffnung setzte die Unternehmensleitung in binnenregulatorische Maßnahmen. So sehr hohe Einfuhrzölle – am 26. März 1930 stieg der Einfuhrzoll auf Verbrauchszucker von 23 auf 32 und für Rohzucker von 21 auf 27 Prozent[21] – ausländische Zuckerkonkurrenten vom Inlandsmarkt fernhalten sollten, so sehr drückte die im Juni 1931 erlassene Verdopplung der Zuckersteuer auf 21 Reichsmark je 100 Kilogramm

18 Süddeutsche Zucker-AG, Bericht über das Geschäftsjahr 1930/31 für die 6. Ordentliche Generalversammlung am 8. Januar 1932, Mannheim 1932, S. 8.

19 Vgl. Michael Fakhri, *Sugar and the making of international law*, Cambridge 2014, S. 114 ff.; Alan Dye/Richard Sicotte, *How brinkmanship saved Chadbourne. Credibility and the International Sugar Agreement of 1931*, in: Explorations in Economic History 2 (2006), S. 223-256; Treiber, *Probleme*; Heinrich Lehmann, *Die schlechte Lage der deutschen Zuckerwirtschaft nach dem Kriege und der Versuch ihrer Besserung durch den Chadbourne-Plan*, Bottrop 1933.

20 Süddeutsche Zucker-AG, Bericht über das Geschäftsjahr 1931/32 für die 7. ordentliche Generalversammlung am 4. Januar 1933, Mannheim 1933, S. 5; Gustavo Corni/Francesco Frizzera, *Vom Ersten Weltkrieg bis zum Ende der Weimarer Republik*, in: Horst Möller u. a. (Hg.), Agrarpolitik im 20. Jahrhundert. Das Bundesministerium für Ernährung und Landwirtschaft und seine Vorgänger, Berlin 2020, S. 11-108, insb. S. 81 f.

21 Süddeutsche Zucker-AG, Bericht über das Geschäftsjahr 1930/31 für die 6. Ordentliche Generalversammlung am 8. Januar 1932, Mannheim 1932, S. 2 ff.

den Verbrauch um ein Achtel.[22] Die Preise für vor allem als Tierfutter verwendete Rübenschnitzel und Melasse blieben auf ungewöhnlich niedrigem Stand. Ungeachtet dessen erzielte die Süddeutsche Zucker-AG im Geschäftsjahr 1930/31 einen Gewinn von 4,294 Mio. Reichsmark.[23]

Die Absatzlage erzwang von der Landwirtschaft eine weitere Reduzierung der Rübenanbauflächen. Die Süddeutsche Zucker-AG reagierte auf die Situation mit einer Kapazitätsreduzierung durch die im Frühjahr 1931 beschlossene Stilllegung von Werken, gegen die die beiden Delegierten der Belegschaft im Aufsichtsrat, Eugen Ehrhardt und Karl Mayer aus Cannstatt, am 10. Dezember 1931 formell Protest einlegten. Vorstandsmitglied Conrad Schumacher begründete die Maßnahmen, woraufhin die beiden Belegschaftsvertreter ihren »Protest als erledigt betrachteten«.[24] Die Zuckerfabrik Groß-Umstadt nahm an der Kampagne 1931/32 nicht teil und die Rohzuckerfabrik Friedensau/Pfalz wurde Ende 1932 stillgelegt. Während fast alle landwirtschaftlichen Güter der Süddeutsche Zucker-AG wegen witterungsbedingter Ernteverluste und wegen niedriger Preise beim Viehverkauf Verluste einfuhren, sicherte das Zuckergeschäft dem Unternehmen einen 1931/32 weiter auf 4,493 Mio. Reichsmark gestiegenen Überschuss.[25]

Die kommunistische »Arbeiter-Zeitung« griff mit ihrem am 27. Januar 1932 erschienenen Artikel »Waghäusel das Paradies der Zuckerkönige« die hohen Gewinne, die eingesparten Abgaben und die durch die hochgradige Rationalisierung hervorgerufene »Hetzerei« der zumeist im Akkord entlohnten Saisonarbeiter auf. Eine »wahnsinnige Ausbeutung der Arbeiter« sei die Folge. Auch die Kleinbauern und Pächter würden durch hohe Pachtzinsen und niedrige Rübenpreise um den Lohn ihrer Arbeit »betrogen«. Das Erwachen der »geknechteten, nach Arbeit und Brot strebenden Arbeiter und Bauern« stärkte nach Ansicht des Berichterstatters vor allem die Kommunisten, deren Versammlungen gut besucht wurden und deren Mitgliederzahl gerade in der Umgebung der Zuckerfabrik angeblich anwuchs. Tatsächlich erzielte die KPD bei den Reichstagswahlen im Juli 1932 dann in Kirrlach immerhin 18,4 und in Wiesental 17,9 Prozent, während in Waghäusel nur eine Person der Thälmann-Partei die Stimme

22 Süddeutsche Zucker-AG, Bericht über das Geschäftsjahr 1931/32 für die 7. ordentliche Generalversammlung am 4. Januar 1933, Mannheim 1933, S. 5.

23 Süddeutsche Zucker-AG, Bericht über das Geschäftsjahr 1930/31 für die 6. Ordentliche Generalversammlung am 8. Januar 1932, Mannheim 1932, S. 13.

24 Protokoll zu der 13. Aufsichtsratssitzung vom 10.12.1931, S. 3 (Südzucker AG, Unternehmensarchiv, HV 01_00_186).

25 Süddeutsche Zucker-AG, Bericht über das Geschäftsjahr 1931/32 für die 7. ordentliche Generalversammlung am 4. Januar 1933, Mannheim 1933, S. 7.

gab.[26] Im Unterschied zu den anderen Gemeinden dominierte hier die NSDAP. Manche ihrer Aktivisten, aber auch Rübenbauern formulierten ähnliche Vorbehalte gegen den Zucker-Konzern.

Der Weltzuckermarkt brachte auf dem Höhepunkt der Weltwirtschaftskrise keine Entlastung. Zuckerexporte waren wegen des Überangebots und der dadurch extrem niedrigen Preise faktisch unmöglich oder hätten nur Verluste eingebracht. Mit der über die Wirtschaftliche Vereinigung der Deutschen Zuckerindustrie erreichten deutlichen Begrenzung des Rübenanbaus auf der einen und die geschickte Inlandsvermarktung des Zuckers auf der anderen Seite gelang es der Süddeutsche Zucker-AG, die Lagerbestände bis Anfang 1933 zum größten Teil auf dem Inlandsmarkt abzusetzen. Das Unternehmen stand zwar vor großen Herausforderungen, hatte sich jedoch in erstaunlicher Weise gegenüber der Wirtschafts- und Gesellschaftskrise der späten Weimarer Republik resilient gezeigt.

Tab. 1 Anlagevermögen, Gewinne und Dividenden, 1925-1932[27]

Jahr	Anlagevermögen Werke (in 1.000 RM)	Gewinne (in 1.000 RM)	Dividende (in Prozent des Nominalwerts)
1925/26	14.590	2.729	6 bzw. 7 (Vorzugsaktien)
1926/27	13.457	3.286	8 bzw. 7 (Vorzugsaktien)
1927/28	12.400	4.138	10 bzw. 7 (Vorzugsaktien)
1928/29	11.000	4.739	12 bzw. 7 (Vorzugsaktien)
1929/30	10.000	4.798	10 bzw. 7 (Vorzugsaktien)
1930/31	10.300	4.294	8 bzw. 7 (Vorzugsaktien)
1931/32	10.546	4.493	8 bzw. 7 (Vorzugsaktien)
1932/33	13.250	5.008	9

26 *Waghäusel das Paradies der Zuckerkönige*, in: Arbeiter-Zeitung vom 27.1.1932 (Südzucker AG, Unternehmensarchiv, WAG 11_00_030-02); vgl. Barbara Guttmann, *Die kurzen Jahre der Weimarer Republik*, in: dies. (Hg.), Stadt Waghäusel. Die Geschichte von Kirrlach, Wiesental und Waghäusel, Karlsruhe 1994, S. 433-464, insb. S. 444.

27 Zahlen nach Süddeutsche Zucker AG, Geschäftsberichte 1925/26-1932/33.

Die neue Macht und der Zucker, 1933-1939

Krisenüberwindung durch Konjunkturbelebung und neue Marktordnung nach 1933

Während im Spätherbst 1932 noch ein eher düsteres Bild gemalt worden war, wies die im April 1933 dem Aufsichtsrat zugeleitete zweiseitige Ausarbeitung zunächst aus, dass die Kampagne 1932/33 »glatt und programmmäßig« verlaufen war. Auch der Rohzuckereinwurf endete mit Ausnahme der Raffinerie Frankenthal Ende Februar 1933. Die »Rübenverarbeitung« lag wegen der »Kontingentierung in der deutschen Zuckerindustrie« zwar um rund 800.000 Doppelzentner niedriger als im Vorjahr bei 6,8 Mio. Doppelzentnern. Das »Verbrauchszuckergeschäft« gestaltete sich jedoch »befriedigend« und die innerhalb der Höchstpreise erzielten Preise waren »annehmbar«. Weniger günstig entwickelte sich der »Futtermittelmarkt«, da noch große Mengen Trockenschnitzel und Melasse eingelagert waren. Die Schnitzelpreise waren »gedrückt«, die Melassepreise sogar »rückläufig«.

Die »Finanzen« bewertete das Unternehmen als »nach wie vor befriedigend«, da nicht einmal in den Wochen des größten Bedarfs »fremde [....] Gelder in Anspruch genommen« werden mussten. Selbst der »landw[irtschaftliche] Abschluss« würde bis Juni 1933 »ohne Verlust durchkommen«. Das Ende März 1933 abgeschlossene »Rübenakkordgeschäft« sollte einen um ein Zehntel erhöhten Anbau zum Ergebnis haben.[1] Auch das Geschäft in den Bereichen Verbrauchszucker, Schnitzel und Melasse lief insgesamt »befriedigend«. Das Geschäftsjahr 1932/33 bewertete der Vorstand wohl auch wegen des Gewinns von 5,008 Mio. Reichsmark als »günstig«.[2] Die wirtschaftliche Stabilisierung verlief parallel zur Etablierung der politischen Macht der Nationalsozialisten im Reich, in den Ländern und Kommunen.

Nachdem die Rübenanbauflächen in der Krise wesentlich verkleinert und die Lagerbestände weitgehend aufgebraucht worden waren, standen die Zeichen im Frühjahr 1933 auf eine Ausweitung des Rübenanbaus.

1 Süddeutsche Zucker-AG an die Herren Mitglieder des Aufsichtsrats vom 4.4.1933, S. 1 f. (Südzucker AG, Unternehmensarchiv, HV 01_00_186).

2 Süddeutsche Zucker-AG, Bericht über das Geschäftsjahr 1932/33 für die 8. ordentliche Generalversammlung am 29. Januar 1934, Mannheim 1934, S. 6.

Die Unternehmensleitung rechnete mit einer Mehrerzeugung von rund 30 Prozent gegenüber dem Tiefststand von 1932, was eine Komplettabdeckung des innerdeutschen Bedarfs erwarten ließ. Aus Sicht der Süddeutsche Zucker-AG war die »Bahn frei für eine weitere, wenn auch einstweilen bescheidene Steigerung des Rübenanbaues«.[3] Tatsächlich wurden die Anbauflächen um ein Zehntel vergrößert, aber der Ernteertrag blieb um zehn Prozent hinter dem Vorjahr zurück, sodass eine Produktionssteigerung nur durch die Verarbeitung gesteigerter Rohzuckermengen erzielt werden konnte.

Die Süddeutsche Zucker-AG besaß zu Beginn der NS-Herrschaft elf Werke in Frankenthal, Friedensau, Gernsheim, Groß-Gerau, Groß-Umstadt, Heilbronn, Offstein, Regensburg, Stuttgart, Waghäusel und Züttlingen. Die unternehmenseigenen landwirtschaftlichen Betriebe, die Gutshöfe, gingen mit einem Anlagewert von 2,212 Mio. Reichsmark in die Bilanz des vom 1. September 1933 auf den 28. Februar 1934 verkürzten Geschäftsjahres 1933/34 ein.[4] Im Anlagevermögen wurden die Grundstücke, Gebäude, Maschinen und das Inventar zum 30. August 1933 mit 13,25 Mio. Reichsmark bewertet. Fertige Erzeugnisse im Bilanzwert von 9,7 Mio. Reichsmark warteten auf den Verkauf. Das Unternehmen verfügte darüber hinaus über Beteiligungen, zu denen neben der Zuckerfabrik Rheingau AG in Worms und der landwirtschaftlichen Gesellschaft Heinrich Ackermann GmbH in Regensburg auch die österreichische Ackerbau GmbH Probstdorf, die für die Verwaltung von Pachtgütern zuständig war, sowie Mehrheitsbeteiligungen an der Helvetia Konservenfabrik in Groß-Gerau und der Offenbacher Kaiser-Friedrich-Quelle AG gehörten.[5]

Das Unternehmen erwartete einen Aufschwung, zumal selbst die meisten landwirtschaftlichen Betriebe, sowohl die eigenen Gutshöfe als auch die mit langfristigen Pachtverträge vom Unternehmen bewirtschafteten Pachthöfe, wegen hoher Mengenerträge zumindest kostendeckend gewirtschaftet hatten. 1934/35 brachten die Gutswirtschaften »annehmbare Ergebnisse«.[6] Da weiterhin keine Erleichterung des Zuckerexports

3 Ebd.

4 Süddeutsche Zucker-AG, Bericht über das Geschäftsjahr 1933/34 für die 9. ordentliche Generalversammlung am 25. Juni 1934, Mannheim 1934, S. 6.

5 Süddeutsche Zucker-AG, Bericht über das Geschäftsjahr 1931/32 für die 7. ordentliche Generalversammlung am 4. Januar 1933, Mannheim 1933, S. 6; Süddeutsche Zucker-AG, Bericht über das Geschäftsjahr 1932/33 für die 8. ordentliche Generalversammlung am 29. Januar 1934, Mannheim 1934, S. 7.

6 Süddeutsche Zucker-AG, Bericht über das Geschäftsjahr 1934/35 für die 10. ordentliche Generalversammlung am 5. August 1935, Mannheim 1935, S. 6.

Abb. 10 Werk Offstein, 1934

erwartet werden konnte, stellte sich die Süddeutsche Zucker-AG auf die »nationale Selbstversorgung« und die stärkere Abtrennung vom Weltzuckermarkt ein. Die Landwirtschaftspolitik der Hitler-Regierung intendierte unter dem Gesichtspunkt der Versorgungssicherheit zwar einen hohen Selbstversorgungsgrad, zeigte sich jedoch anfangs auch an der »Gesundung des freien Weltmarktes« interessiert, um die potentiellen Anbauflächen stärker auszunutzen und Deviseneinnahmen zu erzielen.

Die am 10. November 1934 vom Reichsminister für Ernährung und Landwirtschaft ergangene Verordnung über den Zusammenschluss der deutschen Zuckerwirtschaft hatte zum Ziel, die »Erzeugung und den Absatz sowie die Preise und Preisspannen von Zuckerrüben, Zucker und sonstigen Erzeugnissen aus Zuckerrüben so zu regeln, dass unter Angleichung der Erzeugung an den Bedarf die Verwertung der deutschen Zuckerrübenernte gesichert, die Leistungsfähigkeit der Zuckerfabriken erhalten und die Versorgung der Verbraucher mit Zucker sowie der Landwirtschaft mit zuckerhaltigen Futtermitteln zu volkswirtschaftlich gerechtfertigten Preisen gesichert« wurde.[7] Die Regulierung basierte auf

7 Verordnung über den Zusammenschluss der deutschen Zuckerwirtschaft vom 10.11.1934, in: Reichsgesetzblatt, I, Nr. 129 vom 28.11.1934, S. 1173 ff.; Tillmann, *Die*

einer Abschätzung der für die Versorgung der verschiedenen Abnehmerkreise voraussichtlich benötigten Zuckerrübenmenge, die den jeweiligen Zuckerrübenanbauern ein Anbaugrundrecht und eine Ablieferungsvorgabe an eine bestimmte Zuckerfabrik zuwies. Die einzelnen Zuckerfabriken erhielten auf dieser Basis ein Erzeugungsgrundrecht und zugleich eine Bevorratungsvorgabe. Darüber hinaus legte die Hauptvereinigung der Deutschen Zuckerwirtschaft Produktionsmengen bzw. den Produktionsanteil für zuckerhaltige Futtermittel fest.

Damit ersetzte die nationalsozialistische Agrarpolitik die 1931 eingeführte horizontale, zwischen den Zuckerfabriken ausgehandelte Marktordnung durch eine vertikal integrierte Organisation von Zuckerwirtschaftsverbänden der Zuckerrübenanbauer, Zuckerfabriken, Zuckerverteiler und Abnehmer zuckerhaltiger Futtermittel. Die regional entsprechend den bisherigen Kontingentierungsbezirken gebildeten Zuckerwirtschaftsverbände fasste die Hauptvereinigung der Deutschen Zuckerwirtschaft zusammen, die für die Marktregelung zuständig war, während die Zuckerwirtschaftsverbände deren Durchführung absicherten. Sowohl in der Hauptvereinigung als auch in den Zuckerwirtschaftsverbänden, die der Aufsicht des Reichsministeriums für Ernährung und Landwirtschaft unterstanden, herrschte das Führerprinzip.[8]

Die Süddeutsche Zucker-AG sah durch die Regierungsmaßnahmen und die Binnenorganisation der Zuckerwirtschaft für die deutsche Landwirtschaft und die Zuckerfabriken eine »gesicherte Arbeitsgrundlage«, zumal ab Mitte 1934 der Inlandsverbrauch zuzunehmen begann. Im süddeutschen Raum stieg die Erzeugung 1934/35 um ein Viertel an. Obwohl die Menge der verarbeiteten Rüben um 1,5 Mio. Doppelzentner anwuchs, reichte dies noch nicht aus, die stillliegenden Werke wieder in Gang zu setzen.[9] Während das Verbrauchszuckergeschäft zufriedenstellend ausfiel, begrenzten die von der Reichsregierung festgesetzten Höchstpreise für Rübenschnitzel und Melasse die Einnahmesituation. Den neuen reichsweit gültigen »Einheitspreis« bezeichnete die Aufsichtsratsunterrichtung für die Monate September bis November 1934

Neuordnung der Zuckerwirtschaft, in: Deutsche Allgemeine Zeitung vom 28.11.1934 (HADB, P 4841); *Der Zusammenschluss der deutschen Zuckerwirtschaft*, in: Berliner Börsen-Zeitung vom 29.11.1934 (ebd.); Herbert Spohr, *Die Marktordnung der deutschen Zuckerwirtschaft in der Nachkriegszeit unter Berücksichtigung der nationalsozialistischen Marktregelung vom 10.11.1934*, Göttingen 1936.

8 Gustavo Corni/Horst Gies, *Brot – Butter – Kanonen. Die Ernährungswirtschaft in Deutschland unter der Diktatur Hitlers*, Berlin 1997, S. 154ff.

9 Süddeutsche Zucker-AG an die Herren Mitglieder des Aufsichtsrats vom 15.1.1935, S. 1 (Südzucker AG, Unternehmensarchiv, HV 01_00_186).

Abb. 11 Zuckerlager Offstein

als etwas »wirtschaftlich Abnormes«, das die süd- und westdeutschen Zuckerfabriken »schwer geschädigt« habe, da die Frachtkosten außerhalb der Preisbildung gehalten wurden. Die Zwangsbewirtschaftung zeigte aber keine nachhaltig negativen Folgen. Denn das »günstig« verlaufene Geschäftsjahr 1934/35 schloss mit einem neuen Rekordergebnis von 5,057 Mio. Reichsmark ab, aus dem wieder eine Dividende von zehn Prozent finanziert wurde.[10]

Gute Geschäfte in der Vorkriegszeit

Das Unternehmen hielt unter dem Einfluss der Deutsche Bank AG in den weiteren Vorkriegsjahren an seiner stabilen Dividendenpolitik fest. Nicht nur dass damit ihr eigenes Aktienpaket regelmäßig ordentlich verzinst wurde, darüber hinaus dienten die Dividendenzahlungen an die Konsortialpartner der Deckung der zum Aktienkauf bereitgestellten Kre-

10 Süddeutsche Zucker-AG, Bericht über das Geschäftsjahr 1934/35 für die 10. ordentliche Generalversammlung am 5. August 1935, Mannheim 1935, S. 6 und 8.

dite. Die Deutsche Bank AG erzielte also aus ihren Südzuckerdeals mit einer ganzen Reihe von Bankleistungen Überschüsse.

Indem die Süddeutsche Zucker-AG 1935 sowohl der als Nachfolgerin der in der Weimarer Republik eingerichteten Wirtschaftlichen Vereinigung der Deutschen Zuckerindustrie gegründeten Hauptvereinigung der Deutschen Zuckerwirtschaft und der Wirtschaftsgruppe Zuckerindustrie als auch dem Reichsnährstand angehörte,[11] erfolgte die Einordnung des größten deutschen Zuckerkonzerns in die polykratische Wirtschaftsordnung des Nationalsozialismus. Diese war durch den Dirigismus nationalsozialistischer Akteure in Parteistrukturen und Ministerien wie durch wirtschaftliche Freiräume zur Durchsetzung eigener Unternehmensinteressen charakterisiert. Die Süddeutsche Zucker-AG erlebte sich einerseits als Objekt staatlichen Handelns und handelte andererseits als Teil der Entscheidungsstrukturen auch als Subjekt von Aushandlungsprozessen im Bereich der Land- und Zuckerwirtschaft.[12]

Im Zuge der nationalsozialistischen Autarkiepolitik nahmen das Reichsministerium für Ernährung und Landwirtschaft und der Reichsnährstand mit ihrer Kontingentierungs- und Preispolitik eine Neuausrichtung der Landwirtschaft vor. Anstatt auf den Exportmärkten eine Absatzsteigerung anzustreben, richtete sich die Aufmerksamkeit inzwischen vor allem auf die Eigenversorgung des Inlandsmarktes. Der Vorsitzende der Hauptvereinigung der Deutschen Zuckerwirtschaft, der seit 1925 der NSDAP angehörende Gustav Behrens,[13] sah unter anderem durch die Futtermittelproduktion gute Aussichten, die Anbauflächen wieder auf den Vorkriegsstand von 440.000 Hektar zu bringen. Zugleich gab er Ende 1935 das Ziel aus, »in möglichst kurzer Zeit mindestens 20% Reserve zu haben und in möglichst kurzer Entwicklung die Erzeugung und den Bedarf an zuckerhaltigen Futtermitteln in Übereinstimmung zu bringen und die Versorgung der Melasse verarbeitenden Industrien – vor allen Dingen der Hefefabriken – mit Melasse aus eigener, deutscher Erzeugung sicherzustellen«.[14]

11 Protokoll zu der 21. Aufsichtsratssitzung vom 19.7.1935, S. 2 (Südzucker AG, Unternehmensarchiv, HV 01_00_186; HADB, P 4828).

12 Süddeutsche Zucker-AG, Bericht über das Geschäftsjahr 1934/35 für die 10. ordentliche Generalversammlung am 5. August 1935, Mannheim 1935, S. 6 und 8; vgl. Corni /Gies, *Brot*, S. 162ff.

13 NSDAP-Gaukarte Gustav Behrens (Bundesarchiv Berlin [künftig BArch], R 9361-IX, 223024); siehe auch Corni/Gies, *Brot*, S. 210.

14 Gustav Behrens, Die Maßnahmen der deutschen Zuckerwirtschaft zur Durchführung der Marktordnung, o. D. [Ende 1935], S. 5 (BArch, R 15-VII, Nr. 86); vgl.

Vorstandsmitglied Bruno Seeliger brachte in seinem mündlichen Bericht auf der AR-Sitzung am 23. November 1935 diese Tendenz mit der Formulierung zum Ausdruck, dass Deutschland »als Zuckerland völlig binnenwirtschaftlich eingestellt« sei. Zwar werde die Zuckerwirtschaft zunehmend reglementiert, was das »freie Spiel der Kräfte« beende. Diese »Zwangswirtschaft« habe jedoch sowohl für die deutsche Zuckerindustrie wie für die Rüben anbauende Landwirtschaft »durchaus segensreich« gewirkt, da die ausländische Konkurrenz vom Inlandsmarkt faktisch ausgeschlossen wurde und die vorgegebenen Höchstpreise fast immer erzielt werden konnten. Aus den mit Rücksicht auf die Verbraucher auch bei den Nebenprodukten Schnitzel und Melasse erlassenen Höchstpreisen und der volkswirtschaftlich motivierten Förderung der zuckerhaltigen Futtermittel erwuchs dagegen der Nachteil sinkender Rübenpreise und niedrigerer Erträge, da die getrocknete Zuckerrübe »entfernt nicht die Rente« bringe wie die entzuckerte. Seeliger sprach in seiner Unterrichtung von der Gefährdung der Ertragssituation durch die unzureichende Rohzuckerversorgung, die die Zuckerraffinerien wegen überhöhter Rohzuckerpreise einem »selbstmörderischen Schicksal« überlasse.[15]

Zur Absicherung der eigenen Interessen neigte die Süddeutsche Zucker-AG zu einem Arrangement mit den staatlichen und parteilichen Strukturen. Aber im Kern behielt der Konzern seine unternehmerische Autonomie und die volle Handlungsfreiheit. Die Entscheidungen der Unternehmensleitung und des Aufsichtsrats waren weder erzwungen noch ohne Berücksichtigung der gesellschaftlichen Verhältnisse erfolgt. Die Hauptvereinigung griff gleichwohl durch die Anordnung, ein Achtel der Zuckergrunderzeugungsrechte zu bevorraten, ebenso wie durch die Vorgabe einer der Futtermittelbereitstellung dienenden ausgeweiteten Rübenschnitzeltrocknung in die Geschäftstätigkeit ein. Da aber zugleich der Zuckerabsatz wegen der konjunkturellen Erholung eine anhaltende Zuwachstendenz zeigte und zusätzliche Impulse durch die mit verbilligtem Zucker geförderte gewerbliche Marmeladenherstellung erhielt,[16] zeigte sich die Süddeutsche Zucker-AG insgesamt mit dem Absatz zufrieden. Zwar blieb der Zuckerertrag je Hektar ebenso gegenüber dem

Hans Wallbaum, *Die deutsche Zuckerwirtschaft, ihre Entwicklung und ihr Beitrag zur Stärkung des deutschen Wehrpotentials*, Diss. Berlin 1943, S. 100 ff.

15 Bericht Bruno Seeliger auf der 23. Aufsichtsratssitzung am 23.11.1935, S. 3 (Südzucker AG, Unternehmensarchiv, HV 01_00_186); Protokoll zu der 23. Aufsichtsratssitzung am 23.11.1935, S. 2 (ebd.).

16 Süddeutsche Zucker-AG an die Herren Mitglieder des Aufsichtsrats vom 15.4.1936, S. 1 (ebd.).

Vorjahr zurück wie der Überschuss der landwirtschaftlichen Betriebe, während die 1934/35 in den Konzernverbund integrierten schlesischen Fabriken sogar einen Verlust einfuhren. Jedoch machten die im Frühjahr 1936 erneut vergrößerten Rübenanbauflächen Hoffnung auf eine noch bessere Auslastung der Raffineriekapazitäten.[17]

Die Süddeutsche Zucker-AG kaufte Anfang 1936 nominell 1,14 Mio. Reichsmark eigene Aktien zu einem Durchschnittskurs von 214,6 Reichsmark, um den »Kurs stabil zu halten« und Ausschlägen nach oben oder unten entgegensteuern zu können. Hierzu verkaufte der badische Staat ein größeres Aktienpaket. Darüber hinaus hielt die Zuckerfabrik Rheingau ihrerseits nom. 1,32 Mio. Reichsmark Aktien an der Süddeutsche Zucker-AG.[18] Innerhalb des Vorstands belastete aber einerseits die Bestellung von eigenständig agierenden Direktoren der früher selbstständigen Zuckerfabriken die sachliche Auseinandersetzung um richtige Entscheidungen. Andererseits hatte das Eigentümerkonsortium mit Albert Flegenheimer 1930 einen Vertreter in den Vorstand entsandt, was bei den Alt-Vorständen zurückhaltend aufgenommen wurde. Nachdem Bruno Seeliger, der 34 Jahre, zunächst bei der Zuckerfabrik Stuttgart, im Unternehmen in leitender Stellung tätig gewesen war, am 5. Mai 1936 seinen Vorstandsposten aufgegeben hatte,[19] formulierte er die Erwartung, im August 1936 in den Aufsichtsrat wechseln zu können. Doch die Majoritätsgruppe aus Deutsche Bank AG, Albert Flegenheimer und der Montesi-Gruppe lehnte das Ansinnen mit der Begründung ab, dass Seeliger im Vorstand eine Zusammenarbeit sowohl mit Conrad Schumacher als auch mit Albert Flegenheimer rundherum abgelehnt hatte und ansonsten eine »Fortsetzung des bisherigen unerträglichen Zustandes« drohte.[20] Da Seeliger in Ausübung seines Vorstandsamts auch als Aufsichtsratsvorsitzender der Zuckerfabrik Rheingau fungierte, sollte nach dem Auslaufen seines Mandats im Folgejahr ein aktives Vorstandsmitglied seinen Platz einnehmen. Ab dem Geschäftsjahr 1936/37 bildeten Conrad Schumacher

17 Süddeutsche Zucker-AG, Bericht über das Geschäftsjahr 1935/36 für die 11. ordentliche Generalversammlung am 5. August 1936, Mannheim 1936, S. 6.

18 *Verwaltungsänderungen bei Südd. Zucker*, in: Berliner Börsen-Zeitung vom 5.8.1936.

19 Karl-Ernst Sippell, Aktenvermerk betr. Süddeutsche Zucker-AG Mannheim vom 7.5.1936, S. 1 (HADB, P 4823); Süddeutsche Zucker-AG, Bericht über das Geschäftsjahr 1935/36 für die 11. ordentliche Generalversammlung am 5. August 1936, Mannheim 1936, S. 9; Süddeutsche Zucker-AG an die Herren Mitglieder des Aufsichtsrats vom 30.9.1935, S. 2 (Südzucker AG, Unternehmensarchiv, HV 01_00_186).

20 Karl-Ernst Sippell, Aktenvermerk betr. Süddeutsche Zucker-AG Mannheim vom 7.5.1936, S. 2 (HADB, P 4823); Karl-Ernst Sippell, Aktenvermerk betr. Süddeutsche Zucker-AG Mannheim vom 3.8.1936, S. 1 (ebd., P 4842).

Abb. 12 Landwirtschaftlicher Gutsbetrieb Freimersheim

und Jacob Bühler, nach dem am 6. August 1936 erfolgten Wechsel von Albert Flegenheimer in den Aufsichtsrat, den auf zwei Mitglieder verkleinerten Vorstand.[21]

Doch die insgesamt positive Entwicklung überdeckte gleichwohl nicht die tiefen Meinungsunterschiede innerhalb der Unternehmensgremien. Das Verhältnis der Deutsche Bank AG, aber auch des Südzucker-Vorstands zu Ilario Montesi war allerdings bereits im Frühjahr 1937 stark belastet. Emil Georg von Stauß monierte, dass dieser seine Stellung missbrauche, indem er Verträge namens der Süddeutsche Zucker-AG abschließe, um den Vorstand im Anschluss zu deren Ratifizierung zwingen zu wollen. Stauß ließ keinen Zweifel daran, dass wegen dessen »unglaublichen Benehmens zwischen ihm und Montesi keinerlei ›persönliches Vertrauensverhältnis‹« mehr bestehe.[22] Das Verhältnis von Theodor Frank zum Aufsichtsratsvorsitzenden Zapf war ebenfalls angespannt. Gegenüber Hans Hartenstein von der Reichsstelle für Devisenbewirtschaftung äußerte sich Frank dahingehend, dass Zapf »in dem Konzern nicht das mindeste zu sagen« habe und »als ein höchst unzuverlässiger Kantonist bekannt« sei.[23]

Das Unternehmen war dadurch aber keineswegs führungslos, sondern reagierte in Regensburg auf die von der NS-Agrarpolitik angestrebte verbesserte Futtermittelversorgung und die verlangte Trocknung von einer Mio. Doppelzentnern Rüben, indem zur Ausweitung der Rübentrocknungskapazitäten der Bau einer neuen, 175.000 Reichsmark kostenden Trockentrommel ins Auge gefasst wurde.[24] Karl-Ernst Sippell, ab 1933 Vorstand der Deutsche Bank AG und als deren Vertreter Mitglied des Aufsichtsrats der Süddeutsche Zucker-AG, stellte gegenüber dem italienischen Großaktionär Ilario Montesi heraus, dass auch ungeachtet des Wunsches einer rentierlichen Investition der hohe Druck der staatlichen Agrarpolitik auf die Hauptvereinigung eine Zustimmung für den Neubau erfordere, auch wenn dadurch Verluste eingefahren würden.[25]

Denn die Zuckerindustrie stand in der Kampagne 1936/37 vor der Aufgabe, die Menge der unmittelbar zur »Trockenware« weiterzuverar-

21 Karl-Ernst Sippell, Aktenvermerk betr. Süddeutsche Zucker-AG Mannheim vom 6.8.1936 (HADB, P 4823).

22 Emil Georg von Stauß an Oberregierungsrat Hans Hartenstein, Reichsstelle für Devisenbewirtschaftung vom 8.4.1937, S. 1f. (ebd.).

23 Theodor Frank an Emil Georg von Stauß vom 15.4.1937, S. 2 (ebd.).

24 Karl-Ernst Sippell an Vorstand der Süddeutsche Zucker-AG vom 23.6.1936 (HADB, P 4823); Ilario Montesi an Karl-Ernst Sippell vom 24.6.1936 (ebd.).

25 Karl-Ernst Sippell an Ilario Montesi vom 30.6.1936 (ebd.); zur Ausweitung der Tierfutterproduktion siehe auch Wallbaum, *Zuckerwirtschaft*, S. 100ff.; Corni/Gies, *Brot*, S. 53ff.

Abb. 13 Zuckerwerbung, 1934 »An Zucker sparen, grundverkehrt! Der Körper braucht ihn, Zucker nährt!«

beitenden Rübenmenge erheblich zu steigern. Im Dezember 1936 kam der Verwaltungsrat überein, mit der Hauptvereinigung der Deutschen Zuckerwirtschaft in Gespräche über eine neue Großtrocknungsanlage bei Würzburg einzutreten, wobei versucht werden sollte, die dortigen Trocknungskapazitäten auf die schlesischen Fabriken anrechnen zu lassen.[26] Darüber hinaus sollten die baulichen Anlagen der Fabrik späterhin eine Umwidmung zur Zuckererzeugung erlauben. Eine Genehmigung der Anlage durch die Hauptvereinigung der Deutschen Zuckerwirtschaft erfolgte bis Februar 1937 trotz wiederholter Vertröstungen noch nicht.[27]

Im Mai 1937 nahm der Verwaltungsrat zur Kenntnis, dass die Hauptvereinigung das Würzburger Projekt nicht genehmigt hatte, weil die

26 Karl-Ernst Sippell, Aktenvermerk betr. Süddeutsche Zucker AG Mannheim vom 2.12.1936, S. 3 (HADB, P 4823).

27 Karl-Ernst Sippell, Aktenvermerk betr. Verwaltungsratssitzung am 17.2.1937 in Basel vom 18.2.1937, S. 2 (ebd.).

Süddeutsche Zucker-AG »kein deutsches Unternehmen« sei.[28] Die Protokollnotiz, wonach der Vorstand »bereits Schritte eingeleitet« habe, »um hiergegen anzugehen«, fiel denkwürdig vieldeutig aus. Es war aber kein Zufall, dass in der gleichen Sitzung vereinbart wurde, dass der Aufsichtsratsvorsitzende Zapf »wegen der künftigen Stellung des Herrn Flegenheimer im Konzern« mit ihm eine Aussprache halten sollte. Der Unternehmensleitung kam entgegen, dass das »Geschäft mit Klein-Wanzleben«, also die Übernahme der Flegenheimer-Anteile an der Süddeutsche Zucker-AG durch die Zuckerfabrik Klein-Wanzleben vorm. Rabbethge & Giesecke AG, verhandlungsreif war.[29]

Die NS-Landwirtschaftspolitik wollte durch eine erhöhte Futtermittelerzeugung aus Zuckerrübenschnitzeln und -blättern das dadurch bei der Tiermästung eingesparte Getreide der menschlichen Ernährung zuführen und zugleich die Einfuhr von Futtermitteln aus dem Ausland verringern. Insgesamt belief sich das der Trocknung zugeführte Rübenkontingent auf rund eine Mio. Doppelzentner. Um die Trockenrübenmengen fristgerecht zu erzeugen, nahm die Süddeutsche Zucker-AG ihr ansonsten stillliegendes Werk Züttlingen in Betrieb, das auf drei Monate einer größeren Gruppe Arbeiter Beschäftigung gab.[30] Darüber hinaus erhöhte die Hauptvereinigung zum 1. Oktober 1936 den Pflichtvorrat an Verbrauchszucker von zwölf auf 14 Prozent. Da die Verbrauchsmengen und auch die Zuckererzeugung weiterhin anstiegen, verlief das Geschäftsjahr in den Bereichen Zucker und Nebenprodukten »befriedigend«; die unternehmenseigene Landwirtschaft schloss »zufriedenstellend« ab.[31]

Die Wirtschaftliche Vereinigung Zucker erhöhte der Süddeutsche Zucker-AG das Inlandsabsatzrecht in der Kampagne 1935/36 von 76 Prozent der auf Zucker verarbeiteten Rüben oder 7,073 Mio. Doppelzentner im Folgejahr auf 82 Prozent oder 7,9 Mio. Doppelzentner. In der Kampagne 1937/38 wuchs das Absatzrecht auf 85 Prozent oder 10,025 Mio. Doppelzentner, wovon allerdings eine Mio. Doppelzentner zur Rübentrocknung herangezogen werden sollte. 1935/36 hatte der Rübentrocknungsanteil erst 191.000 Doppelzentner betragen. Die Süddeutsche Zucker-AG verarbeitete als größtes Zuckerunternehmen 7,45 Prozent, zusammen mit den von ihr

28 Karl-Ernst Sippell, Aktenvermerk betr. Verwaltungsratssitzung am 21.5.1937 in Berlin vom 26.5.1937, S. 2 (ebd.).

29 Ebd., S. 4.

30 Süddeutsche Zucker-AG an die Herren Mitglieder des Aufsichtsrats vom 11.1.1937, S. 1 (Südzucker AG, Unternehmensarchiv, HV 01_00_186).

31 Süddeutsche Zucker-AG, Bericht über das Geschäftsjahr 1936/37 für die 12. ordentliche Generalversammlung am 28. Juli 1937, Mannheim 1937, S. 6.

beherrschten Unternehmen 12,3 Prozent der im Deutschen Reich verarbeiteten Rübenmengen.[32] Das Wachstum der Rübenverarbeitung ging mit einer Minderung des Rübenpreises von 3,54 über 3,45 auf 3,30 Reichsmark je Doppelzentner zwischen den Kampagnen 1934/35 und 1936/37 einher, was dem Zuckerproduzenten in die Karten spielte, während die 1936/37 auf 13,91 Prozent gefallene Ausbeute niedriger lag als in den Vorjahren.[33]

Da der Anteil der Futtermittelerzeugungspflicht in der Kampagne 1937/38 von zehn auf 15 Prozent des Zuckergrunderzeugungsrechts erhöht wurde und 1,422 Mio. Doppelzentner Rüben auf zuckerhaltige Futtermittel verarbeitet werden mussten, lief Züttlingen ab dem 10. Oktober 1937 erneut als Trocknungsbetrieb. Darüber hinaus trockneten auch die Werke Offstein und Regensburg neben ihrer Rübenverarbeitung auf Zucker. Dass der Antrag auf Errichtung einer Trocknungsanlage bei Würzburg von der Hauptvereinigung der Deutschen Zuckerwirtschaft erst kurz vor Jahresende genehmigt wurde, sah der Südzucker-Vorstand als großen »Nachteil« an, weil der Betrieb erst in der Kampagne 1937/38 anlaufen konnte.[34] Wegen der starken Ausrichtung auf die Futtermittelproduktion sah sich die Süddeutsche Zucker-AG gedrängt, einen alten Plan wieder aufzugreifen und in Ochsenfurt für eine Investitionssumme von rund einer Mio. Reichsmark ein neues Trocknungswerk zu errichten.[35] Die Fertigstellung verzögerte sich wegen eminenter Schwierigkeiten bei der Materialbeschaffung und der »Gestellung der notwendigen Arbeitskräfte«.[36] Über die verzögerte Betriebsaufnahme hinaus fielen gegenüber dem Kostenvoranschlag auch erhebliche Mehrkosten an.

Auf internationalem Feld ergab sich aus dem nach langwierigen Verhandlungen im Mai 1937 in London unterzeichneten Internationalen Abkommen über Zuckererzeugung und Zuckerabsatz die positive Option, dass deutsche Zuckererzeuger ohne strukturelle Benachteiligungen auf den Weltzuckermarkt zurückkehren konnten.[37] Die Süddeutsche Zucker-AG und das deutsche Auswärtige Amt feierten dementsprechend das Zuckerabkommen als großen Erfolg, da darin ein auch Deutschland

32 Bericht über die Süddeutsche Zucker-AG o. D. [November 1937] (HADB, P 4824).

33 Karl-Ernst Sippell, Aktenvermerk betr. Süddeutsche Zucker AG Mannheim vom 30.6.1937, S. 4 (ebd., P 4823).

34 Süddeutsche Zucker-AG an die Herren Mitglieder des Aufsichtsrats vom 23.12.1937, S. 1 (Südzucker, AG, Unternehmensarchiv, HV 01_00_186).

35 Protokoll zu der 29. Aufsichtsratssitzung am 1.7.1938, S. 4 (ebd.).

36 Süddeutsche Zucker-AG an die Herren Mitglieder des Aufsichtsrats vom 30.9.1938, S. 1 (ebd.).

37 Auswärtiges Amt (W I Gen 4538) an Chef der Reichskanzlei vom 20.8.1937 (BArch, R 43 II, Nr. 195a, Bl. 73).

berücksichtigendes Quotensystem für den Zuckerexport vereinbart wurde.[38] Dem Deutschen Reich war eine Grundausfuhrquote von 120.000 Tonnen eingeräumt worden, wenngleich vorab schon von deutscher Seite erklärt wurde, dass 70.000 Tonnen nicht genutzt würden. Stattdessen sollte vordringlich die für den Kriegsfall gewünschte strategische Zuckerreserve aufgefüllt werden.[39] Deshalb belebte sich das Auslandsgeschäft weiterhin kaum.[40]

1937/38 und das letzte Vorkriegsgeschäftsjahr waren durch eine weitere Steigerung der Anbauflächen geprägt, die auch höhere Ernteerträge erbrachten. Hierdurch konnte die Verarbeitung auf Zucker bzw. auf zuckerhaltige Futtermittel um rund 30 Prozent gesteigert werden. Beispielsweise erreichte die Zuckerfabrik Offstein in der Kampagne 1937/38 – bei einer maximalen Tagesverarbeitung von 31.500 Doppelzentnern – mit 1,944 Mio. Doppelzentnern Rüben die bis dahin höchste Gesamtverarbeitung und eine Erzeugung von 304.560 Doppelzentnern Weißzucker.[41] In Waghäusel, wo gut 1,3 Mio. Doppelzentner Rüben verarbeitet wurden, standen Saisonarbeiter, und zwar durch in vorherigen Kampagnen bereits eingearbeitet, »überreichlich zur Verfügung«.[42] Demgegenüber beklagte die Zuckerfabrik Heilbronn, dass die vom »Arbeits- bezw. Wohlfahrtsamt zugewiesenen Leute z.T. absolut unbrauchbar und auch ohne jeden guten Willen« gewesen seien. Durch eine »geschickte Verteilung des Stammpersonals« trat eine gewisse Verbesserung ein; »besondere Leistungen« wurden aber erst erzielt, als durch »scharfe Maßnahmen« wie Betriebsstrafen oder eine Meldung an den Reichstreuhänder der Arbeit »allmählich eine gewisse Erziehung Platz griff«.[43] Die Betriebe nutzten mithin bereits in der Vorkriegszeit Repressionen zur Durchsetzung der Arbeitsdisziplin.

38 Süddeutsche Zucker-AG, Bericht über das Geschäftsjahr 1936/37 für die 12. ordentliche Generalversammlung am 28. Juli 1937, Mannheim 1937, S. 6; vgl. Michael Fakhri, *The 1937 International Sugar Agreement. Neo-colonial Cuba and economic aspects of the League of Nations*, in: Leiden Journal of International Law 4 (2011), S. 899-922; ders., *Sugar*, S. 124 ff.

39 Internationales Abkommen über Zuckererzeugung und Zuckerabsatz, S. 9 und 12 (BArch, R 43 II, Nr. 195a, Bl. 78 und 79 RS).

40 Süddeutsche Zucker-AG, Bericht über das Geschäftsjahr 1936/37 für die 12. ordentliche Generalversammlung am 28. Juli 1937, Mannheim 1937, S. 6.

41 Zuckerfabrik Offstein, Bericht über den Verlauf der Kampagne 1937/38 in der Zuckerfabrik Offstein o. D. [Januar 1938], S. 1 (Südzucker AG, Unternehmensarchiv, HV 07_00_006).

42 Die Kampagne 1937/38 in der Zuckerfabrik Waghäusel vom 15.1.1938, S. 4 (ebd.).

43 Süddeutsche Zucker-AG, Werk Zuckerfabrik Heilbronn, Betriebsübersicht über den Verlauf der Kampagne 1937/38 o. D. [Januar 1938], S. 3 (ebd.).

Abb. 14 Fabrikinneres der Zuckerfabrik Waghäusel

Die sich rasch ändernde außenpolitische Lage nahm mit dem »Anschluss« Österreichs und des Sudetengebiets an das Deutsche Reich, aber auch mit einer zur Kriegsvorbereitung verstärkten Vorratshaltung Einfluss aufs Geschäft – immerhin mussten zum 1. August 1938 schon 19 Prozent und im Herbst 1938 sogar 26 Prozent des Grunderzeugungsrechts als »Pflichtvorratszucker« eingelagert werden.[44] Der Bau von Lagerhäusern gehörte dementsprechend im Herbst/Winter 1938 zu den priorisierten Vorhaben, zumal mit einer großen Rübenernte gerechnet wurde.[45] Während die Anbauflächen vergrößert wurden, lagen die produzierten Mengen auf ähnlichem Niveau wie im Vorjahr. Zusätzliche Absatzimpulse setzten die hohe Nachfrage der Weinanbaugebiete und die Lieferung von Zucker in den Gau Tirol der »Ostmark«.[46]

44 Süddeutsche Zucker-AG an die Herren Mitglieder des Aufsichtsrats vom 23.12.1937, S. 1 f. (ebd., HV 01_00_186); *›Südzucker‹-Bilanz im Zeichen der vorgeschriebenen Vorratshaltung*, in: Berliner Tageblatt vom 23.8.1938 (HADB, P 4841).

45 Süddeutsche Zucker-AG an die Herren Mitglieder des Aufsichtsrats vom 30.9.1938, S. 1 (Südzucker AG, Unternehmensarchiv, HV 01_00_186).

46 Süddeutsche Zucker-AG an die Herren Mitglieder des Aufsichtsrats vom 18.1.1939, S. 2 (ebd.).

Die Kampagne 1938/39, die unter dem niedrigen, weit unterhalb des langjährigen Durchschnitts liegenden Zuckergehalt von 16,2 Prozent in den süddeutschen und 16,4 Prozent in den schlesischen Verarbeitungsbetrieben und unter dem hohen Anteil an »Schosserrüben« – also von bereits blühenden Zuckerrüben – litt, musste außerdem mit einem hohen Schmutzanhang fertig werden.[47] Schließlich erschwerte an verschiedenen Standorten früh einsetzender starker Frost die Rübenanlieferung und -verarbeitung. Gleichwohl konnten die meisten Zuckerfabriken die tägliche Rübenverarbeitung auf dem erreichten Niveau halten, einigen gelang sogar eine Steigerung. Technische Verbesserungen etwa zur vollständigen Diffusions- und Presswasserrückführung und Prozessoptimierungen wie Entkeimungsanlagen zeigten die erwarteten positiven Wirkungen. Die alljährlichen detaillierten Analysen des Kampagnenverlaufs in jeder Zuckerfabrik führten erkennbar zu Rationalisierungsgewinnen, wenngleich die Wetterabhängigkeit des Zuckerrübenanbaus und der -ernte sowie des -antransports durch die Beschaffenheit der Rüben unabänderlich fortbestand und auf die Zuckererzeugung Einfluss nahm. Die beiden, durch elektrostatische Aufladungen verursachten Zuckerstaubexplosionen in Regensburg und Frankenthal gehörten zu den Besonderheiten der letzten Vorkriegskampagne.[48]

Zu den strukturellen Unwägbarkeiten der landwirtschaftlichen Produktion traten an fast allen Standorten große Schwierigkeiten bei der »Beschaffung genügender, geeigneter und arbeitswilliger Arbeitskräfte«.[49] In Waghäusel, wo die »notwendigen Arbeitskräfte, darunter auch wieder viele eingearbeitete Leute« rekrutiert werden konnten, bestanden aber bei verschiedenen Saisonarbeitern »starke Unzufriedenheit und Nachlassen der Arbeitsfreudigkeit«, was zu Leistungseinbußen führte. Zudem führten auch die Inkraftsetzung und kurzfristige Änderung eines neuen Tarifvertrags ebenfalls zu »Unruhe und Unzufriedenheit« in der Belegschaft, was die Labilität der nationalsozialistischen Arbeitsbeziehungen bezeugt.[50]

Die Zuckerfabrik Stuttgart diagnostizierte beim Bedienungspersonal eine »besonders große Interessenlosigkeit«.[51] Die hohe Fluktuation und

47 Bericht über die Kampagnen 1938/39 vom 27.2.1939, S. 1 (ebd., HV 07_00_002).

48 Werk Regensburg, Jahre 1933-1939 o. D. [1939], S. 21 (ebd., RE 01_00_002).

49 Bericht über die Kampagnen 1938/39 vom 27.2.1939, S. 11 (ebd., HV 07_00_002).

50 Die Kampagne 1938/39 in der Zuckerfabrik Waghäusel vom 19.1.1939, S. 5 (ebd.); Michael Schneider, *Unterm Hakenkreuz. Arbeiter und Arbeiterbewegung 1933 bis 1939*, Bonn 1999, S. 583 ff.

51 Bericht über die Hauptbetriebszeit 1938/39 der Zuckerfabrik Stuttgart vom 10.1.1939, S. 1 f. (Südzucker AG, Unternehmensarchiv, HV 07_00_002).

Abb. 15 Sacknäherei der Zuckerfabrik Waghäusel

der Ärger über die als zu niedrig empfundenen Löhne in der Rohfabrik oder auf dem Hof richteten sich gegen den Ecklohn von 66 Pfennig pro Stunde, der als Vergleichswert für die anderen Entlohnungsgruppen diente. Obwohl das Unternehmen eine Verarbeitungszulage von 20 Prozent zahlte, gaben viele ihren Arbeitsplatz wieder auf. Andere ließen sich mit einer erneuten Zulage zumindest in der Fabrik halten, auch wenn dies zu Lasten der Fabrikkosten ging. Der Mangel an eingearbeitetem und motiviertem Personal entwickelte sich zum Dauerproblem. Dass aber aus Sicht der Betriebsleitung mehr Aufsichtspersonal notwendig war und Belehrungen oder Zurechtweisungen bei vielen zur Aufgabe des Arbeitsplatzes führte, ließ die Stuttgarter Betriebsleitung enttäuscht zurück, wurde aber zur zentralen Erfahrung der späten 1930er Jahre. Die Saisonarbeiter konnten Alternativmöglichkeiten nutzen, wodurch ihre Verhandlungsposition gestärkt war. In Heilbronn waren offene Stellen nur mit dem Mittel der Dienstverpflichtung belegt worden.[52] Die von Hermann Göring als Beauftragter für den Vierjahresplan am 22. Juni

52 Zuckerfabrik Heilbronn, Bericht über die Kampagne 1938/39 vom 11.1.1939, S. 4 (ebd.).

1938 erlassene »Verordnung zur Sicherstellung des Kräftebedarfs für Aufgaben von besonderer staatspolitischer Bedeutung« gab den Arbeitsbehörden die Möglichkeit, deutsche Staatsangehörige »für eine begrenzte Zeit« zu verpflichten, »auf einem ihnen zugewiesenen Arbeitsplatz Dienste zu leisten«.[53] Eine Lösung des Dienstverhältnisses bedurfte der Zustimmung des Arbeitsamtes, stand also nicht im freien Ermessen des Dienstverpflichteten.

Auch die Zuckerfabrik Groß-Gerau berichtete von ihren Schwierigkeiten bei der Beschaffung von Kampagnenkräften. Die zugewiesenen Arbeiter waren zu 80 Prozent betriebsfremde, unerfahrene und zum großen Teil schon betagte Personen, die an »Leistung und an Arbeitskraft schon sehr eingebüßt« hätten. Gerade aus dieser Gruppe meldeten sich viele krank, sodass an verschiedenen Stellen vom Drei- auf einen Zweischicht-Betrieb übergegangen werden musste, was wiederum die dort eingesetzten Arbeiter wegen der 12-Stunden-Schichten im hohen Maße erschöpfte. Wegen der im Vergleich zur Metallindustrie niedrigen Bezahlung bestand eine starke Abwanderungstendenz etwa in die Opel-Werke. Selbst wenn das Arbeitsamt den Wechsel untersagte und die Saisonkräfte »gezwungener Weise« in der Zuckerfabrik bleiben mussten, führte das nach den gemachten Erfahrungen nur dazu, dass die Leute »unzufrieden, arbeitsunwillig, [...] nachlässig und faul« wurden, wodurch sie dem Betrieb schadeten, auch indem sie die »Unzufriedenheit« in die übrige Belegschaft hineintrugen.[54] Nicht ohne Grund sah die Groß-Gerauer Werkleitung voraus, dass die »Arbeiterfrage, insbesondere für die Kampagne« zukünftig große Sorgen bereiten werde, da »ohne eine wertvolle und zuverlässige, aber auch zufriedene Gefolgschaft« keine Betriebssicherheit hergestellt werden könne.

Als Vorbote baldiger Entwicklungen wirkte auch die politische Großwetterlage negativ auf manche Betriebe ein. So sorgte die Sudetenkrise, in deren Gefolge Truppentransporte die Eisenbahnstrecken belegten und die Kohlenanlieferung unterbrochen war, in Regensburg wegen des akuten Kohlenmangels für einen zweitägigen Fabrikstillstand.[55]

53 Verordnung zur Sicherstellung des Kräftebedarfs für Aufgaben von besonderer staatspolitischer Bedeutung vom 22.6.1938, Reichsgesetzblatt 1938, Teil I, S. 652.

54 Werk Groß-Gerau, Arbeitsbericht über die Kampagne 1938/39 vom 11.1.1939, S. 7 (Südzucker AG, Unternehmensarchiv, HV 07_00_002); vgl. Günter Neliba, *Die Opel-Werke im Konzern von General-Motors (1929-1948) in Rüsselsheim und Brandenburg. Produktion für Aufrüstung und Krieg ab 1935 unter nationalsozialistischer Herrschaft*, Frankfurt a. M. 2000, S. 72 ff.

55 Bericht über die Kampagnen 1938/39 vom 27.2.1939, S. 10 (Südzucker AG, Unternehmensarchiv, HV 07_00_002).

Abb. 16 Zuckerfabrik Groß-Gerau

Nicht alle Standorte gerieten in Schwierigkeiten. Das Trocknungswerk Ochsenfurt, das Investitionen von 900.000 Reichsmark erfordert hatte,[56] nahm zumindest, wenn auch leicht verspätet, Anfang November 1938 mit größtenteils völlig ungelerntem Personal den Betrieb auf und schaffte bis Ende Januar 1939 die Verarbeitung von 482.928 Doppelzentnern Rüben.[57] Da in der Kampagne 1938/39 einerseits das Grunderzeugungsrecht um knapp acht Prozent auf 1,606 Mio. Doppelzentner und andererseits die Futtermittel-Erzeugungspflicht von 15 auf 18 Prozent erhöht worden war, hatte die Süddeutsche Zucker-AG insgesamt zwei Mio. Doppelzentner Rüben auf Futtermittel zu verarbeiten.[58]

Einen Vorgeschmack auf die weitere, durch starke Einschränkungen geprägte Entwicklung gab die Kampagne 1938/39. Nicht nur dass der Zuckergehalt witterungsbedingt gegenüber den Vorjahren zurückblieb,

56 Protokoll über die 52. Sitzung des Verwaltungsrates am 10.6.1938, S. 2 (HADB, P 4829).

57 Bericht über die Trocknungskampagne in Ochsenfurt o. D. [Ende Jan. 1939], S. 3 (Südzucker AG, Unternehmensarchiv, HV 07_00_002).

58 Protokoll zu der 32. Aufsichtsratssitzung am 17.11.1938, S. 2 (ebd., HV 01_00_186); Süddeutsche Zucker-AG an die Herren Mitglieder des Aufsichtsrats vom 18.1.1939, S. 2 (ebd.); Süddeutsche Zucker-AG, Bericht über das Geschäftsjahr 1938/39 für die 14. ordentliche Generalversammlung am 14. Juli 1939, Mannheim 1939, S. 6.

außerdem zog sich die Rübenabnahme wegen »schweren Leutemangels in der Landwirtschaft« und unzureichender Waggongestellung lange hin. In dessen Folge steckten im Dezember 1938 vielerorts größere Rübenmengen noch im Boden und konnten wegen der Frostperiode erst im Januar, allerdings weit überdurchschnittlich verschmutzt, geerntet werden. Kohlenmangel behinderte die Verarbeitung der weit überdurchschnittlich verschmutzten Rüben und auch die Verladung der fertigen Produkte. Auch erwies sich die »Beschaffung geeigneter und arbeitswilliger Arbeiter« als »recht schwierig«.[59]

Tab. 2: Anlagevermögen, Gewinne und Dividenden, 1933-1939[60]

Jahr	Anlagevermögen Werke (in 1.000 RM)	Gewinne (in 1.000 RM)	Dividende (in Prozent)
1932/33	13.250	5.008	9
1933/34	13.638	3.912	4,5
1934/35	15.397	5.057	10
1935/36	18.063	4.960	10
1936/37	20.274	5.046	10
1937/38	22.268	4.903	10
1938/39	26.091	4.916	10

Die Süddeutsche Zucker-AG nutzte in der Vorkriegszeit die Belebung des Inlandsmarktes zu einem erheblichen Wachstum des Anlagevermögens, das sich in sieben Jahren gegenüber den während der Weltwirtschaftskrise bilanzierten Werten verdoppelte. Trotz der hohen Investitionsquote und obwohl von der NS-Politik keine Impulse zur Ausweitung des Exportgeschäfts ausgegangen waren, schwankten die Jahresgewinne um die Marke von fünf Mio. Reichsmark, aus denen ab 1935 eine alljährliche Ausschüttung von zehn Prozent Dividende finanziert werden konnte. Die Süddeutsche Zucker-AG gehörte erkennbar nicht zu den Verlierern der Autarkiepolitik wie der exportorientierte Maschinenbau oder Teile der Chemieindustrie, die dann jedoch rasch mit Rüstungsaufträgen alimentiert wurden.

59 Süddeutsche Zucker-AG an die Herren Mitglieder des Aufsichtsrats vom 18.1.1939, S. 2 (Südzucker AG, Unternehmensarchiv, HV 01_00_186).
60 Zahlen nach den Berichten der Süddeutsche Zucker-AG über die Geschäftsjahre 1932/33 bis 1938/39.

Die Süddeutsche Zucker-AG fand stattdessen in der gestiegenen Inlandsnachfrage eine Basis für ihre Kapazitätsausweitung und die betriebliche Rationalisierung und Modernisierung. Dies zeigte sich auch in einer unvermindert hohen Investitionsbereitschaft. Der Verwaltungsrat gab im Juni 1938 für das Geschäftsjahr 1939/40 die Neu- und Erstanschaffungen für die süddeutschen Zuckerfabriken in Höhe von fast 1,4 Mio., für die Zuckerfabriken Löbau und Jülich weitere 213.000 und für die schlesischen Fabriken 650.760 Reichsmark frei. Für ein »Sonderprogramm 1939/41« stellte das zentrale Entscheidungsgremium weitere 1,5 Mio. Reichsmark bereit.[61] Das Unternehmen strahlte mithin Zukunftsoptimismus aus.

Die Nazifizierung des Unternehmens nach 1933

An der Schwelle zum Nationalsozialismus steckten die Südzucker-Betriebe in der Kampagne. Insoweit lag die gesamte Aufmerksamkeit der Geschäftsleitung und der meisten Mitarbeiter auf der Abwicklung der unmittelbaren Tageserfordernisse. Die am 4. April 1933 erfolgte schriftliche Unterrichtung des Aufsichtsrats über die Zeit von Dezember 1932 bis Februar 1933 enthielt keinerlei Hinweise auf die politischen Umwälzungen, sondern das Unternehmen setzte die Geschäftstätigkeit in den gewohnten Bahnen fort.[62]

Die Süddeutsche Zucker-AG warf sich der neuen Macht nicht unmittelbar in die Arme, sondern sah sich durch die am 21. März 1933 von der außerordentlichen Hauptversammlung der Wirtschaftlichen Vereinigung der Deutschen Zuckerindustrie angenommenen Ergebenheitserklärung repräsentiert, sich »geschlossen hinter dem durch die Konzentrationsregierung eingeleiteten nationalen Aufschwung« zu versammeln. Die Zuckerindustrie versprach, alle Bestrebungen zu unterstützen, die das »nationale Gefühl Deutschlands heben und unserm Vaterlande wieder Geltung verschaffen wollen« und in einer »kraftvollen deutschen Wirtschaft« ein »sicherer Rückhalt für die nationale Regierung« zu sein.[63]

61 Protokoll über die 52. Sitzung des Verwaltungsrates am 10.6.1938, S. 2 (HADB, P 4829).

62 Süddeutsche Zucker-AG an die Herren Mitglieder des Aufsichtsrats vom 4.4.1933 (Südzucker AG, Unternehmensarchiv, HV 01_00_186).

63 Entschließung der Hauptversammlung der Wirtschaftlichen Vereinigung der Deutschen Zucker-Industrie o. D. [21.3.1933] (BArch, R 43 II, Nr. 198); Wirtschaftliche Vereinigung der Deutschen Zucker-Industrie an den Herrn Reichskanzler des Deutschen Reiches vom 21.3.1933 (ebd.).

Aber der Zuckerkonzern war wegen seiner Preisgestaltung während der Weltwirtschaftskrise und seiner hohen Dividenden bei Teilen der NSDAP ohnehin in der Kritik. Hinzu kam noch, dass das Unternehmen als Kleinlandwirte ausbeutender kapitalistischer Großkonzern unter starkem »jüdischen Einfluss« gesehen wurde. Die angeblich zur Osterzeit 1933 auf »Betreiben einiger Waghäuseler Nationalsozialisten« erfolgte Verhaftung von Karl G. Stelzig, Prokurist der Zuckerfabrik Waghäusel, setzte allerdings einen Kontrapunkt. Nach seinen Nachkriegsangaben hatte sich der Manager »zuvor wiederholt als Gegner des Nationalsozialismus bekannt« und damit unliebsam gemacht.[64] Die Haftentlassung nach wenigen Tagen sei auf Grund der Intervention seines Südzucker-Kollegen und Alt-Nazis Karl Veith erfolgt, was diesem wiederum Vorteile in seinem Entnazifizierungsverfahren verschaffen mochte. Der ganze Sachverhalt muss aber als unbestätigt gelten, da die gründliche Lokalgeschichtsschreibung keinen Hinweis auf eine politisch motivierte Verhaftung gibt.[65]

Das offenkundigste Kriterium der Nazifizierung bildet die NSDAP-Mitgliedschaft. Eine Analyse des Personals der Mannheimer Hauptverwaltung zeigt, dass von den 88 aufgeführten Namen mindestens elf Männer NSDAP-Mitglieder waren.[66] Die eine Hälfte trat, wie der ab 1923 bei der Süddeutsche Zucker-AG als Prokurist tätige Dr. Karl Drahansky, am 1. Mai 1933 bei. Die andere Hälfte ging 1937 zur NSDAP, wie Vorstand Conrad Schumacher[67] oder Jacob Bühler, der immerhin schon 66-jährig am 1. Mai 1937 in die NSDAP aufgenommen wurde.[68] Jeder achte Mitarbeiter der Hauptverwaltung war NSDAP-Mitglied, damit lag das Unternehmen etwa im Durchschnitt der deutschen erwachsenen Bevölkerung.[69]

64 Karl G. Stelzig, Erklärung vom 31.7.1947 (Landesarchiv Baden-Württemberg, Generallandesarchiv Karlsruhe [künftig: GLAK], 465 L, Nr. 14474).

65 Barbara Guttmann, *Kirrlach, Waghäusel und Wiesental in der Zeit des Nationalsozialismus*, in: dies. (Hg.), Stadt Waghäusel. Die Geschichte von Kirrlach, Wiesental und Waghäusel, Karlsruhe 1994, S. 465-539, insb. S. 474 ff.

66 Personalverzeichnis der Hauptverwaltung Mannheim 1926-1958 (Südzucker AG, Unternehmensarchiv, HV 06_00_003).

67 NSDAP-Gaukartei Conrad Schumacher (BArch, R 9361-IX, 40061355).

68 NSDAP-Gaukartei Jacob Bühler (Ebd., 5000663); vgl. Paul Windolf/Christian Marx, *Die braune Wirtschaftselite. Unternehmer und Manager in der NSDAP*, Frankfurt a. M. 2022, S. 220 f.

69 Jürgen W. Falter, *Hitlers Parteigenossen. Die Mitglieder der NSDAP 1919-1945*, Frankfurt am Main; New York 2020; Ingo Haar, *Zur Sozialstruktur und Mitgliederentwicklung der NSDAP*, in: Wolfgang Benz (Hg.), Wie wurde man Parteigenosse? Die NSDAP und ihre Mitglieder, Frankfurt a. M. 2009, S. 60-73.

Abb. 17 a und b
50-Jahr-Feier des
Werks Offstein unter
neuen Fahnen und
Zeichen, 1933

Etwas anders sah das bei den Handlungsbevollmächtigten aus. Von 51 prüfbaren Personen waren 18 und damit ein Drittel NSDAP-Mitglieder. Vier Prokuristen traten gleich nach dem Machtantritt im Mai 1933, immerhin sieben bei der Wiederaufnahme neuer Parteimitglieder am 1. Mai 1937 ein. Der Kaufmann Heinrich Gerhardinger, Prokurist der Zuckerfabrik Regensburg, bildete einen Ausreißer. Vom 26. April 1919 bis zum Jahresende 1920 gehörte er schon als 17/18-Jähriger dem Freikorps Epp an, das u. a. an der blutigen Niederschlagung der Münchner Räterepublik 1919 und der Roten Ruhrarmee 1920 beteiligt war.[70] In die NSDAP wurde Gerhardinger am 13. Juni 1925 mit der Mitgliedsnummer 7.708 aufgenommen; er trat aber ein Jahr später schon wieder aus. Er wurde ab 1. Mai 1933 wieder als NSDAP-Mitglied geführt, erhielt aber wegen der mehr als dreijährigen Abmeldung nicht mehr seinen früheren Status als »Alter Kämpfer« zuerkannt. Sowohl im ideologischen Sinne als auch funktional muss er als Nationalsozialist bezeichnet werden.[71] Doch auch der 1891 geborene Karl Veith, kaufmännischer Angestellter im Werk Waghäusel, trat bereits 1931 der NSDAP bei, bevor er 1934 auch noch zur Allgemeinen SS stieß, in der er ab 1934 den Unteroffiziersrang eines Unterscharführers einnahm.[72] Die kommunistische Tagespresse bezeichnete ihn im Januar 1932 als »eifrigen Nazi, der auch viele Hakenkreuzler vermittelt«.[73]

Das Unternehmen nutzte die vom NS-Regime nach dem 2. Mai 1933 vollzogene Zerschlagung der Gewerkschaften dazu, deren Einfluss im Unternehmen zu beenden. Den meisten gewählten Betriebsratsmitgliedern wurden etwa in Waghäusel die Mandate aberkannt.[74] Die für das Geschäftsjahr 1932/33 auf der Basis des Betriebsrätegesetzes von 1920 in den Aufsichtsrat gewählten Belegschaftsvertreter Friedrich Hellerich und Richard Sertel aus Frankenthal blieben nach dem Machtantritt der

70 Uk-Karte Heinrich Gerhardinger (Südzucker AG, Unternehmensarchiv, RE 14_00_001); Norbert Kozicki, *Friedrich Eberts Regierungstruppen nach der Novemberrevolution. Die Geschichte des Freikorps Aulock, der 3. Marine-Brigade Loewenfeld und des Freikorps Epp. Beiträge zum Ursprung des deutschen Faschismus*, Berlin 2023, S. 355 ff.

71 NSDAP-Gaukartei Heinrich Gerhardinger (BArch, R 9361-IX, 10731036); NSDAP-Gaukartei Heinrich Gerhardinger (BArch, R 9361-IX, 10731035).

72 Meldebogen Karl Veith vom 6.11.1947, S. 1 (GLAK, 465 L, Nr. 14474).

73 *Waghäusel das Paradies der Zuckerkönige*, in: Arbeiter-Zeitung vom 27.1.1932 (Südzucker AG, Unternehmensarchiv, WAG 11_00_030-02).

74 Guttmann, *Kirrlach*, S. 476; zur parallelen Entwicklung bei der Deutschen Erdöl AG siehe Manfred Grieger/Rainer Karlsch, *Treibstoff für den Weltkrieg. Die Deutsche Erdöl AG, 1933-1945*, Frankfurt a. M. 2024, S. 88 ff.

Abb. 18 Mai-Kundgebung 1934

NSDAP den Sitzungen des Aufsichtsrats fern und verschwanden aus dem Geschäftsbericht 1933/34 stillschweigend.

Die Nazifizierung des Unternehmens vollzog sich aber nur vordergründig durch die Mitgliedschaft in NS-Organisationen. Die Annäherung an das NS-System zeigte auch die als Beitrag zur »Behebung der Erwerbslosigkeit« ausgegebene Umstellung der Zuckerfabriken in der Kampagne 1933/34 auf einen Vierschicht-Betrieb, sodass für einige Monate zusätzlich etwa 900 Mann eingestellt wurden.[75] Mit dieser Maßnahme ordnete sich das Unternehmen neben anderen dem von der NS-dominierten Reichsregierung 1933 zu einem Hauptanliegen erklärten Abbau der Massenarbeitslosigkeit ein, die mit einer Ausweitung von Staatsaufträgen, etwa zum Autobahnbau oder von kreditfinanzierten Arbeitsbeschaffungsmaßnahmen der Kommunen, kurzfristig Beschäf-

75 Süddeutsche Zucker-AG, Bericht über das Geschäftsjahr 1932/33 für die 8. ordentliche Generalversammlung am 29. Januar 1934, Mannheim 1934, S. 7.

tigungsmöglichkeiten schaffen wollte.[76] Mit Karl Veith fungierte ein bereits 1931 in die NSDAP eingetretener Nationalsozialist als Geschäftsführer der Betriebskrankenkasse der Süddeutsche Zucker-AG mit 65 Zahlstellen, deren Hauptstelle in Waghäusel saß. Als Teil der Durchdringung von Betriebs- und Kommunalstrukturen durch Nationalsozialisten kann die gleichzeitige Übernahme der Funktion als Ratsschreiber der Gemeinde Waghäusel durch den Südzucker-Prokuristen und doppelten Bühler-Untergebenen Veith gelten. Wegen seiner frühen NSDAP-Mitgliedschaft erhielt er die Parteiauszeichnung in Bronze und Silber.[77]

Für die Rübenerzeuger und den Zuckerhandel der letzten Ebene bis zum Endverbraucher hatte die Landwirtschaftskrise zu einer kaum kostendeckenden Einnahmensituation geführt. Im Gegensatz dazu wies der Zuckerkonzern stets Millionengewinne aus, was beispielsweise den »Nationalsozialistischen Wirtschaftsdienst – Die Deutsche Volkswirtschaft« im Februar 1934 als erstaunlich »glänzende Wirtschaftslage« bewertete. In kritischer Absicht zitierte der Beitrag eine Stellungnahme des Reichsnährstands, dass die größten Gewinne vor allem von der Süddeutsche Zucker-AG angehäuft würden. Das Unternehmen und seine Aktionäre steckten nach Ansicht vieler Nationalsozialisten »noch tief im Geist des früheren kapitalistischen Systems«.[78]

Albert Zapf erwähnte auf der Aufsichtsratssitzung am 7. Juni 1934 »mancherlei Anfeindungen«, glaubte aber feststellen zu können, dass beispielsweise »in Schlesien die anfangs bestehende Aufregung einer sachlichen, vielleicht sogar wohlwollenden Stimmung Platz gemacht« habe.[79] In diese Richtung wies im Frühjahr 1934 die Einweisung von einer Mio. Reichsmark aus dem Bilanzgewinn in einen neu geschaffenen, betrieblichen Unterstützungsfonds für Arbeiter und Angestellte des Unternehmens.[80] Zur Ausstattung mit dem Startkapital wurde die Divi-

76 Ebd., S. 8; siehe auch Nikolaus Kowall, *»Arbeit und Brot« – die sozioökonomische NS-Propaganda vor 1933*, in: Wirtschaftsdienst. Zeitschrift für Wirtschaftspolitik 6 (2023), S. 406-412; Schneider, *Hakenkreuz*, S. 255 ff.; zu dem ebenfalls von lokalen NSDAP-Funktionären angefachten Konflikt um Einstellung zusätzlicher Arbeiter im Rositzer Braunkohlenkomplex der DEA, siehe Grieger/Karlsch, *Treibstoff*, S. 105 ff.

77 Meldebogen Karl Veith vom 6.11.1947, S. 1 (GLAK, 465 L, 14474); Karl Veith, Lebenslauf o. D. (ebd.).

78 *Anstößige Zuckerdividende*, in: Die Deutsche Volkswirtschaft – Nationalsozialistischer Wirtschaftsdienst, 2. Februarheft 1934 (HADB, P 4827).

79 Protokoll zu der 19. Aufsichtsratssitzung vom 7.6.1934, S. 2 (Südzucker AG, Unternehmensarchiv, HV 01_00_186).

80 Süddeutsche Zucker-AG, Bericht über das Geschäftsjahr 1933/34 für die 9. ordentliche Generalversammlung am 25. Juni 1934, Mannheim 1934, S. 8; Protokoll zu der

Abb. 19 Uniformträger am Tag der nationalen Arbeit in Waghäusel, 1934

dende einmalig auf 4,5 Prozent halbiert. Ab dem Geschäftsjahr 1934/35 erhielt der Südzucker-Unterstützungsfonds alljährliche Geldzuführungen von zwei Prozent der Dividendenzahlung.[81]

Die Unterstützungskasse wurde am 8. Juni 1935 in eine Stiftung des bürgerlichen Rechts umgewandelt, die der einmaligen oder regelmäßigen Unterstützung von Belegschaftsangehörigen und ihren Familienangehörigen im Falle der Hilfsbedürftigkeit oder Berufsunfähigkeit diente.[82] Die freiwilligen Sozialleistungen an Belegschaftsmitglieder stiegen 1935/36 auf 661.000 Reichsmark. Darüber hinaus beteiligte sich das Unternehmen mit Genehmigung der Generalversammlung vom 5. August 1935 mit 200.000 Reichsmark am »Winterhilfswerk des Deutschen Volkes«, das im Umfeld des Reichsministeriums für Volksaufklärung und Propaganda durch Gaben an einkommensschwache Personen das

19. Aufsichtsratssitzung vom 7.6.1934, S. 2 (Südzucker AG, Unternehmensarchiv, HV 01_00_186).

81 Süddeutsche Zucker-AG, Bericht über das Geschäftsjahr 1934/35 für die 10. ordentliche Generalversammlung am 5. August 1935, Mannheim 1935, S. 8.

82 Notiz Südzucker-Unterstützungskasse o. D. [Juni 1935] (Südzucker AG, Unternehmensarchiv, WAG 11_00_005).

Prinzip »Gemeinwohl vor Eigennutz« zum Ausdruck bringen wollte.[83] Das schloss aber Konflikte mit der Deutschen Arbeitsfront (DAF), die ihrerseits ihren innerbetrieblichen Einfluss ausdehnen wollte, keineswegs aus. Die Unternehmensvorstände waren es wiederum zum Teil seit Jahrzehnten gewohnt, an den von ihnen betreuten ländlichen Standorten über den Betrieb hinaus Gewicht und Stimme zu haben. Dabei waren Reibungen mit neuen Kräften geradezu vorprogrammiert.

Im Zuckerort Waghäusel, wo der Zuckerkonzern in Person von Jacob Bühler in wirtschaftlicher wie in administrativer Hinsicht als Vorstand und als Bürgermeister das Lokalgeschehen dominierte,[84] entzündete sich im April 1935 ein Konflikt mit der örtlichen evangelischen Kirchengemeinde. Sie hatte für den Neubau einer Kirche in Wiesental rückwirkend von den in Waghäusel ansässigen Steuerbürgern 2.800 Reichsmark und von der Zuckerfabrik sogar 4.500 Reichsmark eingefordert. Bühler mobilisierte durch Auslegung einer Protestliste gegen das Vorgehen.[85] Zu den 21 Mitzeichnern gehörte auch der Südzucker-Manager Karl G. Stelzig.[86] Pastor Hermann Höckh bemühte sich bei Bühler und den anderen Petenten um Verständnis für die als notwendig erachtete Maßnahme.[87] Der einflussreiche Manager erreichte durch den Vorschlag, die Süddeutsche Zucker-AG könne der Kirchengemeinde Wiesental für den Kirchenbau gegen Schuldschein ein verzinstes Darlehen über 25.000 Reichsmark geben, das über einen Zeitraum von neun Jahren durch jährliche Rückzahlungen getilgt würde, bei dem Repräsentanten der Deutschen Christen in der Badischen Kirchenleitung und der NSDAP besonders zugewandten Karlsruher Oberkirchenrat Dr. Emil Doerr ein Einlenken, indem die Ortskirchensteuer um die Hälfte reduziert wurde.[88] Bühler beanspruchte, offenbar durch das Entgegenkommen ermu-

83 Süddeutsche Zucker-AG, Bericht über das Geschäftsjahr 1935/36 für die 11. ordentliche Generalversammlung am 5. August 1936, Mannheim 1936, S. 7 f.; Herwart Vorländer, *NS-Volkswohlfahrt und Winterhilfswerk des Deutschen Volkes*, in: Vierteljahrshefte für Zeitgeschichte 3 (1986), S. 341-380.

84 Guttmann, *Kirrlach*, S. 474 ff.

85 Jacob Bühler an die steuerpflichtigen evangelischen Mitglieder der Gemeinde Waghäusel vom 3.4.1935 (Südzucker AG, Unternehmensarchiv, WAG 06_00_023).

86 Die unterzeichneten Kirchensteuerzahler vom 4.4.1935 (ebd.).

87 Pfarrer Höckh an Jacob Bühler vom 4.4.1935 (ebd.); Pfarrer Hermann Höckh an alle evangelischen Gemeindeglieder in Waghäusel vom 6.4.1935 (ebd.).

88 Evangelischer Oberkirchenrat Dr. Emil Doerr an das Evangelische Dekanat Karlsruhe-Land vom 18.4.1935, S. 3 f. (ebd.); Gerhard Schwinge (Hg.), *Die Evangelische Landeskirche in Baden im Dritten Reich. Quellen zu ihrer Geschichte*, Bd. 6: Generalregister, Karlsruhe 2005, S. 396.

tigt, Jahr für Jahr spezielle Vergünstigungen,[89] um zur Verärgerung des örtlichen Pfarramts sieben Wochen nach der Beerdigung seiner Ehefrau im Dezember 1941 aus der Kirche auszutreten.[90] Während Kirchenangehörige darin einen Hinweis auf seine ideologisch motivierte Abwendung von der Religion sahen, beanspruchte er trotz eines hohen fünfstelligen Jahreseinkommens, dass ihn allein Sparsamkeitsgründe zu diesem Schritt veranlasst hätten.

Das NS-Regime betrachtete die Schaffung von Arbeitsplätzen als wichtigen Faktor seines Erfolgs. In diesem Sinne regte die Gauleitung Pfalz-Saar der DAF im Juni 1935 die Wiederingangsetzung der Zuckerfabrik Friedensau an. Conrad Schumacher empfing deren Vertreter, ohne aber konkrete Schritte anzukündigen.[91] Der ein Dreivierteljahr später gemachte Vorschlag, im Werk Friedensau eine Grieß- und Nudelfabrikation aus Roggen aufzuziehen und hierfür 80.000 Reichsmark zu investieren,[92] stieß in der Unternehmenszentrale auf kein Interesse, wenngleich Conrad Schumacher zwei Beauftragte zu einer Vorortbesichtigung mit Vertretern der Landesbauernschaft und des DAF-Gaus Pfalz-Saar entsandte, um nicht unhöflich zu wirken.[93] Doch der DAF-Gauobmann Pfalz-Saar, Georg Stahl, ließ nicht locker, sondern erneuerte nach Abschluss des Internationalen Zuckerabkommens in London am 8. Mai 1937 das Ansinnen, wegen des gesteigerten Absatzes die Wiederinbetriebnahme der Zuckerfabrik in Limburgerhof in die Wege zu leiten.[94] Eine Belebung des Zuckerexports würde aber, so Conrad Schumacher in seiner Antwort an den Gauobmann, frühestens in zwei bis drei Jahren eintreten, und auch nur erfolgen, wenn die Zuckererzeugung den Inlandsbedarf decken konnte. An eine wesentliche Ausweitung der An-

89 Evangelischer Oberkirchenrat Emil Doerr an das Evangelische Dekanat Karlsruhe-Land vom 26.2.1937 (ebd.); Pfarrer Hermann Höckh an Evangelisches Oberkirchenamt, Finanzabteilung vom 31.10.1938 (ebd.).

90 Pfarrer Hermann Höckh an Evangelisches Oberkirchenamt, Finanzabteilung o. D. [14.1.1942] (ebd.).

91 Süddeutsche Zucker-AG, Conrad Schumacher an Deutsche Arbeitsfront, Gauwaltung Pfalz-Saar vom 14.6.1935 (Südzucker AG, Unternehmensarchiv, HV 14_00_005); zur Rolle und Funktion der Deutschen Arbeitsfront im NS-System siehe etwa Rüdiger Hachtmann, *Vom Wilhelminismus zur neuen Staatlichkeit des Nationalsozialismus. Das Reichsarbeitsministerium 1918-1945*, Göttingen 2023, S. 984 ff.

92 DAF-Gauwaltung Pfalz-Saar an Conrad Schumacher vom 13.3.1936 (Südzucker AG, Unternehmensarchiv, HV 14_00_005).

93 DAF-Gauwaltung Pfalz-Saar an Conrad Schumacher vom 26.6.1936 (ebd.).

94 DAF-Gauwaltung Pfalz-Saar, Georg Stahl, an Conrad Schumacher vom 8.5.1937 (ebd.).

bauflächen wollte Schumacher aber wegen des allgemeinen Arbeitskräftemangels nicht glauben. Dementsprechend machte er Stahl keinerlei Hoffnung, dass in absehbarer Zeit eine Wiederingangsetzung erfolgen könne, zumal in den anderen Zuckerfabriken noch ungenutzte Kapazitäten bestanden.[95]

Die Initiative zur Wiederbelebung von stillgelegten Betrieben betraf aber auch die Frankenthaler Schnellpressenfabrik Albert & Co. GmbH. Zur Beschaffung des erforderlichen Startkapitals machte die Belegschaft der Zuckerfabrik Offstein nach dem 9. Mai 1935 freiwillig 4.113 unentgeltliche Überstunden. Den Gegenwert von 3.033,18 Reichsmark überwies die Zuckerfabrik, nachdem die DAF-Kreiswaltung im pfälzischen Frankenthal daran erinnert hatte, zusammen mit 5.000 Reichsmark, die die Konzernzentrale in Mannheim zur Verfügung stellte.[96]

In politischer Hinsicht blieb die DAF ein Unruhefaktor, etwa wenn sich die DAF-Kreiswaltung Ludwigshafen im Mai 1935 mit Südzucker-Vorstand Schumacher im Zusammenhang mit den erhobenen Vorwürfen über den »jüdischen Einfluss« im Unternehmen und über die Verhältnisse in der Ludwigshafener Walzmühle »unterhalten« wollte.[97] Am 17. Januar 1936 fragte die Organisationsabteilung der DAF-Gauwaltung Pfalz-Saar unter Bezugnahme auf einschlägige Presseartikel nach den Besitzverhältnissen bei der Süddeutsche Zucker-AG und der Ludwigshafener Walzmühle und dem Aktienanteil der Familie Flegenheimer sowie der Verteilung auf die Konsorten des von der Deutsche Bank AG geführten Konsortiums.[98]

Die DAF mischte sich im Februar 1936 in unternehmerische Investitionsfragen ein, wenn die Fachgruppe Zucker-Industrie der DAF-Reichsbetriebsgemeinschaft Nahrung und Genuss wegen der in der Zuckerfabrik Klettendorf verschobenen Umbauten und Verbesserungen intervenierte, da dies die erhoffte Beschäftigungsmöglichkeit von dortigen Erwerbslosen hintertrieb.[99] Den vom Gauwirtschaftsberater des im März 1936 in Saarpfalz umbenannten NSDAP-Gaus, Regierungsrat

95 Conrad Schumacher an DAF-Gauwalter Pfalz-Saar, Georg Stahl vom 14.5.1937 (ebd.).

96 DAF-Kreiswaltung Frankenthal an Süddeutsche Zucker-AG, Werk Zuckerfabrik Offstein vom 27.9.1935 (ebd.); Süddeutsche Zucker-AG, Werk Zuckerfabrik Offstein an DAF-Kreiswaltung Frankenthal vom 30.9.1935 (ebd.).

97 DAF-Kreiswaltung Ludwigshafen an Conrad Schumacher vom 2.7.1935 (ebd.).

98 DAF-Gauwaltung Pfalz-Saar, Organisationsabteilung, an Conrad Schumacher vom 17.1.1936 (ebd.).

99 DAF-Reichsbetriebsgemeinschaft Nahrung und Genuss, Fachgruppe Zucker-Industrie, an Conrad Schumacher vom 13.6.1936 (ebd.).

Dr. Wilhelm Bösing, gemachten Vorschlag einer Beteiligung an der in Grünstadt stillliegenden Hansa Konservenfabrik AG, um eine Wiedereröffnung zu ermöglichen,[100] lehnte Schumacher allerdings unter Hinweis auf die völlige Überbesetzung der Branche postwendend ab.[101]

Die höhere Bedeutung der Autarkiepolitik für das NS-Regime führte dagegen zu der Erwartung zentraler Berliner Stellen, aber auch der NSDAP-Gauleiter, dass die Süddeutsche Zucker-AG finanziellen Beteiligungen an neuen Zellwollefabriken nähertreten würde. Neben dem badischen Ministerpräsidenten Walter Köhler hatte auch schon Ministerialrat Hans Ilgner aus dem Reichsfinanzministerium Aufsichtsratsmitglieder der Süddeutsche Zucker-AG und dessen Vorsitzenden Zapf auf die Möglichkeit eines Finanzengagements in Bereich der Ersatzstoffindustrien angesprochen. Auch legte Wilhelm Keppler, der »Wirtschaftsbeauftragte des Führers«, der Süddeutsche Zucker-AG ein Exposé mit der Aufforderung vor, sich mit 300.000 Reichsmark an der geplanten Fabrik der Süddeutsche Zellwolle AG in Kelheim zu beteiligen. Nach übereinstimmender Auffassung sollte sich die Süddeutsche Zucker-AG der Anfrage nicht verschließen und eine Finanzbeteiligung, aber »keinesfalls in der vorgenannten Höhe«, zusagen.[102] Der Verwaltungsrat beschloss auf seiner nächsten Sitzung am 29. Mai 1936 eine Beteiligung in Höhe von 100.000 Reichsmark.[103]

Parallel suchte der Deutsche-Bank-Vorstand Sippell Anfang Juni 1936 das Gespräch mit dem Direktor der Mannheimer Zellstofffabrik Waldheim AG, Max H. Schmid, um mit ihm die erwarteten Renditechancen und eine mögliche 20-Prozent-Beteiligung an einer in Mannheim-Waldhof geplanten Zellwollefabrik, die ein Investitionsvolumen von zehn Mio. Reichsmark erforderte, zu besprechen.[104] Über die Ergebnisse

100 NSDAP-Gauleitung Saarpfalz, Gauwirtschaftsberater an Conrad Schumacher vom 12.6.1936 (ebd.).

101 Conrad Schumacher an Gauwirtschaftsberater Dr. Wilhelm Bösing vom 16.6.1936 (ebd.).

102 Protokoll über die Sitzung des 42. Verwaltungsrates am 7.5.1936, S. 3 (HADB, P 4828); vgl. Fritz Streit, *Die Geschichte der Gründung der »Zellwolle Aktiengesellschaft« (Sitz Kelheim)*, Bayreuth 1936; Siegfried Seher, *Zellwolle – ein Weg zur Freiheit*, Kelheim, Donau 1938; siehe auch Mark Spoerer/Martin Götz, *Von einer NS-Autarkiegründung zum Exportunternehmen. Die Entwicklung des Chemiefaserwerks in Kelheim 1935 bis 2004*, Stuttgart 2025, S. 26 ff.

103 Protokoll über die 43. Sitzung des Verwaltungsrates am 29.5.1936, S. 5 (HADB, P 4828).

104 Karl-Ernst Sippell, Aktenvermerk betr. Zellstofffabrik Waldhof vom 3.6.1936 (ebd., P 4823); Albert Zapf an Karl-Ernst Sippell vom 6.6.1936 (ebd.); Rudolf

seiner Erörterung mit der Zellstofffabrik Waldhof informierte Sippell am 4. Juni 1936 den AR-Vorsitzenden Zapf.[105]

Die badische Regierung regte überdies an, sich am Bau einer »Holz-Zuckerfabrik« in Baden mit zwei Mio. Reichsmark zu beteiligen, ohne dass darüber der Verwaltungsrat im Dezember 1936 schon eine konkrete Entscheidung traf.[106] Da der industrielle Herstellungsprozess noch keine abschließende Klärung gefunden hatte, gab die Süddeutsche Zucker-AG zunächst nur 2.000 Reichsmark für die Gründung einer Forschungsgesellschaft, die die Synthese von Eiweiß, Futterhefe und Alkohol aus Holz abklären sollte.[107]

Im Juni 1937 stand, nachdem das Büro des Chefs der Vierjahresplanbehörde, Hermann Göring, angefragt hatte, auch noch die Erstellung einer Anlage in Regensburg zur Rede, die nach einem allerdings noch nicht ausgereiften Verfahren von Friedrich Bergius aus Holz Zucker usw. herstellen sollte. Vorstand und Aufsichtsrat sahen darin zwar kein besonders lockendes Geschäftsfeld, glaubten jedoch wegen der wiederholten dringlichen Aufforderungen, sich mit 100.000 Reichsmark beteiligen zu müssen.[108] Die Süddeutsche Zucker-AG griff also die von verschiedenen Institutionen vorangetriebenen autarkiepolitischen Bemühungen zur Erschließung von Futter- oder Nahrungsmitteln sowie von Ersatzstoffen aus im Deutschen Reich vorhandenen Ressourcen nicht bedenkenlos auf. Allerdings schien der Unternehmensleitung und den Eigentümern eine offene Blockadehaltung wenig hilfreich zu sein. Daraufhin wollte das Unternehmen das eigene Finanzengagement möglichst kleinhalten und risikolos gestalten, weshalb ihm entgegenkam, dass die Verzinsung des eingesetzten Kapitals in aller Regel staatlich garantiert wurde.

Die für Waghäusel zuständige DAF-Gauwaltung Baden lobte zwar einerseits die »kameradschaftliche und vertrauensvolle Zusammenarbeit«

Haas/Friedrich Dorn, *75 Jahre Zellstofffabrik Waldhof. Chronik 1884-1959*, Darmstadt 1959, S. 49 ff.

105 Karl-Ernst Sippell, Aktenvermerk betr. Süddeutsche Zucker AG Mannheim vom 4.6.1936 (HADB, P 4823).

106 Karl-Ernst Sippell, Aktenvermerk betr. Süddeutsche Zucker AG Mannheim vom 2.12.1936, S. 2 f. (ebd.); vgl. Wallbaum, *Zuckerwirtschaft*, S. 108 ff.

107 Karl-Ernst Sippell, Aktenvermerk betr. Verwaltungsratssitzung am 17.2.1937 in Basel vom 18.2.1937, S. 6 (HADB, P 4823); Karl-Ernst Sippell, Aktenvermerk betr. Verwaltungsratssitzung am 21.5.1937 in Berlin vom 26.5.1937, S. 2 (ebd.).

108 Protokoll zu der 26. Aufsichtsratssitzung am 23.6.1937, S. 2 (ebd., P 4829); Karl-Ernst Sippell, Aktenvermerk betr. Süddeutsche Zucker AG Mannheim vom 30.6.1937, S. 5 f. (ebd., P 4823); vgl. Hans Limmer, *Die Holzverzuckerung in ihrer Bedeutung für die deutsche Forst-, Ernährungs- und Treibstoffwirtschaft*, Diss. Nürnberg 1942, S. 57 ff..

Abb. 20 Letzter Arbeitstag nach 50-jähriger Arbeit in der Zuckerfabrik Waghäusel, 1935

zwischen Leitung und Belegschaft sowie die wachsende »Betriebsgemeinschaft«, forderte aber andererseits Klarheit über die Handlungskompetenz des als stellvertretender Betriebsführer benannten Direktors Alfred Brendel ein. Sie wollte darüber hinaus, da der wirtschaftliche Wiederaufstieg der Süddeutsche Zucker-AG »in letzter Konsequenz dem politischen Umschwung zu danken« sei, dass die Belegschaft einen »entsprechenden Anteil« erhielt. Hierzu sollte eine neue Lohnordnung erstellt und der Betriebsordnung angefügt werden, wodurch die Spitzenlöhne für ungelernte Arbeiter von 63 auf 66, für Arbeiterinnen von 41 auf 46 und für gelernte Handwerker von 76 auf 83 Pfennig pro Stunde, also zwischen 4,7 und 12,1 Prozent, steigen sollten, was die DAF-Gauwaltung eine »bescheidene Lohnerhöhung« nannte.[109] Ebenso sollten zusätzliche sozialpolitische Leistungen wie der Krankenkassenzuschuss, das Urlaubs- sowie Sterbegeld in der Betriebsordnung festgeschrieben werden. Die DAF-Gauwaltung regte zusätzlich an, die betriebliche Unterstützungs-

109 DAF-Gauwaltung Baden, Gaubetriebsgemeinschaft I an Süddeutsche Zucker AG, Conrad Schumacher vom 7.7.1936 (Südzucker AG, Unternehmensarchiv, HV 14_00_005).

Abb. 21 Nach Vorgaben des DAF-Amts »Schönheit der Arbeit« gestalteter Waschraum der Zuckerfabrik Regensburg

kasse in Richtung einer Altersunterstützung in Höhe von 40 bis 50 Prozent des zuletzt bezogenen Einkommens auszubauen.

In ihrem Antwortschreiben kündigten Schumacher und Bühler an, prüfen zu wollen, inwieweit die Reichstarifordnung in die Betriebsordnung übernommen werden könnte. Von einer durchgängigen Lohnerhöhung wollte die Unternehmensleitung aber unter Bezugnahme auf die »ansehnlichen Gratifikationen« ebenso Abstand nehmen wie von einer Verbesserung der erst seit kurzem eingeführten Urlaubsregelung. Das Unternehmen versprach, die Unterstützungskasse in ein Betriebspensionen einschließendes »neues verbessertes System« zu überführen.[110]

Auch musste mit der DAF die Festlegung von Arbeitszeiten besprochen oder ihr auch über die geplanten Maßnahmen zur Ausgestaltung von Pausenräumen und Ruheplätzen im Rahmen der DAF-Aktion »Schönheit der Arbeit« berichtet werden.[111] Das Unternehmen und seine Standorte zeigten sich üblicherweise kooperativ, sie lehnten aber, sobald

110 Süddeutsche Zucker-AG, Conrad Schumacher/Jacob Bühler, an DAF-Gauwalter in Karlsruhe vom 17.7.1936, S. 2 (ebd.).

111 DAF-Kreiswaltung Frankenthal an Betriebsführer im Kreis Frankenthal vom 3.5.1935 (ebd.).

Abb. 22 Arbeiterkantine des Werks Regensburg

eigene Interessen berührt waren, Vorschläge konsequent ab. Die Kritik, dass in der Wormser Zuckerfabrik Rheingau »noch nicht die nötige Ruhe« herrsche, drehte das Unternehmen um, indem es den »Vertrauensrat« als Verursacher ansah, zumal die Belegschaft »jeden Grund« habe, »voll zufrieden zu sein«. Anstatt den Betriebsleiter zu belasten, wies das Unternehmen der DAF-Kreiswaltung in Worms Mitte Juli 1936 die Aufgabe zu, »dies der Belegschaft mal klar auseinanderzusetzen«.[112] Ablehnung fanden vor allem Empfehlungsfälle, wie der des langzeiterkrankten Hans Schopp oder die Bitte um eine Lehrstelle.[113] Selbst den Gauwirtschaftsberater Wilhelm Bösing wies Schumacher wiederholt in die Schranken.[114]

112 Süddeutsche Zucker-AG an DAF-Kreiswaltung Worms vom 17.7.1936 (ebd.).

113 DAF-Rechtsberatungsstelle Worms an Conrad Schumacher vom 21.1.1936 (ebd.); Conrad Schumacher an DAF-Rechtsberatungsstelle Worms vom 4.2.1936 (ebd.); DAF-Rechtsberatungsstelle Worms an Conrad Schumacher vom 13.2.1936 (ebd.); DAF-Ortswalter Groß-Rohrheim an Conrad Schumacher vom 3.11.1936 (ebd.); Conrad Schumacher an DAF-Groß-Rohrheim vom 11.11.1936 (ebd.).

114 Gauwirtschaftsberater NSDAP-Saarpfalz, Wilhelm Bösing an Conrad Schumacher vom 18.10.1938 (ebd.); Conrad Schumacher an Wilhelm Bösing vom 31.10.1938 (ebd.); Conrad Schumacher an Wilhelm Bösing vom 9.5.1939 (ebd.).

Die Süddeutsche Zucker-AG nutzte die regelmäßig von der DAF eingereichten Anregungen und Forderungen auch dazu, die größte NS-Organisation nachgerade auf ihrem ureigensten Feld der Sozialpolitik zu übertreffen. Hatte der Bezirk Bayern der Reichsbetriebsgemeinschaft Nahrung und Genuss einerseits anerkannt, dass die Betriebsräume in Neuoffstein nach jeder Kampagne grundlegend erneuert wurden, wollte der dortige Gaubetriebsgemeinschaftsleiter die Urlaubszuschüsse nicht auf die Stammarbeiter mit mindestens vierjähriger Betriebszugehörigkeit beschränkt wissen, sondern gab die Anregung, diese freiwillige soziale Leistung auch schon an diejenigen mit ein- bis zweijähriger Beschäftigungsdauer auszuzahlen.[115] Schumacher punktete mit der Angabe, dass alle Arbeiterinnen und Arbeiter mit mindestens einjähriger ununterbrochener Beschäftigung, also nicht die Kampagnenarbeiter, die Urlaubsgratifikation erhielten, womit die Forderung des Gaubetriebsgemeinschaftsleiters sogar übertroffen wurde.[116]

Das NSDAP-Amt für Volkswohlfahrt im Kreis Worms berief Schumacher Ende August 1935 in die Arbeitsgemeinschaft Winterhilfswerk 1935/36.[117] Darüber hinaus gab ihm der DAF-Beauftragte für die Durchführung der Leipziger Vereinbarung am 6. November 1935 einen Sitz im Arbeitsausschuss »Nahrung und Genuss« im Gebiet Pfalz-Saar.[118] Der Arbeitsausschuss Süßwarenindustrie mit Sitz in Neustadt an der Weinstraße bestimmte am 17. April 1936 Conrad Schumacher zu seinem Vorsitzenden.[119] Schumacher sagte seine Teilnahme allerdings zu einer Tagung aller Arbeits- und Hauptausschüsse bereits im Folgemonat ab und blieb auch späterhin häufig Veranstaltungen fern.[120]

Eine nachhaltige Durchdringung des Unternehmens mit Elementen der NS-Praxis zeigte sich in den Bemühungen, die traditionelle betriebliche Sozialpolitik wie Werkswohnungen ab der Mitte der 1930er Jahre als Förderung der nationalsozialistischen »Betriebsgemeinschaft« auszu-

115 DAF-Reichsbetriebsgemeinschaft Nahrung und Genuss, Bezirk XII Bayern an Conrad Schumacher vom 1.7.1935 (ebd.).

116 Conrad Schumacher an DAF-Reichsbetriebsgemeinschaft Nahrung und Genuss, Bezirk XII Bayern vom 2.7.1935 (ebd.).

117 NSDAP-Amt für Volkswohlfahrt, Kreis Worms an Conrad Schumacher vom 27.8.1935 (ebd.).

118 DAF-Beauftragter für die Durchführung der Leipziger Vereinbarung, Claus Selzner, an Conrad Schumacher vom 6.11.1935 (ebd.).

119 Gau Saar-Pfalz, Konstituierende Sitzung des Arbeitsausschusses Süßwarenindustrie am 17.4.1936 (ebd.); Gau Saar-Pfalz, Sitzung des Arbeitsausschusses Süßwarenindustrie am 17.4.1936 (ebd.).

120 Conrad Schumacher an DAF-Gauwaltung Saar-Pfalz vom 14.5.1936 (ebd.); Conrad Schumacher an Arbeitskammer Saarpfalz vom 19.1.1937 (ebd.).

geben. So führte beispielsweise 1937 das schlesische Beteiligungsunternehmen vom Rath, Schoeller & Skene AG aus, dass in 37 betrieblichen Häusern mit 162 Wohnungen einem Teil der »ständigen Gefolgschaftsmitglieder« der Vorteil »billiger und schöner Werkswohnungen« gewährt werde. Neben dem Bau von vier Häusern gewährte das Unternehmen bauwilligen Stammbeschäftigten abhängig von der Familiengröße einen »besonderen Zuschuss«.[121] Die »von jeher« bestehende Altersversorgung fand Ergänzungen. Darüber hinaus unterhielt die vom Rath, Schoeller & Skene AG betriebliche Wohlfahrtseinrichtungen wie Schwesternstationen und Spielstuben. Vier NSV-Kindergärten erhielten Zuschüsse für die Betreuung von Belegschaftskindern. Das im Vorjahr unweit von Breslau errichtete Kindererholungsheim bot im Sommer 1937 anstatt 75 nunmehr 90 Kindern einen vierwöchigen unentgeltlichen Aufenthalt mit entsprechender Pflege.

Auch in Klettendorf sollten »Betriebsführung und Belegschaft zu einer vorbildlichen Betriebsgemeinschaft« zusammengeführt werden, indem in »echter Kameradschaft« Betriebs- und Erntedankfeste, 1.-Mai-Veranstaltungen und Betriebsausflüge durchgeführt wurden. Mitarbeitern Beihilfen für eine Teilnahme an Fahrten der Freizeitorganisation »Kraft durch Freude« zu gewähren, lag ebenso auf der Linie der NS-Sozialpolitik wie die Unterstützung zur Teilnahme an den Veranstaltungen der Partei. Dies helfe, den »Zusammenhang unseres Betriebes mit dem großen Geschehen in deutschen Landen« zu sichern. Im Geschäftsjahr 1936/37 summierten sich die Ausgaben am Standort Klettendorf auf mehr als 456.000 Reichsmark.[122]

Die Zuckerfabrik Waghäusel, das älteste Werk der Süddeutsche Zucker-AG, vollendete im Juli 1937 ihr erstes Jahrhundert des Bestehens. Die aus diesem Anlass herausgegebene Festschrift gab Hinweise auf die »ihr im Rahmen des Vierjahresplanes« gestellten Aufgaben. Das gestiftete »Ehrenmal« für »136 tapfere und pflichttreue Arbeitskameraden«, die im Ersten Weltkrieg gefallen waren, erhielt durch Kränze mit Hakenkreuzschleifen seine historische Situierung.[123] Ganz im Sinne der symbolischen Beteiligung der Belegschaft am Unternehmenserfolg verwendete

121 Bericht über die Leistungen der Firma vom Rath, Schoeller & Skene AG, für ihre Gefolgschaft o.D. [20.11.1937] (Südzucker AG, Unternehmensarchiv, HV 01_00_150, Mappe 2).

122 Karl-Ernst Sippell, Aktenvermerk betr. Süddeutsche Zucker-AG Mannheim vom 7.5.1936, S. 2 (HADB, P 4823); Protokoll über die Sitzung des Verwaltungsrates am 7.5.1936, S. 3 (ebd., P 4828).

123 Süddeutsche Zucker-AG (Hg.), *100 Jahre Zuckerfabrik Waghäusel, 1837-1937*, Waghäusel 1937, S. 39.

die Werksleitung einen »namhaften Geldbetrag zu einer einheitlich bemessenen Spende an die Gefolgschaft und Pensionäre (Arbeiter und Angestellte)«.[124]

1937/38 bilanzierte die Süddeutsche Zucker-AG ihre »Sozialfürsorge« dahingehend, dass die Belegschaft auf dem gleichen Stand geblieben war und 830 Mitarbeiter in werkseigenen Wohnungen lebten. Die 1934 eingerichtete Südzucker-Unterstützungskasse erbrachte zunächst an erkrankte Beschäftigte einmalige Unterstützungen in »Notfällen« oder an Hinterbliebene verstorbener Mitarbeiter auch laufende Leistungen. Nachdem aber der rechtlich selbstständige Fonds als Südzucker-Unterstützungswerk (SUW) zu einer betrieblichen Renteninstanz weiterentwickelt worden war, veränderte sich die Ausgabenstruktur deutlich. Für einmalige Notfallunterstützungen brachte das Unternehmen 1941/42 knapp 78.000 Reichsmark auf, während die laufenden Unterstützungen vor allem für Renten bereits 218.000 Reichsmark erforderten. Zwar war der Vermögensbestand durch jährliche Zuwendungen von jeweils 500.000 Reichsmark bis zum 1. März 1942 auf mehr als 3,2 Mio. Reichsmark angewachsen. Aber die Gesamtausgaben waren aus den erzielten Zinsen und Kapitalerträgen von rund 130.000 Reichsmark nicht zu decken. Das Gutachten eines Versicherungsmathematikers wies nach, dass Ende 1942 noch nicht einmal die Hälfte des notwendigen Deckungskapitals für die Rentenanwartschaften der aktiven Mitarbeiter vorhanden war. Die sozialpolitischen Versprechen standen mithin auf keiner festen Finanzbasis.[125]

Unabhängig davon wandte das Unternehmen 1937/38 für Urlaubsbeihilfen oder Weihnachtsgelder sowie für Reisen der »Kraft durch Freude«-Freizeitorganisation der DAF oder für Betriebsausflüge mehr als 957.000 Reichsmark auf. Zu Wehrübungen einberufenen Mitarbeitern zahlte das Unternehmen den gesetzlich geregelten Höchstbetrag als Zuschuss und förderte auf diese Weise auch die Militarisierung der Gesellschaft. Darüber hinaus ließ sich der Mannheimer Zuckerkonzern die Unterstützung der Aktivitäten des DAF-Amts »Schönheit der Arbeit« zur Gesundheitspflege oder die Einrichtung und Ausgestaltung von »Kameradschaftsräumen« sowie die Beteiligung am »Leistungskampf

124 »Zur 100-Jahrfeier der Zuckerfabrik Waghäusel«, Der Führer. Hauptorgan der NSDAP, Gau Baden vom 12.7.1937 (Südzucker AG, Unternehmensarchiv, WAG 11_00_006).

125 Anton Hein, Gutachten für das Südzucker-Unterstützungswerk in Frankenthal vom 12.8.1943, S. 10 (ebd., Nachlass Schumacher, 00_0006_27).

Abb. 23 Siedlungshäuser in Nähe der Zuckerfabrik von Waghäusel

der deutschen Betriebe« auch an den Standorten etwas kosten.[126] Was aus Sicht des Unternehmens wie die Fortentwicklung der traditionalen Belegschaftspolitik verstanden werden konnte, galt den NS-Strukturen als Übernahme ihrer Vorstellungen.

Die harmonische Selbstsicht trübte im März 1938 in der Zuckerfabrik Haynau ein politisierter Nachbarschaftskonflikt zwischen zwei Führungskräften. Am 27. März 1938 bestätigte der dortige DAF-Betriebsobmann, Johann Nahlik, Betriebsführer Georg Muschner, dass Direktor Ludwig Eyer ihm am Vorabend bei einer hochprozentigen abendlichen Feier in der Gastwirtschaft Feldschlößchen öffentlich Vorhaltungen gemacht hatte, die als beleidigend wahrgenommen werden konnten. In lautem und anmaßendem Ton habe Eyer erklärt, sich als Nationalsozialist nicht

126 Süddeutsche Zucker-AG, Bericht über das Geschäftsjahr 1937/38 für die 13. ordentliche Generalversammlung am 17. November 1938, Mannheim 1938, S. 8 f.; Süddeutsche Zucker-AG, Bericht über das Geschäftsjahr 1938/39 für die 14. ordentliche Generalversammlung am 14. Juli 1939, Mannheim 1939, S. 8; zur Verschränkung der betrieblichen mit der von der Deutschen Arbeitsfront und der Nationalsozialistischen Volkswohlfahrt organisierten Sozialpolitik siehe Manfred Grieger, *Betriebliche Sozialpolitik und Zwangsarbeit. Zwei Seiten der nationalsozialistischen »Betriebsgemeinschaft« im Wintershall-Konzern*, in: Manfred Grieger u. a., Expansion um jeden Preis. Studien zur Wintershall AG zwischen Krise und Krieg, 1929-1945, Frankfurt a. M. 2020, S. 167-233, insb. 188 ff.

mehr länger von einem »Freimaurer« Zumutungen bei der Nutzung des zur Werkswohnung gehörenden Gartens gefallen zu lassen, sondern Vorstand Conrad Schumacher einzuschalten.[127] Auf die Mitgliedschaft zu einer Freimaurerloge hinzuweisen und zu behaupten, Muschner habe ihn 1933 sogar zu einem Logenbeitritt aufgefordert, untergrub dessen betriebliche Stellung.[128] Dass das Trinkgelage nach der Aushändigung der Parteikarte an Direktor Eyer erfolgt war und am nächsten Morgen bei Arbeitsaufnahme der Fabrikgärtner in Werkscharuniform noch herumtorkelte, wollte der am 28. März 1938 zu einer formellen Sitzung zusammengekommene betriebliche Vertrauensrat nicht dulden, da dadurch das »Ansehen des Betriebes« geschädigt werde. Der in Anwesenheit von Betriebsführer Muschner tagende Vertrauensrat erklärte sein »Befremden« darüber, dass Direktor Eyer an den »Exzessen teilgenommen« hatte und behielt sich »weitere Maßnahmen« nach einer Aussprache von Muschner und Eyer beim Regionaldirektor Langer ausdrücklich vor.[129]

Das alles zeigt die Süddeutsche Zucker-AG als anpassungswillig an die neuen Machtverhältnisse, deren Vorteile zielsicher implementiert, mögliche Reibungen durch Entgegenkommen vermindert wurden. Das aufscheinende Problem lag gerade in der wenig konturierten Positionierung des Unternehmens, das aber bereits in der Weimarer Republik als Teil des traditionellen Milieus ohnehin Sympathien für rechtskonservative Richtungen hegte. Mit deren Hinwendung zur NSDAP rutschte die Süddeutsche Zucker-AG ebenfalls in das Sammelbecken demokratiefeindlicher Stimmungen und Absichten.

127 Betriebsobmann Johann Ruhlik an Betriebsführer Georg Muschner vom 27.3.1938 (Südzucker AG, Unternehmensarchiv, HV 01_00_150, Mappe 2).

128 Die NSDAP übte nach 1933 starken Druck auf die Freimaurerlogen aus, die ihnen wegen ihrer internationalen Verbindungen landesverräterische Absichten sowie eine jüdische Unterwanderung ihrer Mitgliedschaft unterstellte. Die meisten Logen lösten sich nach Anpassungsversuchen etwa durch den Ausschluss jüdischer Mitglieder und die Aufgabe alttestamentarischer Riten 1935/36 auf; etliche frühere Logenmitglieder wurden aus der NSDAP ausgeschlossen. Vgl. Rolf Melzer, *Konflikt und Anpassung. Freimauerei in der Weimarer Republik und im »Dritten Reich«*, Wien 1999; Jochen Schuster, *Freimaurer und Justiz in Norddeutschland unter dem Nationalsozialismus. Die beruflichen Folgen der Mitgliedschaft in Logen für Richter und Staatsanwälte*, Frankfurt a. M. 2007, S. 142 und 157 ff.

129 Sitzung des Vertrauensrats der Zuckerfabrik Haynau am 28.3.1938, S. 1 (Südzucker AG, Unternehmensarchiv, HV 01_00_150, Mappe 2).

Auf Expansionskurs: Die Übernahme von Zuckerfabriken im Rheinland und in Schlesien sowie einer Industriebeteiligung

Zu den Beteiligungen der Süddeutsche Zucker-AG gehörten schon länger Anteile an der Helvetia Konservenfabrik AG in Groß-Gerau und der Kaiser-Friedrich-Quelle AG in Offenbach/Main, die nicht in unmittelbarer Verbindung zum Kerngeschäft standen. Das Finanzengagement resultierte im Fall der Konservenfabrik wohl aus der Verbundenheit des Aufsichtsratsvorsitzenden Albert Zapf, der dort in gleicher Funktion tätig war. Der Mineralquellenbetrieb befand sich im Besitz der mit der Süddeutsche Zucker-AG verbundenen Bankiersfamilie Herzfeld aus Hannover; Conrad Schumacher fungierte ab 1930 sogar als deren Vorstandsvorsitzender.[130]

Auf dem Höhepunkt der Weltwirtschaftskrise begannen bei der Leitung der Süddeutsche Zucker-AG, unterstützt durch die gestärkte wirtschaftliche Basis, Überlegungen zu einer Unternehmensexpansion. Dabei richteten sich die Blicke sowohl ins Rheinland als auch nach Schlesien. Da der Rheinische Rübenbauernverband als Eigentümer der Zuckerfabrik Alexander Schoeller & Co. AG in wirtschaftliche Schieflage geraten war, übernahm die Süddeutsche Zucker-AG nach 1932 mehr als 80 Prozent des Aktienkapitals von 1,3 Mio. Reichsmark.[131]

Darüber hinaus kaufte die Süddeutsche Zucker-AG im Oktober 1934 ein erstes Aktienpaket in einer Größenordnung von mehr als 380.000 Reichsmark der Oberlausitzer Zuckerfabrik AG Löbau. Mit der Sächsischen Staatsbank war aber vereinbart worden, von einer Übernahme der Geschäftsführung abzusehen, da wegen der gegen den Zuckerkonzern gerichteten Stimmung der NS-Öffentlichkeit ein »lebhaftes Interesse« bestand, dass die Unternehmensexpansion »nicht bekannt« wurde.[132] In Folge einer Krise, die zu einem Gerichtsverfahren gegen den Vorstandsvorsitzenden der Oberlausitzer Zuckerfabrik AG Löbau wegen Unterschlagung geführt hatte, sah sich die Süddeutsche Zucker-AG

130 Pohl, *Südzucker*, S. 114, 191 ff.

131 *Süddeutsche Zucker AG. Übernahme von Jülicher-Zucker-Aktien*, in: Berliner Börsen-Zeitung vom 26.1.1935 (HADB, P 4841); vgl. Carl-Josef Virnich, *Zuckerfabrik Jülich 1880-2006*, Jülich 2007, S. 52 ff.

132 Bruno Seeliger an Süddeutsche Zucker-AG, Vorstand vom 21.12.1935, S. 1 (Südzucker AG, Unternehmensarchiv, RE 14_00_002); zur Oberlausitzer Zuckerfabrik AG in Löbau siehe vor allem Walter Odebrecht, *Zur Geschichte der Zuckerfabrik*, in: Löbauer Journal 18 (2009), S. 45-67 und 22 (2015), S. 13-42.

Ende Januar 1936 »verpflichtet«, in der Zuckerfabrik die »technische und kaufmännische Betreuung und Oberverwaltung zu übernehmen«. Conrad Schumacher stimmte auch zu, dass der Kreisbauernführer Held in den Vorstand eintrat. Vom eine Mio. Reichsmark betragenden Aktienkapital der Oberlausitzer Zuckerfabrik Löbau AG besaß die Süddeutsche Zucker-AG 51 Prozent.[133]

Während die Mehrheitsbeteiligung aus Sicht Conrad Schumachers eine Art Ehrenpflicht darstellte, galt der Aktienkauf dem Südzucker-Vorstand Bruno Seeliger Ende 1935 als »typisches Beispiel« für das vorherrschende »planlose Durcheinanderregieren«.[134] Da über die Unterschlagung hinaus – nach Ansicht Seeligers – dort noch hoher Ordnungsbedarf bestand, er aber eine weitere Zersplitterung des Zuckerkonzerns vermeiden wollte, sprach er sich für einen Verkauf der Löbau-Aktien sowie für eine »Generalsanierung« des Anteilsbesitzes aus. Seeliger nahm damit auf »Ärger und Zeitungsangriffe« Bezug, die auf die von Albert Flegenheimer initiierte Übernahme der Ludwigshafener Walzmühle gefolgt waren. Auch die Beteiligung an der Zuckerfabrik Jülich wies keinerlei Vorteil auf, da das Unternehmen keine Dividende zahlte und der von dort bezogene Zucker zu den teuersten im Reich gehörte.[135]

Seeliger zog die Schlussfolgerung, sich auf Beteiligungen an Unternehmen zu beschränken, bei denen eine enge Beaufsichtigung der Verwaltung unnötig war.[136] Das richtete sich in erster Linie gegen Albert Flegenheimer, aber auch gegen die Vorlieben beispielsweise von Jacob Bühler, den Seeliger für den Einstieg in die Konservenindustrie oder die Kaiser-Friedrich-Quelle mit den damit in die Hunderttausende gehenden Verlusten verantwortlich machte. Angesichts der grundlegenden Meinungsunterschiede über die zukünftige Beteiligungspolitik war das baldige Ausscheiden von Seeliger aus dem Vorstand keine Überraschung.

Von wirtschaftlich und strategisch größerer Bedeutung war allerdings der Griff nach sechs Zuckerunternehmen in Schlesien. Die in den Kauf

133 Conrad Schumacher, Aktenvermerk betr. Bericht über Löbau vom 19.5.1936, S. 2 (HADB, P 4827).

134 Bruno Seeliger an Süddeutsche Zucker-AG, Vorstand vom 21.12.1935, S. 1 (Südzucker AG, Unternehmensarchiv, RE 14_00_002).

135 Ebd., S. 2. Die Zuckerfabrik Jülich wies zwar ab 1934/35 geringe Gewinne auf, schüttete jedoch erst wieder im Geschäftsjahr 1940/41 eine Dividende von vier Prozent in einer Gesamthöhe von 72.000 Reichsmark aus, Zuckerfabrik Jülich Alex. Schoeller & Co. AG, Bericht über das Geschäftsjahr 1940/41 für die 35. Ordentliche Hauptversammlung am 9.12.1941, Jülich 1941 (BArch, R 8120, Nr. 62).

136 Bruno Seeliger an Süddeutsche Zucker-AG, Vorstand vom 21.12.1935, S. 3 f. (Südzucker AG, Unternehmensarchiv, RE 14_00_002).

Abb. 24 Zuckerfabrik Jülich

der Aktienmehrheit der vor allem im Besitz des tschechischen Zuckerindustriellen Ernst von Janotta befindlichen Interessengemeinschaft ostdeutscher Zuckerfabriken GmbH (Igoz) involvierte Deutsche Bank AG schätzte Mitte November 1933 den Finanzierungsbedarf für die von der Troppauer Zuckerfabrik AG und anderen Eigentümern gehaltenen Aktien und Gesellschaftsanteile der Zuckerfabriken Oberglogau/Zülz, Bauerwitz, Ratibor, Haynau, Münsterberg und Hotzenplotz auf insgesamt 5,965 Mio. Reichsmark, von denen gut zwei Mio. in Reichsmark bezahlt und 3,9 Mio. in ausländischen Valuta beglichen werden sollten.[137] Ein umfangreiches Gutachten des Münchner Juristen Karl Berchtold, der über gute Verbindungen in die NSDAP-Spitze verfügte, sah die Igoz weder in einem Widerspruch zur NS-Regierungspolitik stehend, noch machte er gegen die Person und das Wirken des »Steuerausländers« Ernst

137 Finanzierungsplan vom 16.11.1933. S. 1 f. (Bundesarchiv Koblenz [künftig: BAK], Nachlass Zapf, Nr. 57).

Abb. 25 Waggonentladung von Zuckerrüben in Löbau

von Janotta Front.[138] Damit wollte der Mannheimer Zuckerkonzern möglichen politischen Vorbehalten gegen das Geschäft vorbauen.

Die Berliner Börsen-Zeitung berichtete Ende Januar 1934 zutreffend, dass die »Süddeutsche Zucker in Schlesien stark interessiert« sei.[139] Die Frankfurter Zeitung sprach von einer »Konzernerweiterung« durch eine »ganze Gruppe schlesischer Werke«.[140] Zu den zwischen 59,1 und 89,8 Prozent des Stammkapitals umfassenden Beteiligungen an den schlesischen Zuckerfabriken in Bauerwitz, Haynau, Münsterberg und Ratibor kam noch die Klettendorfer Igoz hinzu, die ebenfalls von dem Troppauer Industriellen Dr. Ernst von Janotta übernommen wurde.[141]

Bei den schlesischen Betrieben erhoffte sich der Südzucker-Vorstand 1934/35 eine Besserung der wirtschaftlichen Lage, da die Verarbeitungs-

138 Karl Berchtold, »Entsprechen die Interessengemeinschaft Ostdeutscher Zuckerfabriken GmbH Klettendorf bei Breslau und die ihr angeschlossenen Unternehmungen den Wirtschaftsgrundsätzen des neuen Staates?« vom September 1933 (Südzucker AG, Unternehmensarchiv, HV 11_00_021).

139 *Süddeutsche Zucker in Schlesien stark interessiert*, in: Berliner Börsen-Zeitung vom 29.1.1934 (HADB, P 4827).

140 *Die Konzernerweiterung der Süddeutsche Zucker AG. Eine ganze Gruppe schlesischer Werke*, in: Frankfurter Zeitung vom 31.1.1934 (BArch, R 3102, Nr. 2803).

141 Süddeutsche Zucker-AG, Bericht über das Geschäftsjahr 1933/34 für die 9. ordentliche Generalversammlung am 25. Juni 1934, Mannheim 1934, S. 7 und 12.

Abb. 26 Zuckerfabrik Klettendorf

mengen von Rüben- und Rohzucker deutlich anstiegen und bei einem glatten Kampagnenverlauf und einer angemessenen Produktverwertung ein »annehmbares Ergebnis« erreicht werden konnte.[142] Ein halbes Jahr später befriedigten die Abschlüsse den Südzucker-Vorstand durchaus.[143] Die Ende Februar 1934 aufgestellte Bilanz des Rumpfgeschäftsjahrs 1933/34 bezifferte die Beteiligungen auf 7,771 anstatt der zuvor 2,262 Mio. Reichsmark. Ein Jahr später stieg der Wert der Beteiligungen durch die Anteile an der vom Rath, Schoeller & Skene AG in Klettendorf auf 10,828 Mio. Reichsmark. Der Beteiligungsbesitz lag wertmäßig nur um rund ein Drittel unterhalb des Anlagevermögens von 15,397 Mio. Reichsmark.[144]

142 Süddeutsche Zucker-AG an die Herren Mitglieder des Aufsichtsrats vom 15.1.1935, S. 2 (Südzucker AG, Unternehmensarchiv, HV 01_00_186).

143 Süddeutsche Zucker-AG an die Herren Mitglieder des Aufsichtsrats vom 30.6.1935, S. 1 f. (ebd.).

144 Süddeutsche Zucker-AG, Bericht über das Geschäftsjahr 1934/35 für die 11. ordentliche Generalversammlung am 5. August 1935, Mannheim 1935, S. 7 und 12; Protokoll zu der 17. Aufsichtsratssitzung vom 23.1.1934, S. 3 (Südzucker AG, Unternehmensarchiv, HV 01_00_186); Protokoll zu der 18. Aufsichtsratssitzung vom 29.1.1934, S. 3 (ebd.).

Die Süddeutsche Zucker-AG erhöhte 1935/36 erneut ihre Anteile an der Ratiborer Zuckerfabrik GmbH, der Hotzenplotzer Zuckerfabriks-AG, der AG Zuckerfabrik Haynau und der Zuckerfabrik Bauerwitz GmbH.[145] Die Steigerung des Anteilsbesitzes ergänzte der Mutterkonzern um umfangreiche technische Modernisierungen sowie Neu- und Ergänzungsbauten, die in Haynau und Ratibor eine Kapitalerhöhung notwendig machten. Das Stammkapital der Ratiborer Zuckerfabrik GmbH wurde von deren Gesellschafterversammlung im Januar 1935 von 528.000 auf 1,6 Mio. Reichsmark erhöht. 1936/37 baute die Süddeutsche Zucker-AG ihre dominante Stellung in diesen schlesischen Zuckerfabriken weiter aus.[146]

Die schlesischen Werke wiesen eine deutlich andere Gremienzusammensetzung als die der Konzernmutter auf. Beispielsweise in der vom Rath, Schoeller & Skene AG, die 1934/35 über ein Grundkapital von neun Mio. Reichsmark verfügte, bildeten Heinrich Burk und Josef Langer, der als eine Art Regionaldirektor fungierte, den Vorstand. Im 20-köpfigen Aufsichtsrat saßen zwar immerhin neun Vertreter aus dem Südzuckerkonzern, von denen Albert Zapf im Gremium auch den Vorsitz übernahm. Landwirt Victor von Websky aus dem 35 Kilometer südwestlich von Breslau gelegenen Karlsdorf-Weinberg, der ein 400 Hektar großes Rittergut mit Vorwerk und Schäferei besaß und auf den 221 Hektar Acker auch Rüben anbaute und die Zuckerfabrik in Klettendorf belieferte,[147] übernahm das Amt des stellvertretenden Vorsitzenden. Als weitere Vertreter gehörten dem Aufsichtsrat u. a. an: der Rittergutsbesitzer und Hauptmann a. D. Kurt Harlinger aus Schottwitz, Oskar Köhler, ein Generaldirektor i. R. der Zuckerfabrik Maltsch-Dietsdorf GmbH aus Bad Salzbrunn, der Kreisbauernführer des Kreises Ohlau Josef Neumann aus Niehmen, der bereits 1930 der NSDAP beigetretene und zeitweilig nach 1933 als Reichstagsmitglied und als Landesbauernführer fungierende Landrat von Ober-Glogau, Johannes Slawik, sowie Rittergutspächter Diplomlandwirt Adolf Tillner aus Langseifersdorf/Krs. Reichenbach im

145 Süddeutsche Zucker-AG, Bericht über das Geschäftsjahr 1935/36 für die 11. ordentliche Generalversammlung am 5. August 1936, Mannheim 1936, S. 6.

146 *Südzucker-Beteiligungen abermals erhöht*, in: Wirtschaftsblatt der Deutschen Allgemeinen Zeitung vom 23.7.1937 (HADB, P 4827).

147 Schlesisches Güter-Adressbuch. Verzeichnis sämtl. Rittergüter u. selbstständ. Gutsbezirke, sowie solcher größeren Landgüter d. Provinz Schlesien, die innerhalb d. Guts-u. Gemeindebezirke mit e. Grundsteuer-Reinertrage von etwa 1500 Mark u. mehr veranlagt sind, Breslau 1937, https://web.archive.org/web/20060808045956/http:/langenbielau.de/Seite1/Gueterverzeichnis_Kreis_Reiche/gueterverzeichnis_kreis_reiche.html#Karlsdorf-%20Weinberg [eingesehen: 1.3.2025].

Eulengebirge oder der frühere Landrat des Landkreises Breslau und Eigentümer des Ritterguts Schosnitz bei Kanth, Ernst Wichelhaus.[148] Während im Aufsichtsrat der Süddeutsche Zucker-AG Bankenvertreter dominierten, stellten hier die Entsandten der Mannheimer Konzernmutter deren Einfluss, aber ebenso sehr auch die eigene Aufsichtsratsvergütung sicher. Die Mehrheit der Aufsichtsräte war mit den Alt-Eigentümern, der regionalen Landwirtschaft oder wie Slawik und Neumann mit den nazifizierten Agrarstrukturen verbunden.

1935 erfolgte eine Kapitalerhöhung von neun auf 13,5 Mio. Reichsmark.[149] In der Kampagne 1936/37 beschäftigte das Unternehmen in der Fabrik ganzjährig 311, während der Rüben-Kampagne 1.076 und während der Raffinier-Phase 858 Mitarbeiterinnen und Mitarbeiter. Auch der Umbau der Raffinerie, der noch rechtzeitig vor Kampagnenbeginn abgeschlossen werden konnte, schuf zeitweilig 126 Arbeitsplätze in der strukturschwachen Region. Die Bedeutung der Landwirtschaft zeigt die Anzahl der 1.120 dort beschäftigten Personen.[150] Die Stammbelegschaft wies nur wenig Fluktuation auf, da zwei Drittel der Fabrikmitarbeiter länger als zehn Jahre dort tätig waren, auch blieb fast die Hälfte der in der Landwirtschaft Beschäftigten über ein Jahrzehnt im Unternehmen. Die betriebliche Sozialpolitik umfasste beispielsweise für alle in der Landwirtschaft Arbeitenden Werkswohnungen. Darüber hinaus stellte das Unternehmen für die Fabrikbelegschaft 162 Werkswohnungen bereit.

Bei der Zuckerfabrik Bauerwitz GmbH mit einem Stammkapital von 1,02 Mio. Reichsmark und neun Gesellschaftern, zeigte sich ein ähnliches politisiertes Bild. Die Geschäftsführung der Zuckerfabrik Bauerwitz GmbH stellten im Oktober 1936 die Fabrikdirektoren Josef Langer und Rudolf Grünn. Rittergutsbesitzer Gustav von Wittenburg aus Schlagenhof nahm im Aufsichtsrat den Vorsitz wahr. Als dessen Stellvertreter fungierte aber der Bauer Johannes Preiß II aus Wanowitz, der 1933 mit dem Flugzeug zusammen mit dem damaligen Landesbauernführer und Reichstagsabgeordneten der NSDAP, Josef Slawik, nach Berlin geflogen war, um dort Reichskanzler Adolf Hitler zu treffen und nachfolgend an der propagandistisch inszenierten ersten »Bauern-Versammlung« auf

148 vom Rath, Schoeller & Skene AG, Bericht über das Geschäftsjahr 1934/35 von Februar 1936 (Südzucker AG, Unternehmensarchiv, HV 13_00_048-3).
149 vom Rath, Schoeller & Skene AG, Bericht über das Geschäftsjahr 1935/36 von Dezember 1936 (ebd.).
150 Ebd.

dem Bückeberg teilzunehmen.[151] Johannes Slawik sicherte auch hier die Zusammenarbeit mit den regionalen NS-Strukturen. Reichsgraf Wilhelm Hans von Oppersdorff, dessen Besitz in Oberglogau immerhin 6,500 Hektar umfasste, der Breslauer Commerzbank-Direktor Dr. Max Goldmann, der Troppauer Fabrikdirektor Otto Sommer sowie für die Süddeutsche Zucker-AG Albert Flegenheimer und Bruno Seeliger komplettierten das Gremium.[152] Die Vertreter des Mannheimer Zuckerkonzerns blieben zunächst in der Minderheit, was aber die Gesellschafteranteile abbildeten.[153]

Tab. 3 Gesellschafter der Zuckerfabrik Bauerwitz GmbH, 1937

	Einlagen (in RM)
Troppauer Zucker-Raffinerie AG	240.000
Ratiborer Zuckerfabrik GmbH	180.000
Hotzenplotzer Zuckerfabriks-AG	180.000
Zuckerfabrik Neustadt O/S AG	90.000
Zuckerfabrik des Kreises Cosel GmbH	120.000
Aktien-Zuckerfabrik in Ottmachau	90.000
Landwirtschaftliche Zuckerfabriks-AG, Wawrowitz	60.000
Rolnicky aktionvy cukrovar v Haji ve Sleszku	30.000
Woinowitzer Zuckerfabrik Adolf Schück & Co. GmbH	30.000
Summe	1.020.000

Die Besitzverhältnisse änderten sich am 19. Juli 1938, da von dem weiterhin auf 1,02 Mio. Reichsmark lautenden Stammkapital die Süddeutsche Zucker-AG 700.000 Reichsmark übernahm, während die von ihr beherrschte Hotzenplotzer Zuckerfabriks-AG die restlichen 320.000

151 *Oberschlesische Bauern auf dem Bückeberg*, in: Oberschlesischer Bauernstand. Zeitschrift der Landesbauernschaft Oberschlesien 16 (1933), S. 448 f., siehe auch https://sbc.org.pl/Content/224756/PDF/iii4315-1933-16-0001.pdf [eingesehen: 1.3.2025]; Bernhard Gelderblohm, *Die NS-Reichserntedankfeste auf dem Bückeberg 1933-1937. Aufmarsch der Volksgemeinschaft und Massenpropaganda*, Holzminden 2018; siehe auch Dokumentations- und Lernort Bückeberg: https://bueckeberg-ggmbh.de [eingesehen: 1.3.2025].

152 Zuckerfabrik Bauerwitz GmbH, Bericht über das Geschäftsjahr 1935/36, Bauerwitz 1936 (Südzucker AG, Unternehmensarchiv, HV 13_00_046-2).

153 Zuckerfabrik Bauerwitz GmbH, Bericht über das Geschäftsjahr 1938/39, Bauerwitz 1939 (ebd.).

Reichsmark hielt.[154] 1938/39 ersetzten Paul Beyer, Kreisbauernführer Walter Müller (Piltsch) und Bauer Fritz Sedlaczek (Bauerwitz) die ausgeschiedenen Max Goldmann und Otto Sommer.

Die Rübenverarbeitung der Zuckerfabrik Bauerwitz schwankte um die Größenordnung von 610.000 Doppelzentnern, aus denen etwa 88.000 Doppelzentner Weißzucker und 12.000 bis 14.000 Doppelzentner Melasse erzeugt wurden. Zwar wuchs das Anlagevermögen deutlich auf 1,5 Mio. Reichsmark. Der wirtschaftliche Ertrag blieb dahinter mit 43.000 Reichsmark im Geschäftsjahr 1938/39 weit hinter den Erwartungen zurück, vermochte dieser doch den Vorjahresverlust von 44.000 Reichsmark noch nicht einmal vollständig auszugleichen.[155] Die Ertragssituation der Zuckerfabrik Münsterberg AG war bei einem allmählichen Anstieg des Anlagevermögens von 939.000 Reichsmark im Geschäftsjahr 1933/34 auf 1,369 Mio. Reichsmark im Geschäftsjahr 1938/39 ähnlich unbefriedigend, verschlechterte sich nach 1935 sogar weiter.

Tab. 4 Ertragssituation und Dividende Zuckerfabrik Münsterberg AG, 1933/34-1938/39[156]

Jahr	Gewinn (in 1.000 RM)	Dividende (in % des Grundkapitals)
1933/34	39	4
1934/35	66	6
1935/36	0,1	0
1936/37	43	4
1937/38	132	0
1938/39	5	0

Die Übernahmen in Schlesien erforderten am Ende mehr Investitionen als vorgesehen.[157] Gab der Verwaltungsrat am 6. Januar 1936 Neuanschaffungen für die süddeutschen Fabriken in einer Gesamthöhe von 997.000

154 Zuckerfabrik Bauerwitz GmbH, Satzung-Neufassung beschlossen in der Gesellschafterversammlung am 19.7.1938, S. 4 (ebd., HV 13_00_046-1).

155 Zahlen nach Zuckerfabrik Bauerwitz GmbH, Bericht über die Geschäftsjahre 1933/34-1938/39 (ebd., HV 13_00_046-2).

156 Zuckerfabrik Münsterberg AG, Geschäftsberichte 1933/34-1938/39 (ebd., HV 13-00 045).

157 »*Die Bauten der Süddeutschen Zucker AG in Schlesien*«, in: Frankfurter Zeitung vom 26.9.1935 (HADB, P 4841).

Reichsmark frei, glaubte der Vorstand noch mit 187.500 Reichsmark für die schlesischen Fabriken auszukommen.[158] Ende November 1936 erfolgte eine Neubewertung, indem der Verwaltungsrat den süddeutschen Altstandorten zwar Investitionen in Neuanlagen in einer Größenordnung von 972.400 Reichsmark und den Beteiligungsgesellschaften in Jülich und Löbau 206.500 bzw. 69.600 Reichsmark genehmigte. In die schlesischen Fabriken sollte jedoch mit 1,875 Mio. Reichsmark der größte Posten fließen.[159] Die schlesischen Fabriken konnten mit der Investitionsspritze 1936/37 zwar fabriktechnisch halbwegs konsolidiert werden, sie waren jedoch wegen der fast durchgängig eingefahrenen Realverluste mit Ausnahme von Hotzenplotz und Klettendorf kaum zu Dividendenzahlungen in der Lage.[160] In Klettendorf zählten im Geschäftsjahr 1936/37 insgesamt 311 Personen, davon 276 Männer, zur Stammbelegschaft. Während der Rübenkampagne erhöhte sich die Zahl auf 1.076 Personen, davon 958 Männer, deren Zahl während der Raffinierkampagne auf 858, davon 741 Männer, absank. Ein ähnlicher Unterschied zwischen der ganzjährig beschäftigten Stammbelegschaft und den Saisonarbeitern bestand an den meisten Standorten. Auf den 15 eigenen landwirtschaftlichen Betrieben und zwei Pachtgütern arbeiteten ganzjährig 1.120 Personen, davon 635 Männer. In Klettendorf, wo die Rübenverarbeitung von 1,069 Mio. Doppelzentnern im Vorjahr in der Kampagne 1937/38 auf 1,308 Mio. Doppelzentner gesteigert werden konnte, fand am 24. November 1937 eine von den Behörden angeordnete Verdunkelungsübung statt, die der Kriegsvorbereitung der Betriebe diente.[161] Auch die Ratiborer Zuckerfabrik erhöhte die Rübenverarbeitung um ein Fünftel auf 602.301 Doppelzentner.[162]

Die Bemühungen zur Ordnung der Verhältnisse erschwerte im Sommer 1937 ein offen aufbrechender Konflikt, der die Rückzahlung einer Schuld zur Interessengemeinschaft Ostdeutscher Zuckerfabriken GmbH (Igoz) gehörenden Zuckerfabrik Bauerwitz an den tschechischen Vorbe-

158 Protokoll über die Sitzung des Verwaltungsrates am 6.1.1936, S. 4 (ebd., P 4829).

159 Karl-Ernst Sippell, Aktenvermerk betr. Süddeutsche Zucker AG Mannheim vom 2.12.1936, S. 2f. (ebd., P 4823).

160 Süddeutsche Zucker-AG, Bericht über das Geschäftsjahr 1936/37 für die 12. ordentliche Generalversammlung am 28. Juli 1937, Mannheim 1937, S. 7; Karl-Ernst Sippell, Aktenvermerk betr. Verwaltungsratssitzung am 30.11.1936 in Mailand vom 9.12.1936, S. 2f. (HADB, P 4823).

161 Bericht über den Verlauf der Kampagne 1937/38 der Zuckerfabrik Klettendorf vom 13.1.1938, S. 2 und 17 (Südzucker AG, Unternehmensarchiv, HV 07_00_006).

162 Ratiborer Zucker GmbH, Sonderbericht über die Kampagne 1937/38 o. D. [Januar 1938], S. 1 (ebd.).

Abb. 27 Zuckerfabrik Ratibor

sitzer Ernst von Janotta betraf. Es ging um eine Summe von 9,555 Mio. tschechischen Kronen oder rund eine Mio. Reichsmark, die mit zehn Prozent zu verzinsen war. Die Verhandlungen mit Janotta und der Devisenbehörde hatte Albert Flegenheimer geführt, mit dem der zweite Igoz-Geschäftsführer Jacob Bühler in ständigen Streit kam. Er bezichtigte den Flegenheimer-Vertrauten Hubert Stahl, seine Ordnungsbemühungen zu »sabotieren«.[163] Die Abwicklung des Janotta-Guthabens widersprach den staatlichen Devisenregelungen, zudem erhielten Stahl und der bei der IGOZ angestellte Kaufmann Josef Mross aus dem Überweisungsbetrag 10.000 bzw. 5.000 Reichsmark. Stahl floh in die Tschechoslowakei, Mross wurde fristlos entlassen.

Allerdings ergab sich aus der vom Amtsgericht Ratibor am 10. September 1937 angewiesenen Beschlagnahme des Igoz-Vermögens und der Auferlegung eines Arrests in Höhe von 114.000 Reichsmark eine Beschränkung der wirtschaftlichen Tätigkeit.[164] Um den Beschluss des Amtsgerichts aufzuheben, einigte sich die Igoz mit der Devisenstelle

163 Jacob Bühler, betr. Affäre Bauerwitz-Janota vom 2.8.1937, S. 2 (HADB, P 4824).
164 Igoz, Bühler/Homeyer an Rechtsanwalt Gawlik vom 17.9.1937 (ebd.); Karl-Ernst Sippell, Aktenvermerk betr. Südzucker vom 23.9.1937 (ebd.).

Breslau, bis zur Klärung der Haftungsfrage 50.000 Reichsmark auf ein Sperrkonto einzuzahlen.[165] Die Streitigkeiten gingen noch in eine weitere Runde, da Janotta im Sommer 1938 in Mailand wegen angeblicher Zusagen, eine Teilschuld in Aquila-Aktien ausgezahlt zu bekommen, einen Prozess angestrengt und diese hatte beschlagnahmen lassen. Der Verwaltungsrat sprach sich aber mehrheitlich für die Ablehnung jeglichen Schadensersatzes für die durch die Währungsumrechnung erfolgte Wertminderung aus.[166] Die ganze Angelegenheit erhielt im Rahmen der Ausgrenzung von Flegenheimer aus dem Südzuckerkonzern eine übergeordnete Bedeutung.[167]

Die im Kreis Jägerndorf im tschechisch-deutschen Grenzgebiet ansässige Hotzenplotzer Zuckerfabriks-AG, die Fabriken in Oberglogau und in Zülz sowie eine Ziegelei und Landwirtschaft im Buchelsdorf bei Neustadt O/S besaß, sah sich 1938/39 mit den Auswirkungen der deutschen Expansion ins Sudetenland konfrontiert. Die Grenzverschiebungen und der Einmarsch deutscher Truppen führten auch in der Zuckerfabrik Ratibor zu einer vollkommen unzureichenden Wagengestellung der Reichsbahn sowie zu einem außerordentlichen Arbeitskräftemangel.[168] Überdies musste die zuvor in tschechischen Kronen ausgewiesene Bilanz zum 1. April 1939 in eine Reichsmark-Eröffnungsbilanz überführt werden, die das Aktienkapital am 1. April 1939 von 4,8 Mio. tschechischen Kronen, entsprechend 576.000 Reichsmark auf 2,64 Mio. Reichsmark anhob. Im Rahmen des schlesischen Verbunds erfüllte das Unternehmen auch die Trocknungspflicht der Zuckerfabrik Ratibor sowie der Zuckerfabrik Münsterberg, die im gleichen Umfang Hotzenplotzer Rüben übernahm. Darüber hinaus verarbeitete die Hotzenplotzer Zuckerfabriks-AG Rüben der Zuckerfabrik Bauerwitz im Werklohn auf Zucker.[169]

Die Ende März 1939 von dem Direktor der schlesischen Beteiligungen, Josef Langer, durchgeführten Besichtigungen der Zuckerraffinerien

165 Süddeutsche Zucker-AG, Vorstand an Devisenstelle Schlesien vom 2.10.1937 (ebd.); Süddeutsche Zucker-AG, Vorstand an Mitglieder des Verwaltungsrats vom 13.10.1937, S. 2 (ebd.).

166 Anlage zu dem Protokoll über die Verwaltungsratssitzung am 1.7.1938, S. 1 f. (ebd., P 4829).

167 Karl-Ernst Sippell an Jacob Bühler vom 5.8.1937, S. 2 (ebd., P 4824); Homeyer, Aktenvermerk vom 13.4.1937 (ebd.).

168 Zuckerfabrik Ratibor, Sonderbericht über die Kampagne 1938/39 o. D. [Januar 1939], S. 1 f. (Südzucker AG, Unternehmensarchiv, HV 07_00_002).

169 Hotzenplotzer Zuckerfabriks-AG, Bericht über das Geschäftsjahr 1938/39 und die Aufstellung der Eröffnungsbilanz zum 1. April 1939 für die 70. Ordentliche Hauptversammlung (Generalversammlung) am 24.8.1939, Oberglogau 1939, S. 5 (ebd., HV 13_00_039-1).

Schönpriesen und Aussig im Sudetenland ergaben den vorherrschenden Eindruck, dass die Fabrik Schönpriesen »sehr veraltet« sei und die Qualität der dort erzeugten Ware zwar als gut bewertet wurde, ihr aber wegen des stark geblauten Zuckers ein erschwerter Absatz in Süddeutschland drohte.[170] Demgegenüber wirkte die Raffinerie Aussig mit ihren Hängezentrifugen und der Kristallzuckerkühl- und Sortieranlage »sehr modern« und die 200 Arbeiter, darunter 80 Frauen, »sehr gut geschult«.[171] Eine Übernahme und damit eine weitere Hineindiffundierung in den ins Reichsgebiet integrierten Gau Sudetenland unterblieb schließlich, weil der im Sommer aufziehende Krieg eine Fokussierung auf die bereits bestehenden Beteiligungen erforderlich machte.

Auf internationales Parkett und in eine branchenfremde Umgebung wagte sich die Süddeutsche Zucker-AG nach 1935 auf Vermittlung von Ilario Montesi und nach Fürsprache von Albert Flegenheimer mit dem Einstieg in die Aquila Società Anonima Tecnico Industriale, die in Triest mit technischen Anlagen der Berliner Firma Borsig eine Ölraffinerie errichtete.[172] Trotz anfänglicher Bedenken des Dresdner-Bank-Vorstands Hugo Zinßer, der in Italien »Angriffe in der Öffentlichkeit« befürchtete und das Auswärtige Amt einschalten wollte, stimmte der Aufsichtsrat schließlich, da das Reichswirtschaftsministerium das Vorhaben abgesegnet hatte, einstimmig für die Durchführung des Projekts.[173] Mit Aktien für nominal 10,625 Mio. Lire hielt die Süddeutsche Zucker-AG 1936/37 einen Anteil von 42,5 Prozent am Aktienkapital. Damit stieg der Beteiligungsbesitz der Süddeutsche Zucker-AG insgesamt auf knapp 19 Mio. Reichsmark.[174]

Das Unternehmen schloss mit der Deutsche Bank AG und der Montesi-Gruppe einen Konsortialvertrag mit dem Ziel ab, bei der Aquila einen dominanten Einfluss auszuüben. Um die Vorgaben der Devisenbewirtschaftung einzuhalten, sollten Finanzabwicklungen über Kompen-

170 Josef Langer, Bericht über die Besichtigung der Raffinerien Schönpriesen und Aussig durch Direktor Langer und Herrn Dipl. Wigand am 24.3.1939, S. 3 (ebd., HV 01_00_001).

171 Josef Langer, Bericht über die Besichtigung der Raffinerien Schönpriesen und Aussig durch Direktor Langer und Herrn Dipl. Wigand am 24.3.1939, S. 9 (ebd., SCH 01_00_001).

172 Protokoll zu der 23. Aufsichtsratssitzung am 23.11.1935, S. 2 (ebd., HV 01_00_186); Fabio Zubini, *La Raffineria Aquila-Cinquant'anni di lavoro e primati tra Muggia e Trieste*, Muggia 2004, S. 51 ff.; Pohl, *Südzucker*, S. 182 ff.

173 Protokoll zu der 23. Aufsichtsratssitzung am 23.11.1935, S. 2 (Südzucker AG, Unternehmensarchiv, HV 01_00_186).

174 Süddeutsche Zucker-AG, Bericht über das Geschäftsjahr 1936/37 für die 12. ordentliche Generalversammlung am 28. Juli 1937, Mannheim 1937, S. 7.

sationsgeschäfte des Berliner Maschinenbauunternehmens Rheinmetall-Borsig AG erfolgen. Die bei der Aquila investierten Italiener standen aber der Übermacht der Deutschen im Unternehmen kritisch gegenüber. Doch die Süddeutsche Zucker-AG und die Deutsche Bank AG verloren ihrerseits im Zusammenhang mit einer Aquila-Kapitalerhöhung das Vertrauen zu Montesi, weil dieser ohne Mandat als Sprecher der deutschen Gruppe aufgetreten war.

Durch Einwirkung auf die Reichsstelle für Devisenbewirtschaftung konnte die Deutsche Bank AG erreichen, dass auf behördliche Anordnung das Vertretungsrecht der Süddeutsche Zucker-AG in den Organen der Aquila »durch Deutsche ausgeübt« werden musste, weshalb einem anderslautenden Entwurf des Konsortialvertrags am 13. Mai 1937 die Genehmigung verweigert wurde.[175] Mit Schreiben vom 21. Juni 1937 unterstrich die Reichsstelle für Devisenbewirtschaftung, dass die Interessen der deutschen Aquila-Beteiligten im Direktorium »durch Deutsche wahrgenommen« werden müssten, was dem Majorisierungsbestreben von Ilario Montesi und der Turiner Firma Fiat entgegenstand.[176] Als Retourkutsche beabsichtigte Montesi nach Angaben von Albert Flegenheimer, Emil Georg von Stauß weder einen Sitz im Verwaltungsrat der Süddeutsche Zucker-AG zuzubilligen noch für dessen Zuwahl in den Aufsichtsrat zu stimmen.[177]

Nach langen Verhandlungen der Süddeutsche Zucker-AG mit FIAT und den eingebundenen deutschen und italienischen Regierungsstellen fertigte die Devisenstelle beim Oberfinanzpräsidenten Berlin am 23. Dezember 1939 den Genehmigungsbescheid aus, dass die nominal 10,625 Mio. Lire Aktien der Triester S. A. Aquila Technico Industriale zum Kurs von 300 Prozent, also für 31,875 Mio. Lire an FIAT gingen, während die Lire-Forderung an die staatliche Vereinigte Industrie-Unternehmungen AG abgetreten werden durfte.[178] Damit ging ein grenzüberschreitendes Kooperationsvorhaben zwischen Unternehmen aus dem faschistischen Italien und dem nationalsozialistischen Deutschen Reich formell zu Ende.

175 Reichsstelle für Devisenbewirtschaftung, Hans Hartenstein an Süddeutsche Zucker-AG vom 13.5.1937 (HADB, P 4943).
176 Reichsstelle für Devisenbewirtschaftung, Hans Hartenstein, an Süddeutsche Zucker-AG vom 21.6.1937 (ebd.).
177 Karl-Ernst Sippell an Emil Georg von Stauß vom 24.6.1937 (ebd.).
178 Oberfinanzpräsident Berlin, Devisenstelle an Süddeutsche Zucker-AG vom 23.12.1939 (ebd., P 4941).

Tab. 5 Beteiligungen und Aktienbesitz, 1933-1939[179]

	Beteiligungen (in 1.000 RM)	Aktien (in 1.000 RM)
1932/33	2.262	5.562
1933/34	7.771	465
1934/35	10.828	7.444
1935/36	12.907	1.713
1936/37	18.992	8.160
1937/38	18.450	8.968
1938/39	18.851	11.139

Die Verdrängung von Juden aus dem Unternehmen

Der Antisemitismus der NSDAP war kein Geheimcode, sondern unmittelbar nach der Bildung der Regierung der nationalen Konzentration am 30. Januar 1933 offizielle Politik. Der organisierte »Boykott« jüdischer Geschäfte am 1. April 1933 und der Ausschluss von Juden aus dem öffentlichen Dienst durch das Gesetz zur Wiederherstellung des Berufsbeamtentums vom 7. April 1933 zeigten die Stoßrichtung.[180]

Der Aufsichtsratsvorsitzende der Süddeutsche Zucker-AG, Alfred Zapf, erfuhr im Juni 1933 sowohl am NSDAP-Sitz München als auch in der Reichshauptstadt von seinen Ansprechpartnern aus dem »wirtschaftlichen Beraterkreise des Herrn Hitler oder dem wirtschaftlichen Führerkreis der Partei« Einzelheiten über die antijüdische Ausrichtung der NS-Regierungspolitik, woraufhin er zu dem Schluss kam, dass der »Prozentsatz der jüdischen Mitglieder des Aufsichtsrats und des Verwaltungsrates […] zu hoch, eine Korrektur nötig« sei. Insbesondere müsse Theodor Frank die Gremien verlassen.[181]

Es kann nicht ganz abgesehen werden, ob Südzucker-Vorstand Jacob Bühler bei einem Zusammentreffen mit dem ins Amt des Badischen Ministerpräsidenten gekommenen, vorherigen NSDAP-Gauleiter Walter

179 Zahlen nach Geschäftsberichten, 1932/33-1938/39.

180 Vgl. etwa Saul Friedländer, *Das Dritte Reich und die Juden. Die Jahre der Verfolgung 1933-1939*, München 2000, S. 21 ff.; Raul Hilberg, *Die Vernichtung der europäischen Juden*, Bonn 2024, S. 56 ff.

181 Alfred Zapf, Bericht über eine Reihe von Unterredungen in München (Sitz der nat.soz. Partei) am 1. und 2. Juni 1933, S. 2 (BAK, Nachlass Zapf, Nr. 56); Alfred Zapf an Ilario Montesi vom 19.6.1933, S. 1 (ebd.).

Köhler nur im politischen Sinne gut Wetter machen wollte, als er diesen bald im Aufsichtsrat als einen der zwei 1923 vertraglich zugesicherten Vertreter des Landes Baden zu begrüßen wünschte. Im Ergebnis dynamisierte Köhler aber den Druck, die in den Aufsichtsrat gewählten vier Juden aus der Familie Flegenheimer oder den Deutsche-Bank-Vorstand Theodor Frank und den Bankier Heinrich Bernheim aus dem Gremium zu verdrängen. Denn der nationalsozialistische Minister könne nur beitreten, wenn unter den Aufsichtsratsmitgliedern »keine Juden mehr« seien.[182]

Köhler ließ sich zwar von Zapf umstimmen, für den Moment einen jüdischen Familienvertreter im Aufsichtsrat hinzunehmen und der AR-Vorsitzende nahm beruhigt zur Kenntnis, dass Albert Flegenheimer als Vorstand nicht beanstandet wurde. Zapf glaubte jedoch, dass bei der Zusammensetzung des Aufsichtsrats den »Wünschen der Regierung Rechnung« getragen werden müsse, um »staatlichen Schutz« zu gewinnen, den das Unternehmen »in diesen Zeiten gut gebrauchen« könne. Gelegentlich des Zusammentreffens wurde Köhler bedeutet, dass im Aufsichtsgremium ein Konsortium dominierte, in dem quantitativ Ilario Montesi die stärkste Stellung einnahm, aber faktisch die Deutsche Bank die Führung ausübte.[183] Köhler traf am 27. September 1933 mit Montesi zusammen, wobei er anscheinend auch den »jüdischen Einfluss« in den Südzucker-Gremien ansprach.[184]

Reichswirtschaftsminister Kurt Schmitt, der 1940 in den Südzucker-Aufsichtsrat einziehen sollte, wollte am 8. September 1933 mit einem Schreiben an den Deutschen Industrie- und Handelstag zur Beruhigung der Lage beitragen. Aus seiner Sicht könne bei geschäftlichen Beziehungen in der Wirtschaft keine »Unterscheidung zwischen arischen und nichtarischen oder nicht rein arischen Firmen« gemacht werden.[185] Ungeachtet dessen blieben die zentralen und dezentralen Initiativen zur Verdrängung von Juden aus Wirtschaft und Gesellschaft dominant.

182 Alfred Zapf, Notizen über meine Unterredung mit Min.präs. Köhler und Minrat Ulrich in Karlsruhe am 28.7.1933 (ebd.); Alfred Zapf an Ilario Montesi vom 31.7.1933 (ebd.).

183 Alfred Zapf an Ministerpräsident Wilhelm Köhler vom 7.9.1933 (ebd.).

184 Ministerpräsident Wilhelm Köhler an Alfred Zapf vom 24.11.1933 (ebd.).

185 Verband Pfälzischer Industrieller, Rundschreiben Nr. 43/33 betr. Nichtarische Firmen vom 20.9.1933 (ebd.); zu Kurt Schmitt als Reichswirtschaftsminister siehe etwa Christopher Kopper, *Das Ministerium Schacht und sein Einfluss*, in: Albrecht Ritschl (Hg.), Das Reichswirtschaftsministerium in der NS-Zeit. Wirtschaftsordnung und Verbrechenskomplex, Berlin 2016, S. 76-110, insb. S. 76 ff.

Da der badische Staat schon länger sein nom. 573.000 Reichsmark umfassendes Aktienpaket veräußern wollte,[186] griff die Süddeutsche Zucker-AG, die ungenutzte Gelder für einen Aktienrückkauf einsetzte, mit Kaufvertrag vom 1. August 1935 zu.[187] Köhler gab daraufhin Ende Juli 1935 sein Aufsichtsratsmandat zusammen mit dem badischen Ministerialrat Gustav Ullrich ab. Das hatte für ihn auch den Vorteil, dass er sich gerade noch rechtzeitig aus dem Unternehmen entfernte,[188] bevor im September 1935 durch die Nürnberger Gesetze der staatliche Antisemitismus eine neue Qualität annahm.[189] Allerdings kaufte das Land Baden im November 1936 wieder nom. 40.000 Reichsmark Aktien der Süddeutsche Zucker-AG und verdoppelte im November 1941 im Zusammenhang mit der Kapitalberichtigung den Anteil des Landes auf nom. 80.000 Reichsmark.[190]

Im unmittelbaren Vorfeld des NSDAP-Reichsparteitags erschien am 11. September 1935 in der von der NSDAP herausgegebenen Zeitung NSZ Rheinfront der Artikel »Flegenheimers große Expansion«, der u.a. den Vorwurf formulierte, dass die Süddeutsche Zucker-AG ein »jüdisch-internationaler Konzern« sei und dort insbesondere Albert Flegenheimer als Vorstandsmitglied seine unheilvolle Wirkung entfalte.[191] Der Artikel behauptete, dass die Mehrheit des Aktienkapitals von 30 Mio. Reichsmark sich in den Händen der »israelitischen Brüder Flegenheimer« befinde. Ein kleineres Aktienpaket besaßen hiernach darüber hinaus Leonardo Montesi aus Padua und Graf Leonardi, die ebenfalls im Aufsichtsrat saßen. Von den zehn Bankiers war zumindest beim Juden Eduard Ladenburg gemäß Zeitung die »Rasse« offenkundig. Die NSZ Rheinfront unterstellte, dass Albert Flegenheimer die »gesamte deutsche Zuckerindustrie zu kontrollieren« trachtete.

186 Ilario Montesi an Albert Flegenheimer vom 16.11.1932, S. 1 (BAK, Nachlass Zapf, Nr. 56).

187 Finanz- und Wirtschafts-Ministerium Württemberg-Baden, Aktenvermerk betr. Beteiligung des Landes an wirtschaftlichen Unternehmen, hier: Süddeutsche Zucker-Ag vom 4.3.1948 (GLAK, 466, Nr. 53).

188 Protokoll zu der 22. Aufsichtsratssitzung vom 5.8.1935, S. 2 (Südzucker AG, Unternehmensarchiv, HV 01_00_186); Süddeutsche Zucker-AG an die Herren Mitglieder des Aufsichtsrats vom 30.9.1935, S. 1f. (ebd.).

189 Vgl. Friedländer, *Juden*, S. 162ff.; Hilberg, *Vernichtung*, S. 93ff.; Cornelia Essner, *Die »Nürnberger Gesetze« oder die Verwaltung des Rassenwahns 1933-1945*, Paderborn 2002, S. 113.

190 Finanz- und Wirtschafts-Ministerium Württemberg-Baden, Aktenvermerk betr. Beteiligung des Landes an wirtschaftlichen Unternehmen, hier: Süddeutsche Zucker-Ag vom 4.3.1948 (GLAK, 466, Nr. 53).

191 *Flegenheimers große Expansion*, in: NSZ Rheinfront vom 11.9.1935.

Die Übernahme eines 49-Prozent-Anteils an der Ludwigshafener Walzmühle AG ordnete der Artikel dem Versuch der Flegenheimers zu, die Nahrungsmittelpreise »auf einer unberechtigten Höhe« zu halten. Deren Geschäftsgebaren charakterisierte der NSDAP-Redakteur mit den Begriffen »Pflichtverletzung und betrügerische[r] Fälschung« sowie »Schiebungen«. Doch darüber hinaus galt der Zeitung die Süddeutsche Zucker-AG zudem als ein Hort von politischen Gegnern. Denn der Betriebsdirektor Peter Kühnle der Zuckerfabrik Waghäusel war als »besonders verhasster Zentrumsmann« 1933 von der Gernsheimer SS in das dem Badischen Innenministerium unterstehende Konzentrationslager Kislau gebracht worden.[192] Nach zwei Wochen wieder auf freien Fuß gesetzt, setzte dieser seine Betriebskarriere gleichwohl als Direktor der Zuckerfabrik Heilbronn im Südzucker-Konzern fort.

Das Bild einer die Arme nach ganz Süddeutschland ausstreckenden Krake komplettierte die Mitteilung, dass der Direktor der Landwirtschaftsabteilung der Süddeutsche Zucker-AG, Rudolf Besemfelder, in den Aufsichtsrat der Landmaschinenfabrik Heinrich Lanz AG gewählt worden sei, was als Hinweis auf ein erhebliches Aktienpaket im Besitz der Gebrüder Flegenheimer genommen wurde. Dies alles sei aber nur – so der Vorwurf – möglich gewesen, indem die Süddeutsche Zucker-AG überzogene Preise durchgesetzt und stille Reserven in Millionenhöhe aufgehäuft und das Geld der Verbraucher in die Taschen der Flegenheimers umgeleitet habe, um deren Expansionskurs zu finanzieren.

Der antisemitisch motivierte publizistische Vorstoß fand in der Landesbauernschaft Bayern, aber auch darüber hinaus breite Aufnahme. Der Vorsitzende der Hauptvereinigung der Deutschen Zuckerwirtschaft nahm am 29. Oktober 1935 ein Schreiben des Völkischen Beobachters zum Anlass, den Vorstand der Süddeutsche Zucker-AG zu kontaktieren und diesen aufzufordern, »zu den einzelnen Abschnitten des Zeitungsartikels und insbesondere auch zu den erhobenen sachlichen und persönlichen Vorwürfen präzisiert Stellung zu nehmen«.[193] Zur Stärkung der Stellung der Süddeutsche Zucker-AG erklärte Ende September 1935 der Vorstand der Zuckerfabrik Jülich Alexander Schoeller & Co. AG auch für den rheinischen Rübenbauerverband vorsorglich, dass sich die Unternehmensübernahme durch die Süddeutsche Zucker-AG, für die

192 Vgl. Luisa Lehnen, *Das Konzentrations- und Bewahrungslager Kislau (1933-1939). Ein Werkstattbericht*, in: Zeitschrift für die Geschichte des Oberrheins (2019), S. 299-336.

193 Hauptvereinigung der Deutschen Zuckerwirtschaft, Vorsitzender an Vorstand der Süddeutsche Zucker-AG vom 29.10.1935 (HADB, P 4843).

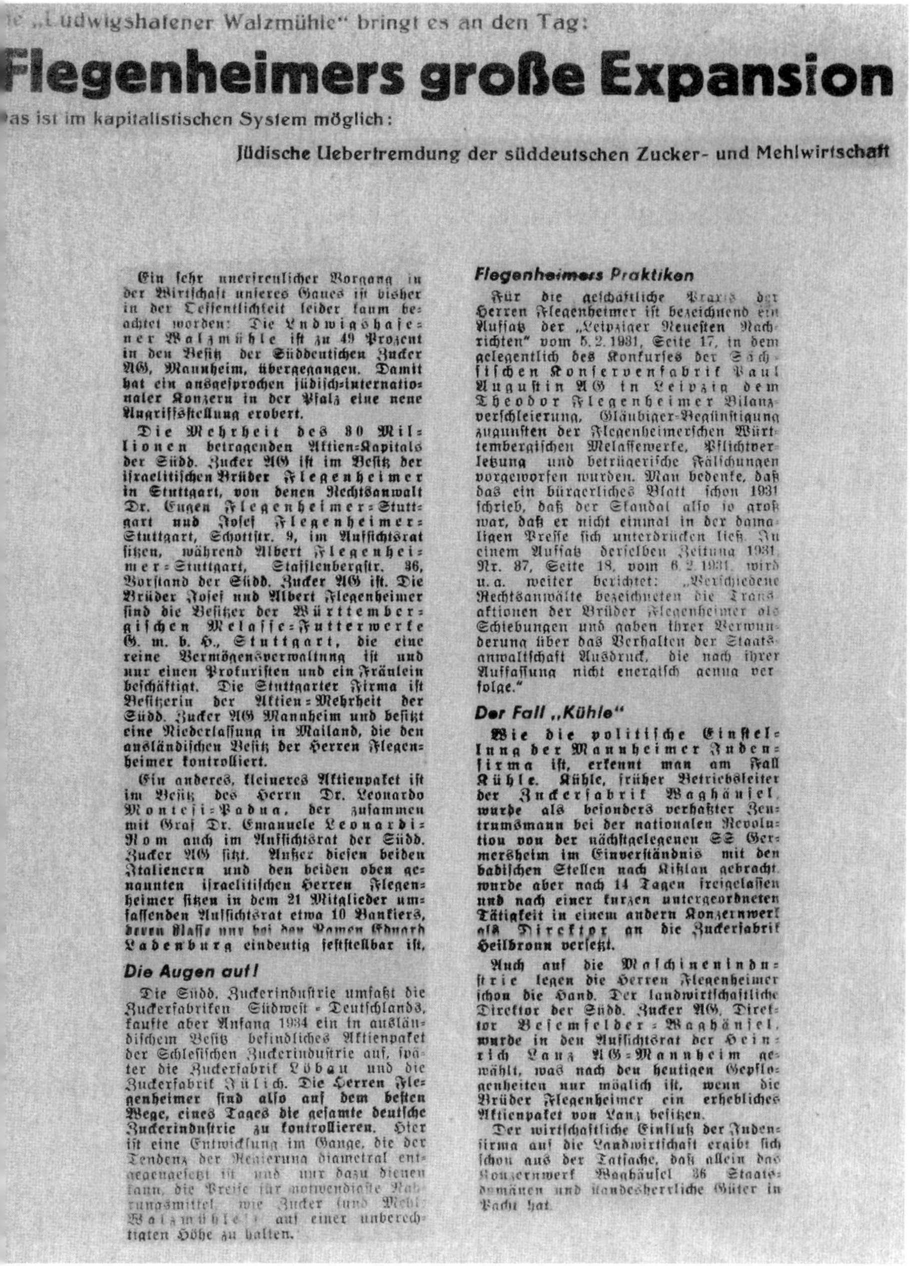

ie „Ludwigshafener Walzmühle“ bringt es an den Tag:

Flegenheimers große Expansion

as ist im kapitalistischen System möglich:

Jüdische Ueberfremdung der süddeutschen Zucker- und Mehlwirtschaft

Ein sehr unerfreulicher Vorgang in der Wirtschaft unseres Gaues ist bisher in der Oeffentlichkeit leider kaum beachtet worden: Die Ludwigshafener Walzmühle ist zu 49 Prozent in den Besitz der Süddeutschen Zucker AG, Mannheim, übergegangen. Damit hat ein ausgesprochen jüdisch-internationaler Konzern in der Pfalz eine neue Angriffsstellung erobert.

Die Mehrheit des 30 Millionen betragenden Aktien-Kapitals der Südd. Zucker AG ist im Besitz der israelitischen Brüder Flegenheimer in Stuttgart, von denen Rechtsanwalt Dr. Eugen Flegenheimer-Stuttgart und Josef Flegenheimer-Stuttgart, Schottstr. 9, im Aufsichtsrat sitzen, während Albert Flegenheimer-Stuttgart, Stafflenbergstr. 36, Vorstand der Südd. Zucker AG ist. Die Brüder Josef und Albert Flegenheimer sind die Besitzer der Württembergischen Melasse-Futterwerke G. m. b. H., Stuttgart, die eine reine Vermögensverwaltung ist und nur einen Prokuristen und ein Fräulein beschäftigt. Die Stuttgarter Firma ist Besitzerin der Aktien-Mehrheit der Südd. Zucker AG Mannheim und besitzt eine Niederlassung in Mailand, die den ausländischen Besitz der Herren Flegenheimer kontrolliert.

Ein anderes, kleineres Aktienpaket ist im Besitz des Herrn Dr. Leonardo Montesi-Padua, der zusammen mit Graf Dr. Emanuele Leonardi-Rom auch im Aufsichtsrat der Südd. Zucker AG sitzt. Außer diesen beiden Italienern und den beiden oben genannten israelitischen Herren Flegenheimer sitzen in dem 21 Mitglieder umfassenden Aufsichtsrat etwa 10 Bankiers, deren Rasse nur bei den Namen Eduard Ladenburg eindeutig feststellbar ist.

Die Augen auf!

Die Südd. Zuckerindustrie umfaßt die Zuckerfabriken Südwest-Deutschlands, kaufte aber Anfang 1934 ein in ausländischem Besitz befindliches Aktienpaket der Schlesischen Zuckerindustrie auf, später die Zuckerfabrik Löbau und die Zuckerfabrik Jülich. Die Herren Flegenheimer sind also auf dem besten Wege, eines Tages die gesamte deutsche Zuckerindustrie zu kontrollieren. Hier ist eine Entwicklung im Gange, die der Tendenz der Regierung diametral entgegengesetzt ist und nur dazu dienen kann, die Preise für notwendigste Nahrungsmittel, wie Zucker (und Mehl: Walzmühle!) auf einer unberechtigten Höhe zu halten.

Flegenheimers Praktiken

Für die geschäftliche Praxis der Herren Flegenheimer ist bezeichnend ein Aufsatz der „Leipziger Neuesten Nachrichten“ vom 5.2.1931, Seite 17, in dem gelegentlich des Konkurses der Sächsischen Konservenfabrik Paul Augustin AG in Leipzig dem Theodor Flegenheimer Bilanzverschleierung, Gläubiger-Begünstigung zugunsten der Flegenheimerschen Württembergischen Melassewerke, Pflichtverletzung und betrügerische Fälschungen vorgeworfen wurden. Man bedenke, daß das ein bürgerliches Blatt schon 1931 schrieb, daß der Skandal also so groß war, daß er nicht einmal in der damaligen Presse sich unterdrücken ließ. In einem Aufsatz derselben Zeitung 1931, Nr. 87, Seite 18, vom 6.2.1931, wird u. a. weiter berichtet: „Verschiedene Rechtsanwälte bezeichneten die Transaktionen der Brüder Flegenheimer als Schiebungen und gaben ihrer Verwunderung über das Verhalten der Staatsanwaltschaft Ausdruck, die nach ihrer Auffassung nicht energisch genug verfolge.“

Der Fall „Kühle“

Wie die politische Einstellung der Mannheimer Judenfirma ist, erkennt man am Fall Kühle. Kühle, früher Betriebsleiter der Zuckerfabrik Waghäusel, wurde als besonders verhaßter Zentrumsmann bei der nationalen Revolution von der nächstgelegenen SS Germersheim im Einverständnis mit den badischen Stellen nach Kißlau gebracht, wurde aber nach 14 Tagen freigelassen und nach einer kurzen untergeordneten Tätigkeit in einem andern Konzernwerk als Direktor an die Zuckerfabrik Heilbronn versetzt.

Auch auf die Maschinenindustrie legen die Herren Flegenheimer schon die Hand. Der landwirtschaftliche Direktor der Südd. Zucker AG, Direktor Besemfelder-Waghäusel, wurde in den Aufsichtsrat der Heinrich Lanz AG-Mannheim gewählt, was nach den heutigen Gepflogenheiten nur möglich ist, wenn die Brüder Flegenheimer ein erhebliches Aktienpaket von Lanz besitzen.

Der wirtschaftliche Einfluß der Judenfirma auf die Landwirtschaft ergibt sich schon aus der Tatsache, daß allein das Konzernwerk Waghäusel 36 Staatsdomänen und landesherrliche Güter in Pacht hat.

Abb. 28 Antisemitische Initiative der NSZ Rheinfront, 1935

sich insbesondere Conrad Schumacher eingesetzt hatte, sowohl für die Jülicher Zuckerfabrik als auch für den Rübenbauernverband »segensreich« ausgewirkt hätte. Dadurch habe dessen Entschuldung sowie eine »bessere Verwertung« des erzeugten Zuckers erreicht werden können.[194]

Daraufhin bat Conrad Schumacher am 3. November 1935 den Aufsichtsratsvorsitzenden der Deutsche Bank AG, Emil Georg von Stauß, in seiner Funktion als Mitglied des Südzucker-Aufsichtsrats darum, Walther Funk, den Staatssekretär im Reichsministerium für Volksaufklärung und Propaganda, zu einer Beruhigung der Lage zu veranlassen.[195] Der Südzucker-Vorstand reagierte am 4. November 1935 mit einem von Albert Flegenheimer erstellten Schreiben, das den Aktienbesitz der Gebrüder Flegenheimer zu minimieren bemüht war. Das Unternehmensschreiben wies darauf hin, dass diese über die Württembergische Melassefutterwerke GmbH nur mit zehn Prozent am Mehrheitsanteil des Konsortiums beteiligt waren. Sie hielten also vom 30 Mio. Reichsmark betragenden Aktienkapital allenfalls 1,5 Mio. Reichsmark, was ihnen keinen maßgeblichen Einfluss eröffnen würde. Die Antwort räumte ein, im Januar 1934 mit Kenntnis des Reichswirtschaftsministeriums Aktien bzw. GmbH-Anteile der schlesischen Zuckerfabriken Klettendorf, Haynau, Hotzenplotz, Münsterberg, Bauernwitz und Ratibor erworben zu haben. Die schlesischen Zuckerfabriken seien aber überschuldet, veraltet und unrentabel gewesen. Investitionen im Millionenumfang hätten danach »segensreiche« Veränderungen gebracht.[196] Die Süddeutsche Zucker-AG bestritt auch, nur eine einzige Aktie der Mannheimer Heinrich Lanz AG zu besitzen, räumte aber ein, 1934 ein größeres Aktienpaket der Ludwigshafener Walzmühle AG von deren jüdischen Gründerfamilien erworben zu haben.

In den Aufsichtsrat der Ludwigshafener Walzmühle AG, die bis 1937 vollständig »arisiert« wurde, seien Unternehmensvertreter erst nach Übernahme des Aufsichtsratsvorsitzes durch den seit 1923 der NSDAP zugehörigen Leiter des DAF-Reichsheimstättenamts, Dr. Johann Wilhelm Ludowici,[197] auf dessen ausdrücklichen Wunsch und mit Kenntnis des badischen Finanzministeriums eingetreten. Der Erwerb der Aktien der

194 Zuckerfabrik Jülich Alex. Schoeller & Co. AG, Vorstand an Conrad Schumacher vom 29.9.1935, S. 2 (ebd.).

195 Süddeutsche Zucker-AG, Conrad Schumacher an Emil Georg von Stauß vom 3.11.1935, S. 1 (ebd.).

196 Süddeutsche Zucker-AG an den Vorsitzenden der Hauptvereinigung der Deutschen Zuckerwirtschaft vom 4.11.1935, S. 1 ff. (ebd.).

197 Vgl. Rüdiger Hachtmann, *Das Wirtschaftsimperium der Deutschen Arbeitsfront 1933-1945*, Göttingen 2012, S. 441; Arne Winkelmann/Timo Schuster, *Die Lud-*

Zuckerfabrik Jülich durch die Süddeutsche Zucker-AG habe die Fabrik saniert und auf die Erfolgsspur zurückgebracht. Das Unternehmen war nach Kräften bemüht, die von NS-Aktivisten vorgebrachten Vorwürfe zu entkräften und ihre engen Beziehungen zu NSDAP-Amtsträgern und zur badischen Regierung herauszustellen.

Nachdem auf dem Reichsparteitag der dort tagende Reichstag am 15. September 1935 die sogenannten Nürnberger Gesetze erlassen hatte, intensivierten sich die dezentralen Initiativen von NS-Organisationen, Juden weiter aus den Strukturen von Wirtschaft und Gesellschaft zu verdrängen. Ausgerechnet zur gleichen Zeit hatte die in Schlesien gelegene und seit kurzem von der Süddeutsche Zucker-AG beherrschte Zuckerfabrik Klettendorf bei der DAF um die Genehmigung einer DAF-Fahne nachgesucht, woraufhin der DAF-Kreiswalter Breslau-Land am 16. September 1935 unter Bezugnahme auf eingelaufene »Klagen« anfragte, ob dort »noch eine Anzahl Juden« beschäftigt würden. Heinrich Burk verneinte dies als »Führer des Betriebes«. Conrad Schumacher erhielt weisungsgemäß eine Information über diesen als »politisch« kategorisierten Vorgang.

Die Süddeutsche Zucker-AG war aber selbst interessiert, andere Werke aus jüdischem Besitz zu erwerben. Der Vorstand – einschließlich Albert Flegenheimer – informierte die Aufsichtsratsspitze und Ilario Montesi Ende April 1936, dass in Oberschlesien in der Nachbarschaft der Fabriken Ratibor und Bauerwitz die Zuckerfabrik Woinowitz vom Eigentümer, einem »Nichtarier«, für einen Kaufpreis von 1,2 Mio. Reichsmark angeboten wurde. Der Vorstand versicherte zwar, besitzmäßig »saturiert« zu sein, machte jedoch geltend, dass ansonsten der Danziger Zuckerfabrikant Walter Pikuritz, einer der »unangenehmsten Konkurrenten«, zum Zuge kommen könnte und den schlesischen Zuckerfabriken beim Zuckerpreis »außerordentliche Schwierigkeiten« bereiten würde.[198] Es bestand also keine Zurückhaltung, ein Verkaufsangebot eines jüdischen Eigentümers anzunehmen, der dem wachsenden Druck auf Juden in der Wirtschaft durch einen rechtzeitigen Verkauf und Emigration entgehen wollte. Montesi lehnte den Erwerb neuer Zuckerfabriken »zwecks Vermeidung weiterer Angriffe gegen die Südzucker, besonders in dem heutigen sehr delikaten Moment«, ab, um dem Vorwurf zu entgehen, der vom NS-Regime als »verjudet« angegriffene Zuckerkonzern expandiere

wigshafener Walzmühle. Industriebau – Wahrzeichen – Zeitzeuge, Frankfurt a. M. 2020, S. 25 ff.

198 Conrad Schumacher an Ilario Montesi vom 25.4.1936 (HADB, P 4823); Karl-Ernst Sippell an Conrad Schumacher vom 2.5.1936 (ebd.).

durch die Übernahme eines anderen Unternehmens aus »nichtarischer« Hand.[199] Der Verwaltungsrat beschloss am 7. Mai 1936, vom Kauf der Woinowitzer Zuckerfabrik abzusehen, da »politische Schwierigkeiten zu erwarten« wären, »die die wirtschaftlichen Vorteile wahrscheinlich überwiegen würden«.[200]

Die NS-Politiker Wilhelm Keppler und Walter Köhler erklärten Montesi bei einer Besprechung Anfang April 1936 unmissverständlich, dass »Flegenheimer aus dem Vorstand von Südzucker ausscheiden und auch aus dem Aufsichtsrat allmählich die jüdischen Herren entfernt« werden müssten, um vom Unternehmen andernfalls drohenden Schaden abzuwenden. Montesi, der auf die Tüchtigkeit Flegenheimers verwies, wurde entgegnet, dass der »Antisemitismus in Deutschland aber weitergehe, und alle Parteistellen darauf bestehen würden, dass in dieser Frage das Programm eingehalten« werde. Im Ergebnis dieser Besprechung und über die »Rolle und Macht der faschistischen Partei in Italien« orientiert, hielt Montesi einen Verbleib von Flegenheimer im Vorstand »nicht mehr für möglich«. Er setzte sich gegenüber Keppler zwar noch für steuerliche Erleichterungen für Flegenheimer im Falle seiner Auswanderung ein. Indem er Sippell in gleichem Atemzug die Auswanderungsabsicht von Theodor Frank übermittelte, hatte er die in Unternehmensgremien verbliebenen Juden gedanklich bereits abgeschrieben.[201]

Albert Flegenheimer sah sich nach Angaben von Ilario Montesi ab Juni 1936 zum Verkauf seiner Aktien der Süddeutsche Zucker-AG »genötigt, weil er auszuwandern beabsichtige, und ihm die Möglichkeit hierzu erst durch den Aktienverkauf gegeben« werde.[202] Albert Flegenheimer gab am 6. August 1936 zwar seine Stellung als Vorstandsmitglied auf,[203] wechselte jedoch durch Beschluss der Generalversammlung noch am gleichen Tag in den Aufsichtsrat der Süddeutsche Zucker-AG. Zum Wechsel in den Aufsichtsrat mochten die erbitterten Konflikte mit Jacob Bühler beigetragen haben, aber vor allem die nach den Olympischen Spielen weiter verschärfte antijüdische Staatspolitik machte seinen Rückzug aus der

199 Conrad Schumacher an Ilario Montesi vom 25.4.1936 (ebd.).

200 Protokoll über die Sitzung des Verwaltungsrates am 7.5.1936, S. 2 (ebd., P 4828); Karl-Ernst Sippell, Aktenvermerk betr. Süddeutsche Zucker-AG Mannheim vom 7.5.1936, S. 1 (ebd., P 4838).

201 Karl-Ernst Sippell, Aktenvermerk betr. Süddeutsche Zucker-AG Mannheim vom 9.4.1936, S. 2 ff. (ebd.).

202 Karl-Ernst Sippell, Aktenvermerk betr. Süddeutsche Zucker-AG Mannheim vom 3.8.1936, S. 3 (ebd., P 4842).

203 Protokoll zu der 24. Aufsichtsratssitzung vom 27.6.1936, S. 3 f. (Südzucker AG, Unternehmensarchiv, HV 01_00_186).

Abb. 29 Belegschaftsfoto unter dem Hakenkreuz

ersten Reihe notwendig, wenngleich die vollständige Herausdrängung aus dem Unternehmen noch aufgeschoben war.[204]

Die Absicht, einen Teil der von ihm und seinem Bruder Josef gehaltenen Aktien der Süddeutsche Zucker-AG zu verkaufen, gab Flegenheimer als deren Verhandlungsführer am 26. November 1936 in Mailand auf der Konsortialsitzung bekannt. Karl-Ernst Sippell erklärte dort, dass die Deutsche Bank AG Aktien der Süddeutsche Zucker-AG bis zu einem Nominalwert von 500.000 Reichsmark zum Tageskurs von 204 übernehmen wolle, sofern ihr eine mit ihrer Rolle als Konsortialführerin begründeten Gewinnprovision von zehn Prozent zugesprochen würde.[205] Da über die Rechtmäßigkeit der beanspruchten »Führungsprovision« keine Einigung erzielt werden konnte, unterblieb der Verkauf.

Flegenheimer hielt sich aus Sicherheitsgründen vor allem in Italien auf. Die langen Verhandlungen spielten angesichts der weiteren Radikalisierung der staatlichen Maßnahmen gegen Juden möglichen Käufern in die Hände, was den Zustimmungsdruck auf Flegenheimer erhöhte. Die Deutsche Bank signalisierte Flegenheimer am 1. März 1937 in Triest die Bereitschaft zur Übernahme eines 2-Mio.-Aktienpakets zum Börsenkurs,

204 Vgl. etwa Hilberg, *Vernichtung*, S. 116 ff.; Richard J. Evans, *Das Dritte Reich*, Bd. 2: Diktatur, Frankfurt a. M. 2007, S. 691 ff.

205 Albert Flegenheimer an Karl-Ernst Sippell vom 5.7.1937, S. 1 (HADB, P 4849).

was dieser wegen der Aussicht auf einen deutlich höheren Verkaufspreis zurückwies. Denn Flegenheimer stand seit Januar 1937 mit dem tschechischen, auch im Sudetenland und in Schlesien aktiven Zuckerindustriellen Ernst von Janotta in Verbindung, ohne dass dieser aber ein konkretes Angebot unterbreitet hatte.

Zusätzlich kam er am 7. März 1937 mit der Zuckerfabrik Klein-Wanzleben vorm. Rabbethge & Giesecke AG wegen des Verkaufs des Aktienpakets im Nennwert von 2,25 Mio. Reichsmark in Kontakt.[206] Für das vor allem im Bereich der Rübensamenerzeugung tätige Unternehmen gaben deren Vorstandsmitglieder Dr. Oskar Rabbethge und Karl Büchting bei einer Besprechung in Berlin am 14. April 1937 an,[207] dem Kauf von Aktien zum Nennwert von 2,25 Mio. Reichsmark zu einem Kurs von 250 näherzutreten, wenn sie in das Konsortium eintreten könnten, zwei Aufsichtsratssitze und eine Vertretung im Verwaltungsrat der Süddeutsche Zucker-AG erhielten. Darüber hinaus sollte der Zuckerfabrik Klein-Wanzleben die Rübensamenlieferung an die landwirtschaftlichen Betriebe der Süddeutsche Zucker-AG übertragen und eine Vertretung in deren Vorstand zugesichert werden.[208]

Karl Ernst Sippell begrüßte für den Deutsche-Bank-Vorstand die Übernahme der Flegenheimer-Aktien durch die Zuckerfabrik Klein-Wanzleben ausdrücklich, machte aber darauf aufmerksam, dass eine Zustimmung von Ilario Montesi vorliegen müsse. Schließlich sollte beim Reichsnährstand, der einer noch größeren Konzentration in der Zuckerindustrie ablehnend gegenüberstand, vorgefühlt werden, ob dieser die Übernahme von sieben Prozent des Aktienkapitals kritisch sah.

Albert Flegenheimer, der am 16./17. April 1937 in Wien mit Ernst von Janotta zusammengekommen war,[209] machte am 19. Mai 1937 deutlich, dass er auf einen »baldigen Abschluss« mit der Zuckerfabrik Klein-Wanzleben großen Wert lege.[210] Ein Hemmnis bildete die von der Montesi-Gruppe geforderte Gewinnbeteiligung, für die es aber im Konsortialvertrag keine Rechtsgrundlage gab. Aus Sicht von Flegenheimer

206 Ebd., S. 2.

207 Der in Klein-Wanzleben beheimatete Oskar Rabbethge war am 1. August 1935 mit der Mitgliedsnummer 3.682.583 in die NSDAP aufgenommen worden (BArch, NSDAP-Gaukartei).

208 Deutsche Bank, Karl-Ernst Sippell, Aktenvermerk betr. Süddeutsche Zucker/Zuckerfabrik Kleinwanzleben vom 12.5.1937 (HADB, P 4849); Albert Flegenheimer an Karl-Ernst Sippell vom 5.7.1937, S. 2 (ebd.).

209 Albert Flegenheimer an Karl-Ernst Sippell vom 5.7.1937, S. 3 (ebd.).

210 Karl-Ernst Sippell, Aktenvermerk betr. Süddeutsche Zucker AG Mannheim vom 19.5.1937 (ebd.).

Abb. 30 Oskar Rabbethge (hinten links)

kam allenfalls ein »moralischer Anspruch« in Betracht.[211] Am 21. Mai 1937 stimmte nach Verhandlungen mit Montesi und Flegenheimer das Konsortium in seiner Sitzung in Berlin dem Verkauf des Aktienpostens »grundsätzlich« zu, wobei noch devisen- und steuerrechtliche Aspekte geprüft werden müssten. Die abschließende Klärung war einer gesonderten Sitzung vorbehalten.[212]

Am 25. Mai 1937 fand in den Räumen der Deutsche Bank AG eine weitere Verhandlung zwischen der Zuckerfabrik Klein-Wanzleben vorm. Rabbethge & Giesecke AG, der Deutsche Bank AG und Albert Flegenheimer statt, da der Verkauf der Aktien der Süddeutsche Zucker-AG aus dem Besitz der Flegenheimers über das Konsortium stattfinden musste,

211 Albert Flegenheimer an Karl-Ernst Sippell vom 5.7.1937, S. 7 (Historisches Archiv Deutsche Bank (ebd.).

212 Karl-Ernst Sippell, Aktenvermerk betr. Süddeutsche Zucker/Zuckerfabrik Kleinwanzleben vom 22.5.1937 (ebd.); Karl-Ernst Sippell, Aktenvermerk betr. Verwaltungsratssitzung am 21.5.1937 in Berlin vom 26.5.1937, S. 4 (ebd., P 4823).

um den Konsortialbedingungen zu entsprechen. Dass Flegenheimer die Sitzung wegen eines Termins bei der Reichsdevisenstelle vorzeitig verlassen musste, verdeutlichte dessen sich weiter verschärfende Situation. Die wiederholten Vertagungen und ständigen Änderungen des Vorgehens verunsicherten Oskar Rabbethge zusehends, sodass dieser in einem Gespräch Flegenheimer gegenüber die Vermutung geäußert habe, dass seine Mitkonsorten ihm den »angebotenen Überpreis nicht gönnen« würden.[213]

Flegenheimer geriet weiter unter Druck, nachdem im Mai 1937 der Verwaltungsrat zur Kenntnis genommen hatte, dass die Hauptvereinigung der Deutschen Zuckerwirtschaft die Würzburger Rübentrocknungsanlage nicht genehmigt hatte, weil die Süddeutsche Zucker-AG »kein deutsches Unternehmen« sei.[214] Die Protokollnotiz, wonach der Vorstand »bereits Schritte eingeleitet« habe, »um hiergegen anzugehen«, richtete sich auch gegen ihn. Es war dementsprechend kein Zufall, dass in der gleichen Sitzung vereinbart wurde, dass der Aufsichtsratsvorsitzende Zapf »wegen der künftigen Stellung des Herrn Flegenheimer im Konzern« mit ihm eine Aussprache halten sollte. Der Unternehmensleitung kam entgegen, dass das »Geschäft mit Klein-Wanzleben«, also die Übernahme der Flegenheimer-Anteile durch die Zuckerfabrik Klein-Wanzleben, verhandlungsreif war.[215]

Den von der Deutsche Bank AG mitformulierten Entwurf eines alle Bedingungen übernehmenden Kaufangebots der Zuckerfabrik Klein-Wanzleben vorm. Rabbethge & Giesecke AG leitete die Deutsche Bank AG Montesi und Flegenheimer, die im Berliner Hotel Esplanade abgestiegen waren, am 26. Mai 1937 zu.[216] Die Börsenumsatzsteuer sollte je zur Hälfte vom Verkäufer und Käufer getragen werden und auf den Kaufpreis von 5,625 Mio. Reichsmark waren ab dem 1. April 1937 sechs Prozent Zinsen zu zahlen. Das redaktionell überarbeitete und bis zum 26. Juni 1937 gültige Kaufangebot unterzeichneten Oskar Rabbethge und Karl Büchting am 27. Mai 1937.[217]

213 Albert Flegenheimer an Karl-Ernst Sippell vom 5.7.1937, S. 8 (ebd., P 4849).

214 Karl-Ernst Sippell, Aktenvermerk betr. Verwaltungsratssitzung am 21.5.1937 in Berlin vom 26.5.1937, S. 2 (ebd.).

215 Ebd., S. 4.

216 Deutsche Bank AG, W. Klein an Dr. Ilario Montesi vom 26.5.1937 (ebd.); Zuckerfabrik Klein-Wanzleben vorm. Rabbethge & Giesecke AG an Deutsche Bank und Disconto-Gesellschaft vom 27.5.1937 (Entwurf) (ebd.).

217 Zuckerfabrik Klein-Wanzleben vorm. Rabbethge & Giesecke AG, Oskar Rabbethge/Karl Büchting an Deutsche Bank und Disconto-Gesellschaft vom 27.5.1937 (ebd.).

Am 27. Mai 1937 hielten die Gebrüder Flegenheimer nom. 2.882.668,78 Reichsmark Aktien der Süddeutsche Zucker-AG und 21,28 Prozent des Konsortialbesitzes, die Gruppe Montesi 9.257.651,22 Reichsmark oder 68,35 Prozent und die Deutsche Bank 1.404.480 Reichsmark oder 10,37 Prozent.[218] Da die Deutsche Bank ein Interesse hatte, ihre im Konsortialvertrag fixierte, allerdings nur für den Verkauf sämtlicher im Konsortium gebundener Aktien vorgesehene Führungsprovision in Höhe von zehn Prozent des erzielten Nettonutzens zumindest teilweise beim Verkauf des Flegenheimer-Anteils zu realisieren, schlug sie Flegenheimer und Montesi eine Abänderung des Konsortialvertrags auf eine Gewinnbeteiligung von fünf Prozent an allen Aktienverkäufen vor, was deren Zustimmung fand.[219]

Ende Mai 1937 fasste die Deutsche Bank AG die in Verhandlungen mit dem Vorstand der Zuckerfabrik Klein-Wanzleben definierten Kreditbedingungen für den Kauf der im Besitz der Gebrüder Flegenheimer befindlichen Aktien der Süddeutsche Zucker-AG in einem Kreditantrag zusammen. Vom Kaufpreis von 5,625 Mio. Reichsmark für die nom. 2,25 Mio. Reichsmark Aktien der Süddeutsche Zucker-AG sollten 3,75 Mio. Reichsmark mit einem Kredit finanziert werden. Die Kreditsumme sollte zur Hälfte in bar zu einem Zinssatz von aktuell 6,5 Prozent und zur anderen Hälfte in einem Akzept zu jährlich 5,4626 Prozent gewährt werden. Die Rückzahlungsfristen sollten auf Wunsch des Kreditnehmers zur Hälfte am 15. Juni 1938 bzw. am 15. Juni 1939 enden.[220]

Die parallel stockenden Gespräche mit Montesi hielten den Verkauf Ende Juni 1937 in der Schwebe,[221] was Rabbethge und Büchting nur ungern zur Kenntnis nahmen. Alternative Lösungen, wie die Abgabe von Aktien aus dem Eigenbesitz der Süddeutsche Zucker-AG, wurden sogleich wieder verworfen, da Flegenheimer gleichwohl auf den Verkauf seiner Aktien drängen werde, weil er nach Angaben von Karl-Ernst Sippell den »Erlös für die Reichsfluchtsteuer brauche«.[222] Die Verhandlungen nahmen insoweit auf die antijüdischen Maßnahmen des NS-Staats

218 Deutsche Bank AG betr. Aktien der Süddeutsche Zucker-AG Mannheim, Bestand des Konsortiums am 27.5.1937 (ebd.).

219 Karl-Ernst Sippell an Albert Flegenheimer vom 27.5.1937 (ebd.).

220 Karl-Ernst Sippell an Sekretariat vom 3.6.1937 (ebd.); Zuckerfabrik Klein-Wanzleben vorm. Rabbethge & Giesecke AG an Deutsche Bank und Disconto-Gesellschaft AG vom 4.6.1937 (ebd.).

221 Karl-Ernst Sippell an Ilario Montesi vom 24.6.1937, S. 2 (ebd.).

222 Karl-Ernst Sippell, Aktenvermerk betr. Südzucker-Klein-Wanzleben vom 25.6.1937, S. 1 (ebd.).

Bezug.[223] Denn die Vertreter der Zuckerfabrik Klein-Wanzleben sahen klar, dass Flegenheimer »genötigt« wäre, »seine Position bei der Südzucker zu lösen« und deshalb die Verbindung zu einem Kaufinteressenten nicht »abreißen lassen« würde.[224] Flegenheimer beschwerte sich bei Theodor Frank Ende Mai 1937, dass der Aufsichtsratsvorsitzende Zapf, um von sich und den internen Problemen abzulenken, gegenüber Dritten herausstelle, dass die Schwierigkeiten bei der Südzucker »in erster Linie durch die Nichtarierfrage bedingt« seien.[225] Doch auch Montesi instrumentalisierte diese, indem er, um gegen Frank als Vertreter der deutschen Seite Stimmung zu machen, darauf hinwies, dass er selbst »in der letzten Zeit in dem Hause des Führers [Duce]« erneut zur »Frage der Nicht-Arier [...] präzise Dispositionen erhalten« habe, die er auch in der nächsten Sitzung »strikt anwenden« müsse.[226] Der Südzucker-Vorstand zeigte seinerseits, unabhängig von einem Verkauf des Flegenheimer-Aktienpakets, Interesse an einer engeren Verbindung mit der Zuckerfabrik Klein-Wanzleben, indem am 1. Juli 1937 der Deutsche Bank AG der Verkauf eigener Aktien oder ein Aktientausch vorgeschlagen wurde.[227]

Die ganze Angelegenheit stockte zum einen wegen der wenig kooperativen Haltung der Montesi-Gruppe und zum anderen wegen der immer wieder eine Rolle spielenden Prestigefragen. Auch der am 2./3. Juli 1937 in Triest unternommene erneute Versuch Karl-Ernst Sippells, zu einer Verkaufsregelung der Aktien der Süddeutsche Zucker-AG aus dem Besitz der Flegenheimers zu kommen, scheiterte. Da inzwischen nach Ansicht Sippells »durch die Rücksichtslosigkeit und das Machtstreben Montesis« die »ganze Atmosphäre« im Unternehmen »unerträglich« und eine »praktische Zusammenarbeit kaum noch möglich« geworden sei,[228] geriet die Auflösung des Konsortiums auf die Tagesordnung. Sippell schlug vorab Flegenheimer vor, eine »völlige Bereinigung« seines Verhältnisses zur Süddeutsche Zucker-AG vorzunehmen. Der Verkauf seiner gesamten Aktienposition, das Ausscheiden der Württembergischen Melassefutter-

223 Zu der vom Präsidialkabinett Brüning zur Abwendung von Kapitalflucht ins Ausland eingeführten Reichsfluchtsteuer, die die NS-Regierung zur Abschöpfung jüdischen Eigentums umfunktionierte, siehe Dorothee Mußgnug, *Die Reichsfluchtsteuer 1931-1953*, Berlin 1993, S. 40 ff.

224 Paul Beyer an Karl-Ernst Sippell vom 28.6.1937, S. 1 (HADB, P 4849).

225 Albert Flegenheimer an Theodor Frank vom 31.5.1937, S. 2 (ebd., P 4843).

226 Ilario Montesi an Ernst Georg von Stauß vom 5.7.1937, S. 4 f. (ebd.).

227 Karl-Ernst Sippell, Aktenvermerk betr. Südzucker vom 1.7.1937, S. 1 (ebd., P 4849).

228 Karl-Ernst Sippell, Aktenvermerk betr. Südzucker vom 6.7.1937, S. 2 f. (ebd.).

werke GmbH aus dem Konsortium und die Aufgabe aller »Verwaltungsmandate« liege auch in seinem »Interesse«.[229]

Erst am 21. Juli 1937 traf das Konsortium eine umfassende Regelung, die den Verkauf der nom. 2,25 Mio. Aktien der Süddeutsche Zucker-AG aus dem Besitz der Flegenheimers an die Zuckerfabrik Klein-Wanzleben zum Kurs von 250, den Ankauf von weiteren nom. 500.000 Aktien zum gleichen Kurs aus dem Eigenbesitz der Süddeutsche Zucker-AG sowie den Aktientausch von nom. 1 Mio. Aktien der Süddeutsche Zucker-AG gegen 1,5 Mio. Aktien der Zuckerfabrik Klein-Wanzleben vorsah.[230] Die Vereinbarung umfasste auch den Beitritt der Zuckerfabrik Klein-Wanzleben zum Konsortium und die Zuwahl von Oskar Rabbethge und Karl Büchting in den Aufsichtsrat. Der Aufsichtsrat sollte zudem Büchting in den Verwaltungsrat wählen sowie Rechtsanwalt Paul Beyer als Vertreter von Klein-Wanzleben in den Vorstand der Süddeutsche Zucker-AG berufen.[231] Ebenfalls war beabsichtigt, die Zuckerfabrik Klein-Wanzleben, sofern Qualität und Preis konkurrenzfähig waren, die Belieferung mit Rübensamen zu übertragen.

Gleichzeitig war der Gruppe Finanziaria von Montesi bewilligt, ihren Besitz an Aktien der Süddeutsche Zucker-AG teilweise oder ganz gegen Reichsmark, Goldvaluta oder im Tausch gegen italienische Aktien zu verkaufen, wobei auch die im Besitz der Süddeutsche Zucker-AG befindlichen Aquila-Aktien in Frage kamen.[232] Am Verkauf der Flegenheimer-Aktien würde die Deutsche Bank 110.000 Reichsmark verdienen; auch beim Verkauf der Aktien der Süddeutsche Zucker-AG an Klein-Wanzleben fiel die übliche Effektenprovision an.[233] Da die Württembergische Melassefabrik GmbH aus dem Verkauf zu 250 gegenüber dem durchschnittlichen Einstandspreis einen Nutzen von 1,82 Mio. Reichsmark zog, ergab sich nach den neugefassten Bestimmungen des Konsortialvertrags eine Führungsprovision von 91.020 Reichsmark für die Deutsche Bank.[234]

229 Karl-Ernst Sippell an Albert Flegenheimer vom 8.7.1937, S. 2 (ebd.).

230 *Aktientausch Südzucker-Zuckerfabrik Klein-Wanzleben*, in: Frankfurter General-Anzeiger vom 20.7.1937; *Südzucker und Rabbethge. Sie beteiligen sich gegenseitig*, in: Frankfurter Zeitung vom 23.7.1937 (BArch, R 3102, Nr. 2803).

231 Protokoll zu der 27. Aufsichtsratssitzung am 28.7.1937, S. 2 (Südzucker AG, Unternehmensarchiv, HV 01_00_186).

232 Niederschrift über die Sitzung des Konsortiums Süddeutsche Zucker-AG am 21.7.1937 (HADB, P 4849).

233 Karl-Ernst Sippell, Notiz für Tagesbericht – Süddeutsche Zucker AG, Mannheim vom 22.7.1937 (ebd.).

234 Sekretariat, Konsortial-Abteilung an Karl-Ernst Sippell vom 23.7.1937 (ebd.).

Der Konsortialvertrag erhielt am 21. Juli 1937 einen Nachtrag, um die Württembergische Melassefutterwerke GmbH zu streichen, während die Zuckerfabrik Klein-Wanzleben formell dem Konsortium beitrat. Dem Konsortium waren zum Stichtag seitens der Deutsche Bank AG nom. 1,404 Mio. Reichsmark Aktien der Süddeutsche Zucker-AG, seitens der Gruppe Finanziaria nom. 9,316 Mio. Reichsmark und seitens der Zuckerfabrik Klein-Wanzleben nom. 4,437 Mio. Reichsmark unterworfen.[235] Die Generalversammlung der Süddeutsche Zucker-AG bestätigte am 28. Juli 1937 die vereinbarten Änderungen der Konsortialstruktur durch die Hinzuwahl von Vertretern der Zuckerfabrik Klein-Wanzleben in den Aufsichtsrat, der Paul Beyer zum 1. August 1937 in den Vorstand berief.[236] Der am 24. März 1889 geborene Beyer, der zunächst im Staatsdienst tätig gewesen war und sich dann als Rechtsanwalt niedergelassen hatte, bevor er in die Dienste von Klein-Wanzleben eingetreten war, gehörte bereits seit dem 1. Mai 1933 der NSDAP an.[237] Die Presse nahm die durch Aktientausch eingegangene »freundschaftliche Zusammenarbeit« zwischen der Süddeutsche Zucker-AG und der Zuckerfabrik Klein-Wanzleben positiv auf. Der Verkauf der Flegenheimer-Aktien war bereits von der Wirtschaftspresse erwartet und die Stärkung des Konsortiums begrüßt worden.[238]

Am 3. August 1937 überwies die Zuckerfabrik Klein-Wanzleben 1,825 Mio. Reichsmark für das erste Drittel der zugesagten Aktien der Süddeutsche Zucker-AG an die Deutsche Bank AG. Weitere Aktien in Nominalwert von 500.000 Reichsmark sollte Albert Flegenheimer unmittelbar zur Verfügung stellen, während die restlichen Aktien im Nominalwert von einer Mio. Reichsmark im ersten Quartal 1938 »angedient« würden.[239] Die Deutsche Bank AG bat deshalb Flegenheimer um Beauftragung, nach dem Zahlungseingang die nom. 750.000 Reichsmark Aktien der Süddeutsche Zucker-AG dem neuen Eigentümer auszuhändigen, die anteilige Provision von 30.340,03 Reichsmark einzubehalten und den Restbetrag »zur Teilabdeckung« der beim Bankhaus bestehenden Kredite zu verwenden.[240]

235 Nachtrag zum Konsortialvertrag von 25.1.934 mit Nachtrag vom 21.7.1937 betreffend Aktien der Süddeutsche Zucker-AG, Mannheim vom 21.7.1937, S. 1 (ebd., P 4845).

236 Süddeutsche Zucker-AG, Bericht über das Geschäftsjahr 1937/38 für die 13. ordentliche Hauptversammlung am 17. November 1938, Mannheim 1938, S. 3.

237 NSDAP-Gaukartei Paul Beyer (BArch, R 9361-IX, 1251388).

238 *Süddeutsche Zucker-Klein-Wanzleben*, in: Börsen-Zeitung vom 29.7.1937.

239 Zuckerfabrik Klein-Wanzleben vorm. Rabbethge & Giesecke AG an Deutsche Bank und Disconto-Gesellschaft AG vom 3.8.1937 (HADB, P 4849).

240 Deutsche Bank und Disconto-Gesellschaft, Karl-Ernst Sippel/Klein an Albert Flegenheimer vom 3.8.1937, S. 1 (ebd.).

Darüber hinaus sollte Flegenheimer über die zustehende Dividende für die Restbeteiligung am Südzucker-Konsortium für das Geschäftsjahr 1936/37 in Höhe von 45.500 Reichsmark verfügen. Die Zuckerfabrik Klein-Wanzleben erhielt eine Rechnung über 38.841,67 Reichsmark für die vereinbarten Zinsen.[241] Das Unternehmen hatte darüber hinaus die Höhe der Börsenumsatzsteuer in Höhe von 1.435 Reichsmark zu tragen, erhielt aber für die erworbenen Aktien nach Abzug der Kapitalertragssteuer 54.000 Reichsmark Dividenden für das Geschäftsjahr 1936/37.[242]

Die Alt-Vorstände Jacob Bühler und Conrad Schumacher stellten sich zwar einem Einstieg der Zuckerfabrik Klein-Wanzleben nicht prinzipiell entgegen, doch ließ beispielsweise Bühler im August 1937 durchblicken, dass er den für den Vorstand nominierten Paul Beyer für wenig »sachverständig« hielt, da er sich »erst die Kenntnis der Branche erwerben« müsse. Auch die versprochene »aktive Mitarbeit« von Oskar Rabbethge und Karl Büchting lockte ihn nicht, da ihm »unverständlich« war, wie sich die designierten Aufsichtsratsmitglieder »praktisch« einbringen wollten.[243] Bühler monierte auch, dass durch eine Berufung Beyers vieljährig bewährte Mitarbeiter übergangen würden. Das Motiv, im gewohnten Akteurskreis zu verbleiben, schien vollends durch. Der Aufsichtsratsvorsitzende Zapf übernahm es dann, die nachträgliche Kritik einer abgeschlossenen Aktion in die Schranken zu weisen, woraufhin er von Bühler die Zusicherung erhielt, »mit Dr. Beyer in der loyalsten Weise rücksichtslos zusammenarbeiten« zu wollen.[244]

Da aber die Erlöse aus den Aktienverkäufen Flegenheimers größtenteils zur Abdeckung seiner Kreditschulden genutzt wurden, erbat er Anfang September 1937 um einen bis Jahresende laufenden Kredit über 850.000 Reichsmark, den die Deutsche Bank AG ihm auch einräumte.[245] Der Verkauf der nächsten Aktientranche im Nominalwert von 500.000 Reichsmark wurde im Oktober 1937 abgewickelt.[246] Die Finanzierung des Kaufpreises von 1,25 Mio. Reichsmark und der Kreditkosten von 40.000 Reichsmark erfolgte für die Zuckerfabrik Klein-Wanzleben durch das am 5. Juni 1937 geschlossene Kreditabkommen. Der Aufwand vermin-

241 Deutsche Bank und Disconto-Gesellschaft an Zuckerfabrik Klein-Wanzleben vorm. Rabbethge & Giesecke AG vom 5.8.1937, S. 2 (ebd.).

242 Deutsche Bank und Disconto-Gesellschaft an Zuckerfabrik Klein-Wanzleben vorm. Rabbethge & Giesecke AG vom 6.8.1937, S. 2 (ebd.).

243 Jacob Bühler an Karl-Ernst Sippell vom 14.8.1937, S. 1 f. (ebd., P 4842).

244 Albert Zapf an Karl-Ernst Sippell vom 20.8.1937 (ebd.).

245 Deutsche Bank an J. & A. Flegenheimer vom 1.11.1937 (ebd., P 4849).

246 Deutsche Bank an Zuckerfabrik Klein-Wanzleben vorm. Rabbethge & Giesecke AG vom 9.10.1937 (ebd.).

derte sich durch die zustehenden Dividenden um 36.000 Reichsmark.[247] Die Überweisungssumme deckte das Soll der Reichsmark-Konten I und III von Albert Flegenheimer bei der Deutsche Bank AG. 227.818 Reichsmark wurden seinem Reichsmark-Vorschusskonto zugebucht.[248] Darüber hinaus nahm die Deutsche Bank AG die vereinbarte Provision von 20.226 Reichsmark ein.[249] Mit den Erlösen aus der Aktienübertragung, die die aus dem mit Krediten finanzierten Kauf des 1930 erworbenen Aktienpakets resultierenden Verbindlichkeiten von Flegenheimer gegenüber der Deutsche Bank AG abdeckten, endete auch die von der Société Générale de Sucreries et Raffineries en Roumanie S.A. von Ilario Montesi, der Società Finanziaria Industriale Veneta und der Brüsseler Sucrerie et Raffinerie de Pontelongo S.A. eingegangene Garantiebürgschaft.[250]

Das alles könnte für einen komplizierten und durch gegenseitige Vorhaltungen und Missverständnisse gehemmten Trennungsprozess eines keineswegs die gleichen Interessen verfolgenden Konsortiums angesehen werden, wenn nicht der Konflikt nach Ansicht der Aufsichtsratsspitze die »Lage der Südzucker« insgesamt »gefährdet« hätte, da sich eine »ungünstige Einstellung der Behörden« nachteilig u.a. auf die Versorgungssituation mit Rohzucker auswirken könnte.[251]

Die Auflage des Finanzamts Stuttgart an Flegenheimer vom 16. Oktober 1937, wegen der noch festzusetzenden Reichsfluchtsteuer von den bereits verkauften, aber noch nicht abgerechneten Aktien der Süddeutsche Zucker-AG im Nennwert von einer Mio. Reichsmark entweder die Hälfte der Aktien oder die Hälfte der Kaufsumme zu Gunsten des Finanzamts »zu sperren«, verkomplizierte die Lösung der Beziehungen.[252] Die Deutsche Bank AG bestätigte am 1. November 1937 gegenüber Flegenhei-

247 Zuckerfabrik Klein-Wanzleben vorm. Rabbethge & Giesecke AG an Deutsche Bank vom 11.10.1937 (ebd.); Deutsche Bank an Zuckerfabrik Klein-Wanzleben vorm. Rabbethge & Giesecke AG vom 12.10.1937 (ebd.).

248 Deutsche Bank an J. & A. Flegenheimer vom 12.10.1937 (ebd.).

249 Deutsche Bank an J. & A. Flegenheimer vom 12.10.1937-2. Schreiben (ebd.).

250 Deutsche Bank an Ilario Montesi vom 16.10.1937 (ebd.); Deutsche Bank an Société Générale de Sucreties et Raffineries en Roumanie S.A. vom 16.10.1937 (ebd.); Deutsche Bank an Società Finanziaria Industriale Veneta vom 16.10.1937 (ebd.); Deutsche Bank an Brüsseler Sucrerie et Raffinerie de Pontalongo S.A. vom 16.10.1937 (ebd.).

251 Karl-Ernst Sippell, Vermerk betr. Südzucker vom 18.9.1937, S. 1 (ebd., P 4824).

252 Deutsche Bank, Karl-Ernst Sippell an J. & A. Flegenheimer vom 1.11.1937 (ebd., P 4849); vgl. Martin Ulmer, *Die Ausplünderung der Juden durch die regionalen Finanzbehörden*, in: Heinz Högerle u.a. (Hg.), Ausgrenzung, Raub, Vernichtung. NS-Akteure und »Volksgemeinschaft« gegen die Juden in Württemberg und Hohenzollern 1933-1945, Stuttgart 2019, S. 269-294.

mer, die Sperrung der Vermögenswerte nach den behördlichen Anforderungen vorzunehmen. Da aber dieser staatliche Eingriff die finanziellen Spielräume des antisemitisch ausgegrenzten Unternehmers verengte, bat er am 1. November 1937 um eine Aufstockung des Kreditrahmens um 150.000 Reichsmark auf eine Mio. Die Laufzeit des erweiterten Kredits endete am 31. Dezember 1937.[253]

Die Süddeutsche Zucker-AG lieferte, wie am 21. Juli 1937 zwischen den Konsorten vereinbart, nom. 500.000 Reichsmark-Aktien zum Kurs von 250 an die Zuckerfabrik Klein-Wanzleben, während Aktien zum Nominalwert von einer Mio. Reichsmark für den Aktientausch zum Tageskurs von 207,75 abgegeben wurden. Aus dieser Transaktion ergaben sich für die Deutsche Bank AG 16.637,50 Reichsmark Vermittlungs- und 43.340 Reichsmark Effektenprovision, die hälftig von der Süddeutsche Zucker-AG und der Zuckerfabrik Klein-Wanzleben aufzubringen waren.[254]

Die Übernahme der Flegenheimer-Aktien durch die Zuckerfabrik Klein-Wanzleben würde, so die Meinung von Paul Beyer, auch ein besseres Verhältnis zum Reichsnährstand eröffnen, was für die Süddeutsche Zucker-AG von großer finanzieller Bedeutung sei. Um zu einer völligen »Klärung des Verhältnisses zum Reichsnährstand« zu kommen, machte Beyer auch das Ausscheiden des früheren Vorstands der Deutsche Bank AG, aber seit 1935 im Ausland lebenden Juden Theodor Frank aus dem Aufsichtsrat zur Bedingung. Seiner Mitteilung nach rechnete dieser ohnehin mit keiner Wiederwahl mehr. Als vorgeblich feiner Geschäftsmann gab er an, »keineswegs irgendwelche Anregungen nach dieser Richtung geben« zu wollen, sondern teilte nur mit, auf diese Angelegenheit angesprochen worden zu sein. Er nutzte die Zusammenkunft mit Karl-Ernst Sippell am 9. Oktober 1937 auch dazu, die Frage des Aufsichtsratsvorsitzes anzusprechen, da Zapf »für die Gesellschaft auf Dauer untragbar« sei.[255]

Die Deutsche Bank AG bestärkte Beyer, den langjährigen Aufsichtsratsvorsitzenden dahingehend zu orientieren, dass allenfalls an eine Amtsverlängerung für ein Jahr gedacht werde. Zapf, der das Vertrauen des Südzucker-Vorstands besaß und sein Amt möglichst für eine Wahlperiode von vier Jahren weiterführen sollte,[256] ließ gegenüber der Deut-

253 Deutsche Bank, Karl-Ernst Sippell an J. & A. Flegenheimer vom 1.11.1937 (HADB, P 4849).

254 Deutsche Bank, Konsortialabteilung betr. Konsortium Süddeutsche Zucker-Aktien vom 10.11.1937, S. 1f. (ebd.).

255 Karl-Ernst Sippell, Aktennotiz betr. Südzucker/Besuch des Herrn Rechtsanwalt Dr. Beyer am 9.10.1937 vom 12.10.1937, S. 2f. (ebd., P 4842).

256 Karl-Ernst Sippell, Aktennotiz betr. Südzucker/Aktienverkauf Montesi vom 22.11.1937, S. 2 (ebd.).

sche Bank AG durchblicken, dass er als 68-Jähriger nicht den »Ehrgeiz« habe, den Aufsichtsratsvorsitz »immer zu behalten«. Wenn er aber ohne sein Einverständnis abgelöst würde, müsste er »materielle Ansprüche« geltend machen.[257]

Im November 1937 erging eine Sicherungsanordnung der Stuttgarter Devisenstelle gegen Josef und Albert Flegenheimer, zu deren Vollzug die Büros in der Württembergische Melassefutterwerke GmbH versiegelt wurden. Derart unter Druck gesetzt, kamen die Brüder Flegenheimer mit der Devisenstelle in Mailand überein, ein Drittel des von ihnen in Italien investierten Kapitals, rund 2,5 Mio. italienische Lire, nach Deutschland zu transferieren, um ihr Vermögen in Deutschland frei zu bekommen.[258] Dadurch war klar geworden, dass der gesamte Besitz der Württembergische Melassefutterwerke GmbH und ihr sonstiger Aktienbesitz aufgelöst werden musste, um ihr Restvermögen ins Exil transferieren zu können.

Mit der am 22. November 1937 ausgefertigten Erlaubnis der Devisenstelle beim Oberfinanzpräsidenten Württemberg in Stuttgart gingen die restlichen Aktien im Nennwert von einer Mio. Reichsmark zu den vereinbarten Bedingungen für 2.525.500 Reichsmark von Flegenheimer an die Zuckerfabrik Klein-Wanzleben. Den Betrag schrieb die Deutsche Bank AG einem neu eröffneten Sperrkonto gut, zog aber davon noch die Börsenumsatzsteuer von knapp 1.950 sowie die restliche Provision von 40.500 Reichsmark ab. Darüber hinaus glich die Bank damit das Reichsmark-Vorschusskonto aus, das am 24. November 1937 noch einen Saldo von 1,51 Mio. Reichsmark ausgewiesen hatte.[259] Nach dem abschließenden Aktienverkauf verzeichnete das Sperrkonto Flegenheimers einen Haben-Bestand von etwas mehr als 973.000 Reichsmark. Auf dem ebenfalls bei der Deutsche Bank AG bestehenden US-Dollar-Konto betrug die Unterdeckung fast 61.400 Dollar, die allerdings nicht direkt mit dem Reichsmark-Guthaben auf dem Sperrkonto verrechnet wurde, sondern sukzessive konvertiert werden sollte. Die Deutsche Bank AG stellte am 24. November 1937 aber noch einmal heraus, dass Flegenheimer nur nach »ausdrücklicher schriftlicher Genehmigung« des Oberfinanzpräsidenten Württemberg über das »Restguthaben« verfügen dürfe.[260]

Sippell riet der Zuckerfabrik Klein-Wanzleben Ende November 1937, als die Übernahme eines größeren Aktienpakets der Montesi-Gruppe zur

257 Karl-Ernst Sippell, Aktennotiz betr. Süddeutsche Zucker AG vom 3.11.1937 (ebd.).
258 Karl-Ernst Sippell, Aktennotiz betr. Besprechung Südzucker/Flegenheimer am 4.1.1939, S. 3 (ebd., P 4848).
259 Deutsche Bank an J. & A. Flegenheimer vom 24.11.1937, S. 2 f. (ebd., P 4849).
260 Ebd., S. 3 f.

Abwicklung anstand, den Aktienbesitz auf mindestens 7,5 Mio. Reichsmark oder ein Viertel des Aktienkapitals der Süddeutsche Zucker-AG weiter aufzustocken, um durch das Schachtelprivileg steuerliche Vorteile zu erlangen. Sippell nannte den »Flegenheimer'schen Restbesitz« als Möglichkeit »für den Erwerb der noch fehlenden Spitze« – wohlwissend, dass Albert Flegenheimer einem niedrigeren Preisangebot wegen fehlender Einflussmöglichkeiten nichts entgegenstellen konnte.[261]

Zu diesem Zeitpunkt waren die Konflikte um die Rolle von Juden in der Süddeutsche Zucker-AG entschieden. Die Großaktionäre und die Unternehmensleitung hatten die antisemitische Politik der Nationalsozialisten in das eigene Handeln übersetzt. Josef Flegenheimer gehörte als Miteigentümer bis zur Mandatsaufgabe noch bis zum 28. Juli 1937 dem Aufsichtsrat an. Albert Flegenheimer nahm sein Aufsichtsratsmandat noch bis zum 17. Dezember 1937 wahr.

Am gleichen Tag schloss Heinrich Schweigert als Generalbevollmächtigter von Albert Flegenheimer und als Vertreter des von der Devisenstelle Stuttgart bestellten Treuhänders mit der Deutsche Bank AG einen Vertrag, die für Rechnung der Zuckerfabrik Klein-Wanzleben Aktien der Süddeutsche Zucker-AG im Nennwert von knapp 683.000 Reichsmark zum Kurswert von 225 zu übernehmen, womit der Kaufpreis gegenüber dem ursprünglichen Preis um 25 Punkte sank. Albert Flegenheimer verpflichtete sich, sämtliche Ämter im Unternehmen, wie Vorstand oder Aufsichtsrat, aufzugeben, pochte aber auf seine Ansprüche an Tantiemen. Mit dem Verkauf des Konsortialanteils schieden Josef und Albert Flegenheimer aus dem Konsortium aus. Zusätzlich mit der vereinbarten pauschalen Abgeltungssumme von 70.000 Reichsmark sollten am 20. Dezember 1937 1,6 Mio. Reichsmark auf deren Sperrkonto überwiesen werden.[262]

Die Devisenstelle Stuttgart signalisierte, den Vertrag grundsätzlich genehmigen zu wollen, sperrte sich allerdings gegen den Einschluss der pauschalen Abfindung, die eine gesonderte eingehende Prüfung erfordere.[263] Da Sippell befürchtete, dass sich Flegenheimer bei weiteren Verzögerungen vom Vertrag lossagen könnte, drängte er die Stuttgarter Devisenstelle zu einer Einigung. Am Morgen des 20. Dezember 1937

261 Karl-Ernst Sippell an Paul Beyer vom 30.11.1937, S. 2 (HADB, P 4849).

262 Vertrag zwischen Albert Flegenheimer und Deutscher Bank, Berlin vom 17.12.1937 (ebd.); Protokoll zu der 29. Aufsichtsratssitzung am 1.7.1938, S. 3 (Südzucker AG, Unternehmensarchiv, HV 01_00_186).

263 Fernschreiben Deutsche Bank, Filiale Stuttgart, an Deutsche Bank, Sekretariat vom 18.12.1937 (HADB, P 4849).

genehmigte die Devisenstelle den Vertrag und die Einzahlung auf das Sperrkonto, das nach dem Zahlungseingang einen Habenbestand von 1,658 Mio. Reichsmark aufwies.[264]

Allerdings behielt sich Albert Flegenheimer am 23. Dezember 1937 durch Mitteilung seines Mannheimer Rechtsvertreters, des jüdischen Wirtschaftsjuristen Max Hachenburg, eine Prüfung der Rechtswirksamkeit des von seinem Vertreter geschlossenen Vertrags ausdrücklich vor, womit der ganze Vorgang eine weitere Verunsicherungsschleife drehte.[265] Flegenheimer hielt bis März 1938 an seiner Bewertung fest, dass Schweigert mit dem Vertragsabschluss am 17. Dezember 1937 seine Generalvollmacht überschritten hätte, konnte aber am 7. April 1938 von dem Prokuristen der Württembergische Melassefutterwerke GmbH überzeugt werden, sein Verhalten zu billigen.[266] Da Hachenburg aber am 11. April 1938 aus Zürich schrieb, mit Albert Flegenheimer zusammengekommen zu sein und die Begutachtung nunmehr abschließen zu wollen, informierte Sippell ihn nur in knappen Worten, dass Flegenheimer nach Auskunft von Schweigert den am 13. Dezember 1937 geschlossenen Vertrag bestätigt habe.[267] Nach Rückversicherung bei Albert Flegenheimer erklärte Hachenburg, dass wohl ein »Irrtum« bestehe, da keine Unterhaltung zwischen Flegenheimer und Schweigert stattgefunden habe, in der dieser das Abkommen bestätigt hätte. Dementsprechend halte Flegenheimer den Vorbehalt zur Prüfung des Abkommens »auf seine Rechtsgültigkeit in vollem Umfang aufrecht«.[268]

Parallel regelte eine am 18. Dezember 1937 geschlossene Übereinkunft offene Forderungen zwischen der J. & A. Flegenheimer vorm. Württembergische Melassefutterwerke GmbH und der von Ilario Montesi kontrollierten Finanziaria-Gruppe. Flegenheimer hatte eine Gesamtschuld in Höhe von 710.000 Reichsmark auf das Deutsche-Bank-Konto der Finanziaria-Gruppe einzuzahlen, wodurch deren Konto ein Plus

264 Fernschreiben Deutsche Bank, Filiale Stuttgart, an Deutsche Bank, Sekretariat vom 20.12.1937 (ebd.); Oberfinanzpräsident Württemberg (Si./L. 3/37) an Firma J. und A. Flegenheimer vorm. Württembergische Melassefutterwerke vom 20.12.1937 (ebd., P 4848); Deutsche Bank, Filiale Stuttgart, Tagesauszug J. & A. Flegenheimer vom 20.12.1937 (ebd.).

265 Max Hachenburg an Deutsche Bank, Direktion Berlin vom 23.12.1937 (ebd.); siehe auch Detlef Kleindiek, *Max Hachenburg – jüdischer Rechtsanwalt und Publizist*, in: Neue Juristische Wochenschrift 20 (1993), S. 1295-1301.

266 Karl-Ernst Sippell, Aktenvermerk betr. Südzucker/Flegenheimer vom 9.4.1938 (HADB, P 4848).

267 Max Hachenburg an Deutsche Bank vom 11.4.1938 (ebd.); Deutsche Bank, Karl-Ernst Sippell an Max Hachenburg vom 22.4.1938 (ebd.).

268 Max Hachenburg an Deutsche Bank vom 3.5.1938 (ebd.).

von 460.000 Reichsmark aufweisen würde. Montesi sollte im Gegenzug beim Ministero per gli scambi e le valute eine Transfergenehmigung über 1,34 Mio. italienische Lire erwirken.[269] Der Oberfinanzpräsident Württemberg stimmte der Regelung zu und stellte für den Fall, dass die 1,34 Mio. italienische Lire »unwiderruflich« auf ein Korrespondentenkonto der Deutschen Reichsbank eingegangen waren, eine Aufhebung der Sperre in Aussicht.[270]

Am 28. März 1938 teilte die Finanziaria der Deutsche Bank AG mit, dass das Ministero per gli scambi e le valute die Zahlung genehmigen werde, wenn die angesprochenen 210.000 Reichsmark zum Kontoausgleich verwendet und die 500.000 Reichsmark innerhalb von zehn Monaten in gleichen Monatsbeträgen transferiert würden. Der Lire-Betrag würde nach dem Zugang einer Genehmigung der Stuttgarter Devisenstelle zu deren Gunsten einem Übertragungskonto gutgeschrieben werden.[271] Der Oberfinanzpräsident Württemberg widersprach aber am 30. März 1938 diesem Vorgehen, da der Zahlungseingang eine Josef und Albert Flegenheimer auferlegte Voraussetzung für das weitere Vorgehen bildete. »Im Interesse der endlichen Bereinigung der Angelegenheit Flegenheimer« sollte die Deutsche Bank AG auf die italienischen Firmen einwirken, dass der zu transferierende Betrag »nicht zurückgehalten« wurde.[272] Ende Mai 1938 zahlte die Montesi-Gruppe nach Mitteilung von Albert Flegenheimer 1,34 Mio. italienische Lire auf das vorgesehene Konto ein.[273] Die Devisenstelle Stuttgart bestätigte am 15. Juni 1938 den Eingang des Lira-Betrags auf dem Korrespondentenkonto der Deutschen Reichsbank bei der Banca d'Italia.[274]

Die Bemühungen Albert Flegenheimers, möglichst hohe Geldsummen für seine Aktien und sonstigen Vermögenswerte zu erhalten, rubrizierte der Aufsichtsrat der Süddeutsche Zucker-AG unter »Angriffe«, worauf-

269 Vereinbarung zwischen Albert und Josef Flegenheimer und deren Firma J. & A. Flegenheimer vorm. Württembergische Melassefutterwerke GmbH und der Società Finanziaria Industriale Veneta vom 18.12.1937 (ebd., P 4849).

270 Oberfinanzpräsident Württemberg (Si./L. 3/37) an Firma J. und A. Flegenheimer vorm. Württembergische Melassefutterwerke z. H. Prokurist H. Schweinert vom 28.12.1937 (ebd., P 4848).

271 Società Finanziaria Industriale Veneta an Deutsche Bank vom 24.3.1937 (ebd.).

272 Oberfinanzpräsident Württemberg (DEV-Leiter H 49120) an Deutsche Bank, Konsortial-Abteilung vom 30.3.1938 (ebd.).

273 J. & A. Flegenheimer an Deutsche Bank vom 24.5.1938 (ebd.).

274 Oberfinanzpräsident Württemberg (Si./L. 3/37)) an Deutsche Bank, Konsortial-Abteilung vom 15.6.1938 (ebd.).

hin die ganze Angelegenheit »zu Ende« gebracht werden sollte.[275] Doch Flegenheimer, der inzwischen über Kanada in die USA und zuletzt nach New York gegangen war, widersprach Mitte Dezember 1938 den getroffenen Regelungen, wobei er zum einen den gegenüber den ursprünglichen Verabredungen von 250 auf 225 abgesenkten Verkaufspreis »durch eine Ausnützung der für meine Firma bestehenden Zwangslage« monierte. Wegen der Verletzung des Grundsatzes der »gleichmäßigen Behandlung« sei der Verkauf zum verminderten Preis rechtswidrig erfolgt und er meldete Ansprüche auf Schadenersatz an, die vereinbarungsgemäß von dem Amsterdamer Schiedsgericht festgelegt werden müssten. Er focht auch die pauschale Abfindungssumme, die mit Montesi gefundene Regelung sowie die Rechtmäßigkeit der Gewinnanteilzahlung an die Deutsche Bank AG an.[276]

Nach einer ausführlichen Besprechung mit seinem Beauftragten Heinrich Schweigert hielt die Bank in einer Aktennotiz ihre Rechtsposition fest, dass der Konsortialkurs von 250 für interne Verkäufe keine automatische Gültigkeit für Verkäufe außerhalb des Konsortiums besaß. Auch bestritt die Deutsche Bank AG, dass bei den Verkäufen die Zwangslage von Flegenheimer ausgenutzt worden sei. Stattdessen hätten die »Verhandlungen […] frei und unbehindert« geführt werden können.[277] In einem knappen Schreiben gab die Deutsche Bank AG Flegenheimer Kenntnis von ihrer abweichenden Bewertung.[278]

Flegenheimer kam seinerseits am 17. April 1939 auf die Angelegenheit zurück, indem er vorschlug, im Rahmen einer vom Reichswirtschaftsministerium grundsätzlich genehmigten Verwertung seiner »Markbeträge« durch Maschinenbestellungen bei der Halleschen Maschinenfabrik für eine kanadische Zuckerfabrik auch seine finanziellen Ansprüche gegen das von der Deutsche Bank AG geführte Konsortium abzuwickeln. Sollte ihm die vorenthaltenen Beträge nicht zugehen, werde er seine Finanzforderungen und die Schadenersatzansprüche gegen alle Beteiligten zum »geeigneten Zeitpunkt« geltend machen.[279]

Während Flegenheimer bis dahin seine Forderungen ausschließlich an die Konsorten Deutsche Bank AG und die Montesi-Gruppe gerichtet

275 Protokoll zu der 32. Aufsichtsratssitzung am 17.11.1938, S. 3 (Südzucker AG, Unternehmensarchiv, HV 01_00_186).

276 Albert Flegenheimer an Deutsche Bank vom 15.12.1938, S. 1 f. (HADB, P 4848).

277 Karl-Ernst Sippell, Aktennotiz betr. Besprechung Südzucker/Flegenheimer am 4.1.1939, S. 3 (ebd.).

278 Deutsche Bank, Karl-Ernst Sippell/Simon an Albert Flegenheimer vom 4.1.1939 (ebd.).

279 Albert Flegenheimer an Deutsche Bank vom 17.4.1939, S. 2 (ebd.).

hatte, formulierte er Mitte April 1939 erstmalig auch Ansprüche an die Süddeutsche Zucker-AG. Im Einzelnen beanspruchte er eine Provision für den durch ihn vermittelten Verkauf von Aktien aus dem Eigenbesitz an die Zuckerfabrik Klein-Wanzleben in Höhe von 187.500 Reichsmark sowie »Pensionsansprüche«. Sollte er die Beträge nicht rechtzeitig zur Abwicklung der angebahnten Maschinenbestellungen für die geplante kanadische Zuckerfabrik erhalten, kündigte er an, später Schadenersatzansprüche durchzusetzen.[280] Das rief Südzucker-Vorstand Paul Beyer auf den Plan, der am 29. April 1939 den Leiter der Devisenstelle Stuttgart aufsuchte, um Reichsbankrat Ernst Niemann davon zu überzeugen, gegen Flegenheimer ein Devisenstrafverfahren zu eröffnen und dessen Vermögenswerte zu beschlagnahmen.

Beyer drang aber mit seinem Vorstoß nicht durch, da Niemann zum einen darauf verwies, dass die Stuttgarter Devisenstelle mit der Angelegenheit Flegenheimer schon länger nicht mehr betraut sei, sondern das Finanzamt Moabit-West die zentrale Zuständigkeit übernommen habe. Zum anderen sei die Beschlagnahme von Vermögenswerten »viel einfacher und ohne Kosten durch eine Ausbürgerung zu erreichen«.[281] An diesen Weg denke anscheinend die Finanzverwaltung in Berlin, zumal Josef Flegenheimer bereits ausgebürgert worden sei. Niemann riet dem Südzucker-Vorstand zu umgehenden Verhandlungen mit Ministerialrat Gottfried Seyboth im Reichswirtschaftsministerium, damit Albert Flegenheimer nicht mittels der Maschinenbestellungen sein Vermögen transferieren könne. Die Deutsche Bank AG stimmte mit Beyer wiederholt die Schritte ab, »die gegen Flegenheimer [...] zu unternehmen« waren und setzte die Montesi-Gruppe und die Zuckerfabrik Klein-Wanzleben ins Bild.[282]

Die Unternehmensleitung der Süddeutsche Zucker-AG ging bewusst gegen Flegenheimer vor, weil sich die eigene Machtposition wegen der staatlichen antijüdischen Maßnahmen und der Ausbürgerung des früheren Aktionärs und Vorstands weiter verbesserte. Allerdings kam das beschlagnahmte Flegenheimer-Vermögen im Ergebnis mehrheit-

280 Albert Flegenheimer an Deutsche Bank vom 18.4.1939 (ebd.).

281 Paul Beyer, Aktennotiz über eine Besprechung mit Reichsbankrat Niemann – Leiter der Devisenstelle in Stuttgart am 29.4.1939, S. 1 (ebd.); zur Vermögenseinziehung durch das Reich nach der Ausbürgerung siehe Josephine Ulbricht, *Das Vermögen der »Reichsfeinde«: Staatliche Finanzverwaltung und Gegnerverfolgung im nationalsozialistischen Deutschland*, Berlin 2022, S. 205ff.

282 Deutsche Bank, Karl-Ernst Sippell an Ilario Montesi und Zuckerfabrik Klein-Wanzleben vom 6.5.1939 (HADB, P 4848); Deutsche Bank, Karl-Ernst Sippell an Ilario Montesi und Zuckerfabrik Klein-Wanzleben vom 8.5.1939 (ebd.).

lich nicht dem Unternehmen zugute, sondern wurde zu Gunsten des Reichs vereinnahmt. Die Maßnahmen des Unternehmens waren nicht vorrangig durch ein unmittelbares Raubinteresse motiviert, sondern resultierten aus dem funktionalen Nießnutz des rassistischen Antisemitismus des NS-Regimes. Dass zugleich auch Ärger über das als anmaßend empfundene Auftreten des Großaktionärs gegenüber Vorstandskollegen mitschwang, befeuerte die Selbstverständlichkeit, mit der Flegenheimer geschadet werden wollte. Auch Oskar Rabbethge bestätigte der Deutsche Bank AG, mit ihrem Vertreter im Vorstand der Süddeutsche Zucker-AG »eingehend« diese Maßnahmen besprochen zu haben.[283] Ilario Montesi erklärte sich für die Società Finanziaria auffällig desinteressiert, da alle Beziehungen zu den Flegenheimers bereits »liquidiert« seien.[284]

Der Vorstand der Süddeutsche Zucker-AG lehnte am 12. Mai 1939 in einem Schreiben an Albert Flegenheimer jegliche Provisionsansprüche als unbegründet ab und erklärte zugleich die fällig gewordenen und auch die zukünftigen Pensionszahlungen aussetzen zu wollen, bis das Unternehmen seinerseits mögliche Schadenersatzforderungen gegenüber Flegenheimer geprüft habe.[285] Am Ende entzog ihm das Unternehmen selbst aktiv Vermögenswerte und räumte zugleich ein, bestehende Ansprüche nicht zu bedienen.

Das aus der Montesi-Gruppe, Zuckerfabrik Klein Wanzleben sowie der Deutsche Bank AG bestehende neue Südzuckerkonsortium wies am 9. Juni 1939 seinerseits die von Albert Flegenheimer erhobenen Vorwürfe gegen verschiedene Südzucker-Vorstandsmitglieder einhellig zurück. Auch waren sich die Konsorten einig, die Anrufung eines Schiedsgerichts durch Flegenheimer einstweilen abzuwarten. Darüber hinaus wollte das Konsortium auf die von Albert Flegenheimer im Zusammenhang mit seiner Beteiligung an der Manitoba Sugar Company Ltd. geäußerten gemeinsamen Interessen mit der Montesi-Gruppe in der europäischen Zuckerindustrie nicht reagieren.[286] Die im Mai 1940 im Rundschreiben Nr. 82 der Wirtschaftsgruppe Privates Bankgewerbe notierte »Aberkennung der deutschen Staatsangehörigkeit« von Albert Flegenheimer, seiner 1897 geborenen Ehefrau Helene sowie seiner 1923 bzw. 1930 geborenen

283 Zuckerfabrik Klein-Wanzleben, Oskar Rabbethge, an Deutsche Bank vom 8.5.1939 (ebd.).

284 Società Finanziaria Industriale Veneta, Ilario Montesi an Deutsche Bank vom 9.5.1939 (ebd.).

285 Süddeutsche Zucker-AG an Albert Flegenheimer vom 12.5.1939 (ebd.).

286 Protokoll über die 36. Sitzung des Verwaltungsrats am 9.6.1939, S. 3 f. (ebd., P 4825).

Kinder Selma und Ernst-Ludwig führte zur vollständigen Beschlagnahmung ihrer im Deutschen Reich verbliebenen Vermögenswerte.[287] Damit endete einstweilen die Verbindung zwischen der Süddeutsche Zucker-AG und jüdischen Anteileignern und Managern.

Der Umgang der Deutsche Bank AG und des Vorstands der Süddeutsche Zucker-AG mit dem Aufsichtsratsmitglied Theodor Frank, der gleich 1933 von der Deutsche Bank AG als Jude geschasst worden war und inzwischen im Exil in Brüssel lebte,[288] zeigte eine ähnliche funktionale Ungerührtheit. Frank erhielt Ende Mai 1938 von Karl-Ernst Sippell quasi inoffiziell die Mitteilung, dass sich durch einen Erlass des Reichswirtschaftsministeriums eine »neuentstandene Lage« ergeben habe, an die er sich anpassen solle. Unternehmen waren als »nicht-arisch« anzusehen, wenn auch nur ein Aufsichtsratsmitglied »Nicht-Arier« war. Dadurch galt, solange Frank dem Aufsichtsrat der Süddeutsche Zucker-AG angehörte, das Unternehmen als »nicht-arisch« und lief »Gefahr, mancherlei Nachteile zu erleiden«. Der Vorstand der Süddeutsche Zucker-AG hatte Sippell angesprochen und riet dazu, um »Schaden« vom Unternehmen fernzuhalten, dass Frank sein Aufsichtsratsmandat aufgeben sollte. Sippell konnte gleich am 8. Juni 1938 dem Vorstand Vollzug melden, da Theodor Frank mit dem im Florenz aufgegebenen Schreiben vom 4. Juni 1938 sein Mandat mit Wirkung zum Tag der nächsten Generalversammlung niedergelegt hatte.[289]

Obwohl laut der Dritten Verordnung zum Reichsbürgergesetz vom 14. Juni 1938 nach Auskunft der Rechtsabteilung der Deutsche Bank AG einer Mandatsniederlegung keine »Rückwirkung beigelegt« werden konnte,[290] sollte versucht werden, von Theodor Frank eine den Wünschen des Vorstands entsprechende Erklärung zu erhalten, auch wenn dies keine rechtliche Wirkung habe. Emil Georg von Stauß, der

287 Deutsche Bank, Konsortial-Abteilung betr. Auszug aus dem Rundschreiben Nr. 82 der Wirtschaftsgruppe Privates Bankgewerbe vom 9.5.1940 (ebd., P 4848); die Familie Flegenheimer und die Süddeutsche Zucker-AG bleiben erstaunlicherweise in der voluminösen Studie von Christiane Fritsche, *Ausgeplündert, zurückerstattet und entschädigt. Arisierung und Wiedergutmachung in Mannheim*, Ubstadt-Weiher 2013 mit einer Ausnahme auf S. 141 unerwähnt.

288 Protokoll zu der 29. Aufsichtsratssitzung am 1.7.1938, S. 2 (Südzucker AG, Unternehmensarchiv, HV 01_00_186); vgl. Nützenadel, *Staat*, S. 233-527, insb. 337ff.; Harold James, *Die Deutsche Bank und die »Arisierung«*, München 2001, S. 25f.; ders., *Die Deutsche Bank im Dritten Reich*, München 2003, S. 45f., 50 und 56.

289 Theodor Frank an Karl-Ernst Sippell vom 4.6.1938 (HADB, P 4824); Karl-Ernst Sippell an Süddeutsche Zucker-AG, Vorstand vom 8.6.1938 (ebd.).

290 Deutsche Bank AG, Rechtsabteilung an Karl-Ernst Sippell vom 20.6.1938 (HADB, P 4824).

die einander widersprechenden Rechtsregelungen, aber keineswegs die Verdrängung von jüdischen Mandatsträgern kritisierte, sah sich geradezu »verpflichtet«, ohne gesonderte Abstimmung mit Frank dem Vorstand der Süddeutsche Zucker-AG dessen Mandatsaufgabe zum 30. Dezember 1937 mitzuteilen.[291] Im Nachhinein bestätigte Frank in einem Telefonat mit von Stauß die Fristvorverlegung.[292] Im Gegenzug erhielt er die volle Vergütungen für seine Verwaltungsrats- und Aufsichtsratstätigkeit zugesagt.[293]

Nach einer telefonischen Intervention von Emil Georg von Stauß, dem Aufsichtsratsvorsitzenden der Deutsche Bank AG, erklärte sich Frank am 18. Juni 1938 dann sogar bereit, mit sofortiger Wirkung sein Mandat niederzulegen, wofür ihm die Aufsichtsratsbezüge bis zum Tage der Hauptversammlung ausgezahlt werden sollten.[294] Da aber die staatlichen Vorgaben eine Stichtagsregelung enthielten, wollte der Unternehmensvorstand den Termin des Ausscheidens auf den 30. Dezember 1937 rückdatiert wissen, um entsprechenden Nachfragen öffentlicher Stellen in dem Sinne beantworten zu können, dass schon lange vor dem von Reichswirtschaftsministerium festgelegten Datum bei der Süddeutsche Zucker-AG kein »Nicht-Arier« mehr im Aufsichtsrat gesessen habe.[295] In seiner 29. Sitzung am 1. Juli 1938 stellte der Aufsichtsrat der Süddeutsche Zucker-AG selbstzufrieden fest, dass zu Jahresende 1937 »sämtliche Nichtarier aus der Verwaltung der Gesellschaft ausgeschieden« waren.[296] Alle Juden waren somit aus den Unternehmensgremien verschwunden.

Frank musste allerdings Mitte Dezember 1938 feststellen, dass ihm seitens des Südzucker-Vorstands nur ein bis zur Erklärung seines Austritts berechneter Tantiemenanteil zugegangen war.[297] Der stellvertretende Aufsichtsratsvorsitzende Sippell intervenierte in der Angelegenheit unmittelbar beim Südzucker-Vorstand, ohne zunächst eine Antwort zu

291 Emil Georg von Stauß an Karl-Ernst Sippell vom 22.6.1938 (ebd.); Emil Georg von Stauß an Süddeutsche Zucker-AG, Vorstand vom 22.6.1938 (ebd.).

292 Emil Georg von Stauß an Karl-Ernst Sippell vom 28.6.1938 (ebd.)

293 Karl-Ernst Sippell an Süddeutsche Zucker-AG, Vorstand vom 29.11.1938 (ebd.); Karl-Ernst Sippell, betr. Südzucker/Aufsichtsratsvergütung Dr. Frank vom 30.11.1938 (ebd.).

294 Emil Georg von Stauß an Süddeutsche Zucker-AG, Vorstand vom 18.6.1938 (ebd.).

295 Karl-Ernst Sippell an Emil-Georg von Stauß vom 20.6.1938 (ebd.).

296 Protokoll zu der 29. Aufsichtsratssitzung am 1.7.1938, S. 3 (Südzucker AG, Unternehmensarchiv, HV 01_00_186).

297 Theodor Frank an Emil Georg von Stauß/Karl-Ernst Sippell vom 20.12.1938 (ebd., P 4825).

erhalten.[298] Paul Beyer und Conrad Schumacher erklärten daraufhin für den Südzucker-Vorstand, dass die Tantiemen für die Zeit von März bis November 1938 nach der Hauptversammlung im Sommer 1939 ausbezahlt würden.[299] Die Mitteilung war Frank »nicht verständlich«, weshalb er in einem erneuten Schreiben auf die unterschiedlichen Abrechnungszeiträume hinwies, die ihm und Sippell von der Südzucker benannt worden waren.[300] Sippell gab dann Ende Februar 1939 die Angelegenheit direkt an den Vorstand der Süddeutsche Zucker-AG ab.[301] Ende März 1939 erhielt Frank vom Südzucker-Vorstand die Mitteilung, dass aus dessen Sicht die Verwaltungsratstätigkeit am 28. Juli 1937 aufgehört habe und er demzufolge keine Ansprüche mehr stellen könne.

Da diese Position den Zusagen von Emil Georg von Stauß widersprach, protestierte Frank beim Südzucker-Vorstand und wandte sich hilfesuchend erneut an Sippell von der Deutsche Bank AG.[302] Von Stauß und Sippell sahen sich an die früheren Zusagen gebunden und stellten ihre Position dem Südzucker-Vorstand erneut klar.[303] Allerdings tat sich nichts weiter, weshalb Frank Mitte Mai 1939 bei seinem Ansprechpartner in der Deutsche Bank AG nachfragte.[304] Der Vorstand der Süddeutsche Zucker-AG zog sich bei einer Aussprache mit Sippell auf den Standpunkt zurück, wegen bestehender rechtlicher Bestimmungen außer Stande zu sein, den »Ansprüchen nachzukommen«. Sippell, der gewöhnlicherweise seine Absichten bei den von ihm als Aufsichtsrat kontrollierten Unternehmen durchzusetzen wusste, kapitulierte seinerseits und beließ es gegenüber Frank dabei, den »Ausgang« der Angelegenheit zu bedauern.[305] Der Vorstand der Süddeutsche Zucker-AG setzte sich mit seinem funktionalen Antisemitismus gegen die Banken-Gewaltigen von Stauß und Sippell durch, die ihrerseits nach und nach von den früher zu den Ihren gezählten jüdischen Vorstandsmitgliedern abrückten.

Die Einordnung der gegen jüdische Anteilseigner und Vorstände gerichteten Ausgrenzungsmaßnahmen und sonstigen Aktivitäten bliebe

298 Karl-Ernst Sippell an Süddeutsche Zucker-AG, Vorstand vom 22.12.1938 (ebd.); Karl-Ernst Sippell an Süddeutsche Zucker-AG, Vorstand vom 6.1.1939 (ebd.).
299 Süddeutsche Zucker-AG, Vorstand, an Karl-Ernst Sippell vom 6.1.1939 (ebd.).
300 Theodor Frank an Karl-Ernst Sippell vom 6.2.1939 (ebd.).
301 Karl-Ernst Sippell an Theodor Frank vom 21.2.1939 (ebd.).
302 Theodor Frank an Süddeutsche Zucker-AG vom 27.3.1939 (ebd.); Theodor Frank an Karl-Ernst Sippell vom 27.3.1939 (ebd.).
303 Karl-Ernst Sippell an Theodor Frank vom 1.4.1939 (ebd.); Karl-Ernst Sippell an Süddeutsche Zucker-AG, Vorstand vom 1.4.1939 (ebd.).
304 Theodor Frank an Karl-Ernst Sippell vom 17.5.1939 (ebd.).
305 Karl-Ernst Sippell an Theodor Frank vom 13.6.1939 (ebd.).

aber verkürzt, sie ausschließlich aus einem ideologischen Antisemitismus abzuleiten. Demgegenüber kam der Ausnutzung des Staatsrassismus wegen persönlicher Ressentiments eine weit größere Bedeutung zu. Im Windschatten des offiziellen Antisemitismus wurde die Verdrängung von Personen, die nach 1930 im Unternehmen als Großaktionäre eine starke Position errungen hatten, auf den Weg gebracht. Die Vorstände Bühler und Schumacher hegten erkennbar auch ganz persönlich Vorbehalte gegen Albert Flegenheimer, der sich aus ihrer Sicht mit übertriebenem Selbstbewusstsein in ihre Angelegenheiten gedrängt hatte. Zugleich konnte die Zurückdrängung des »jüdischen Einflusses« im Unternehmen als Unterstützung eines der zentralen Ziele des NS-Regimes gelesen werden. Das NS-System revanchierte sich gegenüber den loyalen Unterstützern ihrer Herrschaft mit weitreichendem Handlungsspielräumen der unternehmerischen Tätigkeit.

Die Beziehung zu Gustav Fränkel, dem jüdischen Eigentümer der Textilwerke Hildesheim GmbH,[306] gab hingegen keinen Hinweis auf einen von Conrad Schumacher internalisierten Rassenantisemitismus. Durch die Belieferung mit Zuckersäcken und Filtertüchern in langjährigem Geschäftskontakt blieb die Verbindung zwischen beiden auch 1938 bestehen. Zunehmend dem Staatsantisemitismus ausgeliefert und auch von lokalen Nationalsozialisten unter Druck gesetzt, verkaufte Fränkel Anfang Februar 1938 sein Unternehmen an die Textilwerke Hildesheim Schacht & Co. KG, um das Geld für die Ausreise und den Ausbau des von seinen Söhnen in Argentinien etablierten Textilunternehmens einzusetzen, was Schumacher gebilligt hatte, um den »Zeitläuften Rechnung« zu tragen.[307]

Fränkel hatte seinen Geschäftsfreund Schumacher sogar zur Zeichnung einer Kommanditeinlage eingeladen, die Schumacher aber nicht annahm, sodass er an der »Arisierung« des Fränkel-Unternehmens persönlich nicht beteiligt war. Für die in langen Jahren erfahrenen »Treue und das Wohlwollen« bedankte sich Fränkel am 12. Februar 1938 ganz ausdrücklich. Fatalistisch-realistisch fügte sich Fränkel mit dem Bemerken – »das muss nun mal überstanden werden«[308] – in das Unvermeid-

306 Hartmut Häger, *Gustav Fränkel – ein jüdischer Unternehmer, Bürgervorsteher und Wohltäter in Hildesheim*, in: Hildesheimer Jahrbuch für Stadt und Stift Hildesheim (2012), S. 121-162, https://vernetztes-erinnern-hildesheim.de/wp-content/uploads/Fraenkel_Aufsatz.pdf [eingesehen: 1.3.2025].

307 Gustav Fränkel an Conrad Schumacher vom 12.2.1938 (Südzucker AG, Unternehmensarchiv, HV 14_00_004).

308 Gustav Fränkel an Conrad Schumacher vom 24.2.1938 (ebd.).

liche. Am 12. Oktober 1938 sagte Fränkel, der sich durch die weitere Zuspitzung der antijüdischen NS-Politik zur Ausreise nach Argentinien gedrängt sah, Schumacher schriftlich »Lebewohl« und dankte für die in all den Jahren entgegengebrachte »freundschaftliche Gesinnung« sowie die »gastlichen Stunden« im Hause Schumacher, weshalb die freundschaftlichen Wünsche und Grüße auch namens seiner Ehefrau die Ehegattin Schumachers einschlossen.[309] Schumacher diente zudem dem früheren Aufsichtsratsmitglied und wegen des im Deutschen Reich grassierenden Antisemitismus inzwischen nach Brasilien emigrierten Hannoveraner Unternehmers Adolf Herzfeld-Wolfes als Postadresse für einen an Fränkel weiterzureichenden Luftpostbrief,[310] was auf eine Verlässlichkeit gegenüber persönlichen Bekannten, aber inzwischen Ausgegrenzten hindeutete.

Insgesamt setzte sich bei Vorstand und Aufsichtsrat ein funktionaler Umgang mit dem staatsterroristischen Antisemitismus durch. Das kleinliche Nachtreten in Finanzangelegenheiten, das den Ausgegrenzten nurmehr ihre Ohnmacht zeigte, lässt aber viel Deutungsspielraum zu. Klar ist auch, dass sich kein Aufsichtsrat oder Vorstand der Süddeutsche Zucker-AG zu einer konkreten Parteinahme für oder Unterstützung von Juden bereitfand. Die Hartleibigkeit gegenüber den Rechten und Bedürfnissen von Berufskollegen und Miteigentümern zeigt das moralische Versagen des deutschen Bürgertums geradezu paradigmatisch auf.

Neujustierung der Eigentümerstruktur nach dem Ausstieg der italienischen Montesi-Gruppe

Die Erwartungen des italienischen Großinvestors waren anscheinend enttäuscht worden. Anfang August 1936 sprachen Vater und Sohn Montesi erstmals davon, ihre Südzuckeranteile wegen der »Verhältnisse in Deutschland«, wo sie »keine genügende Kontrolle mehr ausüben« könnten, abstoßen zu wollen. Das Aktienpaket sollte möglichst als Ganzes ausschließlich durch die Deutsche Bank AG verkauft werden, um einen besseren Preis zu erzielen. Voraussetzung für den Verkauf war, dass den Montesis der »Gegenwert mit Genehmigung der zuständigen Stelle im Wege eines Kompensationsgeschäfts in Lire in Italien zur Verfügung

309 Gustav Fränkel an Conrad Schumacher vom 12.10.1938 (ebd.).
310 Conrad Schumacher an Gustav Fränkel vom 9.2.1938 (ebd.).

gestellt« werden konnte.[311] Damit waren dem Vorhaben eine hohe Hürde auferlegt und langwierige Verhandlungen die Folge.

Die in die Öffentlichkeit drängenden Verkaufsgerüchte dementierte das Unternehmen aber flugs.[312] Doch bei Hintergrundgesprächen ventilierte die Deutsche Bank AG Anfang November 1936 beispielsweise gegenüber Karl Büchting, Vorstand der Zuckerfabrik Klein-Wanzleben vorm. Rabbethge & Giesecke AG, Kaufmöglichkeiten. Am 13. November 1936 musste Deutsche-Bank-Vorstand Sippell ihm aber mitteilen, dass die »›Angelegenheit‹ vorläufig ins Stocken geraten« sei, da die konträren Standpunkte der italienischen Regierung und des Reichswirtschaftsministeriums über den geeigneten Austauschweg keine Einigung erwarten ließen.[313]

Um Alternativen bemüht, stand Ilario Montesi ebenfalls mit dem tschechischen Zuckerindustriellen Ernst von Janotta in Verbindung und besprach die Möglichkeiten eines Verkaufs seines Aktienpakets. Im März 1937 vereinbarten beide Seiten die Aufnahme von Verhandlungen, ohne dass an eine Direktabgabe an Janotta gedacht war.[314] Sippell nutzte am 27. Mai 1937 die Übermittlung eines Änderungsvorschlags des Konsortialvertrags an Montesi auch zu der Anfrage, ob die Deutsche Bank AG mit dem ihm zu Ohren gekommenen Verkauf des gesamten Aktienbesitzes der Montesi-Gruppe an der Süddeutsche Zucker-AG unter »Vermittlung eines Ausländers an eine ausländische Gruppe gegen Zahlung in Devisen« beauftragt werden könnte.[315] Montesi reagierte am 4. Juni 1937 allerdings etwas zurückhaltend und entgegnete, keine Absicht zu haben, seine »Aktien auf den Markt zu bringen«. Unabhängig davon lud er die Deutsche Bank AG ein, ihm »konkrete und genaue Vorschläge zu machen«, die er dann einer Prüfung unterziehen wolle.[316]

Bei einer Besprechung gab Montesi am 24. Juni 1937 an, sein gesamtes Aktienpaket der Süddeutsche Zucker-AG verkaufen zu wollen. Er begründete seine Absicht mit den ihm im Zusammenhang mit dem Aquila-Geschäft entstandenen Schwierigkeiten, die die von Emil Georg

311 Karl-Ernst Sippell, Aktenvermerk betr. Süddeutsche Zucker-AG Mannheim vom 3.8.1936, S. 2f. (HADB, P 4842).

312 *Süddeutsche Zucker AG, Mannheim – Keine Mehrheitsverkaufsverhandlungen*, in: Neue Mannheimer Zeitung vom 5.8.1936; *Süddeutsche Zucker AG – Verhandlungen wegen Verkaufs der Aktienhälfte Flegenheimer-Montesi*, in: Frankfurter Zeitung vom 5.8.1936.

313 Karl-Ernst Sippell an Karl Büchting vom 13.11.1936 (HADB, P 4842).

314 Albert Flegenheimer an Karl-Ernst Sippell vom 5.7.1937, S. 3f. (ebd., P 4849).

315 Karl-Ernst Sippell an Ilario Montesi vom 27.5.1937 (ebd.).

316 Ilario Montesi an Karl-Ernst Sippell vom 4.6.1937 (ebd.).

von Stauß und Theodor Frank eingegangenen, aber nicht mitgeteilten Verpflichtungen verursacht hätten. Als Verkaufsbedingung nannte er den Erhalt mindestens von Lire, besser von konvertiblen Fremdwährungen. Seine Preisvorstellung lag bei 125 Prozent des Nominalwerts in Gold, auszahlbar in britischen Pfund oder US-Dollar. Auf dieser Basis bemühte sich die Deutsche Bank AG, für das Aktienpaket einen Käufer zu finden.[317]

Ende Juni 1937 fragte im Auftrag der Berliner Bank Mendelssohn & Co. ein Vertreter bei der Hauptvereinigung der Deutschen Zuckerwirtschaft an, ob dort Bedenken gegen einen Verkauf des Aktienpakets der Montesi-Gruppe bestünden. Nach reiflicher Überlegung kam die Hauptvereinigung zu der Position, dass es wegen der Rücksichtnahme auf das faschistische Italien »aus politischen Gründen« nicht erwünscht sei, Montesi »aus der Süddeutsche Zucker AG herauszudrängen«. Südzucker-Vorstand Conrad Schumacher wollte aber hinzufügen, dass »naturgemäß« keine Bedenken bestünden, wenn »Montesi freiwillig Verkäufer« sei. Sippell bat ihn darüber hinaus mitzuteilen, dass es »zwecklos sei, wenn sich Mendelssohn mit dem Geschäft befasse«, da das Konsortium einem Verkauf durch Mendelssohn & Co. nicht zustimmen werde.[318] Die Deutsche Bank AG verwies die jüdische Bank in die Schranken.

Im November 1937 konkretisierten sich die Gespräche zwischen der Montesi-Gruppe, die an der Süddeutsche Zucker-AG eine Beteiligung von nom. 9,316 Mio. Reichsmark hielt, und der Zuckerfabrik Klein-Wanzleben vorm. Rabbethge & Giesecke AG. Deren Vorstand fragte bei der Deutsche Bank AG wegen des Erwerbs von nom. 3,5 Mio. Reichsmark Aktien der Süddeutsche Zucker-AG, die zu einem Kurs von 235 gekauft werden sollten, einen neuerlichen Kredit über 8,225 Mio. Reichsmark an. Sippell gab Paul Beyer, dem Vertreter der Zuckerfabrik Klein-Wanzleben im Südzucker-Vorstand, nach Rücksprache mit seinen Vorstandskollegen am 1. Dezember 1937 grünes Licht, da die Deutsche Bank AG den Betrag mit einer Laufzeit bis Ende 1942 und einer jährlichen Verzinsung von sechs Prozent zur Verfügung stellen wollte.[319] Die Gesamtkreditsumme stieg dadurch auf 11,725 Mio. Reichsmark, der als

317 Karl-Ernst Sippell, Aktennotiz Süddeutsche Zucker-AG, Mannheim vom 24.6.1937, S. 1 (ebd., P 4843); Karl-Ernst Sippell an Ilario Montesi vom 24.6.1937, S. 1 f. (ebd., P 4849).

318 Karl-Ernst Sippell, Aktenvermerk betr. Südzucker vom 1.7.1937, S. 1 f. (ebd.). Die Deutsche Bank »arisierte« und liquidierte die jüdische Privatbank 1938, vgl. Sebastian Panwitz, *Das Haus des Kranichs. Die Privatbankiers von Mendelssohn (1795-1938)*, Berlin 2018, S. 263 ff.

319 Karl-Ernst Sippell an Paul Beyer vom 30.11.1937, S. 1 (HADB, P 4849).

Sicherheit Aktien der Süddeutsche Zucker-AG in einer Größenordnung von nom. 7,25 Mio. Reichsmark gegenüberstanden. Bei einem Tageskurs um 200 Reichsmark bestand eine Überdeckung der Kreditschuld um 38,25 Prozent und galt damit als gesichert. Die Aufbringung der Zinsen konnte aus Sicht der Deutsche Bank AG allein aus den gezahlten Dividenden gedeckt werden.[320]

Durch einen zwischen der Deutsche Bank AG und der Zuckerfabrik Klein-Wanzleben geplanten Konsortialvertrag und die Kreditbereitstellung stieg deren Aktienbesitz an der Süddeutsche Zucker-AG bis Jahresende 1937 auf mehr als nom. 4,43 Mio. Reichsmark. Der größte Einzelaktionär beanspruchte Aufsichtsratssitze sowie die Belieferung der zur Südzucker gehörenden Landwirtschaft mit ihrer Rübensaat. Eine Aktienverflechtung mit der Südzucker war angestrebt. Die von der Zuckerfabrik Klein-Wanzleben angestrebte Beteiligung der Pfeifer & Langen GmbH an dem in Aussicht genommenen Konsortiums ließ sich aber nicht realisieren.[321]

Die Deutsche Bank AG gab aber ihre starke Stellung nicht ab, zumal der Südzucker-Vorstand der Zuckerfabrik Klein-Wanzleben keinen dominierenden Einfluss auf die Geschäftspolitik einräumen wollte. Die Deutsche Bank AG wollte selbst Aktien in einer Größenordnung von 500.000 Reichsmark zu einem Verkaufspreis von 235 übernehmen. Kam der Gesamtverkauf zustande, erhielt sie eine Führungsprovision in Höhe von fast 290.000 Reichsmark, von der bei einer Abschreibung um 35 Punkte auf den Tageskurs immerhin ein Plus von 110.000 Reichsmark übrigblieb.[322]

Am 22. April 1938 brachten sich die im Südzucker-Vorstand gegenüber der Zuckerfabrik Klein-Wanzleben bestehenden Vorbehalte zur Geltung. Conrad Schumacher machte deutlich, dass der von der Zuckerfabrik Klein-Wanzleben genannte Übernahmekurs von 225 keineswegs festgeschrieben sei und der Erwerber auch die Börsenumsatzsteuer zu tragen hätte. Albert Zapf, der als Aufsichtsratsvorsitzender an der Vorstandssitzung teilnahm, ging noch einen Schritt weiter, indem er den Verkauf einer Aktienmajorität insgesamt in Zweifel zog. Er konfrontierte Paul Beyer, den Vertreter der Zuckerfabrik Klein-Wanzleben im Südzucker-Vorstand, dass die »maßgebenden Stellen von Partei und Staat«, namentlich das Badische Staatsministerium, Wilhelm Keppler

320 Deutsche Bank, Konsortial-Abteilung, Vermerk betr. Süddeutsche Zucker-Aktien vom 1.12.1937, S. 1 ff. (ebd.).

321 J. B. Rath an Karl-Ernst Sippell vom 11.11.1937 (ebd., P 4842).

322 Deutsche Bank, Konsortial-Abteilung, Vermerk betr. Süddeutsche Zucker-Aktien vom 1.12.1937, S. 1 (ebd., P 4849).

und auch Zuckerfunktionär Gustav Behrens, der als »Reichsobmann« den Reichsbauernführer vertrat, einen neuen »Beherrscher der Südzucker« ablehnten.[323] Im Zusammenhang mit dem Ankauf von Aktien der Süddeutsche Zucker-AG für nom. 4,4 Mio. Reichsmark stieg im August 1938 der Kreditbedarf der Zuckerfabrik Klein-Wanzleben um 7,7 Mio. Reichsmark. Die Deutsche Bank AG sah Wege, zu einer Regelung zu finden, wollte aber keine Verlängerung der Rückzahlungsfrist über das Jahresende 1942 hinaus, sondern bestand in den Jahren 1940 bis 1942 auf Tilgung um jeweils 1,2 Mio. Reichsmark. Der Rest würde sich finden, wenn die Geschäfte in den gewünschten Bahnen liefen.[324]

Die Montesi-Gruppe hatte am 17. Dezember 1937 ebenfalls einen Verkaufsvertrag mit der Süddeutsche Zucker-AG über ein Aktienpaket von nom. 9,316 Mio. Reichsmark gegen Zahlung von 18,6 Mio. Reichsmark sowie die Übertragung der Anteile an der Aquila von der Süddeutsche Zucker-AG abgeschlossen.[325] Die Frage des Transfers nach Italien blieb aber einstweilen offen, da sowohl Emil Puhl vom Reichsbankdirektorium als auch das Reichswirtschaftsministerium keine Übertragungsmöglichkeit im Clearing sahen.[326] Die Süddeutsche Zucker-AG erbat am 21. Januar 1938 vom Reichswirtschaftsminister die Genehmigung zum Erwerb eigener Aktien von der Montesi-Gruppe sowie den Transfer des Kaufentgelts nach Italien.[327] Die Vertragsumsetzung machte aber wegen der ungeregelten Überweisungsmodalitäten und den bilateralen Regierungsverhandlungen große Schwierigkeiten, was die Abwicklung stark verzögerte.[328]

Ilario Montesi beantragte zusätzlich zur Nutzung der ihm zustehenden Dividenden zur Saldenabdeckung am 7. Februar 1939 auch die Transferierung von rund 505.000 Reichsmark über das deutsch-

323 Paul Beyer, Aktennotiz vom 22.4.1938, S. 1 (ebd., P 4843).

324 Karl-Ernst Sippell, Aktenvermerk betr. Südzucker/Montesi. Besprechung mit den Herren Beyer, Rabbethge und Büchting am 21.8.1938 vom 22.8.1938 (ebd., P 4848); Karl-Ernst Sippell, Vertraulicher Aktenvermerk betr. Finanzierung der Übernahme von weiteren 4.424.000 RM Südzucker-Aktien durch R & B vom 23.8.1938 (ebd.).

325 Vertrag der Gruppe Finanziaria Industriale Veneta und der Süddeutsche Zucker-AG vom 17.12.1937 (ebd., P 4843); Protokoll zu der 29. Aufsichtsratssitzung am 1.7.1938, S. 3 (Südzucker AG, Unternehmensarchiv, HV 01_00_186).

326 Reichsbank, Emil Puhl an Karl-Ernst Sippell vom 10.1.1938 (HADB, P 4843).

327 Süddeutsche Zucker-AG an Reichswirtschaftsminister vom 21.1.1938, S. 6 (ebd., P 4842).

328 Protokoll zu der 30. Aufsichtsratssitzung am 29.8.1938, S. 1 f. (Südzucker AG, Unternehmensarchiv, HV 01_00_186).

italienische Clearingkonto.[329] Dies konnte aber erst nach Genehmigung durch die Devisenstelle erfolgen, die die Deutsche Bank AG am 22. Februar 1939 einschaltete. Tatsächlich untersagte die Devisenstelle Stuttgart im Juli 1939 die Überweisung des Geldbetrages auf ein »Zwischen-Sperrkonto«.[330] Notgedrungen näherte sich Leonardo Montesi dem Gedanken an, dass die »Durchführung des ganzen Plans lange Zeit in Anspruch« nehmen würde.[331]

Durch die im Mai 1939 zwischen dem Deutschen Reich und dem faschistischen Italien getroffene Übereinkunft zur Umsiedlung von Südtirolern ins Deutsche Reich und die Modalitäten des Vermögensausgleichs ergab sich eine Chance, das aktive Clearing zur Abwicklung des Geschäfts zu nutzen.[332] Ende Oktober 1939 erhielten Südzucker-Vorstand Paul Beyer und die Deutsche Bank AG Kenntnis, dass der Gesandte Carl August Clodius per Handschlag mit der italienischen Regierung vereinbart habe, die »Repatriierung« des Montesi-Aktienpaket vorzunehmen und hierzu den Kaufvertrag vom Dezember 1937 wiederaufleben zu lassen, damit die Geschäftsdurchführung Ende 1939 erfolgen konnte.[333]

Der am 18. November 1939 erstellte Vertragsentwurf zum Verkauf von Südzucker nom. 9,316 Mio. Reichsmark-Aktien von der Gruppe Finanziaria Industriale Veneta an die Süddeutsche Zucker-AG sah einen Kaufpreis von 22,824 Mio. Reichsmark vor. Mit der Einzahlung des Kaufpreises auf das Interimskonto bei der Deutschen Verrechnungskasse sollte der Vertrag vollzogen sein, sodass die Süddeutsche Zucker-AG dann frei über die gekauften Aktien verfügen könnte.[334] Ilario Montesi lehnte dies aber ab und trat am 19. November 1939 erneut in Verhandlungen mit der Deutsche Bank AG als Konsortialführerin ein.[335] Der für die italienische Seite ungünstige Umrechnungskurs der Reichsmark zur

329 Deutsche Bank an Società Finanziaria vom 21.2.1939 (HADB, P 4848).

330 Devisenstelle Stuttgart (Dev. L. 1164) an Deutsche Bank vom 7.7.1939 (ebd.); Devisenstelle Stuttgart (Dev. L. 6970) an Deutsche Bank vom 19.7.1939 (ebd.).

331 Karl-Ernst Sippell, Aktenvermerk, betr. Südzucker/Aktienverkauf Montesi vom 8.2.1939 (ebd.).

332 Karl Stuhlpfarrer/Stefan Lechner, *Umsiedlung Südtirol 1939/40*, Wien 2024; Karl-Ernst Sippell, Aktenvermerk betr. Südzucker-Aktien-Verkauf vom 28.10.1939, S. 1 (HADB, P 4845).

333 Karl-Ernst Sippell, Aktenvermerk betr. Südzucker-Aktien-Verkauf vom 30.10.1939 (ebd.).

334 Vertrag zwischen der Gruppe Finanziaria Industriale Veneta und der Süddeutsche Zucker-AG vom 13.11.1939, S. 1 (ebd.).

335 Karl-Ernst Sippell, Aktenvermerk betr. Südzucker/Aktienverkauf Montesi vom 20.11.1939, S. 1 f. (ebd.); Karl-Ernst Sippell, Aktenvermerk betr. Südzucker-AG vom 20.11.1939, S. 1 f. (ebd.).

italienischen Lira von 1:4,5 anstatt des früheren Umtauschsatzes von 1:7,6 minderte den Ertrag für die Montesi-Gruppe.[336]

Sippell sprach sich aber am 21. November 1939 dafür aus, die derzeitig »günstigen und wohl nur einmal sich ergebenden« Bedingungen für eine gütliche Einigung mit der Montesi-Gruppe zu nutzen.[337] Der frühere Vorstand der Süddeutsche Zucker-AG, Bruno Seeliger, schoss aber in einem Brief an den Aufsichtsratsvorsitzenden Albert Zapf quer, in dem er angesichts des aktuellen Kriegszustands und der unabsehbaren negativen Folgen vor dem Montesi-Geschäft warnte und dazu riet, »mit Rücksicht auf die undurchsichtigen Verhältnisse jedwede Verhandlung« mit der italienischen Seite abzulehnen.[338] Der Vorstand der Zuckerfabrik Klein-Wanzleben, Büchting, reagierte ebenso hinhaltend-freundlich wie Sippell von der Deutsche Bank AG.[339]

Noch vor Weihnachten 1939 stimmte Ilario Montesis Sohn Leonardo dann dem insbesondere vom Reichswirtschaftsministerium geforderten Eigentumsübergang der Aktien bei Einzahlung des Reichsmarkbetrags zu, sofern der Zahlungseingang bis zum 15. März 1940 erfolgte.[340] Der Deutsche-Bank-Vorstand Sippell drängte seinerseits auf eine Beschleunigung des von beiden Seiten gewünschten Aktiengeschäfts, da er aus Umsetzung der im Oktober 1939 zwischen Adolf Hitler und Benito Mussolini vereinbarten Umsiedlung von Südtirolern ins Deutsche Reich Konflikte befürchtete, die negative Rückwirkungen auf die Abwicklung des Aktienkaufs haben konnten.[341] Darüber hinaus regte er beim Aufsichtsratsvorsitzenden der Süddeutsche Zucker-AG an, sich über den weiteren Umgang mit den erworbenen Aktien im Klaren zu werden.[342]

Nachdem die italienische Regierung Anfang Januar 1940 dem Verkauf der von Montesi gehaltenen Aktien an der Süddeutsche Zucker-AG dem Vernehmen nach zugestimmt hatte, nahm das Vorhaben die nächste Hürde.[343] Mit Büchting beriet Sippell Mitte Januar 1940 über die von

336 Karl-Ernst Sippell, Aktenvermerk betr. Südzucker-AG vom 20.11.1939 (ebd.).

337 Karl-Ernst Sippell an Paul Beyer vom 21.11.1939 (ebd.).

338 Bruno Seeliger an Albert Zapf vom 3.11.1939 (ebd.).

339 Karl Büchting an Bruno Seeliger vom 22.11.1939 (ebd.); Karl-Ernst Sippell an Bruno Seeliger vom 23.11.1939 (ebd.); Bruno Seeliger an Karl-Ernst Sippell vom 28.12.1939 (ebd.).

340 Albert Zapf an Karl-Ernst Sippell vom 22.12.1939, S. 1 (ebd.).

341 Zum Abkommen und der Praxis der Umsiedlung von Südtirolern siehe vor allem Stuhlpfarrer/Lerchner, *Umsiedlung*.

342 Karl-Ernst Sippell an Albert Zapf vom 28.12.1939, S. 1 (ebd.).

343 Karl-Ernst Sippell, Aktenvermerk betr. Südzucker/Montesi-Aktienverkauf vom 8.1.1940 (ebd., P 4842).

der italienischen Regierung in Aussicht gestellte Rückübertragung des in Italien befindlichen Aktienpakets der Süddeutsche Zucker-AG in einer Größenordnung von 9,3 Mio. Reichsmark. Hierbei wollte die Zuckerfabrik Klein-Wanzleben ihren Aktienanteil auf mindestens 26 Prozent erhöhen und sagte zu, der Süddeutsche Zucker-AG einen gleichen Anteil am eigenen Aktienkapital einzuräumen. Die Deutsche Bank AG und die Zuckerfabrik Klein-Wanzleben einigten sich über die Konditionen der hierzu erforderlichen Kreditvergabe und besprachen die Zahl der von ihr zu benennenden Entsendemandate.[344]

Das bisherige Konsortium wurde durch das Ausscheiden der Montesi-Gruppe gegenstandslos, woraufhin Sippell am 13. Januar 1940 die Grundzüge der zukünftigen Zusammenarbeit zwischen der Deutsche Bank AG und der Zuckerfabrik Klein-Wanzleben auf »gegenseitigem Vertrauen« ohne rechtliche Bindung basieren wollte.[345] Da der Kaufpreis von der Süddeutsche Zucker-AG durch Kredite vorfinanziert werden musste, bis ein Großteil der Aktien weiterverkauft war, nahmen die Südzucker-Vorstände Bühler und Schumacher zum Leidwesen der Deutsche Bank AG mit Hugo Zinßer, Vorstand der Dresdner Bank, Kontakt auf, um günstigere Kreditbedingungen zu erfragen und ggf. auch Aktien an anderweitige Interessenten zu platzieren. Diesen außerhalb des eigenen Einflussbereichs weisenden »Sonderweg« wollte die Deutsche Bank AG nach Kräften unterbinden.[346] Auch die Bayerische Hypotheken- und Wechsel-Bank AG eruierte bei der Deutsche Bank AG Mitte Januar 1940 vorsichtig Möglichkeiten zur Beteiligung an Aktienverkäufen.[347]

Am 29. Januar 1940 erfolgte die nächste Verhandlungsrunde zwischen der Süddeutsche Zucker-AG und der Montesi-Gruppe in Rom, die am 1. Februar 1940 zu einer Vertragsunterzeichnung der Süddeutsche Zucker-AG mit der Sucrerie et Raffinerie de Pontelongo S.A. über den Verkauf von nom. 5,714 Mio. Reichsmark Aktien der Süddeutsche Zucker-AG führte. Der Kaufpreis betrug gut 14 Mio. Reichsmark.[348] Durch parallele Verträge mit der Società Finanziaria Veneta, der Società Veneta per l'Industrie degli Zuccheri und der Société Générale de Sucheries et

344 Karl-Ernst Sippell, Aktenvermerk betr. Südzucker vom 11.1.1940, S. 1ff. (ebd., P 4848).

345 Karl-Ernst Sippell, Aktenvermerk vom 13.1.1940, S. 2 (ebd., P 4845); Karl-Ernst Sippell, Aktenvermerk betr. Südzucker vom 6.2.1940 (ebd.).

346 Deutsche Bank, Filialdirektion Mannheim, Heinrich Klöckers, Aktennotiz betr. Süddeutsche Zucker-AG vom 11.1.1940, S. 1 (ebd.).

347 Deutsche Bank, Aktennotiz vom 15.1.1940 (ebd.).

348 Vertrag zwischen Süddeutsche Zucker-AG und Sucrerie et Raffinerie de Pontelongo S.A. vom 1.2.1940 (ebd., P 4847).

Raffineries en Roumanie S.A. gingen insgesamt nom. 9,316 Mio. Reichsmark Aktien der Süddeutsche Zucker-AG zu einem Preis von 22,8242 Mio. Reichsmark an die Süddeutsche Zucker-AG über.[349]

Innerhalb des Südzucker-Vorstands zeigten sich zwischen Paul Beyer als Vertreter der Zuckerfabrik Klein-Wanzleben und den beiden Alt-Vorständen deutliche Risse über den Umfang der Aktienverkäufe und die Auswahl der Käufer sowie über den beabsichtigen Aktientausch zwischen der Süddeutsche Zucker-AG und der Zuckerfabrik Klein-Wanzleben. Hinzu kam, dass Beyer inzwischen von der Berliner Haupttreuhandstelle Ost reklamiert und bei der Treuhandstelle im deutsch besetzten polnischen Łódź eingesetzt worden war und erst Ende Februar 1940 wieder in Berlin sein konnte.[350]

Das Reichswirtschaftsministerium verband aber am 16. Februar 1940 die erbetene Devisengenehmigung zur Durchführung der Transaktionen mit der Auflage, das Aktienpaket an der Süddeutsche Zucker-AG nur in Stücken zu höchstens einer Mio. Reichsmark zu streuen, um eine »unerwünschte Konzernbildung« zu vermeiden.[351] Das deckte sich mit der Absicht der Deutsche Bank AG, »möglichst viel Aktien in kleineren Posten in der Kundschaft unterzubringen«, um ihre eigene Führungsrolle abzusichern.[352] Am 26. Februar 1940 genehmigte auch der Aufsichtsrat der Süddeutsche Zucker-AG den Erwerb des Montesi-Aktienpakets. Allerdings widersetzte sich der Vorstand der ursprünglich besprochenen Weitergabe von Aktien im Nennwert von 3,4 Mio. Reichsmark an die Zuckerfabrik Klein-Wanzleben, da der Südzucker-Vorstand das Reichswirtschaftsministerium »inspiriert« hatte, die »Aktien zur Verhinderung der Bildung einer neuen Majorität in möglichst weite Kreise überzuleiten«.[353]

Die Devisenstelle in Stuttgart genehmigte am 28. Februar 1940 die Einzahlung des Kaufpreises von 22,8242 Mio. Reichsmark auf das Reichsmark-Interims-Konto bei der Deutschen Verrechnungskasse.[354] Die Devisenstelle gab auch einen Verteilungsplan vor, wonach die Hof-

349 Sucrerie et Raffinerie de Pontelongo S.A., Leonardo Montesi an Süddeutsche Zucker-AG vom 1.2.1940 (ebd.).

350 Paul Beyer an Conrad Schumacher vom 7.2.1940, S. 2 (ebd., P 4845).

351 Karl-Ernst Sippell, Aktenvermerk betr. Südzucker/Aktienverkauf Montesi vom 23.2.1940 (ebd.); Protokoll zu der 35. Aufsichtsratssitzung am 26.2.1940, S. 3 (Südzucker AG, Unternehmensarchiv, HV 01_00_186).

352 Karl-Ernst Sippell an Conrad Schumacher vom 23.2.1940 (HADB, P 4845).

353 Karl-Ernst Sippell, Aktenvermerk betr. Südzucker vom 27.2.1940 (ebd., P 4842).

354 Oberfinanzpräsident Baden in Karlsruhe, Devisenstelle (III/1 F 27473) an Süddeutsche Zucker-AG, Direktor Bühler vom 28.2.1940 (ebd., P 4847).

kammer Stuttgart 500.000 Reichsmark, Franz Schenk von Stauffenberg (Stuttgart) 300.000 Reichsmark, die Deutsche Maizena AG (Hamburg) 750.000 Reichsmark, die Kaiserslauterner Pfaff AG wie die Münchener Rückversicherungs-AG jeweils eine Mio. Reichsmark, Rinn & Clos AG (Darmstadt) 900.000 Reichsmark, Thurn u Taxis u. Puricellische Vermögensverwaltung 400.000 Reichsmark, Herzog Arenberg (Düsseldorf) 500.000 Reichsmark, die Bayerische Hypotheken- und Wechsel-Bank AG (München) 500.000 Reichsmark, die Badische Bank in Karlsruhe 200.000 Reichsmark, die Berliner Handelsgesellschaft sowie die Dresdner Bank jeweils 500.000 Reichsmark Aktien übernehmen sollten. Von den restlichen Aktien von nom. 2,266 Mio. Reichsmark sollte »kein Erwerber« mehr als eine Mio. Reichsmark in einer Hand vereinigen.[355] Dabei schien die Absicht der Süddeutsche Zucker-AG, sich stärker mit dem süddeutschen Großgrundbesitz und Adelshäusern zu verbinden ebenso durch wie der Versuch zur Vermeidung einer erneuten Machtkonzentration, ohne überhaupt Aktien auf den freien Markt zu bringen.

Die Transferierung des Millionenbetrags stockte allerdings Ende 1940 weiterhin, weil nach Ansicht des Reichswirtschaftsministeriums die Brüder Flegenheimer an der Società Finanziaria Beteiligungen hielten und finanzielle Zuwendungen an Juden »unerwünscht« waren.[356] Die Zentrale der Deutsche Bank AG vermutete Mitte Januar 1941, dass sich Montesi über die Gründe der Verzögerung »im Klaren« sei.[357] Erst am 5. Juni 1943 genehmigte die Devisenstelle Stuttgart unter Bezugnahme auf eine am 12. Mai 1943 getroffene Entscheidung des Reichswirtschaftsministeriums die Überweisung des Guthabens von 500.000 Reichsmark an die Società Finanziaria Industriale Veneta.[358] Am 1. Februar 1944 setzte die Deutsche Bank AG die Devisenstelle Stuttgart in Kenntnis, dass der freigegebene Betrag zu Gunsten der italienischen Firma an die Deutsche Verrechnungskasse überwiesen worden war.[359] Allerdings monierte die Società Finanziaria Industriale Veneta am 24. Januar 1944, dass bis dahin nur 50.000 Reichsmark ihrem Konto des Instituto Nazionale per i Cambi con

355 Oberfinanzpräsident Baden in Karlsruhe, Devisenstelle (III/1 F 27473) an Süddeutsche Zucker-AG, Direktor Bühler vom 28.2.1940, S. 2 (ebd., P 4847).

356 Deutsche Bank, Zentrale Berlin, an Filiale Stuttgart vom 27.12.1940, S. 1 (HADB, P 4847).

357 Deutsche Bank, Zentrale Berlin, an Filiale Stuttgart vom 15.1.1941 (HADB, P 4847).

358 Devisenstelle Stuttgart an Deutsche Bank vom 5.6.1943 (HADB, P 4847); Deutsche Bank an Società Finanziaria Industriale Veneta vom 15.6.1943 (HADB, P 4847).

359 Deutsche Bank an Devisenstelle Stuttgart vom 1.2.1944 (HADB, P 4847).

l'Estero gutgeschrieben worden waren. Die Deutsche Bank AG schaltete daraufhin am 21. Februar 1944 die Reichsmark-Abteilung der Deutschen Verrechnungskasse zur Kontenklärung ein.[360] Die Überweisungen waren im Zusammenhang mit der deutschen Besetzung Italiens im September 1943 zunächst gestoppt worden, sollten aber nach dem Abschluss neuer Vereinbarungen im März 1944 erfolgen.[361] Doch die Società Finanziaria Industriale Veneta erhielt anscheinend bis Kriegsende keinen Zugriff auf alle Vermögenswerte. Das stand geradezu symptomatisch für das ambivalente und untergründig feindselige Verhältnis zwischen dem nationalsozialistischen Deutschen Reich und dem früheren Bündnispartner.[362] Die Abwicklung des Ausstiegs des italienischen Großinvestors zog sich mithin bis weit in den Zweiten Weltkriegs hinein, während die 1937/38 vorgenommene Neustrukturierung der Eigentumsverhältnisse wegen des Kriegsbeginns keine unternehmensstrategische Wirkungen mehr zeitige.

360 Deutsche Bank an Deutsche Verrechnungskasse, Reichsmarkabteilung vom 21.2.1944 (HADB, P 4847).

361 Deutsche Verrechnungskasse, Reichsmarkabteilung, an Deutsche Bank vom 3.4.1944, S. 2 (HADB, P 4847).

362 Zum Verhältnis der beiden Diktaturen siehe etwa Erich Kuby, *Verrat auf Deutsch. Wie das Deutsche Reich Italien ruinierte*, Hamburg 1982; Lutz Klinkhammer, *Faschismus und Nationalsozialismus zwischen 1936 und 1945. Ein Bündnis und sein Scheitern*, in: Christine Glauning/Daniela Geppert (Hg.), Zwischen allen Stühlen. Die Geschichte der italienischen Militärinternierten, 1943-1945, Berlin 2017, S. 14-27.

Zucker im Krieg

Regulierte Märkte, Arbeitskräftemangel und Rationalisierungsbemühungen

Das nationalsozialistische Kriegswirtschaftssystem mit seiner Kontingentierung und Regulierung von Produktion und Verbrauch sowie der am 1. September 1939 beginnende Überfall auf Polen und der Eintritt von Frankreich und Großbritannien in den Kriegszustand nahmen bereits auf die Vorbereitung der Kampagne 1939/40 Einfluss. Über die Einberufungen hinaus, die die Reparatur der vorhandenen und die Installation neuer Apparate und Anlagen erschwerten, erfolgte wegen der durch den Vorrang des Militärs hervorgerufenen »ungeheuren Transportschwierigkeiten« die Anlieferung von zugesagten Neuanschaffungen nur stark verzögert.[1] Beispielsweise konnten in Offstein und Waghäusel neue Trockentrommeln erst Mitte November 1939 in Betrieb genommen werden. Die vorsorglich angelegten Vorräte an Betriebsmaterialien wie Kohlen, Koks und Kalksteinen sicherten die Betriebsfähigkeit. Das langanhaltende Regenwetter auf der einen Seite, der »Arbeiter- und Gespannmangel« sowie die unzureichende Waggongestellung auf der anderen Seite sorgten in den süddeutschen Werken für einen verspäteten Kampagnenstart. Darüber hinaus ließ sich in Waghäusel eine weitere Unterbrechung nicht vermeiden.

Das Werk Groß-Gerau klagte über den hohen Krankenstand der in die Zuckerfabrik dienstverpflichteten vormaligen Opel-Arbeiter, die ebenfalls »sehr bald schlapp« gemacht und sich krankgemeldet hätten. Von wenigen Ausnahme abgesehen, galten die »Kampagnenleute« dem Betriebsmanagement als »wenig arbeitsfreudig und wenig gut diszipliniert«. Verspätete Arbeitsaufnahme oder tageweiser Absentismus waren recht verbreitet, sodass ein Aushang ihr »sabotageartiges Verhalten« kritisierte und entsprechende Strafen androhte.[2] Auf die mangelnde »Arbeitsdisziplin« der zugewiesenen deutschen Arbeiter, die für die »harte Kampagnenarbeit nicht recht geeignet« waren, wies auch die Zuckerfabrik Wag-

1 Bericht über die Kampagne 1939/40 für die Aufsichtsratssitzung am 26. Februar 1940 vom 13.2.1940, S. 1 (Südzucker AG, Unternehmensarchiv, HV 07_00_003).

2 Werk Groß-Gerau, Arbeitsbericht über die Kampagne 1939/40 vom 14.2.1940, S. 9 f. (ebd.); fast wortgleich Zuckerfabrik Rheingau AG, Arbeitsbericht über die Kampagne 1939/40 vom 17.2.1940, S. 7 (ebd.).

häusel hin.[3] In die gleiche Richtung zielte der Bericht der Zuckerfabrik Heilbronn: Von 136 Dienstverpflichteten waren 100 älter als 60 Jahre und mit »allerlei Gebrechen und Leiden behaftet«. An Sonn- und Zahltagen fehlten viele oder waren betrunken. Der Betrieb sprach 100 Verweise aus und nahm 30 Bestrafungen, zumeist Lohnabzug, vor.[4] In Ochsenfurt wurde ein alkoholisierter Maschinist, der mehrfach während der Nachtschicht schlafend angetroffen wurde, durch die Gestapo abgeführt.[5] Zur Disziplinierung der Arbeiterinnen und Arbeiter setzte das Unternehmen auf die Repressionsstrukturen des NS-Staats.

In Regensburg waren 70 Stammarbeiter zur Wehrmacht oder zur Technischen Nothilfe eingezogen worden, weitere in das Regensburger Messerschmitt-Werk dienstverpflichtet. 15 Angehörige des Werksluftschutzes fielen durch deren Nachtdienst ebenfalls aus. Von der ursprünglich erwarteten 1.000-Mann-Kampagnen-Belegschaft konnte das Arbeitsamt Anfang Oktober 1939 nur ein Zehntel stellen. Die unmittelbar ohne großes Nachdenken für selbstverständlich gehaltenen Bemühungen, ersatzweise 500 bis 600 polnische Kriegsgefangene zu rekrutieren, schlugen ebenfalls fehl, da in Regensburg keine Unterkunft gefunden werden konnte. Auch der Versuch, mit Hilfe des Gau- und Kreisobmanns der DAF in Landshut 800 Arbeitslose zur Arbeitsaufnahme in der Regensburger Zuckerfabrik zu veranlassen, blieb erfolglos, da über die Grenze des Landesarbeitsamtsbezirks München keine Arbeiter in den Amtssprengel des Landesarbeitsamts Nürnberg vermittelt werden durften.

In dieser Situation musste sich die Werkleitung mit der Zuweisung von Personen ohne Fabrikerfahrung wie Friseuren, Kellnern, Schauspielern oder beurlaubten Strafgefangenen einverstanden erklären, die bereits zuvor »wenig Arbeitslust und Arbeitsmoral« gezeigt hätten. Die meisten waren sehr jung oder hatten die 60 Jahre überschritten. Auf schwere körperliche Arbeit reagierten viele mit für unberechtigt gehaltenen Krankmeldungen. Nach der ersten Lohnzahlung hätten die Leute ihren »Verdienst meist in Alkohol umgesetzt«. Damit räumte aber die herbeigerufene »Schutzpolizei gründlich auf. Sie nahm 2 Arbeiter, die in total betrunkenem Zustand zur Arbeit gehen wollten, 48 Stunden in

3 Die Kampagne 1939/40 in der Zuckerfabrik Waghäusel vom 23.1.1940, S. 2 (ebd.).

4 Bericht über den Verlauf der Kampagne 1939/40 in der Zuckerfabrik Heilbronn vom 3.2.1940, S. 13 (ebd.).

5 Bericht über den Verlauf der Kampagne 1939/40 in Ochsenfurt vom 17.2.1940, S. 2 (ebd.).

Gewahrsam.«[6] Als Ergebnis der Strafmaßnahme habe seither »allgemeine Nüchternheit« geherrscht.

Noch schlechter fiel der Start der ersten Kriegskampagne in den schlesischen Werken aus. Nach spätem Kampagnenbeginn mussten die Fabriken Bauerwitz, Münsterberg, Oberglogau, Zülz und Ratibor nach zehn Betriebstagen in der ersten bzw. zweiten Novemberwoche schon wieder wegen Rübenmangels einige Tage pausieren.[7] Die Zuckerfabrik Oberglogau der Hotzenplotzer Zuckerfabriks AG gab dem Vorsitzenden des Zuckerwirtschaftsverbands Schlesien am 26. November 1939 Kenntnis vom erneuten Stillstand der Fabrik. Der Antransport litt unter mangelnder Einsatzfähigkeit der bäuerlichen Fuhrwerke. Darüber hinaus machte der Betrieb Kraftstoffmangel bei den Lastkraftwagen geltend. Der Zuckerwirtschaftsverband riet dazu, wegen der Zuteilung von Dieselkraftstoff das zuständige Kreiswirtschaftsamt und darüber hinaus die Kreisbauernschaft einzuschalten, um diejenigen Bauern, die weisungswidrig ihre Rüben auf Feldniederlagen zwischengelagert hatten, zur Erbringung ihrer Transportleistung zu veranlassen.[8]

Die Lösungsvorschläge fruchteten allerdings nicht, da am 10. Dezember 1939 eine erneute Betriebsunterbrechung für eine Woche notwendig wurde, weil nicht nur die Rübenzufuhr unzureichend war, sondern auch die Kohlenbelieferung. Ohne grundlegende Änderung der Zulieferungs- und Versorgungslage drohte allerdings nach einer fünftägigen Wiederaufnahme der Rübenverarbeitung am 23. Dezember 1939 erneut eine achttägige Betriebspause. Die Zuckerfabrik wies darauf hin, dass beispielsweise die Aufforderung an Schönauer Bauern, ihre Rüben direkt zur sieben Kilometer entfernten Zuckerfabrik zu fahren, nur zu »geharnischten Protesten« des stellvertretenden Ortsbauernführer geführt hätte. Die Einschaltung der Kreisbauernschaften brachte ebenfalls keine Besserung. Erst das Eingehen auf eine fast erpresserische Forderung nach Erhöhung des Fuhrlohns von 34 auf 50 Reichspfennig je 100 Kilogramm habe Bauern veranlasst, die in der Niederlage Schlacken lagernden

6 Bericht über den Verlauf der Kampagne 1939/40 des Werkes Regensburg der Süddeutsche Zucker-AG vom 24.1.1940, S. 2 (ebd.).

7 Bericht über die Kampagne 1939/40 für die Aufsichtsratssitzung am 26. Februar 1940 vom 13.2.1940, S. 2 (ebd.); Protokoll über die Kampagnenbesprechung für die schlesischen Fabriken und die Zuckerfabrik Löbau am 7.3.1940 (ebd.); Zuckerfabrik Bauerwitz GmbH, Bericht über die abgelaufene Kampagne 1939/40 vom 1.3.1940, S. 1 (ebd.); Hotzenplotzer Zuckerfabriks AG, Bericht über die abgelaufene Kampagne 1939/40 vom 1.3.1940, S. 1 (ebd.).

8 Zuckerwirtschaftsverband Schlesien an Zuckerfabrik Oberglogau vom 27.11.1939, S. 1 f. (ebd., HV 11_00_150, Mappe 2).

18.000 Doppelzentner Rüben 14 Kilometer zur Zuckerfabrik zu transportieren.[9] Direktor Grünn schlug deshalb vor, zukünftig Rübenbauern mit Pferdegespannen den direkten Antransport zur Fabrik aufzugeben.

Auch an anderen Standorten verlief aus verschiedenen Gründen die Kampagne 1939/40 recht ungünstig. Die Luftschutzmaßnahmen, etwa die verpflichtende Verdunkelung, sowie die »ungeeigneten Arbeitskräfte« erschwerten die Rübenverarbeitung noch mehr als befürchtet. Die hohe Fluktuation – weniger als ein Drittel des Saisonpersonals blieb während der gesamten Kampagnendauer an ihrem Arbeitsplatz – aber auch das »Fortbleiben vom Arbeitsplatz am Tage nach der Lohnzahlung und nach Sonn- und Feiertagen« untergruben die Arbeitsmoral. Das Unternehmen benannte »Bummelanten« beim Arbeitsamt oder dem Reichstreuhänder der Arbeit. Allerdings erfolgten nur in einigen Fällen Strafen auf dem Fuße, wobei eine »Inhaftierung ein abschreckendes Beispiel gegeben« habe, »das dann einige Zeit vorhielt«.[10]

Ein ähnliches Bild zeigte sich in Klettendorf. Die schlechte Beschaffenheit der zu verarbeitenden Rüben auf der einen Seite und der »Mangel an geeigneten Arbeitskräften« auf der anderen Seite führte in der Kampagne 1939/40 zu »größten Schwierigkeiten«. Denn wegen des Arbeitermangels war an einen Drei-Schicht-Betrieb nicht zu denken. Von den 400 vom Arbeitsamt Zugewiesenen war nur die Hälfte »für den Betrieb brauchbar, darunter 80 Abiturienten und 30 kriegsgefangene Polen. Deutsche Frauen arbeiteten in Tag- und Nachtschicht an den Filterstationen und zum Säckekarren. Die Mehrzahl der deutschen Arbeiter zeigte aus Sicht der Klettendorfer Betriebsleitung „Arbeitsunlust und die völlige Gleichgültigkeit und Interesselosigkeit«. Ihre »Unachtsamkeit und Verständnislosigkeit für die einfachsten Arbeiten hemmten den Arbeitsprozess«, sofern Bedienungsfehler nicht zu Störungen führten. Die »unzuverlässigsten Leute« ließ der Betrieb vom Arbeitsamt austauschen.[11]

Das erste mehrheitlich durch den Krieg geprägte Geschäftsjahr machte wenig Hoffnung. Zum einen erfolgte eine Rationierung des Verbrauchszuckers als Teil der kriegswirtschaftlichen Maßnahmen. Zum anderen unterbrach der Kriegszustand beispielsweise die Zulieferung

9 Hotzenplotzer Zuckerfabriks AG, Direktor Grünn an Zuckerwirtschaftsverband Schlesien vom 10.12.1939, S. 1 ff. (ebd.).

10 Bericht über die Kampagne 1939/40 für die Aufsichtsratssitzung am 26. Februar 1940 vom 13.2.1940, S. 3 (ebd., HV 07_00_003).

11 Bericht über den Verlauf der Kampagne 1939/40, Zuckerfabrik Klettendorf vom 28.1.1940, S. 1 f. (ebd.).

von Rohzucker aus den ostelbischen Anbaugebieten. Allerdings erhöhte das Reichslandwirtschaftsministerium das Inlandsabsatzrecht aus dem Zuckerwirtschaftsjahr 1938/39 von 80 auf 88 Prozent, im laufenden Geschäftsjahr lag das Absatzrecht im Inland von vornherein bei 85 Prozent. Zwar waren die die süddeutschen Fabriken beliefernden Anbauflächen etwas angewachsen, jedoch schmälerten die Witterungsverhältnisse die Rübenmenge und den Zuckergehalt. Herbstliche Nässe und winterliche Kälte erschwerten die Ernte und der Mangel an Arbeitskräften sowie an Transportraum die fristgerechte Anlieferung der Rüben, sodass deren Verarbeitung verzögert begann und in verschiedenen Werken sogar Betriebspausen eingelegt werden mussten.

Auch in den schlesischen Werken machte die Rübenernte und -verarbeitung ungewöhnlich große Schwierigkeiten. Das schlechte Wetter hatte zusammen mit regionalen Hochwasserereignissen in manchen Einzugsgebieten die Hektarerträge deutlich reduziert, weshalb die Erntemengen insgesamt hinter den Vorjahren zurückblieben. Vor diesem Hintergrund konnten die »schlesischen Beteiligungen wieder nur teilweise befriedigen«, wie der Geschäftsbericht 1939/40 die weit hinter den Erwartungen zurückbleibende Expansionsinvestition einordnete.[12] Demgegenüber trugen die anderen Beteiligungen etwas mehr zum Ertrag bei als im Vorjahr. Die Zuckernachfrage lag wie im Vorjahr auf sehr hohem Niveau, sodass das Bankguthaben Ende Februar 1940 um fast 17 Mio. Reichsmark anwuchs. Logische Konsequenz war, dass die eigenen Zuckerlager sich erst wieder gegen Kampagnenende zu füllen begannen.[13]

Im ersten Kriegsjahr symbolisierte die Teilnahme verschiedener Zuckerfabriken am »Leistungskampf der deutschen Betriebe« die Bemühungen um politisches Einvernehmen mit dem NS-Regime. Auf Vorschlag der Gaufachabteilung Nahrung und Genuss erfolgte erstmalig die Auszeichnung der Zuckerfabrik Offstein mit dem »Gaudiplom für hervorragende Leistungen«, womit die DAF ihrerseits einen Schulterschluss mit dem Betrieb zeigte.[14] Die formelle Verleihung, die dazu berechtigte, am Betriebseingang ein gusseisernes Ehrenschild anzubringen und die Auszeichnung auf dem Geschäftsbriefbogen der NS-Öffentlichkeit zur Kenntnis zu bringen, nahm NSDAP-Gauleiter Josef Bürckel im Mai 1940

12 Süddeutsche Zucker-AG, Bericht über das Geschäftsjahr 1939/40 für die 15. Ordentliche Hauptversammlung am 11.7.1940, Mannheim 1940, S. 5.

13 Ebd., S. 6.

14 DAF-Gauwaltung Saarpfalz an Süddeutsche Zucker-AG, Werk Zuckerfabrik Offstein vom 10.5.1940 (Südzucker AG, Unternehmensarchiv, HV 14_00_005).

Abb. 31 Rübenanlieferung Zuckerfabrik Regensburg

auf der Tagung der Arbeitskammer Saarpfalz vor.[15] Vorstandsmitglied Conrad Schumacher dankte postwendend für die Auszeichnung und wünschte sich, »dass die Zusammenarbeit mit der Deutschen Arbeitsfront ebenso harmonisch und vertrauensvoll sein möge wie bisher«.[16] Der Leiter des zentralen DAF-Fachamts Nahrung und Genuss gab unmittelbar die nächste Aufgabe aus, »aus der Hand des Führers die höchste Auszeichnung für einen deutschen Betrieb ›Die Goldene Fahne‹ zu erhalten«.[17]

Der Landwirtschaftsbereich der Süddeutsche Zucker-AG geriet im Sommer 1940 unter agrarpolitischen Druck. Verschiedene Landesbauernführer wollten die Landwirtschaftsbetriebe der Süddeutsche Zucker-AG, weil sie von der Güterdirektion nach kaufmännischen Prinzipien geleitet wurden

15 DAF-Kreiswaltung Frankenthal an Betriebsführer des Südzucker-Werks Offstein vom 24.5.1940 (ebd.); DAF-Kreiswaltung Frankenthal an Betriebsführer des Südzucker-Werks Offstein vom 18.5.1940 (ebd.).

16 Conrad Schumacher an DAF-Gauobmann Georg Stahl vom 11.5.1940 (ebd.); Conrad Schumacher an DAF-Gaufachabteilung Nahrung und Genuss vom 14.5.1940 (ebd.).

17 DAF-Zentralbüro, Leiter des Fachamts Nahrung und Genuss an Werk Zuckerfabrik Offstein vom 6.6.1940 (ebd.).

und einer Aktiengesellschaft gehörten, nicht als Teil der deutschen Landwirtschaft bewerten. Nach nationalsozialistischer Programmatik sollte eine Aktiengesellschaft keinen Grundbesitz erwerben. Weiter- oder Neupachtungen stand in dieser Perspektive das »öffentliche Interesse« entgegen, woraufhin Güterdirektor Rudolf Besemfelder vor der »Zerstückelung« des Landwirtschaftsbereichs der Südzucker warnte, die dem »Volksganzen« nicht dienlich sei.[18] Erkundigungen des mit der Interessenvertretung beauftragten Rechtsanwalts beim Staatssekretär im Reichsministerium für Ernährung und Landwirtschaft, Werner Willikens, ergaben im Februar 1941 eine grundsätzliche Ablehnung des Erwerbs landwirtschaftlichen Eigentums durch juristische Personen. Die Süddeutsche Zucker-AG begann sich damit abzufinden, bemängelte aber, dass ihr darüber hinaus die Pachtung weiter beschnitten wurde, wenn Willikens auf Ratschlag des Landesbauernführers Württemberg, Alfred Arnold, das von Freiherrn von Hasler angebotene Pachtverhältnis nicht gutgeheißen hatte.[19]

Der Landesbauernführer Saarpfalz wollte dagegen im März 1941 der Verlängerung der Pachtverträge Heidesheim und Battenberg zustimmen, was gegenüber Reichsminister Walther Darré als Argument zur wohlwollenden Prüfung der Pachtverträge Rothof-Straußhof-Zell und Michelfeld genutzt werden sollte.[20] Reichsobmann Gustav Behrens, der ständige Vertreter des Reichsbauernführers, sprach sich zwar gegen Neuankäufe und -pachtungen aus, signalisierte jedoch seine Unterstützung bei den anstehenden Verlängerungen von Pachtverträgen, sofern das betreffende Gut nicht für »Siedlungszwecke« benötigt würde.[21] Die Gutsverwaltung Zell mit den rund 80 Hektar umfassenden Betrieben Rothof, Straußhof und Zell musste aber gleichwohl am 24. Februar 1942 an den bisherigen Gutsverwalter Haub als neuem Pächter abgegeben werden.[22]

18 Güterdirektor Rudolf Besemfelder an Rechtsanwalt Rüdiger Graf von der Goltz vom 16.7.1940, S. 3 und 5 (ebd., LW 01_02_00_002); siehe auch NSDAP-Gauwirtschaftsberater Saarpfalz, Wilhelm Bösing, an Conrad Schumacher vom 11.4.1940 (ebd., HV 14_00_005).

19 Rüdiger Graf von der Goltz an Süddeutsche Zucker-AG, Güterdirektion vom 5.4.1941 (ebd., LW 01_02_00_002); Güterdirektor Rudolf Besemfelder an Rüdiger Graf von der Goltz vom 10.1.1941, S. 1 (ebd.).

20 Güterdirektor Rudolf Besemfelder, Notiz zur Besprechung mit Dr. Rüdiger Graf von der Goltz vom 28.3.1941 (ebd.).

21 Güterdirektor Rudolf Besemfelder an Rechtsanwalt Rüdiger Graf von der Goltz vom 7.4.1941 (ebd.). Graf von der Goltz wurde daraufhin im April 1941 ein weiterer Kostenvorschuss in Höhe von 2.000 Reichsmark überwiesen.

22 Gutsdirektion der Süddeutsche Zucker-AG, Monatsbericht Februar 1942 vom 12.3.1942 (ebd.).

Auch wenn Vertreter des Ernährungsministeriums und des Reichsbauernführers im September 1942 an ihrem Grundsatz festhielten, Landwirtschaftsbetriebe ausschließlich von Einzelpersonen bewirtschaften zu lassen, gab die zunehmende Kriegsdauer Veranlassung, die elf bis Ende 1945 ablaufenden, immerhin 1.973 Hektar betreffenden Pachtverträge vorläufig bis zwei Jahre nach Kriegsende zu verlängern und eine Grundsatzentscheidung über die Pachtfragen der Süddeutsche Zucker-AG einstweilen »zurückzustellen«, was in einer Verfügung des Reichsministeriums für Ernährung und Landwirtschaft festgehalten wurde.[23]

Während die NS-Agrarpolitik die Eigenerzeugungsbasis zu verengen drohten, drückten die kriegsbedingten Effizienzverluste und die erhöhten Transportkosten unmittelbar im Winter 1939/40 auf die Gesamtrentabilität. Auch wenn der Krieg die Prognosen über die weiteren Geschäftsaussichten erschwert hatte, wollte der Vorstand der Süddeutsche Zucker-AG an der üblichen Dividende von zehn Prozent festhalten. Denn obwohl das Unternehmen wegen der Zwischenübernahme des Montesi-Aktienpakets eine hohe Liquidität behalten wollte, sprach die beabsichtigte Platzierung dieser Aktien bei externen Anlegern auch nach Ansicht des Vorstandsmitglieds der Deutsche Bank AG Karl-Ernst Sippell sowohl für eine attraktive Dividende als auch für eine aktive Kurspflege.[24]

Das Aktienpaket der Montesi-Gruppe ging am 4. März 1940 an die Süddeutsche Zucker-AG.[25] Da aber die Genehmigung keine Weiterreichung von Aktien an die Zuckerfabrik Klein-Wanzleben vorm. Rabbethge & Giesecke AG oder einen Aktientausch mit ihr einschloss, lief deren Absicht, im Zuckerkonzern eine dominante Stellung zu erlangen, ins Leere.[26] Ministerialdirektor Elmar Michel teilte Schumacher mit, dass das Reichswirtschaftsministerium einen »so weitgehenden Austausch nicht wünsche«.[27]

23 Güterdirektor Rudolf Besemfelder, Notiz über eine Besprechung im Ernährungsministerium am 10.9.1942 betr. Pachtfragen der Süddeutsche Zucker-AG vom 11.9.1942 (ebd.); Rechtsanwalt Rüdiger Graf von der Goltz an Süddeutsche Zucker-AG, Güterdirektion vom 10.9.1942 (ebd.); Süddeutsche Zucker-AG, Güterdirektion an Rechtsanwalt Rüdiger Graf von der Goltz vom 26.9.1942 (ebd.).

24 Karl-Ernst Sippell, Aktenvermerk betr. Südzucker vom 11.1.1940, S. 4 (HADB, P 4848).

25 Società Finanziaria Industriale Veneta an Deutsche Bank vom 22.4.1941, S. 1 (ebd., P 4847).

26 Karl-Ernst Sippell an Karl Büchting vom 5.3.1940, S. 1 f. (ebd., P 4845).

27 Karl-Ernst Sippell, Aktenvermerk betr. Südzucker-Aktiengesellschaft vom 8.3.1940 (ebd.).

Karl Büchting und Sippell vermuteten nicht ganz zu Unrecht, dass Jacob Bühler und Albert Zapf ihre Absichten hintertrieben hätten, um den eigenen Einfluss auf das Unternehmen nicht zu schmälern. Denn das lag ganz im Interesse der Alt-Vorstände der Süddeutsche Zucker-AG, die sich von einer engen Kontrolle durch den Aufsichtsrat und die Großaktionäre lösen wollten, zumal beide der festen Überzeugung waren, selbst die besten Sachkenner der Zuckerbranche und die geeigneten Interessenwalter des Unternehmens zu sein. Ihnen spielte dabei die Ende September 1939 erfolgte Wehrmachtseinberufung ihres Vorstandskollegen Paul Beyer in die Hände, der zwar noch nicht seine Vorstandstätigkeit niederlegte, jedoch wegen einer Abkommandierung in das zum Generalgouvernement umgewandelte besetzte Polen immer seltener an Sitzungen teilnehmen konnte und sich vom Alltagsgeschäft zurückzog.[28]

Zur Entlastung der beiden verbliebenen Vorstände stieg 1940 der 1886 geborene und ab 1929 im Unternehmen beschäftigte Südzucker-Manager Curt Quensell zum stellvertretenden Vorstandsmitglied auf und übernahm die Zuständigkeit für den Einkauf von Rohzucker und den Verkauf des Verbrauchszuckers.[29] Seinen beruflichen Aufstieg begleitete der zum 1. Juli 1940 wirksam werdende Beitritt zur NSDAP.[30] Beyer wirkte ab Juni 1940 zunächst im Rang eines Oberkriegsverwaltungsrats als Leiter der Gruppe Wirtschaft der Oberfeldkommandantur 670 in Lille und stieg dort im Sommer 1942 zu deren Leiter auf. Beyer war für den Militärdienst von seinem Vorstandsamt freigestellt.[31] Der Militärbefehlshaber Belgien und Nordfrankreich in Brüssel berief ihn am 1. März 1943 als Militärverwaltungsvizechef zum Leiter seiner Wirtschaftsabteilung.[32]

Aus einem der Berliner Zentrale der Deutsche Bank AG zugespielten Schreiben von Franz Stauffenberg ergab sich, dass der Einstieg süddeutscher Großagrarier auf Veranlassung des Reichswirtschaftsministeriums vorbereitet worden war, um »gewisse Pläne großer norddeutscher Zuckerkonzerne auf Erwerb einer beherrschenden Stellung bei der Süd-Zucker zu vereiteln«. Franz Schenk von Stauffenberg, der enge Verbindungen zur Dresdner Bank besaß, setzte noch die Spitze

28 Karl-Ernst Sippell an Paul Beyer vom 13.10.1939 (ebd., P 4825).

29 Süddeutsche Zucker-AG, Bericht über das Geschäftsjahr 1940/41 für die 16. ordentliche Hauptversammlung am 8.10.1941, Mannheim 1941, S. 3; Rechtsanwalt Dr. Wilhelm Zutt an Spruchkammer Mannheim vom 11.12.1946, S. 1 (GLAK, 465 N, 37994).

30 Meldebogen Curt Quensell vom 24.4.1946, S. 1 (ebd.).

31 Süddeutsche Zucker-AG, Bericht über das Geschäftsjahr 1942/43 für die 18. ordentliche Hauptversammlung am 20.8.1943, Mannheim 1943, S. 1.

32 Paul Beyer, Lebenslauf o. D. [Februar 1948], S. 3 f. (GLAK, 465 Q, 9958).

gegen die Deutsche Bank AG, dass diese früher das Aktienpaket über »Stuttgarter Juden nach Italien verschachert« habe.[33] Vor allem sollte auf diesem Wege der Einfluss von süddeutschen Großgrundbesitzern auf den landwirtschaftsgebundenen Zuckerkonzern gesteigert werden, um die Süddeutsche Zucker-AG dem spekulativen Einfluss der Großbanken zu entziehen. Der Südzucker-Aufsichtsratsvorsitzende Albert Zapf nutzte die Situation am 11. März 1940 dazu, auf die Deutsche Bank AG mit der Forderung zuzugehen, eine Erklärung abzugeben, mit der Zuckerfabrik Klein-Wanzleben keine »einseitige Majoritätsbildung« anzustreben und insbesondere ihre Depotstimmrechte nicht dazu zu verwenden, um dem mitteldeutschen Rübensamenerzeuger eine »beherrschende oder bevorzugte Stellung« in der Süddeutsche Zucker-AG zu verschaffen.[34]

Sippell vermied eine formelle Erklärung, sondern zog sich auf die allgemeine Erklärung zurück, dass es »feststehender Brauch« der Banken sei, mit der Verwaltung zu stimmen, sofern seitens der Kundschaft keine andere Vorgabe vorlag.[35] Zwar bot der Vorstand der Süddeutsche Zucker-AG der Zuckerfabrik Klein-Wanzleben noch eine Aktienaufstockung um 500.000 Reichsmark an, was jedoch dort als »schlechte Behandlung« und als »Beweis erneuten Misstrauens« bewertet wurde. Daraufhin lehnte Büchting am 12. März 1940 den Kauf des angebotenen Aktienpakets ab, was nach Ansicht von Sippell wiederum beim Südzucker-Vorstand »erneutes Misstrauen« auslösen würde.[36] Der Aufsichtsratsvorsitzende Zapf bedauerte diesen Schritt, hoffte aber »nach dem Abflauen der ersten Erregung« auf eine »wirklich friedliche und freundschaftliche Zusammenarbeit, machte aber gegenüber Sippell erneut deutlich, dass ihr keine „beherrschende oder bevorzugte Stellung« eingeräumt werden dürfte.[37] Der Vorstand der Süddeutsche Zucker-AG setzte mithin dem neuen Großaktionär Einflussgrenzen, konnte aber seine Strategie, in der Eigentümerstruktur vor allem Großagrarier zu stärken, nicht vollständig umsetzen, da sich beispielsweise der Verkauf eines größeren Aktienpakets an die Arenbergsche Vermögensverwaltung zerschlug.[38]

33 Franz Stauffenberg an Graf Douglas vom 13.2.1940, S. 1 (HADB, P 4845); Deutsche Bank, Filialdirektion Konstanz an Karl-Ernst Sippell vom 9.3.1940 (ebd.).
34 Süddeutsche Zucker-AG, Albert Zapf an Karl-Ernst Sippell vom 11.3.1940, S. 3 (ebd.).
35 Karl-Ernst Sippell an Albert Zapf vom 14.3.1940, S. 3 (ebd.).
36 Karl-Ernst Sippell, Aktenvermerk betr. Südzucker-Aktiengeschäft vom 13.3.1940, S. 2 (ebd.).
37 Albert Zapf an Karl-Ernst Sippell vom 16.3.1940, S. 1 (ebd.).
38 Deutsche Bank, Filiale Düsseldorf an Karl-Ernst Sippell vom 14.3.1940 (ebd.).

Das von der Süddeutsche Zucker-AG übernommene Aktienpaket der italienischen Montesi-Gruppe wurde vor allem an süddeutsche Interessenten weiterverkauft. Im Einzelnen dachte Conrad Schumacher an die Deutsche Maizena AG, die für eine Mio. Reichsmark Aktien in Frage kämen.[39] Der Kaiserslauterner Maschinenbauindustrielle Karl Pfaff[40] sowie die Bayerische Hypotheken- und Wechsel-Bank kamen mit jeweils 500.000 Reichsmark in Betracht. Auch war an eine Platzierung bei Großgrundbesitzern in Süddeutschland und bei der Württembergischen Hofkammer gedacht.[41] Die Münchener Rückversicherungs-AG übernahm von ihrem ursprünglich zugesagten Anteil von einer Mio. Reichsmark nur 250.000 Reichsmark, während die restlichen 750.000 Reichsmark an die mit ihr freundschaftlich verbundene Allianz AG gingen.[42] Zu den Käufern gehörten das Münchner Bankhaus Merck, Finck & Co., die Neusser Firma Wilhelm Werhahn KG oder auch Hermann F. und Philipp F. Reemtsma.[43] Der größte Posten von 3,3 Mio. Reichsmark blieb, wie zuvor beschrieben, allerdings der Zuckerfabrik Klein-Wanzleben vorbehalten.

Die Aktionärsstruktur der Süddeutsche Zucker-AG zeigte damit also eine nominell starke Stellung der Zuckerfabrik Klein-Wanzleben, die eine anteilige Dividendenzahlung für die Geschäftsjahre 1939/40 und 1940/41 in Höhe von jeweils 199.770 Reichsmark einnahm.[44] Bis Jahresende 1941 stockte die Zuckerfabrik Klein-Wanzleben ihren Aktienanteil an der Süddeutsche Zucker-AG im Zuge der Kapitalberichtigung

39 Karl-Ernst Sippell, Aktenvermerk betr. Südzucker/Montesi Aktiengeschäft vom 28.2.1940 (ebd.).

40 Der am 11. September 1888 geborene Kaiserslauterner Fabrikdirektor hatte am 20. November 1937 die Aufnahme in die NSDAP beantragt, die ihm zum 1. Mai 1937 mit der Mitglieds-Nummer 5.791.222 bewilligt wurde, (BArch Berlin, R 9361-IX, 32210572).

41 Karl-Ernst Sippell, Aktenvermerk betr. Südzucker/Montesi Aktiengeschäft vom 13.2.1940, S. 1 (HADB, P 4845); Karl-Ernst Sippell, Aktenvermerk betr. Südzucker/Montesi Aktiengeschäft vom 15.2.1940, S. 1 (ebd.).

42 Karl-Ernst Sippell, Aktenvermerk betr. Südzucker-Aktiengeschäft vom 8.3.1940 (ebd.).

43 Merck, Finck & Co. übernahm nom. 50.000 RM Aktien, Süddeutsche Zucker-AG an Deutsche Bank vom 9.1.1941 (ebd., P 4847); Wilhelm Werhahn übernahm nom. 46.000 RM Aktien, Süddeutsche Zucker-AG an Deutsche Bank vom 18.2.1941 (ebd.); Reemtsma kaufte nom. 500.000 RM Aktien, Deutsche Bank, Karl-Ernst Sippell an Süddeutsche Zucker-AG, Vorstand vom 7.3.1941 (ebd.).

44 Zuckerfabrik Klein-Wanzleben an Deutsche Bank vom 1.7.1940 (ebd., P 4848); Deutsche Bank an Zuckerfabrik Klein-Wanzleben vom 15.7.1940 (ebd.); Deutsche Bank an Zuckerfabrik Klein-Wanzleben vom 15.10.1941 (ebd.).

auf 5,875 Mio. Reichsmark auf.[45] Die auf sie entfallenden Dividenden blieben in der nächsten Jahren allerdings auf der bekannten Höhe von 199.770 Reichsmark.[46]

Im Juni 1940 waren von dem ursprünglichen Aktienpaket im Nominalwert von 9,316 Mio. Reichsmark nur noch 950.000 Reichsmark im Besitz der Süddeutsche Zucker-AG. Wegen des Übergangs der Aktien an deutsche Eigentümer sollten Staatsrat Otto Bosler von der Württembergischen Hofkammer, Generaldirektor Erwin Dircks von der Maizena, Fabrikdirektor Karl Pfaff von der Pfaff AG und Reichsminister a. D. Kurt Schmitt von der Allianz/Münchener Rückversicherungs-AG in den Aufsichtsrat einziehen. Schmitt, der als Privatmann in Tiefenbrunn bei Starnberg ein großes Gut betrieb, war Mitte Juni 1940 von seinem Duzfreund Albert Zapf brieflich angefragt und damit gelockt worden, dass er durch eine Mitwirkung im Aufsichtsrat zugleich seine »eigene landwirtschaftliche Erzeugung sehr schön ergänzen u[nd]. abrunden« könnte.[47] Schmitt sagte ihm zu.[48] Seine Zusage fand aber insbesondere beim Allianz-Vorstandsvorsitzenden Hans Hess negative Aufnahme, da dieser eine Aufsichtsratstätigkeit von Versicherungsvorständen grundsätzlich ablehnte.[49]

Die Generalversammlung wählte Schmitt am 11. Juli 1940 dennoch in Abwesenheit in den Aufsichtsrat.[50] Der an akuten Herzbeschwerden leidende 70-jährige AR-Vorsitzende Zapf musste ebenfalls fehlen, er begab sich nach Partenkirchen ins Sanatorium, nicht ohne Schmitt ans Herz zu legen, mit Hugo Zinßer von der Dresdner Bank, der als ein »äußerst kluger und gewandter Mann« bezeichnet wurde, Fühlung zu nehmen, wohl auch um ein stärkeres Gegengewicht zur Deutsche Bank AG zu entwickeln.[51]

Die Neuberufungen kamen zur rechten Zeit, da Albert Zapf am 23. August 1940 nach 16 Jahren als Aufsichtsrat der Zuckerfabrik Fran-

45 Deutsche Bank an Zuckerfabrik Klein-Wanzleben vom 29.1.1942 (ebd.); Deutsche Bank an Zuckerfabrik Klein-Wanzleben vom 23.8.1943 (ebd.).

46 Zuckerfabrik Klein-Wanzleben an Deutsche Bank vom 1.8.1942 (ebd.).

47 Albert Zapf an Kurt Schmitt vom 19.6.1940 (Allianz SE, Historisches Archiv, NL 1, Nr. 161).

48 Kurt Schmitt an Albert Zapf vom 26.6.1940 (ebd.); Süddeutsche Zucker-AG, Conrad Schumacher an Kurt Schmitt vom 22.6.1940 (ebd.); Kurt Schmitt an Süddeutsche Zucker-AG vom 26.6.1940 (ebd.).

49 Kurt Schmitt an Hans Hess vom 26.6.1940 (ebd.); Hans Hess an Kurt Schmitt vom 1.7.1940 (ebd.); Kurt Schmitt an Hans Hess vom 15.7.1940 (ebd.).

50 Kurt Schmitt an Süddeutsche Zucker-AG vom 6.7.1940 (ebd.); Süddeutsche Zucker-AG, Protokoll der 38. Sitzung des Aufsichtsrates am 11.7.1940 (ebd.).

51 Albert Zapf an Kurt Schmitt vom 9.7.1940 (ebd.).

kenthal, davon elf Jahre als dessen Vorsitzender, und 14 Jahren an der Spitze des Südzucker-Aufsichtsrats verstarb.[52] Der von seinem Stellvertreter Sippell in der Aufsichtsratssitzung am 8. Oktober 1941 gehaltene Nachruf würdigte Zapf als Mann, dessen »beweglicher Geist, sein großes Verhandlungsgeschick, seine tiefgründigen juristischen und wirtschaftlichen Kenntnisse, sein durch jahrzehntelange Zusammenarbeit mit dem Vorstand geschaffenes, auf starke persönliche Beziehungen fundiertes Vertrauensverhältnis« betont wurden. Darüber hinaus habe ihn seine »lebensvolle, in süddeutscher Bodenständigkeit wurzelnde Persönlichkeit« in besonderer Weise befähigt, an der Spitze des größten deutschen Zuckerunternehmens zu stehen, das ihm viel verdanke.[53]

Das klang, den Formen gehorchend, deutlich anders als die seit Mitte der 1930er Jahre regelmäßig und von unterschiedlichen Seiten erhobene Forderung, dass Zapf seinen Posten räumen solle. Auch die Einäscherungsfeier spiegelte Ende August 1940 die Überlebtheit seiner 30-jährigen Aufsichtsrolle in der Süddeutsche Zucker-AG und ihren Ursprungsunternehmen wider: Die Filiale Mannheim berichtete Sippell von einer auffallend geringen Beteiligung von höchstens 40 Herren und bezeichnete die Nachrufe als »belanglos«. Einzige Ausnahme bildete Conrad Schumacher, der »sehr bewegt« und voller Dankbarkeit den Verstorbenen würdigte.[54] Kurt Schmitt hatte seine Teilnahme ebenfalls abgesagt, schickte aber einen Kranz.[55] Sippell weilte in Gastein und fehlte ebenfalls.[56]

Sippell sprach sich für Schmitt als Zapf-Nachfolger aus, während Jacob Bühler Bedenken äußerte, ob dieser die »erforderliche Zeit aufwenden könnte«.[57] Für den Südzucker-Vorstand stellte sich Schumacher allerdings auf den Standpunkt, dass Schmitt sich »zwar in Unterhaltung sehr freundlich und entgegenkommend gezeigt, praktisch aber bisher für Südzucker nichts getan« habe.[58] Da die Unternehmensleitung wieder einen »Herrn aus Süddeutschland« zum Aufsichtsratsvorsitzenden ge-

52 Süddeutsche Zucker-AG an die Mitglieder des Aufsichtsrates vom 24.8.1940 (ebd.); Süddeutsche Zucker-AG, Bericht über das Geschäftsjahr 1940/41 für die 16. ordentliche Hauptversammlung am 8.10.1941, Mannheim 1941, S. 4.

53 Karl-Ernst Sippell, Südzucker Hauptversammlung 8.10.1941, Nachruf für Geheimrat Zapf (HADB, P 4825).

54 Deutsche Bank AG, Filiale Mannheim, an Karl-Ernst Sippell vom 30.8.1940, S. 1 f., (ebd.).

55 Kurt Schmitt an Conrad Schumacher vom 27.8.1940 (Allianz SE, Historisches Archiv, NL 1, Nr. 161).

56 Conrad Schumacher an Kurt Schmitt vom 29.8.1940 (ebd.).

57 Karl-Ernst Sippell, Aktenvermerk betr. Südzucker vom 12.10.1940 (HADB, P 4825).

58 Karl-Ernst Sippell, Aktenvermerk betr. Süddeutsche Zucker AG Mannheim vom 26.6.1941 (ebd.).

wählt sehen wollte, kam aus deren Sicht für das Amt der Kaiserslauterner Unternehmer Pfaff in Frage. Sippell ging mit dem Vorschlag einig und führte zunächst den Aufsichtsrat vertretungsweise bis zum 8. Oktober 1941 weiter, bevor der Aufsichtsrat Pfaff zum Vorsitzer des Unternehmensgremiums wählte.[59] Schmitt fehlte erneut auf der Sitzung.[60]

Die genehmigten Rübenanbauflächen erfuhren im Frühjahr 1940 eine Ausweitung um 20 Prozent, sodass im Sommer 1940 große Anstrengungen unternommen wurden, die Fabriken und technischen Einrichtungen zu modernisieren und zu effektivieren, um die erwartete Gesamtmenge von 13,5 Mio. Doppelzentnern Rüben, davon 2,5 Mio. Doppelzentner auf Trocknung, in der Kampagne 1940/41 zu verarbeiten.[61] Um genügend Verarbeitungskapazität vorzuhalten, reaktivierte das Unternehmen die Zuckerfabrik Züttlingen, die nach jahrelangem Stillstand von 1935 bis 1939 als Trocknungswerk gedient hatte.[62]

Das Konzernunternehmen und seine Betriebsteile setzte die betriebliche Sozialpolitik auch während des Krieges nicht nur fort, sondern leistete den einberufenen Mitarbeitern regelmäßige Finanzbeihilfen und unterstützte die Familien der Gefallenen. Die Zuckerfabrik Offstein zahlte beispielsweise im Januar 1942 an 933 Stamm- und Kampagnenarbeiter Kampagnengratifikationen zwischen drei und 25 Reichsmark aus, was auf eine Gesamtsumme von 11.709 Reichsmark hinauslief. Darüber hinaus erhielten 134 zur Wehrmacht einberufene Betriebsangehörige in der gleichen Spreizung Unterstützungsleistungen.[63] Das Unternehmen schickte Kinder von Betriebsangehörigen in den Urlaub, ehrte Betriebs-

59 Niederschrift über die 40. Sitzung des Aufsichtsrats am 8.10.1941, S. 3 (Südzucker AG, Unternehmensarchiv, HV 01_00_186), Niederschrift über die 41. Sitzung des Aufsichtsrats am 8.10.1941, S. 1 (ebd.).

60 Kurt Schmitt an Conrad Schumacher vom 30.9.1941 (Allianz SE, Historisches Archiv, NL 1, Nr. 161); Schmitt erhielt gleichwohl im März 1942 eine Sonderlieferung von 100 Doppelzentnern Trockenschnitzeln für seinen Tiefenbrunner Hof, wurde aber um die »Gefälligkeit« gebeten, die vom Bankhaus Merck & Finck getätigten Ankäufe von Aktien der Süddeutsche Zucker-AG aufzuklären, in welche Hände diese gelangten, Conrad Schumacher an Kurt Schmitt vom 11.3.1942 (ebd.).

61 Süddeutsche Zucker-AG an die Herren Mitglieder des Aufsichtsrats vom 16.9.1940, S. 1 (Südzucker AG, Unternehmensarchiv, HV 01_00_186); Süddeutsche Zucker-AG, Bericht über das Geschäftsjahr 1939/40 für die 15. Ordentliche Hauptversammlung am 11.7.1940, Mannheim 1940, S. 6.

62 Süddeutsche Zucker-AG an die Herren Mitglieder des Aufsichtsrats vom 11.2.1941, S. 1 (ebd.); Süddeutsche Zucker-AG, Bericht über das Geschäftsjahr 1939/40 für die 15. Ordentliche Hauptversammlung am 11.7.1940, Mannheim 1940, S. 6.

63 Werk Zuckerfabrik Offstein an Süddeutsche Zucker-AG vom 19.1.1942 (ebd., OF 06_00_017).

jubilare und förderte Maßnahmen der DAF-Organisation »Kraft durch Freude«.

Als Reaktion auf die durch den andauernden Krieg und die damit verbundenen Menschenverluste entstandene Verunsicherung verpflichtete NSDAP-Gauleiter Josef Bürckel die Unternehmen im Gau Westmark, für die Einberufenen eine »Soldaten-Versicherung« abzuschließen.[64] Vorstandsmitglied Schumacher beeilte sich, direkt entsprechende Entscheidungen anzukündigen und berichtete am 19. Februar 1940, dass die Süddeutsche Zucker-AG mit dem Gerling-Konzern für alle Belegschaftsangehörigen eine Soldaten-Lebensversicherung abgeschlossen habe, die beim »Tode des Versicherten in unmittelbarem oder mittelbarem Zusammenhang mit Kampfhandlungen oder anderen Kriegsereignissen« eine Versicherungsleistung in Höhe von je 1.000 Reichsmark auszahlen werde. Das Unternehmen übernahm während der Zeit des »Kriegsdienstes, mindestens aber auf die Dauer von einem Jahre« die Prämienzahlung.[65] Der im Briefentwurf enthaltene Passus, dass nach Ablauf der Jahresfrist die Frage geprüft werden sollte, inwieweit die Versicherung fortbestehen würde oder das »eingerückte Gefolgschaftsmitglied die Versicherung auf eigene Kosten fortsetzt«, wurde wohl aus Rücksicht auf die vom NS-Regime gewünschte Absicherung der Soldaten und ihrer Familien gestrichen.[66]

Darüber hinaus blieben auch die politischen Routinen in Kraft. Zuckerfabriken bewarben sich um Auszeichnungen des NS-Regimes, indem beispielsweise die der Unternehmensgruppe angelehnte Wormser Rheingau AG am »Kriegsleistungskampf der deutschen Betriebe« teilnahm und sowohl 1939/40 als auch 1941/42 das »Gaudiplom« erlangte.[67] Die Gausammlungen für das Winterhilfswerk gingen ebenso weiter wie die Schulungen und Appelle.[68] Das Werk Offstein belastete die Südzucker-

64 DAF-Kreiswaltung Frankenthal an Betriebsführer im Kreis Frankenthal vom 10.2.1941 (ebd., HV 14_00_005).

65 Conrad Schumacher an DAF-Kreiswaltung Frankenthal vom 19.2.1941 (ebd.).

66 Conrad Schumacher an DAF-Kreiswaltung Frankenthal vom 15.2.1941 (Entwurf) (ebd.).

67 Zuckerfabrik Rheingau AG Worms, Bericht über das Geschäftsjahr 1939/40-27. Geschäftsjahr vom Juni 1940, S. 4 (ebd., WO 02_00_001); Zuckerfabrik Rheingau AG Worms, Bericht über das Geschäftsjahr 1941/42-29. Geschäftsjahr vom Juli 1942, S. 2 (ebd.).

68 DAF-Kreiswaltung Frankenthal an Betriebsführer Zuckerfabrik Offstein vom 14.1.1942 (ebd., HV 14_00_005); DAF-Kreiswaltung Frankenthal an Conrad Schumacher vom 7.2.1942 (ebd.); DAF-Kreiswaltung Frankenthal an Conrad Schumacher vom 8.4.1942 (ebd.); Winterhilfswerk des Deutschen Volkes, Gau Westmark an Zuckerfabrik Offstein vom September 1941 (ebd.).

Unterstützungskasse im Februar 1942 mit insgesamt 25.803 Reichsmark, davon allein 12.990 Reichsmark für laufende Unterstützungsleistungen als betriebliche Altersversorgung, Einmalzahlungen in Höhe von 9.700 Reichsmark an Hinterbliebene von sechs Unfalltoten sowie von vier Gefallenen.[69] Ende September 1944 stellte die Unternehmenszentrale den Werken erneut 11.700 Reichsmark zur Verfügung, um den mit den Werkleitungen in Verbindung stehenden örtlichen und benachbarten WHW-Stellen die gleiche Summe wie im Vorjahr zukommen zu lassen.[70]

Die Witterung spielte den Landwirten und dem Zuckerunternehmen 1940/41 in die Hände, weil die Zuckerbildung in der Rübe günstiger als im Vorjahr ausfiel und die Ernte fristgerecht erfolgte. Zwar blieb der Hektarertrag hinter dem Vorjahr zurück, aber die Gesamtmenge lag deutlich höher. Der frühe Wintereinbruch erschwerte in Süddeutschland den Antransport zu den Zuckerfabriken, insgesamt jedoch bilanzierte das Unternehmen durch die besseren Witterungsbedingungen eine höhere Zuckererzeugung, die nicht nur die Inlandsabsatzrechte abdeckte, sondern auch einen erheblichen Teil des im Jahr zuvor in den Verbrauch abgegebenen Pflichtvorrats wieder auffüllen konnte. Bei den Futtermitteln konnten die auferlegten Pflichtmengen sogar überschritten werden, wozu die Wiederinbetriebnahme des seit der Weltwirtschaftskrise stillliegenden Werks Gernsheim beitrug. Auch die landwirtschaftlichen Betriebe schlossen »fast durchweg befriedigend« ab.[71]

Im Winter 1940/41, als aus Sicht vieler Nationalsozialisten die deutsche Vorherrschaft in Europa gesichert schien, stellte die Deutsche Arbeitsfront im Auftrag von Reichsminister Fritz Todt in seiner Funktion als Generalbevollmächtigter für die Regelung der Bauwirtschaft Erhebungen über die in den nächsten fünf Jahren geplanten größeren Bauvorhaben einschließlich der Maßnahmen zum Zweck »Schönheit der Arbeit« oder zur Errichtung von Betriebssportanlagen an. Das Werk Offstein teilte der DAF-Kreiswaltung Frankenthal Bauvorhaben in einer Größenordnung von mehr als zwei Mio. Reichsmark mit, darunter ein neues Zuckerlager für 90.000 Sack, die Erweiterung des Kesselhauses, die Verdopplung der Trockenschnitzellagerkapazität, die Vergrößerung

69 Werk Zuckerfabrik Offstein an Süddeutsche Zucker-AG vom 24.3.1942, S. 1 f. (ebd., OF 03_00_027).

70 Süddeutsche Zucker-AG an die Werke vom 27.9.1944 (Südzucker AG, Unternehmensarchiv, HV 06_00_030).

71 Süddeutsche Zucker-AG, Bericht über das Geschäftsjahr 1940/41 für die 16. ordentliche Hauptversammlung am 8.10.1940, Mannheim 1941, S. 6.

der Abwasserreinigungsanlage, aber auch ein Gemeinschaftshaus sowie Luftschutzbauten.[72]

Wegen der im September 1941 in Kraft getretenen Dividendenabgabenverordnung, mit der der NS-Staat die Sichtbarkeit von Kriegsprofiten durch eine begrenzte Gewinnausschüttung reduzieren wollte,[73] verdoppelte die Hauptversammlung der Süddeutsche Zucker-AG am 8. Oktober 1941 das Gesellschaftskapital auf 60 Mio. Reichsmark, was eine Pauschsteuer von 2,738 Mio. Reichsmark nach sich zog. Die Kapitalerhöhung erfolgte nicht durch die Neuemission von Aktien, sondern durch interne Aufbringung, im Wesentlichen durch Zuschreibungen zum Anlagevermögen in Höhe von 18,9 Mio. Reichsmark sowie durch die Auflösung von 10,8 Mio. Reichsmark freier Rücklagen und einen Rückgriff auf gesetzliche Rücklagen. Rund eine Mio. Reichsmark wurde dem aus dem Geschäftsjahr 1939/40 stammenden Gewinnvortrag entnommen.[74] Zum gleichen Zeitpunkt passte die Hauptversammlung die Satzung an.[75]

Der Rübenanbau ging im Frühjahr 1941 gegenüber dem Vorjahr etwas zurück, überstieg aber noch die mit Rübensaat versorgten Anbauflächen vom Frühjahr 1939.[76] Die ungünstige Witterung stand allerdings einer guten Ernte entgegen, sodass der Hektarertrag sank. Zumindest die Ausbeute blieb im Einzugsgebiet der süddeutschen Zuckerfabriken auf recht hohem Niveau. Allerdings erschwerte der früh einsetzende Frost den Zuckerantransport per Schiff aus den norddeutschen Überschussregionen, was das Unternehmen durch erhöhte Abgaben von Verbrauchszucker an die südlichen Zuckerverkaufsgebiete kompensierte. Die landwirtschaft-

72 DAF-Kreiswaltung Frankenthal an Zuckerfabrik Offstein vom 5.2.1941 (Südzucker AG, Unternehmensarchiv, HV 14_00_005); Zuckerfabrik Offstein an DAF-Kreiswaltung Frankenthal vom 13.2.1941 (ebd.).

73 Mark Spoerer, *Von Scheingewinnen zum Rüstungsboom. Die Eigenkapitalrentabilität der deutschen Industrieaktiengesellschaften 1925-1941*, Stuttgart 1996, S. 87 f.; Hans Joachim Veith/Günter Veith, *Kommentar zur Dividendenabgabeverordnung mit Durchführungsbestimmungen, der Verordnung über den Kapitalverkehr, Formularen und allen anderen einschlägigen Vorschriften*, München 1941, S. 43 ff.

74 Süddeutsche Zucker-AG, Bericht über das Geschäftsjahr 1940/41 für die 16. ordentliche Hauptversammlung am 8.10.1940, Mannheim 1941, S. 7; Bericht der Rheinischen Treuhand-Gesellschaft AG Wirtschaftsprüfungsgesellschaft Mannheim über die Prüfung des Jahresabschlusses, der Buchführung und des Geschäftsberichts der Süddeutsche Zucker-AG Mannheim zum 28.2.1941 vom 22.9.1941, S. 3 (HADB, P 4837).

75 Süddeutsche Zucker-AG, Satzungen: Neufassung beschlossen in der Hauptversammlung am 17. November 1938. Abgeändert in der Hauptversammlung am 8. Oktober 1941 (ebd., P 4844).

76 Süddeutsche Zucker-AG, Bericht über das Geschäftsjahr 1940/41 für die 16. ordentliche Hauptversammlung am 8.10.1940, Mannheim 1941, S. 7.

lichen Betriebe sahen sich wie die Zuckerfabriken weiter zunehmenden Schwierigkeiten etwa durch den wachsenden Arbeitskräftemangel ausgesetzt, schlossen aber das Geschäftsjahr 1941/42 »befriedigend« ab.[77] Der gezahlte Rübenpreis beispielsweise der Zuckerfabrik Regensburg stieg zwar nach 1939 bis 1943 deutlich um ein Drittel an, bedrohte jedoch nicht die Ertragssituation. Der Preisrückgang bei Rüben im Jahr 1944 deutete bei gesunkener Verarbeitungskapazität auf ein Überangebot hin.

Der NSDAP-Gauwirtschaftsberater Westmark, Wilhelm Bösing, übermittelte die ihm zugegangene Nachricht, dass von Bauern des Kreises Ludwigshafen über die »schlechte Abnahme der Rüben seitens der Fabrik« geklagt worden sei.[78] In seinem vierseitigen Antwortschreiben verwies Schumacher auf die witterungsbedingten Verzögerungen der Ernte und den kriegsbedingten »Mangel an Leuten und Gespannen«,[79] die durch die schwierige Verkehrslage der Reichsbahn und lokaler Kleinbahnen im Spätherbst noch weiter verschärft worden war. Die Zuckerfabriken für die nicht rechtzeitige Bestellung von Wintergetreide verantwortlich zu machen, hielt Schumacher wegen der allgemeinen Verzögerung der landwirtschaftlichen Arbeiten für unangemessen. Zudem habe das Unternehmen auf die transportspezifischen Schwierigkeiten rechtzeitig hingewiesen. Der Kritik aus dem Kreis Ludwigshafen begegnete Schumacher noch mit dem Hinweis, dass der Kampagnenverlauf im Vergleich zu den meisten anderen Regionen zufriedenstellend gewesen sei.

Tab. 6 Werk Regensburg, Verarbeitung von Zuckerrüben, 1939-1944[80]

Jahr	Verarb. Rüben auf Zucker (t)	Verbrauchszucker aus Rüben (t)	Verbrauchszucker aus zugekauftem Rohzucker (t)	Zu Zuckerschnitzel verarbeitete Rüben (t)
1939	226.900	25.500	8.400	7.600
1940	204.100	26.900	8.900	26.400
1941	178.500	24.000	9.900	29.300
1942	207.100	28.300	8.900	13.300
1943	154.000	21.000	16.300	6.620
1944	141.800	16.300	8.400	6.730

77 Süddeutsche Zucker-AG, Bericht über das Geschäftsjahr 1941/42 für die 17. ordentliche Hauptversammlung am 29.7.1942, Mannheim 1942, S. 2.
78 Wilhelm Bösing an Conrad Schumacher vom 6.3.1942 (ebd., HV 14_00_005).
79 Conrad Schumacher an Wilhelm Bösing vom 21.3.1942, S. 1 (ebd.).
80 Süddeutsche Zucker-AG, Werk Regensburg, an Amt für Ernährung und Landwirtschaft für Bayern vom 30.8.1945, S. 1 (ebd., RE 01_00_001-1).

Das Unternehmen hielt an seiner regimeloyalen Haltung fest, indem es etwa durch Anzeigen zur Hauptversammlung 1940/41, die nicht nur in der Berliner Börsenzeitung, der Frankfurter Zeitung oder in traditionalen Regionalzeitungen, sondern auch im Völkischen Beobachter, der NSZ Rheinfront, den Stuttgarter NS-Kurier oder dem Hakenkreuzbanner Mannheim einlud.[81] Dass die Deutsche Bank AG ihrerseits von den Maßnahmen zur Kaufkraftabschöpfung zu profitieren gedachte, zeigt das Angebot, die Führung von »Eisernen Sparkonten« für die Südzucker-Beschäftigten zu übernehmen.[82]

Nicht nur durch den Krieg und die damit verbundenen Regulierungsmaßnahmen wirkte das NS-System auf das Unternehmen ein, sondern auch die politischen Radikalisierungstendenzen, mit denen die NSDAP ab Ende 1941 auf den unerwartet ungünstigen Kriegsverlauf reagierte, nahmen Einfluss. Franz Schenk Freiherr von Stauffenberg, der bereits während der Weimarer Republik für die rechtskonservative DNVP im Reichstag gesessen hatte und im November 1933 über die württembergische Liste der NSDAP als deren Gast wieder eingezogen war, reagierte auf die im Herbst 1942 intensivierte parteiinterne Diskussion über die Übernahme von Aufsichtsratsposten, indem er am 9. Oktober 1942 sein Mandat im Aufsichtsrat der zum Mannheimer Zuckerkonzern gehörenden Klettendorfer vom Rath, Schoeller & Skene AG aufgab. Ohne formelle Genehmigung der NSDAP-Reichstagsfraktion bestand aus seiner Sicht keine Möglichkeit, auch in anderen Aktiengesellschaften seine Aufsichtsratstätigkeit fortzusetzen. Er bedauerte ausdrücklich, dass dadurch die »Verbindung, die wirtschaftlich für die zukünftige Entwicklung wertvoll gewesen wäre (die Herstellung aktiver Zusammenarbeit des süddeutschen Besitzes mit Ihrer Industriegruppe) nicht zur Auswirkung kommen konnte«.[83] Stauffenberg vergaß aber trotz aller Eile, sich politisch gefügig zu zeigen, nicht, an die noch nicht erhobene Tantieme zu erinnern. Da er aber nach Auskunft des württembergischen NSDAP-Gauleiters Wilhelm Murr als Gast des

81 Bemerkungen zum Gang der 16. Ordentlichen Hauptversammlung am 8. Oktober 1941, S. 1 (HADB, P 4825).

82 Karl-Ernst Sippell an Süddeutsche Zucker-AG, Vorstand vom 7.11.1941 (ebd.); Süddeutsche Zucker-AG, Vorstand an Karl-Ernst Sippell vom 11.11.1941 (ebd.); vgl. Philipp Kratz, *»Sparen für das kleine Glück«*, in: Götz Aly (Hg.), Volkes Stimme. Skepsis und Führervertrauen im Nationalsozialismus, Frankfurt a. M. 2006, S. 59-79, insb. S. 73 ff.

83 Major Franz Schenk Freiherr von Stauffenberg an den Vorstand der AG vom Rath, Schoeller & Skene vom 9.10.1942 (Südzucker AG, Unternehmensarchiv, SCH 01_00_003); Major Franz Schenk Freiherr von Stauffenberg an den Vorstand der AG vom Rath, Schoeller & Skene vom 29.12.1941 (ebd.).

NSDAP-Fraktionsvorsitzenden Frick von dieser Regelung nicht betroffen war, nahm er am 20. Oktober 1942 seine Mandatsaufgabe wieder zurück.[84]

Bedingt durch günstige Witterung mit warmen und trockenen Spätsommerwochen fiel die Erntemenge 1942 größer aus. Zwar blieb der Zuckergehalt gegenüber dem Vorjahr etwas zurück, aber insgesamt verlief die Kampagne 1942/43 zufriedenstellend, zumal die im Vollbetrieb laufenden Betriebe die Rübenverarbeitung noch vor Weihnachten beenden konnten. Auch die unternehmenseigene Landwirtschaft kam zu einem befriedigenden Ergebnis, obwohl die Schwierigkeiten auf dem Gebiet der Arbeitskräfterekrutierung und bei der Kraftstoffzuteilung für die Traktoren deutlich zunahmen.[85]

Ausdruck der optimistischen Stimmung nach dem militärischen Sieg über Frankreich war wohl auch der im Sommer 1940 getroffene Beschluss, mit einer Investition von 320.000 Reichsmark eine von vier von der Vierjahresplan-Behörde geplanten Zellwollefabriken zu errichten. Der Aufsichtsrat genehmigte die Ausgabe, was ihm umso leichter fiel, da das Reich Kapital, Zinsen und Betriebskosten garantierte, also das Vorhaben in finanzieller Hinsicht vollkommen risikolos war.[86] Dabei zeigte sich einmal mehr die enge Verschachtelung von wirtschaftlichen Interessen und Absichten des NS-Regimes, das mit seiner aus der Autarkiepolitik abgeleiteten Industrieförderung Unternehmen an sich band.

Über Finanzbeteiligungen an Vierjahresplanvorhaben hinaus wollte die Süddeutsche Zucker-AG im Sommer 1940 dem unterausgelasteten Werk Gernsheim durch die Aufnahme der Zellmehlaufbereitung neue Impulse geben. Nach einer im Juli 1940 getroffenen Übereinkunft mit der staatlichen Zellmehl GmbH sollte in Gernsheim eine Zellmehl-Aufbereitungsanlage mit einer Tagesleistung von 100 Tonnen aufgezogen und am Standort eine wirtschaftliche Diversifizierung in die Wege geleitet werden.[87] Das Bauvorhaben fügte der Generalbevollmächtigte für

84 Major Franz Schenk Freiherr von Stauffenberg an den Vorstand der AG vom Rath, Schoeller & Skene vom 20.10.1942 (ebd.); vom Rath, Schoeller & Skene AG, Vorstand an Major Franz Schenk Freiherr von Stauffenberg vom 22.10.1942 (ebd.).

85 Süddeutsche Zucker-AG, Bericht über das Geschäftsjahr 1942/43 für die 18. ordentliche Hauptversammlung am 20.8.1943, Mannheim 1942, S. 2; *Süddeutsche Zucker. Befriedigende Kampagne 1942/43*, in: Berliner Börsen-Zeitung vom 14.8.1943 (BArch, R 3102, Nr. 5615).

86 Protokoll zu der 36. Aufsichtsratssitzung am 4.6.1940, S. 2 (Südzucker AG, Unternehmensarchiv, HV 01_00_186); die Zelluloseeuphorie fand auch Eingang in die Wissenschaft, Egon Schumacher, *Cellulose als Futtermittel*, München: Univ. Diss. 1943.

87 Deutsche Revisions- und Treuhand-AG, Bericht Nr. VII 10759 über die bei der Süddeutsche Zucker AG, Mannheim, Werk Gernsheim a. Rh. vorgenommene Sonderprüfung vom 22.7.1943, S. 1 f. (BArch, R 8135, Nr. 7950).

die Regelung der Bauwirtschaft, Fritz Todt, mit der Kennnummer »1 L Wiesbaden 1« parallel am 3. Juli 1940 dem Verzeichnis der anerkannten »W«[Wehrwirtschaft]-Bauvorhaben hinzu.[88]

Das eigens für die Süddeutsche Zucker-AG entwickelte Verfahren schloss den Zellstoff durch Salzsäure mit anschließender Neutralisation auf, um das anfallende Zwischenprodukt, ein gemahlener und getrockneter Zellulosegries oder Zellmehl, als Futtermittel aufzubereiten. Zum Umbau als Zellmehlanlage erhielt die Süddeutsche Zucker-AG von der Zellmehl GmbH einen Baukredit von insgesamt 1,2 Mio. Reichsmark. Die Tilgung sollte durch die im Aufbereitungslohn enthaltenen Abschreibungsbeträge halbjährlich erfolgen. Den benötigten Zellstoff lieferte die Zellstoff GmbH kostenfrei zu; für die Aufbereitung sollte die Süddeutsche Zucker-AG neben der Erstattung der Aufbereitungskosten von geplant 60 Reichsmark je Tonne einen Gewinnaufschlag von acht Reichsmark je Tonne erhalten, was einen Gewinn von 800 Reichsmark je Arbeitstag erwarten ließ.[89]

Den Bemühungen blieb aber der Geschäftserfolg versagt. Die im Mai 1941 aufgenommene Erzeugung litt zum einen unter dem Fehlen eines zweiten Einschwemmwagens, sodass die Tageskapazität der Gernsheimer Anlage auf maximal 65 Tonnen begrenzt blieb. Zum anderen zeigten sich deutlich negative Auswirkungen des Salzsäureverfahrens, das die Holzaufbauten der Silobatterien angriff und ebenso das Rohrleitungssystem binnen eines Jahres zerstörte. Wegen des hohen Reparaturbedarfs und der dadurch notwendigen Stillstandzeiten erzeugte das Werk Gernsheim zwischen März 1941 und Februar 1942 insgesamt nur 4.353,8 Tonnen oder arbeitstäglich 33,6 Tonnen Zellmehl. Zwar konnte die arbeitstägliche Ausbringung 1942/43 auf 52,8 Tonnen gesteigert werden, jedoch erreichte die Anlage niemals die vorgesehene Effizienz. Während deutsche Arbeiter bis zu 0,90 Reichsmark je Stunden verdienten und ab 1. August 1942 eine Leistungsprämie von 15 Prozent erhielten, lag der Stundenlohn für »Ostarbeiter« bei 0,61 Reichsmark. Demgegenüber erhielten französische Kriegsgefangene einen um 40 Prozent gekürzten Lohnsatz. Für männ-

88 Der Generalbevollmächtigte für die Regelung der Bauwirtschaft (GB-II/1518), Berlitz an Reichsarbeitsminister, Hauptabteilung V vom 3.7.1940 (ebd., R 3601, Nr. 2197).

89 Deutsche Revisions- und Treuhand-AG, Bericht Nr. VII 10759 über die bei der Süddeutsche Zucker AG, Mannheim, Werk Gernsheim a. Rh. vorgenommene Sonderprüfung vom 22.7.1943, S. 3 (ebd., R 8135, Nr. 7950).

liche Strafgefangene zahlte das Gernsheimer Werk einen Tagessatz von fünf Reichsmark.[90]

Von Berliner Stelle wegen der geleisteten »Pionierarbeit« besonders anerkannt, musste Ende April 1943 der Betrieb, nachdem die Zulieferung des Rohmaterials aus Schweden und Finnland ausgelaufen war, wegen »Rohstoffverknappung« eingestellt werden. Ein finanzieller Verlust entstand dem Unternehmen nicht, weil das Reich alle Aufwendungen erstattete.[91] Aber auch die zur Ausnutzung der Gernsheimer Anlage aufgenommene Lohnfertigung der Eindampfung von Sulfitablauge oder die Einrichtung einer in Kooperation mit der Konservenfabrik Helvetia einzurichtenden Gemüsetrocknung stellten einen Notbehelf dar. Sie erforderte gleichwohl einen Investitionsaufwand von 254.000 Reichsmark, den der Aufsichtsrat genehmigte.[92]

Der Aufsichtsratsvorsitzende Karl Pfaff konnte seine Funktion aber kaum ein Dreivierteljahr nach seiner Wahl krankheitsbedingt nur vollkommen unzureichend ausüben. Bereits am 10. Juni 1942 ließ er über seinen Stellvertreter Karl-Ernst Sippell übermitteln, dass er sein Aufsichtsratsmandat und den Gremienvorsitz »in die Hände der Verwaltung« zurücklegen wollte. Sippell erhielt freie Hand, eine »Neuordnung des Aufsichtsrats« ohne jegliche Rücksicht auf Pfaff vorzunehmen.[93] Sippell kam seiner Stellvertreterrolle erneut nach, indem er Karl Pfaff ankündigte, nach seiner formellen Einverständniserklärung seinen »Pflichtenkreis zu übernehmen«.[94] In der Hauptversammlung am 29. Juli 1942 erfolgte allerdings nach seiner schweren Bauchoperation die Wiederwahl Pfaffs in der Hoffnung, dass ihn ein gebesserter Gesundheitszustand in die Lage versetzen würde, sein Amt wieder aufnehmen zu können.[95] Mitte September 1942 bestand aus Sicht von Sippell die Aussicht, dass Pfaff wieder in seine Funktion einrücken konnte.[96]

90 Ebd., S. 14.

91 Ebd., S. 7.

92 Niederschrift über die 45. Sitzung des Aufsichtsrats am 7.7.1943, S. 3 (Südzucker AG, Unternehmensarchiv, HV 01_00_186); Deutsche Revisions- und Treuhand-AG, Bericht Nr. VII 10759 über die bei der Süddeutsche Zucker AG, Mannheim, Werk Gernsheim a. Rh. vorgenommene Sonderprüfung vom 22.7.1943, S. 42 (BArch, R 8135, Nr. 7950).

93 Dr. Hartmuth Rüdinger in Vertretung von Karl Pfaff an Karl-Ernst Sippell vom 10.6.1942 (HADB, P 4826); Karl-Ernst Sippell an Hartmuth Rüdinger vom 13.6.1942 (ebd.).

94 Karl-Ernst Sippell an Karl Pfaff vom 17.6.1942 (ebd.).

95 Karl-Ernst Sippell an Karl Pfaff vom 31.7.1942 ebd.).

96 Karl-Ernst Sippell an Karl Pfaff vom 19.9.1942 (ebd.).

Mit Rücksicht auf die »Zeitverhältnisse«, die ihm neben der Unternehmensleitung auch noch die rüstungswirtschaftliche Funktion eines Bezirksobmanns für Rüstungsproduktion auferlegt hatten, trat Pfaff aber am 11. Mai 1943 mit sofortiger Wirkung von seinem Amt zurück und bat Sippell, erneut seinen »Pflichtenkreis« zu übernehmen.[97] Der ebenfalls unterrichtete Conrad Schumacher glaubte, dem Antrag eine Annahme nicht verweigern zu können, wollte aber vor einer formellen Mitteilung an Pfaff persönlich mit Sippell die entstandene Lage und personelle Alternativen besprechen.[98] Der Bankmanager fasste aber Pfaff unmittelbar ans Portepee und appellierte, die Stellung des Aufsichtsratsvorsitzenden, der »ja doch nur einen gesetzlich begrenzten Pflichtenkreis in sich« einschließe, weiterhin auszufüllen.[99]

Doch das vergebliche Vorfühlen ließ auch Conrad Schumacher zu der anderthalb Jahre zuvor von Sippell vorgeschlagenen Lösung kommen, mit Karl Schmitt den früheren Reichswirtschaftsminister und aktuellen Vorstand der Münchener Rückversicherungs-AG für das Amt vorzusehen.[100] Pfaff zeigte sich mit der gefundenen Lösung einverstanden.[101] Nachdem auch Schmitt seine Bereitschaft zur Wahlannahme erklärt hatte,[102] wurde der Versicherungs-Manager am 7. Juli 1943 vom Verwaltungsrat nominiert und am 20. August 1943 in Anwesenheit von der Hauptversammlung in den Aufsichtsrat und von diesem zu seinem Vorsitzenden gewählt.[103] Starken Einfluss auf die Geschäftsentwicklung übte Schmitt allerdings nicht mehr aus.[104] Damit kam er aber den Wünschen des Vorstands

97 Karl Pfaff an Karl-Ernst Sippell vom 11.5.1943 (ebd.).

98 Conrad Schumacher an Karl-Ernst Sippell vom 13.5.1943 (ebd.).

99 Karl-Ernst Sippell an Karl Pfaff vom 14.5.1943 (ebd.).

100 Karl-Ernst Sippell, Aktenvermerk betr. Südzucker vom 27.5.1943 (ebd.); zur ambivalenten Rolle von Kurt Schmitt während der NS-Zeit und seiner Tätigkeit in der Allianz und der Münchener Rückversicherungs-AG, siehe etwa Johannes Bähr/Christopher Kopper, *Munich Re. Die Geschichte der Münchener Rück 1880-1980*, München 2015, S. 160 ff.; Gerald D. Feldman, *Die Allianz und die deutsche Versicherungswirtschaft 1933-1945*, München 2001, S. 89 ff. et passim.

101 Conrad Schumacher an Karl-Ernst Sippell vom 21.6.1943 (HADB, P 4826); Karl Pfaff an Kurt Schmitt vom 3.8.1943 (Allianz SE, Historisches Archiv, NL 1, Nr. 161).

102 Karl-Ernst Sippell an Conrad Schumacher vom 23.6.1943 (HADB, P 4826); Karl-Ernst Sippell an Karl Pfaff vom 23.6.1943 (ebd.).

103 Kurt Schmitt an Süddeutsche Zucker-AG vom 10.6.1943 (Allianz SE, Historisches Archiv, NL 1, Nr. 161); Protokoll über die 62. Sitzung des Verwaltungsrats am 7.7.1943 (HADB, P 4828); Niederschrift über die 45. Sitzung des Aufsichtsrats am 7.7.1943, S. 1 (Südzucker AG, Unternehmensarchiv, HV 01_00_186); Niederschrift über die 46. Sitzung des Aufsichtsrats am 20.8.1943 (ebd.).

104 Schmitt, der in der Nachkriegszeit nicht vollständig an seine vorherige Karriere in der Versicherungswirtschaft anknüpfen konnte, verblieb aber als Mandatsent-

auf weitgehende Nichteinmischung entgegen, woraufhin Schumacher im April 1944 durch die Versendung eines Waggons Delta-Düngers und der Ankündigung einer Waggonlieferung Trockenschnitzel für eine gute Kooperationsatmosphäre sorgte.[105]

1943/44 spitzte sich zwar insbesondere durch die zunehmenden Luftangriffe auf Süddeutschland die Lage weiter zu und die Verfügbarkeit von Arbeitskräften wurde neben den Bombenschäden zum zentralen Problem. Die Durchführung der Kampagne lief jedoch routinemäßig und vom Wetter unterstützt »durchweg befriedigend« ab, auch wenn die »Arbeitseinsatzverhältnisse recht schwierig« waren, wie der Geschäftsbericht einräumte. Beides betraf auch die eigene Landwirtschaft. Der Absatz von Verbrauchszucker ging nach oben, sodass die Lagerbestände etwas abnahmen.[106] Die im Werk Waghäusel am 12. Oktober 1943 mit der Rübentrocknung und zwei Tage später mit der Verarbeitung auf Zucker beginnende Kampagne erhielt durch die gerade noch rechtzeitige Gestellung von italienischen Militärinternierten und den immerhin zu drei Viertel der beantragten ehemaligen Werksangehörigen gewährten »Arbeitsurlaub« aus der Wehrmacht und Polizei die benötigte Mindestzahl von Kampagnenarbeitern. Nur die Herstellung von Würfelzucker litt unter der verspäteten Stellung von Arbeitskräften, die erst am 9. November 1943 – auch durch die Dienstverpflichtung von 33 Frauen, die bislang in der Zuckerfabrik Frankenthal gearbeitet hatten – ankamen.

Die Kampagne 1943/44 lief, auch wenn es wegen der Dürre Probleme mit der Frischwasserversorgung gab, überwiegend und beispielsweise in Waghäusel »in jeder Hinsicht sehr zufriedenstellend«.[107] Denn die durchschnittliche Tagesverarbeitung von Rüben stieg unwesentlich auf 16.229 Doppelzentner. Immerhin verarbeitete das Werk Waghäusel 833.076

sandter der Allianz und Münchener Rückversicherung bis zu seinem Tod am 22. November 1950 im Aufsichtsrat der Süddeutsche Zucker-AG.

105 Conrad Schumacher an Kurt Schmitt vom 11.4.1944 (Allianz SE, Historisches Archiv, NL 1, Nr. 161).

106 Süddeutsche Zucker-AG, Bericht über das Geschäftsjahr 1943/44 o. D. [Februar 1944], S. 2 (Südzucker AG, Unternehmensarchiv, OF 07_00_009).

107 Süddeutsche Zucker-AG, Werk Zuckerfabrik Waghäusel, Kampagnen-Bericht Karl Drahansky, vom 7.1.1944, S. 17 (ebd., WAG 11_00_030-02); zum Strafvollzug im Nationalsozialismus siehe vor allem Nikolaus Wachsmann, *Gefangen unter Hitler. Justizterror und Strafvollzug im NS-Staat*, München 2004, S. 239 ff.; zum Militärstrafvollzug siehe etwa Michael Eberlein/Norbert Haase/Wolfgang Oleschinski, *Torgau im Hinterland des Zweiten Weltkriegs. Militärjustiz, Wehrmachtsgefängnisse, Reichskriegsgericht*, Leipzig 1999; Ulrich Baumann/Henrik Eberle/Magnus Koch/Andreas Wagner, *Das Wehrmachtsgefängnis Anklam 1933-1945*, Schwerin 2021.

Doppelzentner Rüben auf Zucker und knapp 80.000 Doppelzentner wurden getrocknet. Zusammen mit Einwurfzucker mit einem Gesamtgewicht von 41.108 Doppelzentnern erzeugte das Werk Waghäusel 1943/44 erneut 142.401 Doppelzentner »weiße Ware und 7.631 Doppelzentner sonstigen Zucker, auch weil trotz Fliegeralarms durchgearbeitet« wurde.[108] Die Fabrikationskosten lagen mit 49,5 Reichspfennig je 100 Kilogramm Rüben wegen des höheren Materialverbrauchs bzw. -preises und leicht gestiegener Verarbeitungslöhne um rund fünf Prozent höher als im Vorjahr, aber weiterhin deutlich unterhalb der Werte der Kampagne 1941/42.[109]

In Offstein verlief die Kampagne 1943/44 »glatter und störungsfreier als vorher erwartet«, wenngleich die Einlagerung des Weißzuckers größere Schwierigkeiten machte. Denn der 350.000 Doppelzentner fassende Lagerraum des Werks Frankenthal durfte auf Anweisung der NSDAP-Gauleitung nicht genutzt werden und der Abtransport an andere Orte konnte nur mit erheblichem Aufwand organisiert werden.[110] Gauleiter Josef Bürckel hatte nach dem Verlust von 120.000 Zuckersäcken beim Bombenangriff auf Frankenthal dem Landesbauernführer der Westmark, Julius Scheu, dort jegliche Zuckereinlagerung untersagt.[111] Die erst am ersten Kampagnentag erfolgte verspätete Ankunft von 284 italienischen Militärinternierten (IMI), von denen auch etliche in schwacher körperlicher Verfassung waren, erschwerte zusammen mit ihrer Sprachunkundigkeit des Deutschen deren Anlernung ohne Dolmetscher extrem. Zudem meldeten sich viele Italiener krank, sodass die hohe Fluktuation anfängliche Anlernerfolge an den einzelnen Arbeitsplätzen wieder zunichte machte.

Auch wenn die Wehrmacht immerhin 61 Prozent der Urlaubsanträge genehmigte und 81 erfahrene frühere Mitarbeiter die Kampagne unterstützen konnten, mussten 56 weitere Fachkräfte, wie Zentrifugenarbeiter, Rangierer oder Kesselheizer, aus der Zuckerfabrik Frankenthal abgezogen werden. Die meisten der vom Arbeitsamt Worms dienstverpflichteten deutschen Frauen traten ihre Stelle nicht an, andere wurden, da

108 Süddeutsche Zucker-AG, Werk Zuckerfabrik Waghäusel, Kampagnen-Bericht Karl Drahansky vom 7.1.1944, S. 9 und 15 (Sudzucker AG, Unternehmensarchiv, WAG 11_00_030-02).

109 Ebd., S. 16.

110 Werk Zuckerfabrik Offstein, Betriebsbericht Kampagne 1943/44, o. D. [Anfang 1944], S. 1 (ebd., OF 07_00_009).

111 Zuckerwirtschaftsverband Südwestdeutschland, Hermann Klenk an Hauptvereinigung der Deutschen Zucker- und Süßwarenwirtschaft vom 16.5.1944 (BArch, R 16, Nr. 2260); Süddeutsche Zucker-AG an Hauptvereinigung der Deutschen Zucker- und Süßwarenwirtschaft vom 19.1.1944 (ebd.).

sie als ungeeignet bewertet wurden, wieder entpflichtet. Während der Kampagne war dagegen kein Kriegsgefangener geflohen, was entweder als Folge der Bewachung oder als Ausweis des eigenen guten Umgangs mit dieser Arbeitergruppe gelesen werden konnte.[112] Während der 65-tägigen, ohne besondere Störungen verlaufenden Kampagne verarbeitete die Zuckerfabrik Offstein gut zwei Mio. Doppelzentner Zuckerrüben, die einen durchschnittlichen Zuckergehalt von 18,53 Prozent gegenüber dem Vorjahreswert von 16,73 Prozent aufwiesen.

Auch die Rheingau AG in Worms blieb in der Kampagne 1943/44 auf der Erfolgsspur. Mit Bruttoerträgen von 5,482 Mio. Reichsmark, davon 4,252 Mio. für Rohzucker, 303.096 Reichsmark für Zuckerschnitzelverkauf und fast 795.000 Reichsmark sonstigen Erlösen erwirtschaftete das Unternehmen ein Jahresergebnis von 276.000 Reichsmark. Die Umsatzrendite lag bei 5,03 Prozent und finanzierte eine Dividende von fünf Prozent auf das Grundkapital von fünf Mio. Reichsmark.[113]

In der Zuckerfabrik Stuttgart stiegen die Rübenverarbeitung und die Zuckererzeugung in der Kampagne 1940/41 auf einen neuen Höchstwert. Zu den wegen gefrorener und angefaulter Rüben oder dem Gehäusebruch einer Schnitzelpumpe zur Jahreswende eintretenden gelegentlichen Stillstandzeiten trat etwa im November 1941 durch ausbleibende Anlieferungen »Rübenmangel«, wodurch die Anlagen nur gedrosselt arbeiten konnten.[114] Im November 1942 musste die Rohfabrik wegen »völlig ungenügender Rübenwaggongestellung« sogar eine 36-stündige Verarbeitungspause einlegen, bevor eine »gedrosselte Verarbeitung« möglich wurde.[115] In der Zuckerfabrik Stuttgart verringerten sich nach der Jahreswende 1940/41 allmählich die Verarbeitungs- und Erzeugungsmengen. Ab 1943/44 ging die Erzeugung in allen Segmenten deutlich zurück.

112 Werk Zuckerfabrik Offstein, Betriebsbericht Kampagne 1943/44, o. D. [Anfang 1944], S. 1 (Südzucker AG, Unternehmensarchiv, OF 07_00_009).

113 Bericht der Rheinische Treuhand-Gesellschaft AG, Wirtschaftsprüfungsgesellschaft Mannheim über die Prüfung des Jahresabschlusses, der Buchführung und des Geschäftsberichts der Zuckerfabrik Rheingau AG, Worms zum 29. Februar 1944 vom 18.8.1944, S. 5 und 26 (ebd., HV 06_00_038).

114 Zuckerfabrik Stuttgart, Wochen-Bericht Nr. 10 für die Zeit vom 31.12.1939-6.1.1940 (ebd., ST 07_00_001); Zuckerfabrik Stuttgart, Wochen-Bericht Nr. 11 für die Zeit vom 7.1.-13.1.1940 (ebd.); Zuckerfabrik Stuttgart, Wochen-Bericht Nr. 10 für die Zeit vom 15. -21.12.1940 (ebd.); Zuckerfabrik Stuttgart, Wochen-Bericht Nr. 3 für die Zeit vom 2.-8.11.1941 (ebd.).

115 Zuckerfabrik Stuttgart, Wochen-Bericht Nr. 5 für die Zeit vom 8.-14.11.1942 (ebd.).

Tab. 7 Zuckerfabrik Stuttgart, Erzeugung 1938/39-1944/45 (in dz)[116]

Jahr	Verarb. Rüben	Weißzucker	Melasse	Trockenschnitzel
1938/39	1.270.069	284.744	57.000	73.664
1939/40	1.202.970	249.307	59712	69.772
1940/41	1.450.333	287.164	60.016	81.231
1941/42	1.056.029	236.799	37.500	59.490
1942/43	1.145.494	224.847	40.672	65.459
1943/44	961.182	196.156	41.660	51.773
1944/45	856.900	141.476	33.850	47.132

Im Ergebnis dynamisierte der Krieg keineswegs den Unternehmensgewinn. Zwar konnte der Jahresüberschuss bis 1943/44 oberhalb von drei Mio. Reichsmark gehalten werden, bevor das Geschäftsjahr 1944/45 dann den Niedergang zeigte. Das Anlagevermögen in den Werken der Süddeutsche Zucker-AG blieb parallel oberhalb der 20-Mio.-Reichsmark-Marke.

Tab. 8 Süddeutsche Zucker-AG, Anlagevermögen, Gewinne und Dividenden, 1939-1945[117]

Jahr	Werke (in 1.000 RM)	Gewinne (in 1.000 RM)	Dividende (in Prozent)
1939/40	28.778	4.008	10/8*
1940/41	21.236	3.136	5**
1941/42	22.817	3.140	5**
1942/43	23.771	3.125	5**
1943/44	23.075	3.090	5**
1944/45	20.669	115	0

* gesetzliche Abführung von zwei Prozent an den Anleihestock
** Ein Prozent des im Umlauf befindlichen Stammkapitals (600.000 bzw. 592.340 RM) unterlagen davon als Treuhandvermögen der Unternehmensverwaltung.

116 Angaben nach Zuckerfabrik Stuttgart, Kampagnenbericht 1938/39 (ebd.); Zuckerfabrik Stuttgart, Kampagnen-Bericht 1939/40 für die Zeit vom 28.10.1939-20.1.1940 (ebd., HV 07_00_003); Zuckerfabrik Stuttgart, Schluss-Bericht für die Zeit vom 16.10.1940-11.1.1941 (ebd., ST 07_00_001); Zuckerfabrik Stuttgart, Wochen-Bericht Nr. 9 für die Zeit vom 14.-20.12.1941 (ebd.); Zuckerfabrik Stuttgart, Schluss-Bericht für die Zeit vom 12.10.1942-19.12.1942 (ebd., ST 07_00_002); Zuckerfabrik Stuttgart, Schluss-Bericht für die Zeit vom 17.10.1943-13.12.1943 (ebd.); Zuckerfabrik Stuttgart, Wochen-Bericht Nr. 11 für die Zeit vom 7.-13.1.1945 (ebd.).

117 Zusammengestellt nach Zahlen der Geschäftsberichte 1939/40-1944/45.

Die schlesischen Fabriken nahmen insgesamt keine bessere Entwicklung. Die im August 1941 zur Verbesserung der Futterversorgung von Viehbauern seitens der Vierjahresplanbehörde gewünschte Errichtung einer Trocknungsanlage für Rüben, Rübenblatt und Grünfutter im niederschlesischen Rothbach [Żórawina] lehnte der Direktor der schlesischen Fabriken wegen fehlender Rentabilität aus ökonomischen Gründen ab. Da er aber befürchtete, dass eine strikte Weigerung unter dem Einfluss von Konkurrenzbetrieben bei einer etwaigen Neuregelung der Rübeneinzugsgebiete zu einer Kürzung des Grunderzeugungsrechts führen könnte, schlug Josef Langer vor, der Hauptvereinigung anzubieten, eine entsprechende Anlage in der Rübenniederlage Rohrquell zur Trocknung von 80.000 Doppelzentnern Rübenblatt und 120.000 Doppelzentnern Rüben zu »vollwertigen Zuckerschnitzeln« vorzusehen.[118] Der Investitionsbedarf von rund 400.000 Reichsmark würde durch einen Reichszuschuss um 30 Prozent gesenkt. Selbst für den Fall einer Projektgenehmigung durch die Hauptvereinigung schloss die inzwischen für die Zuckerindustrie ergangenen Einschränkungen von Bauvorhaben eine Ausführung der Pläne faktisch aus.

Insgesamt verlief die Saison in Schlesien uneinheitlich, da in Oberschlesien große Ernteausfälle verzeichnet werden mussten, während in Niederschlesien der Ertrag auch wegen des gestiegenen Zuckergehalts besser ausfiel. Eine Dividende zahlte aber erneut nur ein Teil der vom Südzuckerkonzern dominierten Fabriken.[119] Die schlesischen Standorte blieben 1941/42 in ihrer Leistung hinter den Erwartungen zurück, woraufhin der zuständige Südzucker-Vorstand Conrad Schumacher beispielsweise die Gesamtverluste auf Rüben in Oberglogau und in Münsterberg als deutlich zu hoch bewertete. Die Melassequotienten in Münsterberg, Bauerwitz und Züls waren ebenfalls ungünstig. Der Standort Ratibor kam aus seiner Sicht »immer noch nicht auf Touren«, obwohl dort von der Konzernmutter »große Investitionen« getätigt worden waren.[120] Direktor Josef Langer erläuterte in einem langen Brief die unterschiedlichen Gründe, konnte damit aber die Unzufriedenheit des Vorgesetzten nicht zerstreuen, der sich sogar »etwas Sorgen« machte.[121] Der Geschäftsbericht

118 Josef Langer an Conrad Schumacher vom 18.8.1941, S. 2 (Südzucker AG, Unternehmensarchiv, SCH 01_00_001).

119 Süddeutsche Zucker-AG, Bericht über das Geschäftsjahr 1940/41 für die 16. ordentliche Hauptversammlung am 8.10.1940, Mannheim 1941, S. 7.

120 Conrad Schumacher an Direktor Josef Langer vom 9.11.1941 (Südzucker AG, Unternehmensarchiv, SCH 01_00_001); Conrad Schumacher an Direktor Josef Langer vom 27.12.1941 (ebd.).

121 Josef Langer an Conrad Schumacher vom 17.11.1941, S. 1 ff. (ebd.); Conrad Schumacher an Direktor Josef Langer vom 2.1.1942 (ebd.).

nannte die Ergebnisse der schlesischen Fabriken »meist enttäuschend« und die Mannheimer Konzernmutter blieb von dieser Seite meistens dividendenlos.[122] Die Kampagne 1942/43 zeigte kein anderes Bild.[123]

Die Ertragssituation der schlesischen Zuckerfabriken verbesserte sich gegenüber der Vorkriegszeit nur unwesentlich. So beabsichtigte beispielsweise die Zuckerfabrik Münsterberg AG, für das Geschäftsjahr 1943/44 erneut eine Dividende in Höhe von vier Prozent des Aktienkapitals auszuzahlen.[124] Die ebenfalls der Igoz angeschlossene Zuckerfabrik Bauerwitz GmbH erwirtschaftete im gleichen Geschäftsjahr einen Jahresgewinn von 42.402,764 Reichsmark, von dem 40.000 Reichsmark zur Auszahlung einer Dividende in gleicher Höhe genutzt wurden.[125]

Tab. 9 Zuckerfabrik Münsterberg AG, 1939/40-1943/44[126]

Jahr	Anlagevermögen (in 1.000 RM)	Gewinn (in 1.000 RM)	Dividende (in Prozent des Grundkapitals)
1939/40	1.462	7	0
1940/41	743	44	4
1941/42	657	42	4
1942/43	664	44	4
1943/44	746	36	4

Expansionsoptionen ins besetzte Europa nach Westen und Osten

Die erfolgreiche deutsche Westoffensive eröffnete im Sommer 1940 die Aussicht auf eine Revision des Friedensschlusses von Versailles. Die Süddeutsche Zucker-AG träumte selbst von einer Ausstrahlung in das Elsass

122 Süddeutsche Zucker-AG, Bericht über das Geschäftsjahr 1941/42 für die 17. ordentliche Hauptversammlung am 29.7.1942, Mannheim 1942, S. 2.

123 Süddeutsche Zucker-AG, Bericht über das Geschäftsjahr 1942/43 für die 18. ordentliche Hauptversammlung am 20.8.1943, Mannheim 1942, S. 2.

124 Interessengemeinschaft Ostdeutscher Zuckerfabriken GmbH, Geschäftsführung an Zuckerfabrik Münsterberg AG vom 13.6.1944 (Südzucker AG, Unternehmensarchiv, HV 01_00_150, Mappe 3).

125 Zuckerfabrik Bauerwitz GmbH, Bericht der Geschäftsführung für 1943/44 vom Juni 1944, S. 1 (ebd.).

126 Zusammengestellt nach Zuckerfabrik Münsterberg AG, Berichte über die Geschäftsjahre 1939/40 bis 1943/44 (ebd., HV 13_00_045).

und zeigte gegenüber der Mannheimer Filiale der Deutsche Bank AG starkes Interesse an dem Erwerb der Sucreries et Raffineries d'Erstein, die ein Aktienkapital von 15 Mio. französischen Francs besaß und sich im Besitz der im belgischen Brabant ansässigen Raffinerie Tirlemontoise S.A. befand. Von Anfang an war aber auch klar, dass die deutschen Behörden ein »Übergreifen von Großkonzernen nach dem Elsass möglichst zu verhindern« trachteten. Zudem wollte die Direktion der Ersteiner Zuckerfabrik ihre Unabhängigkeit durch Umwandlung in eine Genossenschaft aufrechterhalten.[127]

Die Initiative der Süddeutsche Zucker-AG musste mithin mit einer Reihe von Schwierigkeiten rechnen, und da das Unternehmen selbst keinen autonomen Zugang zu oberen Entscheidungsträgern besaß oder verlässliche Beziehungen nach Westeuropa unterhielt, bat der Vorstand die Hausbank um geeignete Erkundigungen über die Übernahmebedingungen eines Majoritätspakets der südlich von Straßburg gelegenen Zuckerfabrik Erstein.

Deutsche-Bank-Vorstand Sippell stellte sich in seiner Funktion als stellvertretender Aufsichtsratsvorsitzender in der Angelegenheit in den Dienst des Unternehmens und wollte die Gelegenheit seiner Anwesenheit in Straßburg direkt dazu nutzen, um Ministerpräsident Walter Köhler aufzusuchen, von dem er Hinweise auf die politische Bewertung eines möglichen Engagements der Süddeutsche Zucker-AG im Elsass erhoffte. Er traf ihn jedoch nicht an.[128] Für die Deutsche Bank AG führte im November 1940 der insbesondere im Auslandsgeschäft tätige Deutsch-Schweizer Alfred Kurzmeyer,[129] Direktor mit Generalvollmacht und besten Kontakten zu Oswald Pohl, dem Leiter des SS-Wirtschafts-Verwaltungshauptamts, und anderen NS-Spitzenpolitikern, Gespräche mit dem Mischkonzern Société Générale de Belgique. Beim Hauptaktionär der Zuckerfabrik Erstein, der Raffinerie Tirlemontoise, bestand nach Erkundigungen von Kurzmeyer durchaus »Verkaufsneigung«, wenngleich über den Verkaufspreis noch »kein richtiges Bild« vorhanden war.[130]

127 Deutsche Bank, Filiale Mannheim an Deutsche Bank, Zentrale-Filialbüro vom 1.10.1940 (HADB, P 4825); Karl-Ernst Sippell an Deutsche Bank, Filiale Mannheim vom 2.10.1940 (ebd.).

128 Karl-Ernst Sippell an Jacob Bühler vom 12.10.1940 (ebd.).

129 Karl-Ernst Sippell an Alfred Kurzmeyer vom 4.10.1940 (ebd.); zu Alfred Kurzmeyer vgl. etwa James, *Deutsche Bank*, S. 161 ff.; ders., *»Arisierung«*, S. 75 f.

130 Alfred Kurzmeyer an Karl-Ernst Sippell vom 16.10.1940 (HADB, P 4825); Deutsche Bank, Filiale Mannheim an Deutsche Bank, Zentrale-Filialbüro vom 24.10.1940 (ebd.).

Durchaus ermutigt von den Lockungen auf Beute im nunmehr deutsch dominierten europäischen Großwirtschaftsraum entstanden bei der Unternehmensleitung der Südzucker neue Expansionswünsche. Conrad Schumacher äußerte gegenüber der Deutsche Bank AG das Interesse an westeuropäischen Firmen aus der »Mühlen-, Brauerei- und Alkohol-Branche«. Namentlich für die Aktien der Raffinerie Tirlemontoise meldete sich die Südzucker ebenfalls als »Reflektant« an, worüber unmittelbar auch Alfred Kurzmeyer informiert wurde.[131]

Dem Vorstoß des Zuckerkonzerns stand aber nach Informationen des Freiburger Zuckerhändlers Robert Kaiser die gegen das Konzernunternehmen gerichtete Absicht der NS-Politik entgegen, stattdessen den Zuckerwirtschaftsverband mit der Umstrukturierung der elsässischen Zuckerfabrik in »genossenschaftlicher Form« zu beauftragen, um Erstein unter Regie des Reichsnährstands arbeiten zu lassen.[132] Der stellvertretende Vorsitzende des Aufsichtsrats, Sippell, gab Südzucker-Vorstand Schumacher unmittelbar Kenntnis von der Sachlage, der nur entgegnete, über diese von Anfang an bestehenden Bestrebungen informiert zu sein, aber auch »starke Gegenströme« gegen die Absicht wirken zu sehen.[133] Um deren Einfluss geltend zu machen, hatte Schumacher bei einem Besuch in München Kurt Schmitt gebeten, die »berechtigten Interessen« der Süddeutsche Zucker-AG »an Erstein« Ministerpräsident Walter Köhler deutlich zu machen.[134]

Der zur Rede stehende Preis von umgerechnet vier Mio. Reichsmark für ein Aktienpaket mit 80 Prozent des Grundkapitals lag zwar deutlich über dem inneren Wert des Unternehmens, das eher auf die Hälfte zu veranschlagen war. Südzucker-Vorstand Schumacher erklärte sich jedoch auch zur Zahlung eines überhöhten Preises bereit, weil es sich um eine »Prestige-Angelegenheit« handelte,[135] im als Teil des NSDAP-Gaus Baden-Elsass faktisch deutsch annektierten und dem Chef der Zivilverwaltung (CdZ) unterstehenden Territorium eine Zuckerfabrik zu besit-

131 Karl-Ernst Sippell, Aktenvermerk Südzucker vom 7.11.1940 (ebd.); die Südzucker AG übernahm das Unternehmen 1988.

132 Deutsche Bank, Aktenvermerk betr. Sucreries et Raffineries d'Erstein (BasRhin) vom 15.11.1940 (ebd.).

133 Karl-Ernst Sippell an Conrad Schumacher vom 15.11.1940 (ebd.); Conrad Schumacher an Karl-Ernst Sippell vom 19.11.1940 (ebd.).

134 Kurt Schmitt, Aktennotiz vom 30.10.1940 (Allianz SE, Historisches Archiv, NL 1, Nr. 161).

135 Karl-Ernst Sippell, Aktenvermerk Süddeutsche Zucker-AG Mannheim, Zuckerfabrik Erstein vom 29.11.1940 (HADB, P 4825 und 4844).

zen.[136] Schumacher hatte sich bereits der Unterstützung des Leiters der Finanz- und Wirtschaftsabteilung beim CdZ, Walter Köhler, versichert, der 1934/35 als Ministerpräsident Badens und früherer NSDAP-Gauleiter im Aufsichtsrat der Süddeutsche Zucker-AG gesessen hatte. Die Deutsche Bank AG machte nur geltend, dass ihre Vergütung umso höher sein sollte, je geringer der Kaufpreis durch ihre Verhandlungen ausfiel. Während der Preis noch Gegenstand weiterer Verhandlungen war, bestand im Binnenverhältnis zwischen Süddeutsche Zucker-AG und Deutsche Bank AG Anfang Dezember 1940 bereits Einvernehmen.[137]

Die Zentrale der Deutsche Bank AG sicherte sich bei der belgischen Raffinerie Tirlemontoise eine Option auf die in deren Besitz befindlichen Aktien der Zuckerfabrik Erstein, um diese an die Süddeutsche Zucker-AG weiterzureichen. Damit setzte sich die Bank aber über Vorschriften des Chefs der Zivilverwaltung, des NSDAP-Gauleiters Robert Wagner, hinweg, der das Werk in genossenschaftliches Eigentum von elsässischen Rübenbauern überführen wollte. Der Unmut der Devisenstelle Karlsruhe war auch dadurch gesteigert worden, dass parallel ein zweiter Interessent an Tirlemontoise herangetreten war, wodurch lediglich der »Preis in die Höhe getrieben« würde.[138] Sich mit Walter Köhler geeinigt zu haben, war wegen dessen Unterstellung unter den Chef der Zivilverwaltung offenkundig nicht ausreichend. Die Übernahme blieb aber weiter virulent, wenngleich Ende März 1942 Alfred Kurzmeyer bei einem Vertreter der Société Générale de Belgique in Erfahrung bringen konnte, dass der Verwaltungsrat der Gesellschaft »nichts vor Ende des Krieges unternehmen« wolle.[139] Sollte ein Verkauf doch erwogen werden, würde die Deutsche Bank AG aber als erste angesprochen. Deren Vorstand Sippell informierte Conrad Schumacher über den Sachverhalt.[140] Diese Information stand für Schumacher im Einklang mit allen bisherigen Mitteilungen, er brachte aber ins Spiel, dass nach seinem Wissen sich der Hauptaktionär von Tirlemontoise, der für ihren Perlzucker bekannten belgischen Zuckerfabrik, »da Nichtarier, in Amerika« aufhalte und mithin eine Mög-

136 Marie Muschalek, *Die Zivilverwaltung im Elsass 1940-1944*, in: Frank Engelhausen u. a. (Hg.), Die badischen und württembergischen Landesministerien in der Zeit des Nationalsozialismus, Bd. 1, Stuttgart 2019, S. 435-538.

137 Karl-Ernst Sippell an Alfred Kurzmeyer vom 7.12.1940 (HADB, P 4825); Alfred Kurzmeyer an Karl-Ernst Sippell vom 30.12.1940 (ebd.).

138 Deutsche Bank, Filialdirektion Mannheim, Notiz betr. Zuckerfabrik Erstein vom 8.8.1941 (ebd., P 4844).

139 Alfred Kurzmeyer, Notiz vom 31.3.1942 (ebd.).

140 Karl-Ernst Sippell an Conrad Schumacher vom 8.4.1942 (ebd.).

lichkeit zur Übernahme des Unternehmens bestehen könnte.[141] Während der deutschen Besetzung Belgiens und des Elsass scheiterte die Übernahme, die aber 1989 unter den vollkommen veränderten Bedingungen des wirtschaftlich gewonnenen Nachkriegs erfolgte.[142]

Der Weiterverkauf der von der Montesi-Gruppe übernommenen eigenen Aktien führte bei der Süddeutsche Zucker-AG zu einer hohen Liquidität, für die der Vorstand Anlagemöglichkeiten suchte. In diesem Zusammenhang fühlte die Südzucker-Güterdirektion Anfang 1941 bei der Landesbauernschaft Saarpfalz vor, ob ein Engagement in Lothringen in Frage käme. Da aber die dortigen schweren Böden eher für die Zucht von Pferden und Rinder geeignet schienen und bislang dort keine Zuckerrüben angebaut wurden, sollte die Angelegenheit ggf. 1942 wieder aufgegriffen werden.[143]

Als Wirtschaftsakteur in Worms erwarb die Süddeutsche Zucker-AG 1941 zum Kurs von 250 Prozent eine Minderheitsbeteiligung von nom. 75.000 Reichsmark an der dortigen Delta-Werke GmbH. Zuvor waren dem chemischen Unternehmen, das vor allem Kunstdünger und Leim herstellte, von der Süddeutsche Zucker-AG Hypotheken- und sonstige Darlehen in einer Größenordnung von 444.000 Reichsmark gegeben worden, von denen aber bereits im Juni 1941 fast die Hälfte bereits wieder zurückgezahlt war.[144] Nach den industriewirtschaftlichen Erfahrungen mit der Aquila überrascht der erneute Schritt in ein branchenfremdes Beteiligungsengagement.

Tatsächlich war dem Engagement keine große Zukunft beschert, da der Mitgesellschafter durch die Beteiligung der Süddeutsche Zucker-AG »gewisse Schwierigkeiten« fürchtete. Die Hessische Landesregierung unter NSDAP-Gauleiter Jakob Sprenger hatte signalisiert, dass die Firma mit der Übernahme durch verantwortliche Einzelkaufleute ihre volle wirtschaftliche Eigenständigkeit wiedererlangen sollte. Deshalb sprachen »Opportunitätsgründe« für den Verkauf der kleinen Beteiligung, der keine strategische Bedeutung zukam und die nach freiem Ermessen des Vorstandes verkauft werden sollte. Mit einem Verlust wurde nicht ge-

141 Conrad Schumacher an Karl-Ernst Sippell vom 14.4.1942 (ebd., P 4826).

142 Pohl, *Südzucker*, S. 304 ff.

143 Güterdirektor Rudolf Besemfelder an Conrad Schumacher vom 1.2.1941 (Südzucker AG, Unternehmensarchiv, LW 01_02_00_002).

144 Karl-Ernst Sippell, Aktenvermerk betr. Südzucker vom 27.1.1941 (HADB, P 4825); Niederschrift über die 39. Sitzung des Aufsichtsrats am 10.7.1941, S. 3 (Südzucker AG, Unternehmensarchiv, HV 01_00_186).

rechnet, sondern eher mit einem kleinen »Aufgeld«.[145] Die Süddeutsche Zucker-AG stieß ihre Beteiligung Ende Juli 1942 wieder ab.[146]

Naheliegender war dagegen zur Jahreswende 1940/41 der Erwerb eines großen des Aktienpakets der traditionsreichen und zuvor zur Baltischen Rohzucker-Verkaufsstelle (Baltenverband) gehörenden Pommersche Provinzial-Zuckersiederei AG, für die die Süddeutsche Zucker-AG immerhin 1,75 Mio. Reichsmark aufwandte, um 46 Prozent des Aktienkapitals zu übernehmen.[147] Doch der Kauf schlug »starke politische Wellen«, da regionale NS-Politiker wie Gauleiter Franz Schwede-Coburg und Landesbauernführer Willi Bloedorn nach der Übernahme von Zuckerfabriken in Schlesien die weitere Ausdehnung des süddeutschen Zuckerkonzerns fürchteten und zu dessen Abwehr sogar den Neubau einer Zuckersiederei ankündigten.[148]

Zwar war die »Drohung der Stettiner politischen Stellen« nach Ansicht von Schumacher „nicht ganz ernst zu nehmen«, jedoch ging der Reichsnährstand anscheinend auf »Anregung der Partei« bereits Ende März 1941 auf das Mannheimer Zuckerunternehmen zu, um dieses zur »Abgabe der Aktien« zu veranlassen.[149] Gesprächsweise war diese Frage auf die Zeit nach dem Krieg verschoben worden, auch um Südzucker die Möglichkeit für eine spätere Aufgabe des Aktienanteils an der Pommerschen Provinzial-Zuckersiederei zu geben. Beim Vorstand bestand im Juli 1941 weiterhin die Hoffnung, »in jedem Fall einen Vorteil aus dem Geschäft zu ziehen«.[150]

Der Konflikt führte die Süddeutsche Zucker-AG auf Antrag der Pommersche Provinzial-Zuckersiederei AG wegen des Aktienkaufs vor Gericht. Der Prozess konnte mit einem Vergleich beendet werden, der den Verkauf des vorhandenen Aktienpakets zum Einstandspreis an die Pommersche Provinzial-Zuckersiederei AG regelte und der Süddeutsche Zucker-AG eine Kontingentzuteilung von 200.000 Doppelzentnern Rohzucker zusprach.[151] Daraufhin zog sich die Süddeutsche Zucker-AG

145 Niederschrift über die 44. Sitzung des Aufsichtsrats am 29.7.1942 (ebd.).

146 Karl-Ernst Sippell, Notiz für Tagesbericht, Süddeutsche Zucker-AG vom 30.7.1942 (HADB, P 4826).

147 Süddeutsche Zucker-AG, Conrad Schumacher an Karl-Ernst Sippell vom 30.1.1941 (ebd., P 4825).

148 *Enger Zusammenschluss der Rohzuckerfabriken*, in: Pommersche Zeitung vom 16.1.1941 (ebd.); Niederschrift über die 39. Sitzung des Aufsichtsrats am 10.7.1941, S. 3 (Südzucker AG, Unternehmensarchiv, HV 01_00_186).

149 Karl-Ernst Sippell, Aktenvermerk betr. Pommersche Provinzial-Zuckersiederei, Stettin vom 28.3.1941 (HADB, P 4825).

150 Niederschrift über die 39. Sitzung des Aufsichtsrats am 10.7.1941, S. 3 (ebd., P 4828).

151 Karl-Ernst Sippell, Notiz für Tagesbericht, Süddeutsche Zucker-AG vom 30.7.1942 (ebd., P 4826).

im August 1942 wieder aus dem Unternehmen zurück. Überhaupt hoffte die Süddeutsche Zucker-AG auf eine deutliche Erhöhung ihrer Rohzuckererwerbsrechte, die die Hauptvereinigung der Deutschen Zuckerwirtschaft »in sichere Aussicht gestellt« hatte.[152]

Vorsichtig geworden, erhielt die Deutsche Bank AG, die dem Mannheimer Zuckerkonzern Mitte Januar 1942 ein Aktienpaket von fast 30 Prozent des Stammkapitals der Belgrader Veliki Backereker Zuckerfabriks-AG angeboten hatte,[153] bereits am 21. Januar 1942 wegen fehlender Devisen, vor allem aber wegen der »Bedenken, uns in jenen Bezirken zu engagieren«, von Conrad Schumacher eine Absage.[154]

Als die Germanisierung der besetzten osteuropäischen Gebiete voranschritt, wechselte am 19. Mai 1941 der Direktor der Klettendorfer Zuckerfabrik, Ulrich Pütter, nach Przemyśl im Südosten des nach der Eroberung Polens gebildeten Generalgouvernements. Er übernahm die Verwaltung der dortigen Zuckerindustrie, in der zuvor jüdische Familien nicht unerhebliche Anteile besessen hatten, bevor sie beraubt, in Ghettos eingepfercht oder bereits ermordet worden waren. Im Sommer 1941 geriet nach dem Überfall der Wehrmacht auf die Sowjetunion die Ukraine als hauptsächliches Zuckererzeugungsgebiet der UdSSR unmittelbar in den Blick der deutschen Besatzungspolitik. Die als einheitliche Verwaltungsstelle geschaffene Zentralverwaltung der Zuckerwirtschaft der Ukraine nahm zunächst ihren Sitz in Shitomir [Schytomyr]. Von den im Juni 1941 bestehenden 153 Zuckerfabriken waren zwölf gänzlich und weitere 32 stark zerstört, die entweder gar nicht oder erst nach umfangreicher Materialbereitstellung zu einem späteren Zeitpunkt instandgesetzt werden konnten. 32 andere waren soweit beschädigt, dass sie nach erfolgter Reparatur erst in der Kampagne 1942/43 zur Verfügung stehen konnten. Neben fünf annähernd unbeschädigten Zuckerfabriken konnten 71 weitere, also fast die Hälfte des vormaligen Bestands, zumindest notdürftig zur Kampagne 1941/42 herangezogen werden.[155]

Vorstand Conrad Schumacher ließ bereits Ende Juni 1941 in den schlesischen Werken »für die Ukraine einen Herrn mit organisatorischen Fähigkeiten« suchen. Die Unternehmenszentrale benannte einen promo-

152 Niederschrift über die 44. Sitzung des Aufsichtsrats am 29.7.1942, S. 1 (Südzucker AG, Unternehmensarchiv, HV 01_00_186).

153 Karl-Ernst Sippell an Süddeutsche Zucker-AG, Vorstand vom 16.1.1942 (HADB, P 4826).

154 Süddeutsche Zucker-AG, Conrad Schumacher an Karl-Ernst Sippell vom 21.1.1942 (ebd.).

155 Zentralverwaltung der Zuckerwirtschaft der Ukraine, Geschäftsbericht 1941/42 vom Dezember 1942, S. 2 (BArch, R 94, Nr. 13).

Abb. 32 Zuckerfabrik Erstein, Objekt der Begierde

vierten Chemiker als einen geeigneten Experten, nachdem dieser nach einer 15-jährigen Tätigkeit in der Zuckerfabrik Frankenthal im Oktober 1936 in die Zuckerfabrik Klettendorf gewechselt war. Direktor Josef Langer sah aber durch einen Abzug dieser Fachkraft die Leistungsfähigkeit des Klettendorfer Laboratoriums ernstlich in Gefahr, da für den Chemiker kein Ersatz verfügbar war. Langer, dem die genaue Aufgabe in der Ukraine nicht genannt worden war, stellte auch die Frage in den Raum, ob dieser überhaupt die erforderlichen organisatorischen Fähigkeiten mitbrachte.[156]

Da die Zahl der in der Kampagne 1942/43 einsatzfähigen Zuckerfabriken in der Ukraine auf 108 gesteigert werden konnte, war die Süddeutsche Zucker-AG nach Angaben von Conrad Schumacher im September 1942 zur Beteiligung an der Besatzungswirtschaft in der Ukraine »aufgefordert« worden und sie sollte sechs Zuckerfabriken südöstlich von Kiew »betreuen«. Die sechs 1941/42 in Betrieb genommen Fabriken hatten etwa 651.300 Doppelzentner Zuckerrüben verarbeitet, wobei die Zucker-

156 Josef Langer an Conrad Schumacher vom 1.7.1941, S. 1 f. (Südzucker AG, Unternehmensarchiv, SCH 01_00_001).

ausbeute von 5,9 Prozent recht dürftig ausfiel.[157] Der in der Ukraine erzeugte Zucker diente aber nicht der Ernährung der dortigen Bevölkerung, die nach den nationalsozialistischen Plänen durch systematischen Hunger dezimiert werden sollte.[158] Stattdessen ging der Zucker an die Wehrmacht, diente der Versorgung der im Land befindlichen deutschen Zivilisten oder aber wurde in einer Größenordnung von 35.000 Doppelzentnern ins Reichsgebiet abtransportiert.

Der Mannheimer Zuckerkonzern sollte »Verantwortung« in den ukrainischen Zuckerfabriken für die Beschaffung des erforderlichen Materials und Personals übernehmen, um sie in Betrieb zu setzen. Vorstand Schumacher schickte daraufhin einen Techniker und einen Kaufmann »nach dem Osten«, um die konkreten Verhältnisse zu prüfen und den zuständigen Stellen zu berichten.[159] Von Schumacher um seine Ansicht gebeten, glaubte Deutsche-Bank-Vorstand Sippell, dass sich der größte deutsche Zuckerkonzern »an sich einer solchen Aufgabe nicht entziehen« könne, aber aus den gestellten Bedingungen keine Gefahren erwachsen dürften, was nach manchen Informationen drohten.

Die Süddeutsche Zucker-AG stellte den Regensburger Prokuristen und Alt-Nazi Heinrich Gerhardinger für die Aufgabe ab, der zugleich mit der Begründung, er sei als »kaufm[ännischer] Leiter von 4 ukrainischen Zuckerfabriken unentbehrlich und nicht ersetzbar«, Uk-gestellt und von der Einziehung zur Wehrmacht ausgenommen werden sollte.[160] Gerhardinger übernahm in den Zuckerfabriken in Lochwitza, Jagotin, Schramkowa und Sgurowka eine »Schlüsselstellung« und sollte deshalb im Interesse einer »Herstellung der Einsatzfähigkeit dieser für die Volksernährung unentbehrlichen Betriebe« auf seinem Arbeitsplatz verbleiben.[161]

Aus dem Werk Groß-Gerau ging ebenfalls ein leitender Mitarbeiter auf »Ukrainereise«.[162] Darüber hinaus war auch der Züttlinger Werklei-

157 Zentralverwaltung der Zuckerwirtschaft der Ukraine, Geschäftsbericht 1941/42 vom Dezember 1942, S. 3 f. (BArch, R 94, Nr. 13).

158 Christian Gerlach, *Kalkulierte Morde. Die deutsche Wirtschafts- und Vernichtungspolitik in Weißrussland 1941 bis 1944*, Hamburg 2000, S. 265 ff.

159 Karl-Ernst Sippell, Aktenvermerk betr. Süddeutsche Zucker-AG vom 24.9.1942 (HADB, P 4827).

160 Uk-Karte Heinrich Gerhardinger (Südzucker AG, Unternehmensarchiv, RE 14_00_001).

161 Süddeutsche Zucker-AG, Conrad Schumacher an Wehrbezirkskommando Regensburg vom 21.9.1943 (ebd., RE 14_00_002).

162 Süddeutsche Zucker-AG, Werk Groß-Gerau an Conrad Schumacher vom 5.7.1943, S. 2 (ebd., WO 07_00_005).

ter Hans-Heinz Mehrle ab Dezember 1942 in der Ukraine als Leiter von drei Zuckerfabriken, u.a. der Zuckerfabrik Lochwitza [Lochwyzja] im Gebiet Poltawa, als Treuhänder eingesetzt worden.[163] Mehrle berichtete in seinem Entnazifizierungsverfahren, dass er mit dem deutschen Gebietskommissar und dem Gebietslandwirt Konflikte hatte, weil er sich geweigert hatte, eine »große Anzahl der Arbeiter für den Reichseinsatz freizugeben«. Schließlich brüstete sich Mehrle damit, die »Entlassung eines Juden aus der durch die SD [Sicherheitsdienst] befohlene Internierung durchgesetzt« zu haben.

Einmal abgesehen davon, dass es sich um unüberprüfbare Eigenaussagen handelte, schloss die in Entlastungsabsicht gemachte Äußerung zugleich einen belastenden Hinweis auf die Heranziehung von Juden in den ukrainischen Zuckerfabriken ein. Der SD führte Juden in der Ukraine bekanntlich nicht der »Internierung«, sondern vor allem ihrer Ermordung zu. Mehrle hatte Kontakt mit dieser NS-Terrorinstitution und wusste mithin um die Verfolgungssituation von Juden in der Ukraine.[164] Mehrle behauptete, dass er, »nachdem er die Methoden der führenden Persönlichkeiten des Dritten Reiches im Osten erkannt« hatte, bei der Unternehmensleitung seine Versetzung ins Inland beantragt habe.[165] Daraufhin kehrte er im August 1943 nach Züttlingen zurück.[166] Dass weit eher der Vormarsch der Roten Armee den eigentlichen Grund für die Rückkehr gebildet hatte, liegt nahe.

Mitte 1943 unterstanden der Süddeutsche Zucker-AG in der Ukraine Zuckerfabriken, die in ihnen für das Reich die »treuhänderische Verwaltung« ausübte. Die Tätigkeit als Treuhänder wies den Vorteil auf, dass mit dem Engagement kein »finanzielles Risiko« verbunden war, da der Staat für notwendige Investitionen, Aufwandserstattung und bilanziellen Ausgleich geradestand. Allerdings erforderte die Tätigkeit in der Ukraine, die mit der Hoffnung auf spätere Eigentumsübertragung verbunden war, »viel Arbeit durch Personal- und Materialeinsatz«.[167] Doch im Spätsommer 1943 beendete der Vorstoß der Roten Armee alle

163 Philipp Nakonetschny, Bescheinigung für Hans-Heinz Mehrle vom 15.1.1946, S. 1 (Landesarchiv Baden-Württemberg, Staatsarchiv Ludwigsburg [künftig: StAL], EL 902-12 Bü 17894).

164 Ebd.; Spruchkammer Heilbronn (Land) (Az.26/97/44), Spruch vom 27.11.1946, S. 3 (ebd.).

165 Ebd.

166 Süddeutsche Zucker-AG, Bescheinigung vom 9.10.1946 (ebd.).

167 Niederschrift über die 45. Sitzung des Aufsichtsrats am 7.7.1943, S. 2 (Südzucker AG, Unternehmensarchiv, HV 01_00_186); zur Treuhandschaft von Werner Bahlsen in der Keksfabrik Kiew siehe Berghoff/Grieger, *Geschichte*, S. 270ff.

Pläne, woraufhin der Münsterberger Oberbuchhalter Hermann Meier, der sich Mitte Juli 1943 noch selbst für einen »Osteinsatz« als Leiter einer Zuckerfabrik interessiert gezeigt hatte und vom Unternehmen hierfür freigegeben worden war,[168] es am 31. August 1943 vorzog, lieber in die Hertwigswaldauer Zuckerfabrik zu wechseln, weil er dort eine »ausbaufähige Stellung« erhalten konnte.[169]

Im April 1944, als sich – wie Conrad Schumacher es nannte – die »Verhältnisse in der Ukraine« zum Nachteil der Deutschen verändert hatten, sollten die dort freiwerdenden »brauchbaren Herren« vorrangig offene Stellen im Zuckerkonzern besetzen, anstatt von außen neue Kräfte einzustellen. Schumacher bezeichnete es als ein »nicht zu verantwortendes Unrecht, diese Leute zu übergehen« und ihnen einen »fremden Herren […] vor die Nase zu setzen«.[170] Die im Interesse des Deutschen Reiches in der Ukraine übernommenen Aufgaben sollten nach Ansicht des Südzucker-Vorstands keine konzerninternen Nachteile für diese Mitarbeiter nach sich ziehen.

Der Griff ins Ausland nahm also keinen günstigen Verlauf. Das von August von Finck im April 1944 an Kurt Schmitt gegangene Angebot, für drei Mio. Reichsmark 85 Prozent des Aktienkapitals der in der Nähe von Niš gelegenen serbischen Zuckerfabrik Ćuprija, die einen inneren Wert von 15 Mio. Reichsmark habe und eine Verarbeitungskapazität von 5.000 Waggons Zuckerrüben besitze, fand deshalb bei Conrad Schumacher wenig Gegenliebe. »Unter den heutigen Verhältnissen« sei es dem Unternehmen »absolut unmöglich, dort Fuß zu fassen«, da auch kein tüchtiger Fachmann dorthin abgestellt werden könne, erläuterte Schumacher dem als Mittelsmann fungierenden AR-Vorsitzenden. Während der »Betreuungszeit in der Ukraine« habe sich gezeigt, »wie schwer es ist, auf so vorgeschobenem Posten zu arbeiten«, ohne selbst nach dem Rechten zu sehen. Außerdem gebe es »zuhause ohnedies genügend Arbeit und Sorgen«, weshalb sich die Süddeutsche Zucker-AG nicht mit »neuen Objekten belasten« dürfe, die nur ungenügend überwacht werden könnten.[171]

168 Hermann Meier an Conrad Schumacher vom 15.7.1943 (Südzucker AG, Unternehmensarchiv, SCH 01_00_003).

169 Hermann Meier an Süddeutsche Zucker-AG vom 31.8.1943 (ebd.).

170 Conrad Schumacher an Josef Langer vom 27.4.1944 (ebd., SCH 01_00_001).

171 August von Finck an Kurt Schmitt vom 6.4.1944 (Allianz SE, Historisches Archiv, NL 1, Nr. 161); Kurt Schmitt an Conrad Schumacher vom 6.4.1944 (ebd.); Conrad Schumacher an Kurt Schmitt vom 11.4.1944 (ebd.).

Zwangsarbeit als repressive Dauerlösung des Arbeitskräftemangels

Pläne, im Kriegsfall anstatt der zur Wehrmacht einberufenen Deutschen als Ersatzarbeitskräfte Ausländer heranzuziehen, bestanden beim Südzucker-Vorstand zunächst nicht. In der zweiten Hälfte der 1930er Jahre zeigten sich aber zunehmend Schwierigkeiten, insbesondere Kampagnenarbeiter zu rekrutieren. Darüber hinaus war bei den Kampagnen 1937/38 und 1938/39 an verschiedenen Standorten die Erfahrung gemacht worden, dass eine wachsende Zahl der deutschen Arbeiter und Arbeiterinnen während der Kampagne ihre Arbeitsplätze verließ. Ihnen war die harte körperliche Arbeit zu schwer und sie fanden in anderen Wirtschaftsbranchen Alternativen. Im unmittelbaren Vorfeld der durch den Kriegsbeginn am 1. September 1939 in eine Sondersituation geratenen Kampagne bot die Aussicht auf entrechtete Arbeitskräfte, die unter Bewachung standen und nicht von der Arbeitsstelle verschwinden konnten, einen möglichen Notbehelf.

Der Einstieg in die betriebliche Zwangsarbeit durch den »Arbeitseinsatz« polnischer und französischer Kriegsgefangener

Im Trocknungswerk Ochsenfurt begann im Oktober 1939 der Einsatz von polnischen Kriegsgefangenen, die die Hofarbeit, also die Vorbereitung der Rüben und deren portionierte Zuführung in die Rübenverarbeitung erledigten.[172] Das Kriegsgefangenen-Mannschaftsstammlager XI Hammelburg stellte für die Kampagne 1940/41 französische und belgische Kriegsgefangene ab. Nach dem deutschen Überfall auf die Sowjetunion waren ab Spätherbst 1941 sowjetische Kriegsgefangene verfügbar, wobei in Ochsenfurt zunächst sowjetische Mannschaftsdienstgrade eingesetzt waren, bevor ab Herbst 1942 sowjetische Offiziere rekrutiert

172 Bericht über den Verlauf der Kampagne 1939/40 in Ochsenfurt vom 17.2.1940, S. 2 (ebd., HV 07_00_003). Vgl. zur frühen Zwangsarbeit polnischer Kriegsgefangener etwa das Grundlagenwerk von Ulrich Herbert, *Fremdarbeiter. Politik und Praxis des »Ausländer-Einsatzes« in der Kriegswirtschaft des Dritten Reiches*, Berlin 1985, S. 68 ff.; Mark Spoerer, *Zwangsarbeit unter dem Hakenkreuz. Ausländische Zivilarbeiter, Kriegsgefangene und Häftlinge im Deutschen Reich und im besetzten Europa 1939-1945*, Stuttgart 2001, S. 44 ff.

wurden.[173] Die summarische Nachkriegsaufstellung vermerkte zwar, dass unter diesen Personen keine Todesfälle vorgekommen seien, enthielt jedoch keinerlei Zahlenangaben noch sonstige Hinweise auf die betroffenen Personen.

In der Zuckerfabrik Jülich der Alexander Schoeller & Co. AG erwiesen sich die vom Arbeitsamt zugewiesenen Arbeitskräfte zum größten Teil als »unbrauchbar«. Stattdessen behalf sich der Betrieb »mit aktiven Soldaten und auch mit gefangenen Polen«, die sich »bei guter Behandlung als willige Arbeitskräfte« erwiesen.[174] In den Zuckerfabriken blieb die Zwangsarbeit von Ausländern während der Kampagne 1939/40 noch die Ausnahme. Nachdem aber das NS-Regime in der Vorstellung eines raschen, siegreichen Krieges die Heranziehung von Ausländern einer stärkeren Mobilisierung der deutschen Bevölkerung vorgezogen hatte, richtete sich das Kriegswirtschaftssystem auf die von außen zu rekrutierende Arbeitskräftereserve ein.

Auf die stärkere Heranziehung von Kriegsgefangenen, von denen nach dem militärischen Sieg über Frankreich im Juni 1940 rund 1,6 Mio. Mann in das Deutsche Reich abtransportiert worden waren,[175] folgte die Formalisierung der Arbeitskräfteüberlassung. Die Wehrmacht, in deren Zuständigkeit das Kriegsgefangenenwesen lag, schloss stellvertretend für das Deutsche Reich mit den Einsatzbetrieben Verträge über definierte Kontingente. Der Kommandant des Kriegsgefangenen-Mannschafts-Stammlagers (Stalag) XII B Frankenthal, Major Mezger, kam beispielsweise am 22. Juli 1940 mit der rund 15 Kilometer entfernt liegenden Zuckerfabrik Offstein im pfälzischen Neuoffstein überein, ihr 50 französische Kriegsgefangene für »1. Bauhilfs-, Tiefbau und Transportarbeiten, 2. Facharbeiten, 3. Handwerkerliche Arbeiten« zu überlassen.[176]

173 Süddeutsche Zucker AG, Trocknungswerk Ochsenfurt am Main an Landratsamt Ochsenfurt vom 10.2.1947 (Bayerisches Staatsarchiv Würzburg, Landratsamt Ochsenfurt, Nr. 1654).

174 Zuckerfabrik Jülich der Alex. Schoeller & Co. AG an Conrad Schumacher vom 13.1.1940, S. 6 (Südzucker AG, Unternehmensarchiv, HV 07_00_003); Virnich datiert den Beginn der Rekrutierung von Zwangsarbeitern fälschlicherweise auf 1942, Virnich, *Zuckerfabrik Jülich*, S. 62 f.

175 Vgl. Herbert, *Fremdarbeiter*, S. 96 ff.; Jutta Bischoff, *Französische Kriegsgefangene im Stalag 326 (VI K) Senne*, Schloß-Holte-Stukenbrock 2022, S. 9 ff.; Christophe Lucien Woehrle, *Französische Kriegsgefangene in Franken im Zweiten Weltkrieg. Die oberfränkische Verwaltungsstadt Bamberg und die unterfränkische Industriestadt im Vergleich*, Diss. Bamberg 2022.

176 Vertrag zwischen dem Deutschen Reich, vertreten durch den Kommandanten des Kriegsgefangenen-Mannschafts-Stammlagers XII B Frankenthal und der Firma

Die Zuckerfabrik übernahm die Kosten des An- und Abtransports sowie des Transfers zwischen Unterkunft und Arbeitsort und sorgte durch die »Heranziehung des Werkschutzes« für die »Bewachung und Sicherung« der Kriegsgefangenen während der Arbeitszeit. Die Überlassungsbedingungen sahen vor, dass die Arbeitszeit der Kriegsgefangenen die der deutschen Beschäftigten nicht überschreiten sollte und ihnen wöchentlich eine 24-stündige Arbeitsruhe gewährt wurde. Die Vergütung der Arbeitsleistung der überlassenen Kriegsgefangenen von 0,33 Reichsmark je Arbeitsstunde für Hilfsarbeiter und von 60 Prozent des tariflichen bzw. ortsüblichen Facharbeiterlohns war nach Anerkennung der aufgestellten Lohnlisten durch den Führer des Kriegsgefangenen-Arbeitskommandos 1002 monatlich an die Stalag-Verwaltung abzuführen. Das Unternehmen stellte den Kriegsgefangenen Unterkunft und Verpflegung zur Verfügung und sorgt für einen Versicherungsschutz bei Unfall. Die Überweisungssumme wurde um die Verpflegungs- und Unterkunftskosten gemindert. Zur »Erhaltung ihrer Arbeitsfähigkeit« sollte die Behandlung der Kriegsgefangenen »streng, aber mit Menschlichkeit« sein. Sie waren nach den Regelungen des 1929 abgeschlossenen Genfer Abkommens über die Behandlung von Kriegsgefangenen »insbesondere gegen Gewalttätigkeiten, Beleidigungen und öffentliche Neugierde zu schützen«.[177]

Die Zuckerfabrik Offstein berichtete, dass die Kampagne 1940/41 gerade am Anfang »sehr schwer« angelaufen war und machte dafür das Fehlen eines großen Teils der langjährigen Kampagnenarbeiter verantwortlich. Die ersatzweise zugewiesenen 400 französischen Kriegsgefangenen, aber auch die unerfahrenen deutschen Dienstverpflichteten mussten erst eingearbeitet werden, woraufhin sich die Tagesleistung der Anlagen nach zwei Wochen deutlich besserten, zumal auch etliche Kriegsgefangene sich als »gut verwendbar« erwiesen.[178] Zudem lag der Zuckergehalt der knapp 2,4 Mio. Doppelzentner Rüben mit 17,24 Prozent deutlich höher als im Vorjahr. Das Verhältnis von Deutschen und Ausländern in der Kampagnenbelegschaft blieb in den Relationen in Offstein zwischen Ende Oktober 1941 und Ende Oktober 1944 relativ gleich. Arbeiteten im Oktober 1941 322 Deutsche und 533 Ausländer – vor allem Kriegsgefangene – dort, blieben die Zahlen 1942 mit 370 zu

Zuckerfabrik Offstein in Neuoffstein vom 22.7.1940, S. 1 (Südzucker AG, Unternehmensarchiv, HV 14_00_003, Mappe 3).

177 Ebd., S. 2.

178 Werk Zuckerfabrik Offstein, Betriebsbericht Kampagne 1940/41, S. 1 (ebd., OF 07_00_009).

510, 1943/44 mit 335 zu 543 und 318 zu 500 ähnlich, wobei der Anteil der Zwangsarbeiter zumeist mehr als 60 Prozent betrug.

Da mit Kriegsgefangenen und Zivilarbeitern aus den besetzten Gebieten »meist nur völlig ungeschulte Arbeitskräfte« zur Verfügung standen, sahen sich die Betriebe und ihre Leiter zu Beginn der Kampagne 1940/41 vor die Anforderung gestellt, diese anzuleiten. Weil recht viele deutsche »Stamm-Arbeiter« sogenannten Wirtschafts-Urlaub von ihrem Militärdienst erhalten hatten, konnten die »fremden Leute« allmählich eingearbeitet werden und die Kampagne, auch weil bei den Ausländern keine Disziplinprobleme auftraten, »wider Erwarten« gut durchgeführt werden.

Auch die Wormser Zuckerfabrik Rheingau erhielt am 19. Oktober 1940 für die Kampagne 200 Kriegsgefangene zugewiesen, von denen 194 in der Fabrik und sechs im Lager Arbeiten ausführten. Während Kriegsgefangene im Zweischichtbetrieb eingesetzt waren, galt für deutsche Arbeiter in aller Regel ein Dreischichtbetrieb.[179] Da Arbeitskräftemangel den Betrieb lähmte, kamen am 28. November 1941 aushilfsweise 30 Heeressoldaten vom Wormser Bau-Bataillon in die Fabrik.[180]

Insgesamt lief die Kampagne 1940/41 sogar »wider Erwarten gut«.[181] Der Arbeitsschutz litt allerdings unter der hohen Quote Ungelernter, vor allem aber an den Verdunkelungsmaßnahmen, die insbesondere im Außenbereich für tödliche Arbeitsunfälle sorgten. Der zunehmende Arbeitskräftemangel traf die Werke, aber auch die Landwirtschaft und die Verwaltungsbüros »empfindlich«.[182]

Der Einsatz von Juden sowie Sinti und Roma

Mit der Heranziehung von deutschen, dem Arbeitszwang unterworfenen Juden an verschiedenen Standorten überschritt das Unternehmen eine weitere Grenze. Vom NS-Regime dem Arbeitszwang unterworfen,[183]

179 Wochenbericht Nr. 1 der Zuckerfabrik Rheingau für die Zeit vom 19. Oktober bis 25. Oktober 1940 (ebd., WO 07_00_003).

180 Wochenbericht Nr. 4 der Zuckerfabrik Rheingau für die Zeit vom 23. November bis 29. November 1941 (ebd.).

181 Süddeutsche Zucker-AG an die Herren Mitglieder des Aufsichtsrats vom 11.2.1941, S. 1 (ebd., HV 01_00_186).

182 Süddeutsche Zucker-AG an die Herren Mitglieder des Aufsichtsrats vom 15.4.1941, S. 2 (ebd.).

183 Zum Arbeitszwang deutscher Juden siehe etwa Wolf Gruner, *Der Geschlossene Arbeitseinsatz deutscher Juden. Zur Zwangsarbeit als Element der Verfolgung 1938-1943*, Berlin 1997, S. 116ff.

gehörten in Regensburg zu den für die Kampagne 1941/42 236 deutschen Dienstverpflichteten auch drei Juden.[184] In Stuttgart waren bereits in der Kampagne 1939/40 neben 110 Ausländern, in der Hauptsache Tschechen, Italiener, Jugoslawen und Ungarn, und 20 polnischen Kriegsgefangenen auch »15 Juden« rekrutiert worden.[185] Im Jahr darauf standen der Zuckerfabrik ab 16. Oktober 1940 200 französische Kriegsgefangene zur Verfügung, die sich im Allgemeinen »gut, teilweise recht gut« in den Arbeitsalltag integrierten.[186] Von den am 15. November 1940 gezählten 107 »Ausl. u. Juden« wurden 22 als Juden geführt.[187] Ende Oktober 1940 beschäftigte die Zuckerfabrik Stuttgart 320 Männer, davon 46 ausländische Zivilarbeiter, 85 Frauen und 239 französische Kriegsgefangene.[188] Für die Kampagne 1941/42 führte der Bericht 60 »Ausl. u. Juden« auf, ohne eine Binnendifferenzierung vorzunehmen.[189] Im Folgejahr fehlte die Rubrik »Juden«,[190] wohl auch weil am 22. August 1942 erneut ein Deportationszug mit mehr als 500 deutschen Juden vom Stuttgarter Nordbahnhof in das Ghetto Theresienstadt abgefahren war.[191]

Der betriebliche Arbeitskräfteopportunismus, jeden verfügbaren Arbeiter zu rekrutieren, zeigte sich im Südzuckerkonzern besonders deutlich. Neben Juden griff die Zuckerfabrik Stuttgart am 17. September 1940 auch noch auf den als »Zigeuner« rassistisch ausgegrenzten Deutschen Georg Guttenberger zurück, der 1877 in Markgröningen geboren worden

184 Bericht über den Verlauf der Kampagne 1941/42 des Werkes Regensburg der Süddeutsche Zucker-Aktiengesellschaft vom 16.1.1942, S. 4 (Südzucker AG, Unternehmensarchiv, HV 02_00_021).

185 Süddeutsche Zucker-AG, Werk Zuckerfabrik Stuttgart, Bericht über den Verlauf der Hauptbetriebszeit 1939/40 o. D., S. 5 (ebd.).

186 Zuckerfabrik Stuttgart, Wochen-Bericht Nr. 2 für die Zeit vom 26.10.-1.11.1941 (ebd., ST 07_00_001).

187 Süddeutsche Zucker-AG, Werk Zuckerfabrik Stuttgart, Bericht über den Verlauf der Hauptbetriebszeit 1941/42 vom 16.1.1942, S. 5 (ebd., HV 02_00_021); Süddeutsche Zucker-AG, Werk Zuckerfabrik Stuttgart, Bericht über den Verlauf der Hauptbetriebszeit 1940/41 vom 24.1.1941, S. 5 (ebd., HV 02_00_023).

188 Zuckerfabrik Stuttgart, Wochen-Bericht Nr. 1 für die Zeit vom 26.10.-1.11.1941 (ebd., ST 07_00_001).

189 Süddeutsche Zucker-AG, Werk Zuckerfabrik Stuttgart, Bericht über den Verlauf der Hauptbetriebszeit 1941/42 vom 16.1.1942, S. 5 (ebd., HV 02_00_021).

190 Süddeutsche Zucker-AG, Werk Zuckerfabrik Stuttgart, Bericht über den Verlauf der Hauptbetriebszeit 1942/43 vom 6.1.1943, S. 7 (ebd., HV 08_00_013).

191 Roland Müller, *Von der Entrechtung zum Mord – Stuttgart im Deportations- und Vernichtungsprozess*, in: Roland Ostertag (Hg.), Zeichen der Erinnerung. Gedenkstätte im Stuttgarter Nordbahnhof für die aus Stuttgart, Württemberg und Hohenzollern deportierten Menschen jüdischen Glaubens, Sinti und Roma, Stuttgart 2009, S. 18-24, insb. 20ff.

war.[192] Die Nationalsozialisten verweigerten dem deutschen Staatsbürger seine angestammten Rechte und unterwarfen ihn dem gegen »Zigeuner« gerichteten rassistischen Sonderrecht. Guttenberger, der seinen Lebensunterhalt für sich und seine Familie als Musiker verdient hatte, lebte mit seiner zweiten Ehefrau Josefine und den sechs zwischen 1920 und 1932 geborenen Kindern in Cannstatt in der Quellenstraße 156.[193] Die 1936 dem Reichskriminalpolizeiamt angegliederte Reichszentrale zur Bekämpfung des Zigeunerunwesens erfasste mit Unterstützung von örtlichen Polizeidienststellen und der Gestapo möglichst alle deutschen Sinti und Roma und verfolgte diese Personengruppe intensiv als »Asoziale«.[194] Tausende wurden 1938 in ein Konzentrationslager eingewiesen. Viele Sinti wurden, sofern sie Fürsorgeleistungen erhielten, von den Kommunen zur Pflichtarbeit herangezogen. Der 62-jährige Musiker beantragte 1939 Unterstützungsleistungen des Winterhilfswerks, die ihm aber unter Hinweis auf die vom Staatlichen Gesundheitsamt Ludwigsburg vorgenommene Einordnung seines Bruders als »Zigeuner« verweigert wurde. Den hierzu von ihm eingereichten Antrag auf Feststellung der arischen Abstammung zog das Standesamt Markgröningen als »ungültig« ein.[195]

Nach Kriegsbeginn erfolgte am 17. Oktober 1939 durch eine vom Reichssicherheitshauptamt an die Kriminalpolizeistellen übermittelte Anordnung von Heinrich Himmler eine grundsätzliche Regelung der »Zigeunererfassung« mit dem Ziel, die mit einer reichsweiten Aktion vom 25. bis 27. Oktober 1939 namentlich zu ermittelnden »Zigeuner und Zigeunermischlinge« an dem augenblicklichen Aufenthaltsort festzuhalten. Ein Verlassen des Wohnsitzes oder des Aufenthaltsorts war ihnen bei Strafe der Einweisung in ein Konzentrationslager untersagt.[196] Die

192 Edith Holzer-Böhm/Petra Schad, *Die »Zigeunerfamilien« Guttenberg in Markgröningen und Schorndorf*, in: Ludwigsburger Geschichtsblätter (2022), S. 98-117, hier S. 103.

193 Polizeipräsidium Stuttgart, Erkennungsdienst, Aussage Georg Guttenberg vom 12.6.1950, S. 1 (StAL, EL 350 I Bü 1582).

194 Michael Zimmermann, *Rassenutopie und Genozid. Die nationalsozialistische »Lösung der Zigeunerfrage«*, Hamburg 1996, S. 106 ff.; Julia Hörath, *»Asoziale« und »Berufsverbrecher« in den Konzentrationslagern 1933 bis 1938*, Göttingen 2017, S. 306 ff.

195 Antrag Feststellung der arischen Abstammung Georg Guttenberger vom 24.5.1937 (Stadtarchiv Markgröningen, M 07 Bü 818); Ortsgruppenbeauftragter des WHW, Ortsgruppe Stuttgart-Wilhelma an Standesamt Markgröningen vom 22.2.1939 (ebd.); Standesamt Markgröningen an Ortsgruppenbeauftragten des WHW, Ortsgruppe Stuttgart-Wilhelma vom 17.3.1939 (ebd.).

196 Reichssicherheitshauptamt (TGB.Nr.RKPA. 149/39 g) an Staatliche Kriminalpolizeistelle Karlsruhe betr. Zigeunererfassung vom 17.10.1939, https://geschichte-be-

Festsetzung diente der Vorbereitung der Ende September 1939 im SS-Reichssicherheitshauptamt besprochenen Deportation der auf 30.000 Personen geschätzten Gesamtgruppe in den »Osten«.

Wie im Falle der als Juden Verfolgten sollte ihre Arbeitskraft bis zu ihrem Abtransport ausgenutzt werden. Auch der inzwischen 63-jährige Guttenberger, dem im Gegensatz zu anderen verfolgten Sinti die Verhaftung oder die Einweisung in ein kommunales Sammellager erspart blieb, wurde ab dem 17. September 1940 zur Arbeitsleistung in der Zuckerfabrik Stuttgart gezwungen. Nach den von der Arbeitsverwaltung gemachten Vorgaben zum »Arbeitseinsatz von Zigeunern« war zwar deren Beschäftigung in rüstungsrelevanten Betrieben untersagt. Die Dienstverpflichtung in die Zuckerfabrik – oder wie bei seinem vom 1. Juli 1942 bis Kriegsende bei der Feuerbacher Baubeschlag-Fabrik Gretsch & Co. GmbH tätigen Sohn Ludwig – bildete jedoch eine gangbare Alternative.[197] Über seine konkrete Tätigkeit als Hilfsarbeiter und Benachteiligungen am Arbeitsplatz ist nichts bekannt, aber ihm wurde wegen seiner »Zigeuner-Abstammung« nach dem Vorbild einer analogen Sondersteuer für Juden ab dem 1. Juli 1942 ebenfalls eine soziale Ausgleichsabgabe in Höhe von 15 Prozent von den Lohneinkünften einbehalten und insgesamt 106,73 Reichsmark an das Finanzamt Stuttgart-Ost abgeführt.[198]

Georg Guttenberger gehörte – wie seine Frau und seine Kinder – im Gegensatz zu anderen Familienmitgliedern der Guttenbergers aus Württemberg nicht zu den am 21. März 1943 vom Bahnhof Stuttgart-Nord nach Auschwitz-Birkenau Deportierten, wo viele dem Völkermord an

wusst-sein.de/wp-content/uploads/2017/02/SNG_014_RZ_Zusatz14-2017-02-23.pdf [eingesehen: 15.1.2025]; Karola Fings, *Gutachten zum Schnellbrief des Reichssicherheitshauptamtes – Tgb. Nr. RKPA. 149/1939-g- betr. »Zigeunererfassung«* (»Festsetzungserlasss«) vom 17.10.1939, Köln 2018, https://zentralrat.sintiundroma.de/wp-content/uploads/2020/02/dr.-karola-fings_gutachten-zum-festsetzungserlass.pdf [eingesehen: 15.1.2025]; Zimmermann, *Rassenutopie*, S. 167 ff.; Franz Reuter, *Zentrale Direktive und lokale Dynamik. Der nationalsozialistische Völkermord an den südwestdeutschen Sinti und Roma*, in: Peter Steinbach/Thomas Stöckle/Sybille Thelen/Reinhold Weber (Hg.), Entrechtet – verfolgt – vernichtet. NS-Geschichte und Erinnerungskultur im deutschen Südwesten, Stuttgart 2016, S. 281-327.

197 Zimmermann, *Rassenutopie*, S. 197; Vereinigte Baubeschlag-Fabriken Gretsch & Co. GmbH an Öffentlichen Anwalt für die Wiedergutmachung vom 27.1.1950 (StAL, EL 350 I Bü 1583).

198 Süddeutsche Zucker-AG, Werk Zuckerfabrik Stuttgart an Georg Guttenberger vom 15.6.1950 (ebd., EL 350 I, Bü 1582); Zimmermann, *Rassenutopie*, S. 189.

den Sinti und Roma zum Opfer fielen.[199] Georg Guttenbergers Tätigkeit für die Zuckerfabrik Stuttgart endete am 6. August 1943 im Alter von etwas mehr als 66 Jahren. Am 15. Juni 1950 bestätigte die Zuckerfabrik Stuttgart ihm unter Bezugnahme auf die damals noch vorhandenen Lohnkarten, dass ihm die diskriminierende Sondersteuer vom Lohn abgezogen worden war.[200] Guttenberger überlebte die NS-Diktatur, hatte aber wie viele andere Sinti und Roma große Schwierigkeiten, Wiedergutmachungsleistungen zu erhalten, da diese Verfolgtengruppe in der Nachkriegszeit weiterhin unter polizeilicher Beobachtung stand und rassistischen Diskriminierungen ausgesetzt war.[201]

Der Einsatz sowjetischer Kriegsgefangener

Die Rekrutierung sowjetischer Kriegsgefangener erfolgte in Ochsenfurt ab Oktober 1941. Das vor Ort eingerichtete Kriegsgefangenen-Arbeitskommando 6037 nahm zunächst etwa 250 Männer auf, von denen am 7. November 1941 Jokim Pimonow auf dem Rangiergleis der Zuckerfabrik von der Bahn überrollt und getötet wurde. Einen Tag später starb Nikolai Andrejow an »Entkräftung«, was im Herbst/Winter 1941 vor Ort eine direkte Auswirkung des von der Wehrmacht gezielt herbeigeführten Hungers von vielen hunderttausend sowjetischen Kriegsgefangenen war.[202] Darüber hinaus starben noch drei oder vier weitere, zuvor in Ochsenfurt ausgebeutete sowjetische Kriegsgefangene im Kriegsgefangenenlager Ochsenfurt, aus dem die Unternehmen der Region die ihnen

199 Roland Ostertag (Hg.), *Zeichen der Erinnerung. Gedenkstätte im Stuttgarter Nordbahnhof für die aus Stuttgart, Württemberg und Hohenzollern deportierten Menschen jüdischen Glaubens, Sinti und Roma*, Stuttgart 2009, S. 114f. Die Deportation von weit über 200 Sintize und Sinti sowie Romnja und Roma erfolgte am 15. März 1943; weitere 39 zuvor im Mulfinger Heim St. Josefspflege untergebrachte Kinder wurden am 9. Mai 1944 nach Auschwitz transportiert, um dort ermordet zu werden, vgl. Johannes Meister, *Die »Zigeunerkinder« von der St. Josefspflege in Mulfingen*, in: 1999. Zeitschrift für Sozialgeschichte des 20. und 21. Jahrhunderts 2 (1987), S. 14-51.

200 Süddeutsche Zucker-AG, Werk Zuckerfabrik Stuttgart an Georg Guttenberger vom 15.6.1950 (StAL, EL 350 I Bü 1582).

201 Laura Hankeln, *Antiziganistische Kontinuitäten in Baden-Württemberg. Die Rolle der Kriminalpolizei in der Entschädigungspraxis von Sintize und Sinti sowie Romnja und Roma*, in: Alyn Beßmann u. a. (Hg.), NS-Verfolgte nach der Befreiung. Ausgrenzungserfahrungen und Neubeginn, Göttingen 2022, S. 187-202.

202 Sterbebuch Ochsenfurt 1941-1945 (Stadtarchiv Ochsenfurt, A 115).

zugeteilten Kriegsgefangenen erhielten.[203] Es versorgte darüber hinaus die Anatomie der Universität Würzburg mit Leichen.[204]

Im Werk Züttlingen bildeten im Herbst 1940 die 338 französischen Kriegsgefangenen die größte nationale Gruppe der ausländischen Arbeiter. Die ersten 82 Franzosen mussten dort ab Oktober 1940 arbeiten. Im Folgejahr sank ihre Zahl auf 68 Männer.[205] Nach Beendigung der Kampagne wurden die meisten in Lager nach Heilbronn oder Ludwigsburg verlegt. Zur Kampagne 1942/43 setzte das Werk Züttlingen ab Oktober 1942 mindestens 129 sowjetische Kriegsgefangene zur Arbeit ein, von denen die meisten im Dezember 1942 nach Weinsberg oder in das Kriegsgefangenen-Mannschaftsstammlager (Stalag) Ludwigsburg zurückkehren mussten.

Von der fast gleichen Anzahl sowjetischer Kriegsgefangener, die im Oktober 1943 zur Kampagne rekrutiert worden waren, fanden am 8. Januar 1944 immerhin 19 Männer in der Maschinenbaufirma J. Weipert in Heilbronn Verwendung. Der ab Oktober 1942 in der Zuckerfabrik eingesetzte Arzt Dimitrij Bilasch wurde am 27. Februar 1943 als Kriegsgefangenenarzt in das Stalag Ludwigsburg abkommandiert. Zwei der sowjetischen Kriegsgefangenen, der Maler Josiw Gorelik und der Lehrer Boris Feortistow, flohen am 24. August 1943 von der Arbeitsstelle. Die meisten der 112 im Dezember 1944 und Januar 1945 der Züttlinger Zuckerfabrik zugewiesenen italienischen Militärinternierten waren zuvor in der Zuckerfabrik Heilbronn eingesetzt gewesen. Mehr als 40 von ihnen »entwichen«, bevor die alliierten Truppen eintrafen. Die anderen wurden entweder an das Heilbronner Arbeitsamt abgegeben oder der Reichsbahn in Weinsberg zugewiesen.[206] Mindestens 110 Franzosen kamen am 17. Oktober 1944 aus dem Lager Bietigheim in die Zuckerfabrik.

203 Günther Jäger, *Kriegsgefangenenlager in Ochsenfurt*, Ochsenfurt 2007, S. 82 f.; Herbert, Fremdarbeiter, S. 147 ff.

204 Landespolizeistation Ochsenfurt, Vernehmungsniederschrift Johann Steindl vom 5.2.1962, S. 1 (ebd.).

205 Süddeutsche Zucker-AG an die Herren Mitglieder des Aufsichtsrats vom 11.2.1941, S. 1 (Südzucker AG, Unternehmensarchiv, HV 01_00_186).

206 Süddeutsche Zucker-AG, Werk Züttlingen, Verzeichnis der ausländischen Arbeitnehmer (Arbeiter und Angestellte), Italiener o. D. [1947] (ebd., A188_001_024).

Die Unterbringung der Zwangsarbeiter

Aus der ausgeweiteten Rekrutierung von Zwangsarbeitern erwuchs wiederum die Notwendigkeit, für deren Unterbringung zu sorgen. Die Zuckerfabrik Heilbronn reichte am 27. Juni 1940 einen Bauantrag für die erste »Baracke für Kriegsgefangene« ein, die für 6.000 Reichsmark von einem Kölner Unternehmen in der Nähe des Schlamm-Absetzbeckens zur Aufstellung kommen sollte.[207] Die Baugenehmigung für die bereits angelieferte 19,8 x 6,8 Meter große Unterkunftsbaracke samt Abortanbau sollte nur widerruflich genehmigt werden, um deren rasche Errichtung durch eigene Arbeitskräfte vornehmen zu können.[208] Das Bauvorhaben brauchte wegen der Zweckbestimmung als Kriegsgefangenenunterkunft, die nach Kriegsende wieder abgebrochen würde, keine formelle Unbedenklichkeitserklärung durch das Arbeitsamt.[209] Im Sommer 1942 waren die inzwischen auf 410 Mann erweiterten Unterbringungskapazitäten ausgelastet, da zusätzlich weitere 60 bis 70 Kriegsgefangene rekrutiert werden sollten. Die ohnehin bei den vorherigen Barackenbauten angewandte Behelfsbauweise erfuhr bei dieser Unterkunftsbaracke insoweit eine Abänderung, dass für die Wand und den Boden die »in rauen Mengen zur Verfügung stehende Schlacke« verwendet werden sollte.[210] Die vom Stadtarchiv Heilbronn erstellte Zwangsarbeiterdatenbank verzeichnet 158 ausländische Zivilarbeiter und -arbeiterinnen, die während des Krieges entweder in der Zuckerfabrik oder auch dazugehörigen Gutsverwaltungen gearbeitet haben oder im Lager der Zuckerfabrik untergebracht waren.[211]

Die Zuckerfabrik Groß-Gerau investierte 1941/42 immerhin 55.600 Reichsmark und das Werk Regensburg 41.500 Reichsmark in »Baracken für fremde Arbeiter«.[212] Das Werk Stuttgart stellte für 22.000 Reichsmark zwei »Mannschaftsbaracken« auf. Das Lager der Stuttgarter Zuckerfabrik nahm später neben den in der Fabrik arbeitenden italieni-

207 Süddeutsche Zucker-AG, Werk Zuckerfabrik Heilbronn an das Städtische Baupolizeiamt Heilbronn vom 27.6.1940 (Stadtarchiv Heilbronn, A034, Nr. 1118).

208 Süddeutsche Zucker-AG, Werk Zuckerfabrik Heilbronn an das Stadtplanungs- und Baupolizeiamt Heilbronn vom 8.7.1940 (ebd.).

209 Arbeitsamt Heilbronn an das Stadtplanungs- und Baupolizeiamt Heilbronn vom 17.9.1940 (ebd.).

210 Süddeutsche Zucker-AG, Werk Zuckerfabrik Heilbronn an das Stadtplanungsamt Heilbronn vom 13.7.1942 (ebd.).

211 Zwangsarbeiterdatenbank (Stadtarchiv Heilbronn).

212 Neuanschaffungen nach dem Stand vom 1. Juli 1942, S. 2 und 6 (Südzucker AG, Unternehmensarchiv, HV 01_00_186).

schen Arbeitern auch mindestens 16 Italiener auf, die in Cannstatt bei der Dampfkesselbaufirma Gebrüder Wagner arbeiteten.[213] Züttlingen erhielt ebenfalls eine »Baracke für fremde Arbeiter«.[214] Das Werk Ochsenfurt gab 6.000 Reichsmark für »Baracken für Gefangenenlager« aus.[215] Nach Kampagnenende gab die jeweilige Fabrik die zugewiesenen ausländischen Zwangsarbeiter wieder ab.

An »polnische und jüdische Beschäftigte sowie an Zigeuner oder Ostarbeiter« zahlte das Unternehmen entsprechend den geltenden Regelungen keine »Kampagnen-Gratifikation« aus, während »sonstige ausländische Arbeitskräfte einschließlich der aus dem Reichskommissariat Ostland«, also dem Baltikum, den deutschen Beschäftigten in dieser Hinsicht gleichgestellt waren.[216] Der Ausschluss der größten Arbeitergruppen von Sonderzuteilungen wirkte allerdings negativ auf deren Motivation ein. Ende 1943 ließen dann die Vorgaben eine Weihnachtsgratifikation in Höhe von 5 Reichsmark an Ostarbeiter mit mindestens einjähriger Betriebszugehörigkeit zu, was aber nur für die Landwirtschaftsbetriebe Bedeutung besaß.[217]

Im Werk Regensburg fehlte am Ende der Kampagne 1939/40 wegen der Einziehung zur Wehrmacht rund ein Drittel der Belegschaft. Darüber hinaus musste der Betrieb die vom Arbeitsamt angestrebte Umsetzung von Metallarbeitern und Handwerkern in Rüstungsfabriken abwehren. Da im Spätsommer 1940 der Großteil der zu Soldaten gemachten Stammarbeiter nicht an ihre Arbeitsplätze zurückkehrte, beantragte die Werksleitung beim Landesarbeitsamt Nürnberg für die Kampagne 1940/41 erstmals 600 Kriegsgefangene, von denen 400 französische Kriegsgefangene zugewiesen wurden. Ihre Unterbringung erfolgte in zwei auf dem Fabrikhof in der Nähe des Rübenlagers aufgestellten Baracken. Die Verpflegung erfolgte durch eine eigens für sie in einer Autohalle eingerichteten Küche. Die Bewachung übernahm ein Wehrmachtskommando.

213 Angaben nach Zwangsarbeiterdatenbank der Stadt Stuttgart (Stadtarchiv Stuttgart).
214 Neuanschaffungen nach dem Stand vom 1. Juli 1942, S. 7 und 9 (Südzucker AG, Unternehmensarchiv, HV 01_00_186).
215 Ebd., S. 10.
216 Süddeutsche Zucker-AG an die Werke vom 26.11.1942, S. 1 (ebd., HV 06_00_038).
217 Süddeutsche Zucker-AG, Güterdirektion an die Landwirtschaftlichen Betriebsdirektionen vom 17.12.1943, S. 1 (ebd.).

Arbeitseinsatz und Arbeitsalltag der Zwangsarbeiter

Die durch das Arbeitsamt zugewiesenen Deutschen teilten sich aus Sicht der Betriebsleitung in die Gruppe der alten, gebrechlichen Arbeiter oder der sogenannten Arbeitsscheuen. Um den Arbeitskräftemangel auszugleichen, arbeitete die Stammbelegschaft in Zwölf-Stunden-Schichten, während Franzosen im kontinuierlichen Betrieb mit drei Acht-Stunden-Schichten eingesetzt waren. Zur Freude des örtlichen Managements ließen sie sich »leicht anlernen« und arbeiteten mit großer Gewissenhaftigkeit und »gut«. Allerdings waren sie sehr schwere körperliche Arbeit nicht gewohnt und zeigten sich als »nicht so widerstandsfähig und ausdauernd in der Arbeit«. Obwohl ihr Gesundheitszustand als »befriedigend« bewertet wurde, meldeten sich viele krank. Die Betriebsleitung machte aber die Erfahrung, dass die zwangsweise zur Arbeit veranlassten Franzosen im Gegensatz zu deutschen Saisonarbeitern ihre Arbeitsstelle wegen der militärischen Bewachung nicht verlassen konnten und auf passenden Arbeitsplätzen durchaus ihre Leistung brachten.[218]

Auf der Basis dieses betrieblichen Lern- und Gewöhnungsprozesses beantragte die Regensburger Fabrik beim Arbeitsamt für die Kampagne 1941/42 wieder ausländische Arbeiter. Über die 175 Stammarbeiter hinaus – darunter 25 Frauen, und 62 zeitweilig von der Wehrmacht beurlaubte Mitarbeiter – wies das Arbeitsamt auf dem Wege der Dienstverpflichtung 233 deutsche Arbeiter sowie 99 »Kampagnen-Frauen« zu. Den 569 Deutschen standen »3 Juden, 19 Italiener, 123 Kroaten, 4 Tschechen, 1 Staatenloser und 205 französische Kriegsgefangene« gegenüber. Von der 924 Personen zählenden Gesamtbelegschaft stellten die drei deutschen Juden und 352 Ausländer immerhin 38,4 Prozent.[219] Im Folgejahr bereitete die Beschaffung der notwendigen Arbeitskräfte wieder große Sorgen. Da französische Kriegsgefangene nicht »in genügender Anzahl zu bekommen« waren, setzte die Zuckerfabrik Regensburg 1942/43 erstmals 321 kriegsgefangene sowjetrussische Reserveoffiziere ein. Auch deren Arbeitsleistung bewertete das Betriebsmanagement als gut und erklärte dies mit der ihnen gewohnten Disziplin und der Vorbildung als Handwerker.

Die Zwangsarbeit von Kriegsgefangenen erfolgte unter Aufsicht deutscher Vorarbeiter, deren Uk-Stellung und Verbleib im Betrieb wiederum mit der Integration unfreier Arbeitskräfte begründet werden konnte. Beispielsweise wurde am 9. September 1944 für den 43-jährigen Josef

218 Zuckerfabrik Regensburg, Jahr 1940/41 (ebd., HV 14_00_001).
219 Zuckerfabrik Regensburg, Jahr 1941/42 (ebd.).

Dorfner, weil der Berufslose »als Kolonnenführer Kriegsgefangene an den hochempfindlichen Zuckerzentrifugen anzulernen und zu beaufsichtigen« hatte, die Uk-Stellung beantragt, die das Wehrbezirkskommando Regensburg »bis auf weiteres« genehmigte.[220] Ein Futtermittel-Verlader war »zur Beaufsichtigung der mitarbeitenden Kriegsgefangenen unentbehrlich«.[221] Als Schichtführer hatte Michael Huber Mitte Juli 1944 in der Zuckermühle eine »Kolonne von 55 Franzosen zu führen«, woraufhin ihn das Wehrbezirkskommando unabkömmlich stellte.[222] Neben der Funktion als Kolonnenführer gab auch der Einsatz als »Lagerführer für Kriegsgefangene« eine geeignete Begründung für einen Uk-Antrag.[223] Kurioserweise reklamierte die Zuckerfabrik über die Landesbauernschaft Bayreuth 60-jährige Sackträger als »unentbehrlich und unersetzbar«, da für deren schwere Arbeit Kriegsgefangene »nicht zu gebrauchen« seien.[224] Auch der Maschinenschlosser Johann Schmid, der als die »letzte und einzige Spezialkraft mit Hilfe von Kriegsgefangenen alljährlich 34 Zuckerzentrifugen in Gang halten« musste, blieb dem Betrieb ab Mai 1943 »bis auf weiteres« erhalten.[225]

Die Vorgabe der Wehrmacht, die nationalen Gruppen getrennt voneinander arbeiten zu lassen, löste die Zuckerfabrik Regensburg in der Weise, dass die sowjetischen Kriegsgefangenen im Vorderbetrieb, wo die Rüben geschnitten und ausgelaugt werden, bis Dünnsaft entsteht, im Zuckerhaus und in der Trocknung arbeiteten, während die Franzosen in der Werkstatt und auf dem Hof eingesetzt wurden. Die sowjetischen Kriegsgefangenen erhielten als Teil der rassistisch motivierten Diskriminierung eine deutlich geringere und minderwertigere Verpflegung. Es bestanden zwei voneinander getrennte Küchen, in denen die vom Wirtschaftsamt zugeteilten Lebensmittel verarbeitet wurden. Der Bericht vermerkt überrascht, dass zwischen beiden Gruppen »nicht der leiseste Annäherungsversuch gemacht« wurde. 501 Ausländer stellten in

220 Uk-Karte 9096 Josef Dorner (Südzucker AG, Unternehmensarchiv, RE 14_00_001).

221 Uk-Karte 4463 Johann Schmid (ebd.). Auch für den Rangiermeister und Kolonnenführer des mit Kriegsgefangenen besetzten Gleisinstandsetzungstrupps galten diese im Februar 1944 als guter Uk-Grund, Uk-Karte 6650 Josef Müller (ebd.).

222 Uk-Karte 8750 Michael Huber (ebd.).

223 Uk-Karte 9102 Ulrich Loichinger (ebd.).

224 Uk-Karte 9111 Sebastian Karosser (ebd.); Uk-Karte 9107 Josef Gruber (ebd.); vgl. Uk-Karte 6651 Johann Stadlbauer (ebd.); Uk-Karte 6843 Georg Neumeier (ebd.); Uk-Karte 9101 Sebastian Hartl (ebd.).

225 Uk-Karte 2651 Johann Schmid (ebd.).

der Kampagne 1942/43 bereits 47 Prozent der Belegschaft, die mit neun Nationalitäten als »ziemlich international« eingeschätzt wurde.[226]

In der Kampagne 1943/44 drehten sich die Verhältnisse sogar um: Jeweils ein Pole und Kroate waren inzwischen den 182 Stammarbeitern zugeordnet worden. Daneben arbeiteten 94 Wehrmachts- und SHD-Urlauber sowie 79 dienstverpflichtete Männer und 35 Frauen. Die insgesamt 338 Deutschen bildeten in der 996-köpfigen Gesamtbelegschaft gegenüber den 494 italienischen Militärinternierten und 112 kriegsgefangenen Franzosen nur noch ein starkes Drittel (33,9 %). 1944/45 sank die Belegschaft auf 789 Personen, von denen 338 Personen oder 42,8 Prozent Deutsche waren. Das größte Arbeiterkontingent stellten 444 sowjetische Kriegsgefangene.[227]

Die unzureichende Zahl der erst kurz vor der am 28. Oktober 1944 aufgenommenen Rübenverarbeitung eingetroffenen 372 früheren Rotarmisten machte es erforderlich, dass sämtliche Handwerker zunächst Stationsdienst machen mussten. Erst am 11. November 1944 kamen 101 sowjetische Kriegsgefangene hinzu, woraufhin die Handwerker in den Werkstätten liegen gebliebene Arbeiten erledigen konnten. Insgesamt waren also 473 Kriegsgefangene zugewiesen worden, was einen Hinweis auf die in der Gruppe auf Grund der systematischen Unterversorgung auftretenden Ausfälle durch Krankheiten, Repressalien und Versetzungen in andere Betriebe gibt. Die schrumpfende Belegschaft brachte zudem die überdehnten Kräfte der NS-Kriegswirtschaft zum Ausdruck, die in den priorisierten Produktionsbereichen selbst Zwangsarbeitskräfte nicht mehr in der erforderlichen Größenordnung bereitstellen konnte.

Das »Arbeiterproblem«, also die Rekrutierung einer ausreichenden Zahl von Kampagnearbeitern und das Vorhandensein qualifizierten Ein- und Anweisungspersonals, bildete eine erhebliche Erschwernis. Deshalb sah der Südzucker-Vorstand der Kampagne 1942/43 »mit großer Sorge entgegen«. Er hoffte zwar auf die Zuweisung des nötigen Personals, »ob es kommt und in welcher Qualität« musste abgewartet werden.[228] Zur Bewältigung der Kampagne 1942/43 erhielt beispielsweise die Zuckerfabrik Frankenthal Ende November 1942 21 Männer aus der Ukraine und am 10. Dezember 1942 zusätzlich 59 Ukrainerinnen sowie eine Slowakin. Darüber hinaus ergänzten 13 »Ostarbeiter« ab dem 21. Januar 1943 die

226 Zuckerfabrik Regensburg, Jahr 1942/43 vom Juli 1943 (ebd., HV 14_00_001).
227 Zuckerfabrik Regensburg, Betriebsjahr 1943/44 vom 16.3.1944 (ebd.).
228 Süddeutsche Zucker-AG an die Herren Mitglieder des Aufsichtsrats vom 17.9.1942 (ebd., HV 01_00_186).

Ausländerbelegschaft. Einzelne Ukrainerinnen und Ukrainer kamen ab Februar 1943 hinzu.[229]

Der Einsatz von Zwangsarbeitern in den landwirtschaftlichen Hof- und Pachtgütern

Die Verhältnisse in den Landwirtschaftsbetrieben zeigten in den Eigenbetrieben und den Pachtgütern kein vollkommen anderes Bild, sie wiesen aber wegen der von den Kampagnearbeiten grundverschiedenen Tätigkeiten bei der Tierhaltung oder dem Pflanzenbau, der kleineren Belegschaften und der längeren Saison deutliche Unterschiede auf. Auf den Hofgütern wechselte das ausländische Personal, das unterschiedlichste nationale Gruppen umfasste, aber ebenfalls rasch.

Die Arbeit ausländischer Landarbeiter bildete in manchen Betrieben schon eine ältere Tradition, resultierte also nicht ursächlich aus dem Krieg. Die Güterinspektion Waghäusel beschäftigte ab Frühjahr 1939 acht »jugoslawische Wanderarbeiter«, die am 19. April und 4. Mai 1939 dort eingetroffen waren und dort auch wohnten.[230] Im Umfeld des Werks Züttlingen erfolgte beispielsweise nach 1939 in Ernstein, Assumstadt und Hosselingshof zunächst der Einsatz von 26, vor allem aus Hultschin [Hlučín] stammenden tschechischen Frauen als landwirtschaftliche Arbeiterinnen.[231]

Die der Südzucker-Gutsdirektion unterstehenden landwirtschaftlichen Betriebe sahen sich auch vor der Rübenernte 1940 vor die Schwierigkeit gestellt, dass kaum noch einheimische Arbeiter zu bekommen waren oder die zugeteilten Arbeitskräfte der »schweren Arbeit der Zuckerrübenernte nicht voll gewachsen« waren. Die vermehrten Einberufungen von Pferdeknechten und jungen Volontären erschwerten die Lage zusätzlich. Das Bemühen, ersatzweise Kriegsgefangene zugewiesen zu bekommen, zeitigte nur geringe

229 Süddeutsche Zucker AG, Werk Zuckerfabrik Frankenthal, Verzeichnis der bis 20.3.1945 beschäftigten Ukrainer bzw. Ostarbeiter vom 25.1.1946 (Arolsen Archives, 2.1.3.1 RPO 14, 70805012-70805016).

230 Landrat Bruchsal, Ausländeramt an Bürgermeister Waghäusel vom 29.4.1939 (Gemeindearchiv Waghäusel, Wa_A, XI.2.5); Bürgermeister Waghäusel an Landrat Bruchsal vom 10.5.1939 (ebd.); Süddeutsche Zucker-AG, Gutsverwaltung Waghäusel an Bürgermeisteramt Waghäusel vom 12.5.1939 (ebd.).

231 Süddeutsche Zucker-AG, Werk Züttlingen, Verzeichnis der ausländischen Arbeitnehmer (Arbeiter und Angestellte) o. D. [1947] (Südzucker AG, Unternehmensarchiv, A188_001_024).

Erfolge.[232] Für die sommerlichen Erntearbeiten 1941 erwartete die Gutsdirektion, »in der Hauptsache Italiener« nehmen zu müssen, da Jugoslawien noch keine »Wanderarbeiter für Deutschland freigegeben« hatte und Slowaken in der »Ostmark«, also dem angeschlossenen Österreich, und Polen im Generalgouvernement arbeiten sollten. Das Eintreffen italienischer Zivilarbeiter verzögerte sich aber im März 1941 Woche um Woche.[233] Als Folge sah Güterdirektor Besemfelder eine »erhebliche Arbeitsverteuerung« und eine »weniger pünktliche Bearbeitungsmöglichkeit« voraus.[234]

Da aber vom Arbeitsamt kaum Zuweisungen erfolgt waren, griff die Güterverwaltung im Mai 1941 unter »stiller Duldung« der lokalen Arbeitseinsatzbehörden zur »Selbsthilfe« und schickte Werber ins Generalgouvernement und an die jugoslawische Grenze und sicherte auf diese Weise, allerdings zu »erhöhten Kosten« den wesentlichen Arbeitskräftebedarf. Italiener trafen erst verspätet ein und stellten als Staatsbürger des verbündeten Staates und Regimes umfangreiche Forderungen, obgleich nach den gemachten Erfahrungen ihre »Arbeitsleistungen im Durchschnitt hinter den jugoslawischen und polnischen Wanderarbeitergruppen« zurückblieben.[235] Zudem zeigten sie wenig Eignung für die Maschinenbedienung.[236] Das Hofgut Heidesheim zahlte im Oktober 1941 an »Saisonarbeiter«, eine Polin und vier Italienerinnen, jeweils 7,50 Reichsmark Erntegratifikation aus – nur die Hälfte der entsprechenden Summe deutscher lediger »Stammarbeiter«.[237]

Im September 1941 trafen zur Hackfruchternte die ersten in der Ukraine ausgehobenen Arbeiter und Arbeiterinnen ein. Ihre schreckliche Lage fand Eingang in die Berichterstattung, da diese Menschen »an Kleidungsstücken nur das [haben], was sie auf dem Leibe tragen«. Insbesondere mit Schuhwerk waren sie außerordentlich »schlecht versorgt«. Die Beschaffung von Stiefeln bildete ein noch größeres und schwieriger zu lösendes Problem als im Vorjahr. »Wenn die Leute barfuß bei dem

232 Gutsdirektion der Süddeutsche Zucker-AG, Monatsbericht September 1940 vom 12.10.1940, S. 5 (ebd., LW 01_02_00_002).

233 Gutsdirektion der Süddeutsche Zucker-AG, Monatsbericht Februar 1941 vom 15.3.1941, S. 5 (ebd.).

234 Gutsdirektion der Süddeutsche Zucker-AG, Monatsbericht März 1941 vom 18.4.1941, S. 5 f. (ebd.).

235 Gutsdirektion der Süddeutsche Zucker-AG, Monatsbericht Mai 1941 vom 25.6.1941, S. 5 f. (ebd.).

236 Gutsdirektion der Süddeutsche Zucker-AG, Monatsbericht Juli 1941 vom 20.8.1941, S. 5 (ebd.).

237 Hofgut Heidesheim, Liste der Belegschaft von Hofgut Heidesheim für die Erntegratifikation vom 2.10.1941 (ebd., HV 06_00_038).

jetzigen Wetter draußen arbeiten sollen, werden sie krank und leisten nichts.«[238] Sich um Stiefel zu bemühen, war also weniger Mitmenschlichkeit als eine funktionale Fürsorge, die die Einsatzfähigkeit dieser Arbeitskräfte erhöhen wollte.

Für 1942 rechnete die Gutsdirektion vor allem mit der Zuweisung von Kriegsgefangenen aus der Sowjetunion, obwohl keine verbindlichen Zusagen gemacht wurden.[239] Für die Frühjahrsbestellung der Felder trafen auf den in Bayern gelegenen Gütern vor allem Slowaken ein. Den anderen Regionen wurden, sofern auf den Höfen keine Polen arbeiteten, vor allem »russische Zivilarbeiter« mit Industrieerfahrung »geliefert«, deren »Arbeitswille im Allgemeinen nicht schlecht« sei, aber die als »Landwirtschaftslehrlinge« betrachtet werden müssten, zumal mit ihnen keine Verständigung in deutscher Sprache möglich sei.[240] So kamen bei der Gutsverwaltung Waghäusel, wo bis Sommer 1941 keine Kriegsgefangenen zum Einsatz gekommen waren, stattdessen am 8. April 1942 sechs »Civilgefangene« aus der Sowjetunion an,[241] deren Zahl sich bis Anfang August 1942 auf 19 »russische Zivilarbeiter« erhöhte, davon 14 Frauen.[242] Damit waren fast alle der 20 im April 1942 angeforderten russischen Zivilarbeiter vom Arbeitsamt gestellt worden.

In welch verzweifelte Lage die dorthin abkommandierten Kriegsgefangenen gerieten, deutet die Selbsttötung des 1916 geborenen polnischen Kriegsgefangenen Teofil Romanczuk an, der sich am 4. November 1944, dem Tag seiner Ankunft im inzwischen errichteten Kriegsgefangenenlager, suizidierte und auf der Südseite des örtlichen Friedhofs beerdigt wurde.[243] Darüber hinaus verstarb die zuvor der Gutsverwaltung Waghäusel zugewiesene »Ostarbeiterin« Anna Siskewitsch 44-jährig am 21. September 1944 in der vier Baracken umfassenden, gesonderten Ausländerabtei-

238 Gutsdirektion der Süddeutsche Zucker-AG, Monatsbericht September 1941 vom 27.10.1941, S. 5 (ebd., LW 01_02_00_002); Gutsdirektion der Süddeutsche Zucker-AG, Monatsbericht Oktober 1941 vom 12.11.1941, S. 5 (ebd.).

239 Gutsdirektion der Süddeutsche Zucker-AG, Monatsbericht November 1941 vom 20.12.1941, S. 5 (ebd.).

240 Gutsdirektion der Süddeutsche Zucker-AG, Monatsbericht April 1942 vom 22.5.1942, S. 6 (ebd.).

241 Süddeutsche Zucker-AG, Gutsverwaltung Waghäusel an Bürgermeisteramt Waghäusel vom 14.6.1942 (Gemeindearchiv Waghäusel, Wa_A, IX.1.6).

242 Bürgermeisteramt Waghäusel an Regierungsveterinärrat Bruchsal vom 6.8.1942 (ebd.); Bürgermeisteramt Waghäusel an Arbeitsamt Karlsruhe vom 20.4.1942 (ebd., Wa_A, XI.2.11).

243 Gemeinde Waghäusel, Kriegsgräberliste vom 10.12.1953 (ebd., Wa_A, IX.1.7).

lung der Städtischen Krankenanstalten Karlsruhe in der Albuferstraße.[244] Als Todesursache war angegeben: »Magenkrebs, Auszehrung«.[245] Zu diesem Zeitpunkt arbeiteten auf dem Gut sechs Deutsche und 23 Zivilarbeiter aus der Sowjetunion, darunter auch Siskewitschs Ehemann und Sohn. Die elfstündige Arbeitszeit an sechs Tagen der Woche wurde Ende Oktober 1944 auf zehn und Anfang Dezember 1944 auf acht Stunden reduziert. Ab Februar 1945 erhöhte sich die tägliche Arbeitszeit der inzwischen 25 »Ostarbeiterinnen« und »Ostarbeiter« wieder auf zehn Stunden. Ihr zwangsweiser Arbeitseinsatz auf dem Gut endete am 2. April 1945.[246]

Im Juni 1941 kamen elf Ungarinnen und Ungarn nach Züttlingen, um bis zum 17. Dezember 1941 in der Landwirtschaft zu arbeiten, bevor sie wieder nach Ungarn zurückkehrten. Am 25. Juli 1942 trafen zwei Ungarinnen ein, die am 8. Dezember 1942 Maisenhälden aber wieder mit den Ziel Perlak verließen. Ein als Traktorfahrer eingesetzter Ungar, der am 15. Oktober 1942 seine Arbeit aufgenommen hatte, fuhr im Dezember 1943 auf Heimaturlaub, kehrte aber nicht mehr zurück.[247]

In Kirschgartshausen nahmen im März 1940 16 Jugoslawen und 16 Polen die Arbeit auf, die im Juni 1940 von 51 Italienern abgelöst wurden, die als Staatsangehörige des politischen Bündnispartners auf dem Hofgut keine formelle Benachteiligung gegenüber den Deutschen hinnehmen mussten. Im November 1940, also nach Abschluss der Landwirtschaftssaison, verließen sie Kirschgartshausen. Im Mai 1941 kamen erneut 57 italienische Zivilarbeiter, die bis Jahresende auf dem Hofgut blieben. Da auch Italiener 1942 in wachsender Zahl zum Militär einberufen wurden, griff das Hofgut Kirschgartshausen im März 1942 auf Russen und Ukrainer zurück, die ab diesem Zeitpunkt ganzjährig auf dem Hofgut verblieben. Ihre Zahl stieg von 69 Personen im Jahr 1942 über 75 im Folgejahr bis auf 104 im Verlauf des Jahres 1944. Die dortige Ausländerbelegschaft erreichte im Januar 1945 mit 114 Russen und Ukrainern ihren Spitzenwert.[248]

244 Gutsverwaltung Waghäusel, Lohnbuch, Zahltag 24.9.-7.10.1944 (Südzucker AG, Unternehmensarchiv, LW 01_06_00_086). Zum »Ausländerkrankenhaus« Karlsruhe siehe Jürgen Schuhladen-Krämer, *Zwangsarbeit in Karlsruhe 1939-1945. Ein unbekanntes Kapitel der Stadtgeschichte*, Karlsruhe 1997, S. 54 f.

245 Standesamt Karlsruhe, Sterbe-Urkunde Nr. 2766/1944 vom 23.9.1944 (Stadtarchiv Karlsruhe).

246 Gutsverwaltung Waghäusel, Lohnbuch 24.9.1944-5.5.1945 (Südzucker AG, Unternehmensarchiv, LW 01_06_00_086).

247 Süddeutsche Zucker-AG, Werk Züttlingen, Verzeichnis der ausländischen Arbeitnehmer (Arbeiter und Angestellte) o. D. [1947] (ebd., A188_001_024).

248 Südzucker AG, Geschäftsbereich Landwirtschaft, Berger, Darstellung der während des Krieges auf Hofgütern der Südzucker beschäftigten ausländischen und

Auch auf dem Hofgut Stifterhof arbeiteten von Mai bis November 1940 und von Mai bis Dezember 1941 25 bzw. 24 Italiener. Von Oktober 1940 bis Juni 1941 waren dem Hofgut vier bzw. drei Franzosen zugeteilt. Zwischen fünf und acht Polen ergänzten ab November 1941 die Belegschaft. Die größte Gruppe stellten ab April 1942 22 bis 24 Arbeiter aus der Sowjetunion.[249] Das Hofgut Langenzell zog ab Juli 1943 bis zu 35 Russen und Ukrainer zur Arbeit heran.[250]

Nach erfolgter Rübenernte versetzte das Arbeitsamt Ende November 1942 bis zum Frühjahr 1943 einen Teil der »Ostarbeiter« unter der Zusicherung zu Waldarbeiten oder in die Industrie, dass die Arbeitskräfte bis zum Beginn der Frühjahrsbestellung wieder in die Gutsbetriebe zurückkehren würden.[251] Das Versprechen wurde aber wegen der Vordringlichkeit der Industriefertigung zum großen Teil gebrochen, sodass die Gutsdirektion im Februar 1943 noch nicht wusste, »von woher die fehlenden Arbeitskräfte« kommen sollten.[252] Dann hieß es, dass womöglich als Ersatz für die »Ostarbeiter« Kroaten zugeteilt würden, was aber von den landwirtschaftlichen Betrieben verlangte, erneut »mit einem neuen Volksstamm Erfahrungen zu sammeln und diese Leute für die Landwirtschaft nutzbar zu machen«, während die bereits angelernten »Ostarbeiter« in der Industrie blieben.[253] Die in Aussicht gestellten kroatischen Zivilarbeiter trafen aber bis Mitte April 1943 auf keinem Hof ein.[254] Darüber hinaus klagte die Gutsdirektion, dass für die »nötige Aufsicht und Anleitung« der fremdsprachigen Arbeiter das erforderliche deutsche Personal fehle. Zudem hätten die Gutsbetriebe durch Entschei-

inländischen Arbeiter – Hofgut Kirschgartshausen vom 10.11.1998 (ebd., HV 11_00_150, Mappe 2).

249 Südzucker AG, Geschäftsbereich Landwirtschaft, Berger, Darstellung der während des Krieges auf Hofgütern der Südzucker beschäftigten ausländischen und inländischen Arbeiter – Hofgut Stifterhof vom 10.11.1998 (ebd.).

250 Südzucker AG, Geschäftsbereich Landwirtschaft, Berger, Darstellung der während des Krieges auf Hofgütern der Südzucker beschäftigten ausländischen und inländischen Arbeiter – Hofgut Langenzell vom 10.11.1998 (ebd.).

251 Gutsdirektion der Süddeutsche Zucker-AG, Monatsbericht November 1942 vom 21.12.1942, S. 5 (ebd., LW 01_02_00_002); Gutsdirektion der Süddeutsche Zucker-AG, Monatsbericht Dezember 1942 vom 23.1.1943, S. 2 (ebd.); Gutsdirektion der Süddeutsche Zucker-AG, Monatsbericht November 1943 vom 16.12.1943, S. 2 (ebd.).

252 Gutsdirektion der Süddeutsche Zucker-AG, Monatsbericht Januar 1943 vom 11.2.1943, S. 5 (ebd.).

253 Gutsdirektion der Süddeutsche Zucker-AG, Monatsbericht Februar 1943 vom 13.3.1943, S. 5 (ebd.).

254 Gutsdirektion der Süddeutsche Zucker-AG, Monatsbericht März 1943 vom 13.4.1943, S. 5 (ebd.).

dung von Ortsbauernführern zum Rübenverziehen »keine Kinder« erhalten, weshalb diese für das Wachstum der Rüben wichtige Arbeit teilweise unzureichend durchgeführt wurde.[255]

Die Süddeutsche Zucker-AG sollte nach Ankündigung der Hauptvereinigung der Deutschen Zuckerwirtschaft für die Zuckerrübenernte 1943 zusätzlich »Ostarbeiterfamilien« zugewiesen bekommen, die vor dem Rückzug der Wehrmacht in der Ukraine ins Deutsche Reich deportiert worden waren. Güterdirektor Besemfelder hielt die in einzelnen Fällen eingetroffenen, aus seiner Sicht »vertriebenen Russen- und Polenfamilien« allerdings für keine Verstärkung, da es sich meistens um Personen »sehr vorgerückten Alters mit 3 bis 5 Kindern« handelte, die schwer unterzubringen waren und mit ihrer geringen Arbeitsleistung nach Ansicht von Besemfelder nur »anderen Saisonarbeitern Platz in den Kasernen« wegnahmen.[256] Ungeachtet dessen veranschlagte er die Gesamtablieferung auf 566.000 Doppelzentner Zuckerrüben.

Die Arbeitsämter teilten den landwirtschaftlichen Betrieben im April und Mai 1943 nur einen Teil der benötigten Ausländer zu, sodass insgesamt rund 250 Arbeiterinnen und Arbeiter fehlten, nachdem sogar in einzelnen Fällen für den Bergbau geeignet erscheinende Männer abgezogen worden waren.[257] Wie die erforderlichen Pflegearbeiten bei dem auf Anweisung von der Konzernleitung weiter ausgedehnten Hackfruchtanbau durchgeführt werden konnte, blieb aus Sicht des Gutsdirektors fraglich.[258] Besemfelder forderte Ende August 1943 vom Südzucker-Vorstand ein Einwirken auf die Hauptvereinigung und sonstige Berliner Stellen, um für die »reibungslose Aberntung« der Spätkartoffeln und Zuckerrüben zusätzlich 230 »vollwertige Arbeitskräfte« und 59 Tonnen Gasöl für Traktoren zu erhalten.[259]

Seine bisherigen Anträge, für die Landwirtschaftliche Betriebsdirektion Waghäusel 24 Männer und 22 »Mädchen« zu erhalten, waren entwe-

255 Güterdirektor Rudolf Besemfelder, Notiz betreffend Erschwernisse beim Zuckerrübenanbau 1943 vom 27.3.1943 (ebd.).

256 Gutsdirektion der Süddeutsche Zucker-AG, Monatsbericht August 1943 vom 13.9.1943, S. 5 (ebd.); Güterdirektor Rudolf Besemfelder an Conrad Schumacher vom 19.11.1943, S. 1 f. (ebd.).

257 Gutsdirektion der Süddeutsche Zucker-AG, Monatsbericht Mai 1943 vom 13.6.1943, S. 5 (ebd.).

258 Gutsdirektion der Süddeutsche Zucker-AG, Monatsbericht April 1943 vom 24.5.1943, S. 5 (ebd.); Süddeutsche Zucker-AG, Vorstand, an Gutsdirektor Rudolf Bemsfelder vom 29.3.1943 (ebd.).

259 Güterdirektor Rudolf Besemfelder an Süddeutsche Zucker-AG, Vorstand vom 30.8.1943 (ebd.).

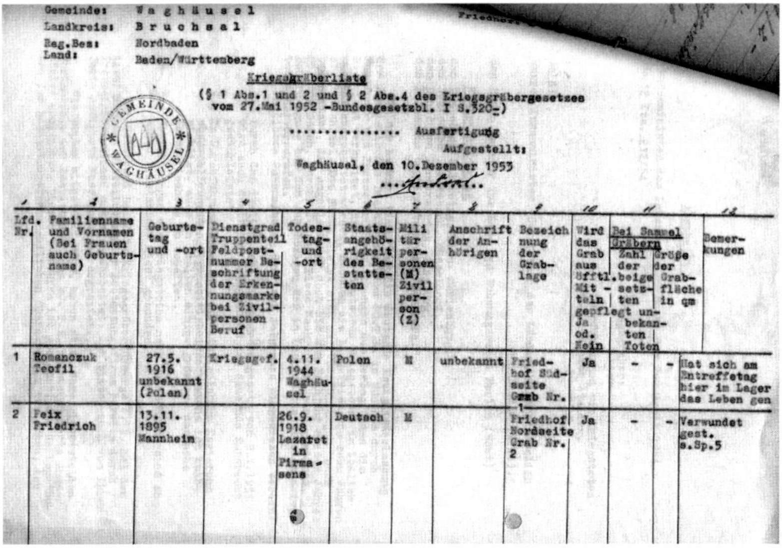

Gemeinde: W a g h ä u s e l
Landkreis: B r u c h s a l
Reg.Bez: Nordbaden
Land: Baden/Württemberg

Kriegsgräberliste

(§ 1 Abs.1 und 2 und § 2 Abs.4 des Kriegsgräbergesetzes vom 27.Mai 1952 -Bundesgesetzbl. I S.320-)

GEMEINDE WAGHÄUSEL

.... Ausfertigung

Aufgestellt:

Waghäusel, den 10.Dezember 1953

1 Lfd. Nr.	2 Familienname und Vornamen (Bei Frauen auch Geburtsname)	3 Geburtstag und -ort	4 Dienstgrad Truppenteil Feldpostnummer Beschriftung der Erkennungsmarke bei Zivilpersonen Beruf	5 Todestag und -ort	6 Staatsangehörigkeit des Bestatteten	7 Militärpersonen (M) Zivilperson (Z)	8 Anschrift der Angehörigen	9 Bezeichnung der Grablage	10 Wird das Grab aus öfftl. Mitteln gepflegt Ja od. Nein	11 Bei Sammelgräbern: Zahl der beigesetzten unbekannten Toten	Bei Sammelgräbern: Größe der Grabfläche in qm	12 Bemerkungen
1	Romanczuk Teofil	27.5.1916 unbekannt (Polen)	Kriegsgef.	4.11.1944 Waghäusel	Polen	M	unbekannt	Friedhof Südseite Grab Nr. 1	Ja	-	-	Hat sich am Eintreffetag hier im Lager das Leben gen
2	Feix Friedrich	13.11.1895 Mannheim		26.9.1918 Lazaret in Pirmasens	Deutsch	M		Friedhof Nordseite Grab Nr. 2	Ja	-	-	Verwundet gest. s.Sp.5

Abb. 33 Kriegsgräberliste Waghäusel

der unbeantwortet geblieben oder aber ablehnend beschieden worden, weil nach Mitteilung des Arbeitsamts Karlsruhe »weder russische noch polnische oder ukrainische Arbeitskräfte verfügbar« waren. »Durch die veränderte Lage in Italien«, also die Anfang September 1943 erfolgte militärische Besetzung des Landes durch deutsche Truppen, bestand ggf. Aussicht auf Zuweisung eines »Kontingents Italiener«. Besemfelder wies seine Vorgesetzten darauf hin, dass die Gutsverwaltung Kirschgartshausen vom Arbeitsamt Mannheim nur zehn der 15 beantragten Männer und Frauen erhalten habe, die »beinahe sämtlich nicht voll einsatzfähig« waren oder bei »Frauen wegen Schwangerschaft ebenfalls Schwierigkeiten« bestanden.[260]

260 Güterdirektor Rudolf Besemfelder an Süddeutsche Zucker-AG, Vorstand vom 27.9.1943, S. 1 f. (ebd.).

Tab. 10 Ausländer und -anteil auf dem Hofgut Stifterhof, 1940-1944[261]

Jahr	Ausländer	Deutsche	Ausländeranteil in Prozent
1940	23	14	63
1941	19	10	65
1942	25	9	73
1943	29	7	80
1944	29	7	80

Tab. 11 Ausländer und -anteil auf dem Hofgut Kirschgartshausen, 1940-1944[262]

Jahr	Ausländer	Deutsche	Ausländeranteil in Prozent
1940	45	40	53
1941	57	47	55
1942	69	55	56
1943	75	40	72
1944	114	26	81

Die Anzahl der Zwangsarbeiterinnen und Zwangsarbeiter auf den Hof- oder Pachtgütern blieb zwar in aller Regel im zweistelligen Bereich. Das Hofgut Kirschgartshausen bildete 1944/45 die Ausnahme, als dort 104 bzw. 114 Russen und Ukrainer eingesetzt waren. In Relation zu den dort beschäftigten Deutschen lag der Ausländeranteil jedoch immer oberhalb von 50 Prozent, 1943/44 sogar zwischen zwei Dritteln und vier Fünfteln.[263] Damit überstieg die Bedeutung der Zwangsarbeit in den Landwirtschaftsbetrieben sogar noch die in den Zuckerfabriken während der

261 Südzucker AG, Geschäftsbereich Landwirtschaft, Berger, Darstellung der während des Krieges auf Hofgütern der Südzucker beschäftigten ausländischen und inländischen Arbeiter – Hofgut Stifterhof vom 10.11.1998 (ebd., HV 11_00_150, Mappe 2).

262 Südzucker AG, Geschäftsbereich Landwirtschaft, Berger, Darstellung der während des Krieges auf Hofgütern der Südzucker beschäftigten ausländischen und inländischen Arbeiter – Hofgut Kirschgartshausen vom 10.11.1998 (ebd.).

263 Südzucker AG, Geschäftsbereich Landwirtschaft, Berger, Darstellung der während des Krieges auf Hofgütern der Südzucker beschäftigten ausländischen und inländischen Arbeiter – Hofgut Stifterhof, Langenzell und Kirschgartshausen vom 10.11.1998 (ebd.).

Rübenkampagne. Die Produktion landwirtschaftlicher Erzeugnisse auf den Eigengütern und Pachtbetrieben basierte mithin auf der Ausbeutung ausländischer Zwangsarbeiter.

Über die Gesamtzahl der in den Landwirtschaftsbetrieben eingesetzten Ausländerinnen und Ausländer fehlen Unterlagen, sodass keine exakte Zahl angegeben werden kann. Eine Annäherungsrechnung des Geschäftsbereichs Landwirtschaft, die auf der Basis von drei Beispielsrechnungen die durchschnittliche Beschäftigtenzahl je 100 Hektar auf die 1950/51 gemachten Hektarangaben der Gütergruppen Heilbronn, Waghäusel, Würzburg und Offstein von 8.587 Hektar übertrug, ergab eine Gesamtmitarbeiterzahl von 1.941 Personen, von denen knapp zwei Drittel oder 1.242 Personen aus dem Ausland an ihre Einsatzorte gebracht worden waren.[264] Dieser Wert bezog sich allerdings ausschließlich auf die nach 1945 verbliebenen Landwirtschaftsbetriebe in Süddeutschland, schloss also keine schlesischen Güter ein. Die rechnerisch ermittelte Zahl sieht zudem von der hohen Fluktuation ab, sodass die Anzahl der im Südzucker-Landwirtschaftskomplex Zwangsarbeit leistenden Individuen weit oberhalb gelegen haben dürfte.

Die Fluktuation blieb hoch. Beispielsweise arbeitete der polnische Zivilarbeiter Francicsek Rzazewski aus Rzazew östlich von Warschau vom 11. Dezember 1942 bis 12. Januar 1943 für die Gutsverwaltung Schwarzendorf der Süddeutsche Zucker-AG in Bretten, wurde aber dann nach Karlsruhe »umvermittelt« und ab dem 25. März 1943 bei der Witwe Schwarz auf dem Gutshof Hardeck in Malsch eingesetzt.[265]

Von den in der Landwirtschaft tätigen ausländischen Arbeitern waren vor allem die polnischen und russischen sowie ukrainischen rassistisch motivierten Benachteiligungen wie der Kennzeichnungspflicht, der beschränkten Bewegungsfreiheit, einer beengten und abgetrennten Unterbringung oder der starken Ausbeutung ausgesetzt. Während die jugoslawischen oder italienischen Zivilarbeiter bis 1943 im Stundenlohn entlohnt und für sie Sozialversicherungsbeiträge abgeführt wurden, erhielten sogenannte Ostarbeiter aus den »altsowjetischen Gebieten« einen zu einer längeren Arbeitszeit und intensiveren Ausbeutung einladenden Bruttobetrag, von dem wie bei den polnischen Zwangsarbeitern eine

264 Südzucker AG, Geschäftsbereich Landwirtschaft, Berger, Ermittlung der Beschäftigtenzahl der Arbeiter aus allen Südzucker Hofgütern in der Zeit von 1940-1945 vom 10.11.1998 (ebd.).

265 Registrierkarte für Zivilarbeiter polnischen Volkstums von Franciscek Rzazewski (GLAK, Karteikarte K 22).

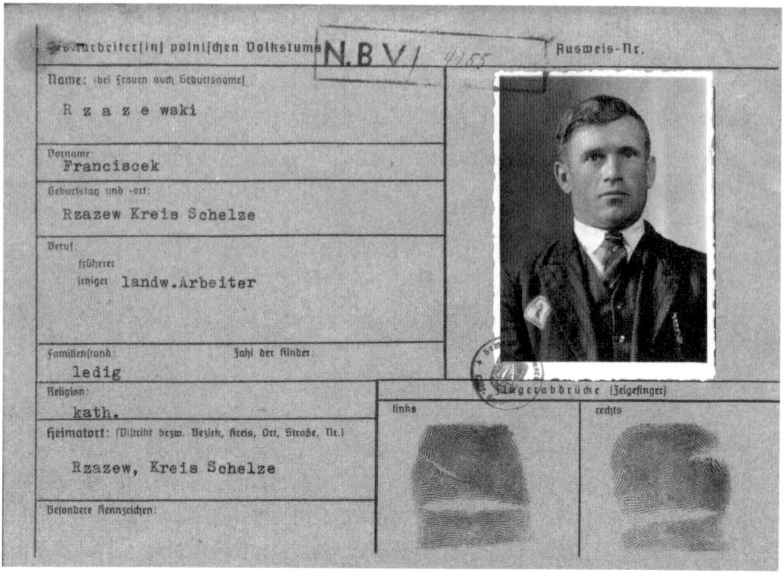

arbeiter(in) polnischen Volkstums N.B.V/ Ausweis-Nr.
Name: (bei Frauen auch Geburtsname)
R z a z e wski
Vorname:
Franciscek
Geburtstag und -ort:
Rzazew Kreis Schelze
Beruf:
früherer
jetziger landw.Arbeiter
Familienstand: Zahl der Kinder:
ledig
Religion:
kath.
Heimatort: (Distrikt bezw. Bezirk, Kreis, Ort, Straße, Nr.)
Rzazew, Kreis Schelze
Besondere Kennzeichen:
Fingerabdrücke (Zeigefinger)
links rechts

Abb. 34 Registrierungskarte des mit einem P-Abzeichen stigmatisierten polnischen Zivilarbeiters Francicsek Rzazewski

»Sozialausgleichsabgabe« oder eine »Ostarbeiterabgabe« abzuführen war. Außerdem wurden die Kosten für Kost und Logie abgezogen.

Im Ergebnis stellten diese Maßnahmen sicher, dass der Einkommensabstand zwischen Ausländern und der deutschen Stammbelegschaft deutlich war und auch zwischen den unterschiedlichen Ausländergruppen, also zwischen Verbündeten und »Blutsverwandten«, wie Italienern und Ungarn sowie Niederländern und Dänen, und den rassistisch als minderwertig Kategorisierten, wie Polen und Russen, aufrecht erhalten blieb. Im Sommer 1941 verdiente ein deutscher Mann auf dem Hofgut Kirschgartshausen mit einem Bruttostundenlohn von 0,53 Reichsmark in zwei Arbeitswochen einen Bruttolohn von 74,20 Reichsmark. Mit einem geldwerten Vorteil von 14 Reichsmark wies sein sozialversicherungspflichtiges Einkommen eine Höhe von 88,30 Reichsmark auf. Nach Abzug des Sozialversicherungsbeitrags, der geringen Lohnsteuer und der Reichsnährstandabgabe betrug der Auszahlungsbetrag immerhin 65,68 Reichsmark oder 88,5 Prozent des Bruttolohns.

Ein Italiener, dessen Bruttostundenlohn mit 0,26 Reichsmark nur bei der Hälfte des deutschen Landarbeiters lag, verdiente innerhalb von zwei Wochen 34,43 Reichsmark und erhielt durch die Kost einen geldwerten

Vorteil von 7,20 Reichsmark. Nach Abzug des Sozialversicherungsbeitrags verblieben ihm 31,74 Reichsmark. Demgegenüber erzielten russischen Zivilarbeiter im August 1942 vierzehntägig einen Bruttolohn von 13,75 Reichsmark, von dem noch 3,75 Reichsmark oder 27,3 Prozent als »Ostarbeiterabgabe« abgezogen wurden, sodass ihm ein Auszahlungsbetrag von 10 Reichsmark verblieb. Verdiente also ein Italiener ungefähr die Hälfte eines Deutschen, lag der Auszahlungsbetrag eines Russen bei weniger als einem Sechstel.[266] Die Gutsbetriebe der Süddeutsche Zucker-AG bildeten damit keine Ausnahme, sondern lagen ganz im Trend der deutschen Landwirtschaft.

Wie anderswo ergaben sich durch die Besonderheit der Gutsbetriebe und die Traditionen der Landarbeit zum einen unterschiedliche Arbeits- und Lebensbedingungen gegenüber dem kontinuierlichen Fabrikbetrieb und der Unterbringung in provisorischen Massenunterkünften. Über die enge Arbeitskooperation mit deutschen Beschäftigten bei der Ernte oder der Viehfütterung entstanden zum anderen auch spezifische Freiräume, die aus der gemeinsamen Arbeit resultierten.

Die Verhältnisse in den schlesischen Zuckerfabriken: ähnliche Entwicklungen und unterschiedliche nationale Gruppen

Auch in den schlesischen Standorten bildete der Arbeitskräftemangel ein drängendes Problem. Wohl als erster Betrieb der Südzucker-Gruppe zog die Klettendorfer Landwirtschaft, nachdem Anfang September 1939 dort 120 landwirtschaftliche Arbeiter zur Wehrmacht einberufen worden waren, polnische Zivilarbeiter heran. Dr. Heinrich Burk, Vorstand der vom Rath, Schoeller & Skene AG in Klettendorf, reichte bereits vor dem 14. September 1939 einen »Antrag auf Stellung von Polen« ein und rechnete kurzfristig mit dem Eintreffen von 150 Polen.[267] Im multiethnischen Schlesien, wo die Heranziehung von Polen zur Saisonarbeit eine lange Tradition hatte, bestand keine Zurückhaltung, diese Personengruppe anzufordern, zumal die Arbeitslenkungsbehörden unmittelbar Zugriff auf polnische Arbeitskräfte nahmen.

266 Südzucker AG, Geschäftsbereich Landwirtschaft, Berger, Entlohnung der ausländischen Arbeitnehmer während des Krieges vom 10.11.1998 (Südzucker AG, Unternehmensarchiv, HV 11_00_150, Mappe 2).

267 Paul Beyer, Aktennotiz über eine Besprechung mit Heinrich Burk am 14.9.1939 betr. Klettendorfer Landwirtschaft vom 15.9.1939, S. 1 (ebd., HV 01_00_150, Mappe 2).

Die Zuckerfabrik Haynau griff Mitte Oktober 1939, da deutsche Arbeiter in genügender Anzahl nicht verfügbar waren, auf 85 »volksdeutsche Arbeiter aus Königshütte« zurück, für die aber Unterkunft und Verpflegung gestellt werden mussten. Innerhalb von vier Tagen waren Räume, Bettstellen, Strohsäcke und Decken beschafft, woraufhin die DAF dem Betrieb ihre Anerkennung für die kurzfristige Lagereinrichtung aussprach.[268] In Bauerwitz arbeiteten ab Mitte Oktober 1939 auch 30 polnische Kriegsgefangene.[269]

Da durch deutsche Arbeiter absehbar keine Deckung des Bedarfs erzielt werden konnte, sah die Zuckerfabrik Münsterberg AG im Sommer 1940 keinen anderen Ausweg, als auf »fremde Arbeiter oder Gefangene« zurückzugreifen, »um die notwendigen Arbeiter zur Sicherung eines störungsfreien Betriebes des wehrwirtschaftlichen Unternehmens« zu erhalten. In der Zuckerfabrik waren im Juni 1940 bereits 26 polnische Arbeiter tätig, die »aber nur behelfsmäßig untergebracht« waren. Da die Zahl der »fremden Hilfsarbeiter« auf bis zu 120 Mann gesteigert werden sollte und für deren Unterbringung gesorgt werden musste, beantragte das Unternehmen über die Wirtschaftsgruppe Zuckerindustrie die Genehmigung zur Neuanfertigung und Aufstellung einer aus »Holz gefertigten, zerlegbaren, transportablen Notbaracke«.[270]

Obwohl in der Kampagne 1940/41 die 150 zugewiesenen französischen Kriegsgefangenen mehr als die Hälfte der Kampagnenbelegschaft der Zuckerfabrik Haynau stellten, konnte nach überwundenen Schwierigkeiten während deren Anlernphase der Standort seine Verarbeitungsmengen auf einen neuen Spitzenwert von knapp 594.000 Doppelzentnern steigern. Da die abgelegenen Unterkunftsräume einen 30-minütigen Marsch erforderten, wollte die Fabrik eine rund 25.000 Reichsmark kostende Arbeiterbaracke für 130 Mann aufstellen.[271] Der Zuckerfabrik Haynau fehlten Ende September 1941 noch 170 Arbeitskräfte. Ihr lag aber die Zusage des Arbeitsamts vor, 80 französische und 90 sowjetische Kriegsgefangene zu erhalten. Anstelle der sowjetischen Kriegsgefangenen, von denen die Mehrheit durch systematische Unterversorgung nach ihrer Ge-

268 AG Zuckerfabrik Haynau, Bericht über die abgelaufene Kampagne vom 1.3.1940, S. 2 (ebd., HV_07_00_003).

269 Zuckerfabrik Bauerwitz GmbH, Bericht über die abgelaufene Kampagne 1939/40 vom 1.3.1940, S. 2 (ebd.).

270 Wirtschaftsgruppe Zuckerindustrie, Abteilung Rohstoffbewirtschaftung an Generalbevollmächtigter für die Regelung der Bauwirtschaft vom 16. Juli 1940 (BArch, R 3691, Nr. 2197).

271 Zuckerfabrik Haynau, Bericht über die abgelaufene Kampagne 1940/41, S. 1f. (Südzucker AG, Unternehmensarchiv, SCH 01_00_002).

fangennahme verhungerte, oder in ihrem entkräfteten Zustand zu keiner Arbeitsleistung fähig war, kamen ggf. erneut »Juden in Frage«, was nach Ansicht von Direktor Josef Langer »wegen der leichteren Unterbringung wohl vorzuziehen« war.[272]

Die schlesischen Standorte sahen sich Ende September 1941, als die Betriebsbereitschaft der Fabriken für die Kampagne 1941/42 hergestellt werden sollte, mit der Situation konfrontiert, dass zwar die Reparaturen durchgeführt und die Neuanlagen aufgestellt worden waren. Die »Beschaffung der notwendigen Arbeitskräfte« blieb jedoch »sehr unerfreulich«, da trotz aller Bemühungen der Arbeitsämter weder die Beurlaubung von erfahrenen Mitarbeitern vom Wehrmachtsdienst noch die Umsetzung von Deutschen aus anderen Wirtschaftsbereichen erreicht werden konnte.

Das Arbeitsamt Breslau unterrichtete die Betriebe ihres Zuständigkeitsbereichs bereits Ende August 1941, dass den Zuckerfabriken in diesem Jahr keine französischen Kriegsgefangenen, sondern ausländische Zivilarbeiter zugewiesen würden. Doch das Landesarbeitsamt Schlesien informierte am 18. bzw. 23. September 1941 darüber, dass die vorgesehenen ukrainischen Arbeiter, die Hälfte von ihnen Frauen, in der Landwirtschaft beschäftigt werden müssten, während die dadurch freiwerdenden Kontingente französischer Kriegsgefangener den Zuckerfabriken zugeteilt würden. Sofern deren Zahl den Arbeitskräftebedarf nicht deckte, sollten die Fabriken auf »russische Kriegsgefangene« zurückgreifen.

In Münsterberg fehlten für die Mitte Oktober 1941 beginnende Kampagne noch 160 Arbeiter. Das Arbeitsamt stellte 50 Franzosen und »110 Juden oder russische Gefangene« in Aussicht.[273] Deren getrennte Unterbringung konnte dort ebenfalls zunächst nicht sichergestellt werden, da nur eine Unterkunftsbaracke für 80 Mann zur Verfügung stand. Auch der Zuckerfabrik Oberglogau wies das Arbeitsamt im Oktober 1941 »Juden und Strafgefangene« zu.

In den schlesischen Werken waren entsprechende Investitionen, in Klettendorf von 44.000 Reichsmark für »Baracken für Campagnenarbeiter« und in Ratibor von 45.000 Reichsmark für »Baracken für fremde Arbeiter«, vorgesehen.[274] Die Barackenunterkünfte konnten mit jährlich 20 Prozent abgeschrieben werden, da sie wie Geschäftseinrichtungen

272 Josef Langer an Conrad Schumacher vom 30.9.1941, S. 3 (ebd., SCH 01_00_001).
273 Ebd.
274 Neuanschaffungen nach dem Stand vom 1. Juli 1942, S. 11 f. (ebd., HV 01_00_186).

nach fünfjähriger Nutzung üblicherweise abgenutzt sein würden.[275] In Ratibor, wo die Beschaffung von Arbeitskräften ebenfalls große Schwierigkeiten machte, war nur die Hälfte der in den beiden vorherigen Kriegskampagnen von der Wehrmacht beurlaubten Soldaten abgestellt worden. Ersatzweise stellte das Arbeitsamt »Juden und Strafgefangene« ab.[276] Diese zugewiesenen Arbeiter waren aber »größtenteils nicht einsatzfähig und versagten sehr«.

Die Zuckerfabrik Ratibor hatte 160 Kriegsgefangene beantragt, wobei kurz vor Kampagnenbeginn noch unklar war, ob Franzosen oder Engländer kommen würden. Dann müssten aber 40 seit einiger Zeit dort tätige Juden abgegeben werden.[277] Ergänzend sollten 30 Deutsche aus der Bukowina gestellt werden. Gerade in Ratibor machte sich störend bemerkbar, dass nach Ansicht des zuständigen Direktors die Arbeitsämter sich »viel zu spät« mit der Frage des saisonalen Arbeitseinsatzes in den Zuckerfabriken beschäftigt hätten.

Die Unterbringung und der Arbeitseinsatz sowjetischer Kriegsgefangener hatte aber wegen der Unterstellung, es handele sich bei diesen um geschulte kommunistische Propagandisten und eine volkstumspolitische Gefährdung des deutschen »Volkskörpers«,[278] getrennt von anderen Ausländergruppen zu erfolgen. Hierzu fehlten am Standort Klettendorf die Voraussetzungen, sodass die Unterbringung der zugesagten sowjetischen Kriegsgefangenen zunächst Schwierigkeiten bereitete. Weder waren die benötigten Unterkunftsbaracken vorhanden noch alle, einen vollkommen isolierten Arbeitseinsatz anstrebenden Vorgaben kurzfristig umzusetzen. Die kurzfristig bestellte Baracke sollte am 10. Oktober 1941 geliefert werden.

Aber die zugesagten 100 französischen Kriegsgefangenen deckten noch nicht einmal die Hälfte des Arbeiterbedarfs. Mindestens 150 Arbeiter fehlten weiterhin, zumal die wenigen mit Genehmigung des Arbeitsamts eingestellten »polnischen und volksdeutschen« Arbeiter aus dem annektierten Warthegau keine Entlastung brachten.[279] Zwar wollte der Betrieb am 3. Oktober 1941 mit der Rübentrocknung beginnen. Der Start der

275 Bericht der Rheinische Treuhand-Gesellschaft AG, Wirtschaftsprüfungsgesellschaft Mannheim über die Prüfung des Jahresabschlusses, der Buchführung und des Geschäftsberichts der Zuckerfabrik Rheingau AG, Worms zum 29. Februar 1944 vom 18.8.1944, S. 9 (ebd., HV 06_00_038).

276 Zuckerfabrik Ratibor, Sonderbericht über die Kampagne 1941/42 o. D., S. 2 f. (ebd., HV 02_00_021).

277 Josef Langer an Conrad Schumacher vom 30.9.1941, S. 5 (ebd., SCH 01_00_001).

278 Herbert, *Fremdarbeiter*, S. 137 ff.

279 Josef Langer an Conrad Schumacher vom 30.9.1941, S. 2 (Südzucker AG, Unternehmensarchiv, SCH 01_00_001).

Rübenverarbeitung auf Zucker blieb aber »von der Zuweisung der restlichen Arbeitskräfte abhängig«.

In Oberglogau sollten 200 kroatische Zivilarbeiter eingesetzt werden, von denen 80 in der Fabrik untergebracht werden konnten. In Zülz gelang es, einige zuvor in der Zuckerindustrie eingesetzte deutsche Arbeiter mit dem Instrument der Dienstverpflichtung für die Kampagne aus ihren aktuellen Arbeitsverhältnissen herauszuziehen. Darüber hinaus sagte das Arbeitsamt der Fabrik die 80 beantragten französischen Kriegsgefangenen zu. Allerdings gingen der Fabrik zunächst nur 40 der 130 angeforderten Zivilarbeiter zu. Die restlichen Arbeiter würden nach Auskunft des Arbeitsamtes aber noch, wie auch 50 serbische Kriegsgefangene, rechtzeitig gestellt. Der Arbeitskräfteopportunismus, jeden verfügbaren Arbeiter zu rekrutieren, zeigte sich hier besonders deutlich, da innerhalb der schlesischen Gruppe keine übergeordnete Rekrutierungsvorgabe bestand. Die ersten Kampagnentage ließen wegen der Leistungsschwierigkeiten der zugewiesenen »Gefangenen« »zu wünschen übrig«. Die dortige Leitung hoffte aber kurzfristig auf eine Besserung.[280]

Zu Beginn der Kampagne Anfang Oktober 1942 konnte die Fabrik in Klettendorf noch nicht ihre volle Leistung erreichen, weil die 180 zugeteilten sowjetischen Kriegsgefangenen »aufpäppelungsbedürftig« waren und nur eine geringe Arbeitsleistung bringen konnten. Weitere 70 Mann waren noch im Anmarsch, zudem hoffte der Betrieb auf »einige Tschechen«, um auch die Erzeugung von Würfelzucker aufnehmen zu können.

Nach Kampagneende gab die jeweilige Fabrik die zugewiesenen ausländischen Zwangsarbeiter wieder ab. Im Vorfeld der Kampagne 1942/43 übermittelte Direktor Josef Langer nach Neuoffstein neben den Rübenmengen, dem derzeitigen Zuckergehalt und dem Kampagnebeginn auch Angaben zu den Kampagnearbeitern. Zur Verarbeitung der 1,2 Mio. Doppelzentner Rüben fanden in Klettendorf »Tschechen, Polen, russ.[ische] Gefangene und russische Frauen« Verwendung. In den Anlagen Ratibor, Oberglogau und Zülz sowie Bauerwitz erfolgte der Einsatz von »Engl[ischen] Gefangenen«. Haynau erhielt »Franz.[ösische] u. russ.[ische] Gefangene« und Münsterberg wurden Polen und russische Gefangene und Zivilarbeiter zugewiesen.[281]

Über die 268 in der Zuckerfabrik Ratibor eingesetzten englischen Kriegsgefangenen führte der Betrieb bereits Anfang November 1942, also kurz nach Kampagnenbeginn, Klage, da diese »sehr arbeitsunlustig«

280 Josef Langer an Conrad Schumacher vom 24.10.1941, S. 1 (ebd.).
281 Josef Langer an Conrad Schumacher vom 2.10.1942, S. 1 (ebd.).

waren und an einer »geordneten Arbeit kein Interesse« zeigten. Zwischen Betrieb und Kommandoführung kam es deshalb häufig zu Reibereien, da die Wachen zu einer härteren Behandlung der Kriegsgefangenen angehalten werden sollten.[282] Beispielsweise waren dort beide Anlagen zur Spülentladung der ankommenden Rübentransporter ausschließlich mit englischen Kriegsgefangenen besetzt, sodass wegen deren mangelnder »Initiative und Nachlässigkeit« mitunter innerhalb der Fabrik Rübenmangel entstand. Um die ausreichende Versorgung des Werks zu sichern, wurde ihnen in jeder Schicht mindestens ein deutscher Arbeiter zur Seite gestellt.[283] Auch an der Schlammpressenstation arbeiteten die Kriegsgefangenen aus Sicht der Betriebsleitung zu langsam. Dort sollten, »um das Arbeitstempo zu beschleunigen«, die »Kriegsgefangenen-Kolonnen« mit deutschen Zivilarbeitern durchsetzt werden.[284]

Im Betriebsalltag ergab sich mithin nicht nur eine Gewöhnung an die Integration unfreier Arbeiter in die Produktion, sondern zugleich ein Lernprozess, der die Effektivierung der Ausbeutung von Zwangsarbeitern zum Ziel hatte. Schließlich konnte mit den Ausländern der unterschiedlichen Gruppen die andere Hälfte der Belegschaft als Sündenbock herangezogen werden, um alle Nichtplanerfüllungen und Schwierigkeiten mit ihrer Minderleistung zu begründen. Josef Langer, Geschäftsführer der Zuckerfabrik Ratibor GmbH, machte die »schlechte Haltung und Leistung der Kriegsgefangenen« neben der geringen Qualität der angelieferten Kohle für die erschwerte Rübenverarbeitung verantwortlich. Der vermehrte »Einsatz von Kriegsgefangenen und deren schlechte Leistung« hätten zudem an die deutsche »Stamm-Gefolgschaft« außerordentliche Ansprüche gestellt.[285]

Auch im Folgejahr hing die Leistung der schlesischen Fabriken »hauptsächlich« von der Zuweisung von Arbeitskräften ab, wobei die Arbeitsämter Anfang September 1943 noch keine Zahlenangaben machen konnten. Mit der Beurlaubung einberufener Werksangehöriger von der Wehrmacht konnte angesichts der militärischen Lage an der Ostfront nicht mehr im üblichen Umfang gerechnet werden. Hinzu kam, dass

282 Karl Drahansky, Bericht über die Arbeitsweise der Zuckerfabrik Ratibor vom 2.-6. November 1942 vom 7.11.1942, S. 3 (ebd., SCH 01_00_003).
283 Ebd., S. 2.
284 Ebd., S. 6.
285 Zuckerfabrik Ratibor GmbH, Bericht der Geschäftsführung 1942/43 vom Juni 1943, S. 1 f. (ebd., HV 13_00_043).

die in Schlesien neu entstandene Rüstungsfabriken einen vorrangigen Zusatzbedarf von 20.000 Arbeitern angemeldet hatten.[286]

Anfang Oktober 1943 – die schlesische Regionaldirektion rechnete mit einem Kampagnebeginn nach dem 11. Oktober und einer Verarbeitung von zusammen 4,1 Mio. Doppelzentnern Rüben mit einem niedrigen Durchschnittszuckergehalt von 15,8 bis 18 Prozent – machte die Arbeitskräfterekrutierung namentlich in Klettendorf »unerhörte Schwierigkeiten«. Der Kampagnestart wurde deshalb in Klettendorf um eine Woche verlegt, da am 2. Oktober 1943 noch nicht absehbar war, ob und wann englische Kriegsgefangene und belgische und französische Strafgefangene zugewiesen würden. Da auch nur im geringen Maße Wehrmachtsbeurlaubungen ausgesprochen worden waren, fehlte es »hauptsächlich an Fachkräften« an den einzelnen Verarbeitungsstationen.[287]

Ratibor startete am 10. Oktober 1943 mit der Verarbeitung auf Zucker, die Erzeugung blieb aber wegen der zum größten Teil aus englischen Kriegsgefangenen bestehenden Kampagnearbeiter mit geringer Arbeitsleistung hinter den Erwartungen zurück. Der Kampagneverlauf stand unter ungünstigen Vorzeichen, da die Wehrmacht von den 120 gestellten Beurlaubungsanträgen bis Mitte Oktober 1944 nur 30 bewilligt hatte. Darüber hinaus fielen die zugewiesenen 300 »Invasions-Engländer«, die nach der alliierten Landung in der Normandie in deutsche Kriegsgefangenschaft geraten waren, und auch 100 »Polinnen aus Warschau«, die nach der Niederschlagung des Warschauer Aufstands in die Zwangsarbeit abgeführt worden waren,[288] durch »außerordentlich niedrige Arbeitsleistungen« auf.[289] Die beim Kriegsgefangenen-Mannschaftsstammlager vorgetragenen betrieblichen Beschwerden zeitigten nach Ansicht der Fabrikleitung durch den Einsatz von »Überwachungsoffizieren« zunächst gewisse Verbesserungen.

Einen Monat später zeigte sich Direktor Langer mit den zugewiesenen Arbeitskräften – 300 Engländer und Polinnen und Polen – »sehr unzufrieden«. Diese »Invasionsbriten« wurden demnach zu »passivem Widerstand erzogen« und waren durch kein Mittel zu einer Beschleunigung

286 Josef Langer an Conrad Schumacher vom 4.9.1943, S. 1 (ebd., SCH 01_00_001).

287 Josef Langer an Conrad Schumacher vom 2.10.1943, S. 2 (ebd.).

288 Dariusz Pawłoś/Darius Dąbrowski, *Die Vernichtung der Warschauer Bevölkerung während des Warschauer Aufstands und das Schicksal der Zivilbevölkerung nach seinem Zusammenbruch*, in: Stiftung »Polnisch-Deutsche Aussöhnung« (Hg.), Wahrheit, Erinnerung, Verantwortung. Der Warschauer Aufstand im Kontext der deutsch-polnischen Beziehungen, Warszawa 2010, S. 41-94.

289 Josef Langer an Conrad Schumacher vom 14.10.1944, S. 2 (Südzucker AG, Unternehmensarchiv, SCH 01_00_001).

des Arbeitstempos zu bewegen. Auch die angeforderten Überwachungsoffiziere standen ihrer Verweigerungshaltung »machtlos« gegenüber. Die Polinnen wiederum, die fehlende männliche Arbeitskräfte ersetzen sollten, waren entweder für die geforderten Arbeiten »körperlich nicht geeignet« oder nach dem Urteil des Direktors Josef Langer »von einer unglaublichen Faulheit«.[290]

Wenn auch das NS-Zwangsarbeitssystem den deutschen »Volksgenossen« strukturell ihre Höherwertigkeit zum Ausdruck bringen sollte, ergaben sich im letzten Kriegsjahr spezifische Konstellationen, in denen mit den ausgegrenzten Ausländern eine funktionale Kooperation gepflegt wurde. Bei Eigentumsdelikten wie dem Zuckerdiebstahl blieb Vorstand Conrad Schumacher aber unerbittlich. Ein im Januar 1944 angeforderter Bericht der Ratiborer Zuckerfabrik hielt fest, dass aus dem Zuckerhaus durch aufgebrochene vergitterte Fenster der Toilettenanlage der englischen Kriegsgefangenen verschiedentlich Zucker gestohlen worden war. Die Direktion räumte ein, dass die »deutschen Arbeiter und Arbeiterinnen mit den Engländern zusammen in vielen Fällen die Diebstähle ausgeführt und mit diesen zusammengearbeitet« hätten.[291] Bei Kontrollen der deutschen Belegschaft und der englischen Kriegsgefangenen bei Schichtwechsel konnte nur bei drei Deutschen Zucker aufgefunden werden.

Als weit erfolgreicher erwiesen sich »plötzliche Spindrevisionen«, mit denen bei deutschen Männern und Frauen »in vielen Fällen« Zucker ermittelt wurde. Da die »Hilfsaufseher selbst […] bestechlich« waren, würden Engländer vor allem des Nachts größere Beute machen.[292] Zwei Engländer wurden bei der Mitnahme von zwölf Pfund gefasst und der Wehrmacht zur Bestrafung gemeldet. Den Diebstahl kleinerer Zuckermengen durch 14 deutsche Belegschaftsangehörige bestrafte das Unternehmen mit Geldstrafen von jeweils rund zehn Reichsmark. Den einbehaltenen Geldbetrag von 128 Reichsmark übergab das Unternehmen dem Winterhilfswerk. Gegen vier Diebe, die mit größeren Zuckermengen erwischt worden waren, stellte die Ratiborer Zuckerfabrik bei der Polizei Strafanzeige.

290 Josef Langer an Conrad Schumacher vom 10.11.1944, S. 2 (ebd.).
291 Ratiborer Zuckerfabrik GmbH an Süddeutsche Zucker AG, Technisches Zentralbüro vom 25.1.1944, S. 1 (ebd., HV 01_00_150, Mappe 3).
292 Ebd., S. 2.

Bilanzierung der betrieblichen Zwangsarbeit in der Süddeutschen Zucker-AG

Die Zwangsarbeit im Komplex des Südzuckerkonzerns war Teil der rassistisch organisierten deutschen Kriegsgesellschaft, deren Basis die Ausbeutung von mehr als zehn Mio. Ausländerinnen und Ausländern in deutschen Betrieben bildete. Die Berechtigung, die Arbeitskraft von Menschen auch durch außerökonomischen Zwang für eigene Belange heranzuziehen und auszubeuten, ergab sich aus der für das nationalsozialistische Herrschaftssystem konstitutiven, rassistisch fundierten Auffassung, höherwertig zu sein als die von ihnen rassistisch herabgewürdigten Gruppen. Weder die Unternehmensleitung noch die Betriebsdirektionen erörterten zu Kriegsbeginn Alternativen zur Heranziehung von ausländischen Zwangsarbeitergruppen, sondern verlangten deren Zuweisung.

Nach Kriegsbeginn ordneten die politische Führung und der NS-Staat Angehörige unterworfener Nationen nach ihrer völkisch-rassistischen Kategorisierung in eine abgestufte Behandlungsskala ein, die Juden sowie Sinti und Roma der Rechtlosigkeit auslieferte und Osteuropäerinnen und Osteuropäer wie Polen, Russen und Ukrainer zum einen gegenüber Westeuropäern wie Franzosen oder Walonen relativ und zum anderen gegenüber Deutschen stark diskriminierte. Wann und wie das Unternehmen unfreie Arbeiter rekrutierte, diese in ihre Betriebsabläufe integrierte und welche innerbetrieblichen Lern- und Gewöhnungsprozesse abliefen, wurde auf der Betriebsebene nachgezeichnet.

Die Betriebe meldeten ihren Arbeitskräftebedarf beim Arbeitsamt an und erhielten beim Vorliegen der entsprechenden Vordringlichkeitsstufe die angeforderten Kontingente zugeteilt, sofern nicht wegen des Fehlens ausländischer Arbeitskräfte quantitative Abstriche gemacht werden mussten. Die wachsende Zahl ausländischer Zivilarbeiter, die in den von der Wehrmacht besetzten Staaten angeworben, rekrutiert oder ausgehoben wurden, machte Zwangsarbeit zum gangbaren Weg, fehlende deutsche Arbeitskräfte übergangsweise zu ersetzen.

Spätestens die dritte »Kriegskampagne« der süddeutschen Zuckerfabriken stand im Winter 1941/42 vor dem Problem, dass die Wehrmacht deutsche »Stamm-Mannschaften« in weit geringerem Maße beurlaubte als erwartet. Hierdurch wuchs der Anteil der Kriegsgefangenen an der Belegschaft an mehreren Standorten auf mehr als 60 Prozent. Parallel sanken aber die »Arbeitsfreudigkeit und die Arbeitsleistungen, namentlich der französischen Kriegsgefangenen«, weiter ab. Die meisten Zuckerfabriken mussten wegen des Arbeitskräftemangels auf einen

Zwei-Schicht-Betrieb mit je zwölf Stunden Arbeitszeit umgestellt werde. Da »immer wieder die zahlreichen Ausfälle bei den Gefangenen durch Krankheit und teilweise auch Flucht wieder ersetzt werden« mussten, war die Leistungsfähigkeit der Betriebe eingeschränkt.[293]

Die Integration von ausländischen Zwangsarbeitern der unterschiedlichsten Kategorien in die Betriebsabläufe gelang aber erstaunlich rasch. Nach Kampagneende gab die jeweilige Fabrik die zugewiesenen ausländischen Zwangsarbeiter wieder ab, ohne dass soziale Verpflichtungen bestanden. Die Zuckerfabriken kritisierten zwar die am Beginn jeder Kampagne eintretenden »Schwierigkeiten, die in der ersten Woche durch die ungelernten Arbeitskräfte und besonders durch das »Völkergemisch« von Kriegsgefangenen verschiedener Nationen, teilweise auch durch Verpflegungsschwierigkeiten« entstanden waren.[294] Wenn die Wehrmacht genügend bewährte Fachkräfte zur Besetzung der Hauptstationen beurlaubt hatte, musste der Südzucker-Vorstand jedoch anerkennen, dass der »Arbeitseinsatz in der 4. Kriegskampagne wesentlich besser« vonstattengegangen war als zuvor. Der betriebliche Lern- und Gewöhnungsprozess machte aus dem Notbehelf eine Art Dauerlösung des Arbeitskräftemangels.

Zu Beginn der Kampagne 1943/44 erwartete der Vorstand, dass die »Arbeitsbedingungen« im Vergleich zum Vorjahr noch »wesentlich schwieriger« sein würden und gab als Begründung an, dass die dem Unternehmen zugewiesenen »ausländischen Arbeiter (vorwiegend Italiener) nicht das leisten, was in 1942 die Russen geleistet« hatten.[295] Trotz der schwierigen Lage verlief nach dem Urteil des Südzucker-Vorstands die »5. Kriegskampagne […] in sämtlichen Werken durchaus befriedigend«, obgleich »Wehrmachtsurlauber nicht in dem Ausmaß des Vorjahres zur Verfügung standen«. Die Arbeitsleistung war sogar »durchweg besser, als wir es erwartet hatten«.[296] Das Unternehmen hatte gelernt, die Betriebe durch die Integration von unfreien Arbeitskräften wie ausländische Zivilarbeiter und Kriegsgefangene auf die Verhältnisse einer rassistisch hierarchisierten Kriegsgesellschaft einzustellen, sodass die Zuckerherstel-

293 Süddeutsche Zucker-AG an die Herren Mitglieder des Aufsichtsrats vom 26.1.1942, S. 1 (ebd., HV 01_00_186).

294 Süddeutsche Zucker-AG an die Herren Mitglieder des Aufsichtsrats vom 13.1.1943, S. 1 (ebd., HV 01_00_186).

295 Conrad Schumacher an Karl-Ernst Sippell vom 29.10.1943, S. 1 (HADB, P4826); Süddeutsche Zucker-AG an die Herren Mitglieder des Aufsichtsrats vom 4.11.1943, S. 1 (Südzucker AG, Unternehmensarchiv, HV 01_00_186).

296 Süddeutsche Zucker-AG an die Herren Mitglieder des Aufsichtsrats vom 29.2.1944, S. 1 f. (ebd.).

lung ohne betriebsbedingte Einschränkungen fortgesetzt werden konnte. Insoweit ist es wenig erstaunlich, dass der Vorstand keine grundsätzlichen Bedenken gegen den Einsatz von Zwangsarbeitern und Zwangsarbeiterinnen hegte.

Im deutschen Kriegswirtschaftssystem nahmen 1944 Zwangsarbeiterinnen und Zwangsarbeitern rund ein Viertel der Arbeitsplätze ein. Unternehmen, also Unternehmer und Manager, sahen in der staatlich organisierten Gestellung von ausländischen Ersatzarbeitskräften minderen Rechts eine unhinterfragte Möglichkeit, ihre Produktion oder Geschäfte fortzusetzen oder gar auszuweiten. Bei der Süddeutsche Zucker-AG lag der Ausländeranteil mit mehr als der Hälfte während der Kampagne sogar noch weit höher, weshalb die Zuckererzeugung im Krieg ganz wesentlich auf Zwangsarbeit basierte.

Damit stand das Unternehmen stellvertretend für die regimestützenden Strukturen. Denn Zwangsarbeit bildete eine Art Beteiligungsleistung an die deutsche Kriegsgesellschaft, indem Unternehmen erforderliche Arbeitskräfte erhielten und ihre wirtschaftliche Tätigkeit fortsetzen konnten. Deutsche Beschäftigte erfuhren durch die ethnische Hierarchisierung der Arbeit kollektiv einen sozialen Aufstieg. Hiergegen äußerte die deutsche Bevölkerung, abgesehen von denjenigen, die wegen ihrer mitmenschlichen Kontakte zu ausländischen Zivilarbeitern und Kriegsgefangenen Strafverfolgung und Bestrafung erleiden mussten, kaum Widerspruch.

Bombenkrieg und Zuckerfabriken

Zwar störten die Überflüge westalliierter Bomberverbände zunächst wegen des ausgelösten Luftalarms den Produktionsbetrieb, die in Stadtnähe gelegenen Fabriken wie Stuttgart oder Regensburg spürten jedoch bereits 1943 die direkten Auswirkungen des Luftkriegs. Während das Werk Stuttgart am 15. April 1943 zunächst mit einem Gesamtschaden von 80.000 Reichsmark nur »leicht beschädigt« wurde, aber 12 Stunden Fabrikstillstand erlitt,[1] beliefen sich die Schäden in der Konservenfabrik Helvetia, deren Betriebsfähigkeit dennoch rasch wiederhergestellt werden konnte, gleich auf 1,3 Mio. Reichsmark.[2] Am 17. August 1943 bombardierte ein Geschwader US-amerikanischer viermotoriger Bomber Regensburg und traf die Messerschmitt-Fabrik empfindlich. Dieser von der Standortleitung als »militärgeschichtliches Ereignis« eingeordnete Luftangriff war aus Sicht der Regensburger Leitung nur der Vorbote der zunehmenden Einsätze der »feindlichen Kampfkräfte«, die die eigene »völkische und wirtschaftliche Kraft« immer »offensichtlicher [...] zerbröckelte« und den Krieg in ein »entscheidendes Stadium« brachte.[3] Zwar war die Fabrik beim Präzisionsangriff auf Messerschmitt nicht in Mitleidenschaft geraten, jedoch führte der Mangel an Arbeitskräften, Kunstdünger und Transportmöglichkeiten dazu, dass die Verarbeitungsmengen deutlich absanken.

Gegen Luftangriffe ließen sich die Zuckerfabriken kaum schützen, da insbesondere diejenigen, die auf dem Land errichtet worden waren, in der offenen Landschaft wegen ihrer großen Anlagen faktisch unübersehbar dalagen. Deshalb richteten die Luftschutzbehörden ihre Aufmerksamkeit ab Mitte 1943 vor allem darauf, die zentralen Zuckerlager durch die Einrichtung von kleinen Lagern in weniger gefährdeten Gebieten zu »entlasten«.[4] Die Dezentralisierung der Zuckerlagerung lag auch ganz im Interesse des Zuckererzeugers, zog aber hohen Aufwand und auch gewis-

1 Raffinerie, Wochen-Bericht Nr. 16 für die Zeit vom 12.-17.4.1943 (Südzucker AG, Unternehmensarchiv, ST 07_00_002); Heinz Bardua, *Stuttgart im Luftkrieg 1939-1945*, Stuttgart 1985, S. 52 f.

2 Niederschrift über die 45. Sitzung des Aufsichtsrats am 7.7.1943, S. 2 (Südzucker AG, Unternehmensarchiv, HV 01_00_186).

3 Zuckerfabrik Regensburg, Berichtsjahr 1943/44 vom 16.3.1944 (Südzucker AG, Unternehmensarchiv, HV 14_00_001); Peter Schmoll, *Regensburg – die Katstrophe vom 17. August 1943*, Regensburg 2018, S. 29 ff.

4 Niederschrift über die 45. Sitzung des Aufsichtsrats am 7.7.1943, S. 3 (Südzucker AG, Unternehmensarchiv, HV 01_00_186).

se Investitionen nach sich. An verschiedenen Orten stand das Zuckerunternehmen in Konkurrenz mit Rüstungsbetrieben um rasch rar werdende Einlagerungskapazitäten.[5] Der Südzucker-Vorstand, der die Dezentralisierung »nach Kräften« umzusetzen versprach, riet im November 1943 allerdings dazu, Zuckerrationen vorab an die Verbraucher abzugeben, damit diese ihrerseits eine Vorratshaltung vornahmen, was einen raschen Abfluss von Zuckermengen aus den Großlagern und eine dezentrale Lagerung von Kleinmengen ermöglichte. Nach langem Zögern schlossen sich Berliner Stellen diesem Vorgehen an.

Die Verkaufsabteilung war ihrerseits »mit allen Mitteln bestrebt«, die Produktion möglich rasch »aus der Fabrik in den Verkehr zu bringen, um größere Verbrauchszuckerlager zu vermeiden«.[6] Was dem Luftschutz diente, erhöhte zugleich den Cashflow. Allerdings behinderte die unzureichende Wagengestellung durch die Reichsbahn das Vorhaben, wie überhaupt im Kriegsverlauf der Transportlogistik eine immer stärker limitierende Bedeutung zukam.[7] Bis Frühjahr 1944 gelang es dem Unternehmen allerdings, die Zuckerlager in den Werken weit unterhalb der behördlich festgelegten Höchstmengen abzusenken.[8] Darüber hinaus nutzte es das auf die »Errichtung vordringlicher Behelfslager« konzentrierte, allerdings stark reduzierte »Bauvolumen der deutschen Zuckerwirtschaft«, um außerhalb der Fabrikstandorte verbrauchernahe Zuckerlager zu errichten und darin vermehrt dezentral Zucker in der Hoffnung zu lagern, dadurch Bombenverluste zu vermeiden.[9]

Im September 1943 wurden in rascher Folge das Verwaltungsgebäude in Mannheim,[10] aber auch die Zuckerfabrik Frankenthal zerstört. Die

5 Süddeutsche Zucker-AG an die Herren Mitglieder des Aufsichtsrats vom 4.11.1943, S. 1 (ebd.); Süddeutsche Zucker-AG an die Herren Mitglieder des Aufsichtsrats vom 29.2.1944, S. 2 (ebd.).

6 Süddeutsche Zucker-AG an die Herren Mitglieder des Aufsichtsrats vom 4.11.1943, S. 1 (ebd.).

7 Süddeutsche Zucker-AG an die Herren Mitglieder des Aufsichtsrats vom 29.2.1944, S. 2 (ebd.).

8 Süddeutsche Zucker-AG an die Herren Mitglieder des Aufsichtsrats vom 30.6.1944 (ebd.).

9 Hauptvereinigung der deutschen Zucker- und Süßwarenwirtschaft an Reichsminister für Ernährung und Landwirtschaft, Staatssekretär Hans-Joachim Riecke vom 25.1.1944 (BArch, R 3691, Nr. 2196); Hauptvereinigung der deutschen Zucker- und Süßwarenwirtschaft an alle deutschen Zuckerfabriken vom 5.4.1944 (BArch, R 17 VII, Nr. 1).

10 Karl-Ernst Sippell an Süddeutsche Zucker-AG, Vorstand vom 10.9.1943 (HADB, P 4826); Süddeutsche Zucker-AG, Kenntnisgabe Kommunikationsverbindungen vom 10.9.1943 (HADB, P 4826); Dieter Wolf, *Luftkriegsereignisse in Mannheim*

dort lagernden Weißzuckervorräte konnten nicht gerettet werden.[11] Eine »Wiederinbetriebnahme des Werkes« kam nach Lage der Dinge »nicht in Frage«.[12] Die ursprünglich von den schlesischen Fabriken dorthin zu liefernden 175.000 Doppelzentner Rohzucker sollten stattdessen in Klettendorf verarbeitet werden.[13]

Darüber hinaus wurden die unweit von Stuttgart gelegenen Hofgüter Mauren und Böblingen getroffen. Vom Pachtgut Mauren konnte nur das Vieh gerettet werden, das Gutsgebäude mit den Geräten und Vorräten wurde allerdings vollständig zerstört. Im Eigengut Böblingen blieben nur einige Gebäude stehen, aber wenigstens das Vieh erlitt keine Verluste, vor allem blieb die »wertvolle Dreschgarnitur« unbeschädigt.[14] Im Dezember 1943 traf es das Vorwerk Sandtorf bei Kirschgartshausen, wobei der Schaden überschaubar blieb und der Betrieb keine dauerhafte Störung erfuhr. Demgegenüber beschädigte Anfang März 1944 ein Bombenangriff auf Stuttgart alle Gebäude des nördlich der Stadt gelegenen Pachthofs Tennhof, die aber »behelfsmäßig hergerichtet« wurden, sodass der landwirtschaftliche Betrieb ohne Einschränkung fortgesetzt werden konnte.[15]

Im Gegensatz dazu erhielt das Werk Stuttgart am 21. Februar 1944 schwere Treffer, die einen Teil der Raffinerie, die Werkstätte und das Materiallager zerstörten und das Zuckerlager sowie das Säckemagazin verwüsteten. Bis zu 400.000 leere Säcke und 6.000 Doppelzentner Trockenschnitzel verbrannten. Von den 150.000 Doppelzentnern Weißzucker gingen dagegen nur 25.000 Doppelzentner verloren. 50.000 Doppelzentner wiesen zwar Brandschäden und Verunreinigungen auf,

1939-1945, Mannheim 2003, S. 48, https://www.marchivum.de/bibliostar/digitalisate/web74.pdf (eingesehen: 1.3.2025).

11 Süddeutsche Zucker-AG an die Herren Mitglieder des Aufsichtsrats vom 4.11.1943 (HADB, P 4826); Karl-Ernst Sippell an Süddeutsche Zucker-AG, Vorstand vom 10.9.1943 (ebd.); Franz Meyer, *»Ab heute gegen alle Judenknechte«. Frankenthal in der NS-Zeit*, in: Volker Christmann/Edgar J. Hürkey (Hg.), Frankenthal. Die Geschichte einer Stadt, Frankenthal (Pfalz) 2013, S. 727-779, insb. S. 768 ff.

12 Süddeutsche Zucker-AG an die Herren Mitglieder des Aufsichtsrats vom 4.10.1943, S. 1 (Südzucker AG, Unternehmensarchiv, HV 01_00_186).

13 Direktor Josef Langer an Conrad Schumacher vom 2.8.1943, S. 1 (Südzucker AG, Unternehmensarchiv, SCH 01_00_001).

14 Süddeutsche Zucker-AG an die Herren Mitglieder des Aufsichtsrats vom 4.11.1943, S. 1 (Südzucker AG, Unternehmensarchiv, HV 01_00_186); Gutsdirektion der Süddeutsche Zucker-AG, Monatsbericht Oktober 1943 vom 15.11.1943, S. 3 (ebd., LW 01_02_00_002).

15 Süddeutsche Zucker-AG an die Herren Mitglieder des Aufsichtsrats vom 30.6.1944 (Südzucker AG, Unternehmensarchiv, HV 01_00_186).

Abb. 35 Die zerstörte Zuckerfabrik Frankenthal, 1943

waren aber noch verwertbar.[16] Der Vorstand traf Dispositionen, dass die Werke Heilbronn und Waghäusel die Umarbeitung vornahmen. Auch die vorgesehene Zulieferung von Rohzucker wurde von Stuttgart an die beiden Werke umgeleitet.

Der Klettendorfer Direktor Josef Langer sah im Februar 1944 bei seinem Besuch der süddeutschen Fabriken die »Verwüstungen, die unsere Feinde in einigen der schönsten süddeutschen Städte angerichtet« hatten. Er schätzte sich »glücklich«, in Schlesien »bisher noch glimpflich davongekommen« zu sein, befürchtete aber, das der Region das »Schicksal vieler anderer deutscher Gaue nicht erspart bleiben« würde.[17] Gleichwohl hoffte der Vorstand darauf, dass die Reparaturen bis Herbst 1944 so weit

16 Süddeutsche Zucker-AG an die Herren Mitglieder des Aufsichtsrats vom 29.2.1944, S. 1 (Südzucker AG, Unternehmensarchiv, HV 01_00_186); Raffinerie, Wochen-Bericht Nr. 9 für die Zeit vom 14.-19.2.1944 (Südzucker AG, Unternehmensarchiv, ST 07_00_002).

17 Direktor Josef Langer an Conrad Schumacher vom 23.2.1944 (Südzucker AG, Unternehmensarchiv, SCH 01_00_001).

vorangeschritten waren, dass die »Rübenarbeit im gewohnten Umfang« aufgenommen werden konnte. Die Raffinerie würde aber wohl nur teilweise wieder in Betrieb gehen, während die Herstellung von Würfelzucker ausfallen musste. Doch das alles setzte voraus, dass das »Werk von weiteren Angriffen verschont« bleiben würde.[18]

Der Südzuckerkonzern gehörte zwar nicht zu den strategischen Zielen des alliierten Luftkriegs, doch die ab Frühjahr 1944 weiter ausgedehnte Bomberoffensive sorgte an den dezentralen Standorten für immer neue Schäden. Die häufigen Überflüge der alliierten Fliegerverbände führte die Luftüberlegenheit der Westallliierten jedermann vor Augen.[19] Am 25. April 1944 traf die Fabrik Waghäusel ein von der NS-Propaganda als »Terrorangriff« bezeichneter Luftschlag mit noch schlimmeren Folgen als in Stuttgart. Obwohl das Gros der Maschinen und Armaturen unbeschädigt geblieben war, befürchtete Schumacher zunächst, dass eine Inbetriebnahme der Fabrik im Herbst 1944 unsicher war.[20] Ende Juni 1944, nachdem deren »Wiederherstellung« mit »allen Kräften gefördert« worden war, hielt der Vorstand eine Inbetriebnahme zum Kampagnebeginn für wahrscheinlich. Auch Stuttgart sollte, wenn »keine unvorhergesehenen Störungen« auftraten, wieder die Arbeit aufnehmen.[21]

Nachdem die RAF und US Air Force nach der alliierten Landung in der Normandie die vollständige Lufthoheit errungen hatten, waren die leicht erkennbaren ländlichen Zuckerfabriken zunehmend Luftangriffen z.T. sogar von tieffliegenden Jagdbombern ausgesetzt. Obwohl die Erzeugungskapazitäten hierdurch immer weiter abnahmen, setzten das Unternehmen und ihre dezentralen Standorte ihre Kampagnentätigkeit intensiv fort. Darin zeigte sich die besonders hohe Dringlichkeitsstufe, die die Zuckerindustrie wegen der Versorgung der Heimatfront erhalten hatte.

Am Morgen des 4. Oktober 1944 erfolgte auf Offstein ein erster Tieffliegerangriff mit 15 Kampfflugzeugen, der mit leichten Sprengbomben und Bordwaffenbeschuss vor allem den Gleisanlagen und Bahngebäuden

18 Süddeutsche Zucker-AG an die Herren Mitglieder des Aufsichtsrats vom 29.2.1944, S. 1 (Südzucker AG, Unternehmensarchiv, HV 01_00_186).

19 Werks-Luftschutz-Stelle, Warnstelle der Zuckerfabrik Waghäusel, Tagebuch vom 21.2.-24.4.1944 (Südzucker AG, Unternehmensarchiv, WAG 11_00_028).

20 Conrad Schumacher an Josef Langer vom 27.4.1944 (Südzucker AG, Unternehmensarchiv, SCH 01_00_001); Süddeutsche Zucker-AG an die Herren Mitglieder des Aufsichtsrats vom 27.4.1944 (HADB, P 4826); Karl-Ernst Sippell an Süddeutsche Zucker-AG, Vorstand vom 4.5.1944 (ebd.); Guttmann, *Kirrlach*, S. 537.

21 Süddeutsche Zucker-AG an die Herren Mitglieder des Aufsichtsrats vom 30.6.1944, S. 1 (Südzucker AG, Unternehmensarchiv, HV 01_00_186).

Abb. 36 Löscharbeiten in der Zuckerfabrik Waghäusel, 1944

galt.[22] Ende November 1944 gab es in Offstein häufig Bordwaffenbeschuss durch Tiefflieger, die vor allem Eisenbahnzüge angriffen, wodurch Tote und Verwundete zu beklagen waren. Am 25. November 1944 ging wieder ein »ernster Angriff« auf Offstein nieder; die zunächst unterbrochene Rübenverarbeitung begann am 2. Dezember 1944 wieder.[23] Alliierte Bomber zerstörten die Zuckerfabrik Heilbronn in einem Maße, dass dort keine Weiterführung der Kampagne mehr möglich war. Auch erschwerten Tieffliegerangriffe in Waghäusel die Arbeit.[24] Ein Bombenabwurf und Bordwaffenbeschuss töteten am 3. Dezember 1944 einen »Gefolgsmann« und verletzten einen schwer.[25] Ebenfalls am 3. Dezember

22 Süddeutsche Zucker-AG an die Herren Mitglieder des Aufsichtsrats vom 9.10.1944 (HADB, P 4826); Karl-Ernst Sippell an Süddeutsche Zucker-AG, Vorstand vom 25.10.1944 (ebd.).

23 Conrad Schumacher an Josef Langer vom 29.11.1944, S. 2 (Südzucker AG, Unternehmensarchiv, SCH 01_00_001); Süddeutsche Zucker-AG an die Herren Mitglieder des Aufsichtsrats vom 11.12.1944 (HADB, P 4826).

24 Direktor Josef Langer an Conrad Schumacher vom 18.11.1944, S. 1 (Südzucker AG, Unternehmensarchiv, SCH 01_00_001); Süddeutsche Zucker-AG an die Herren Mitglieder des Aufsichtsrats vom 11.12.1944 (HADB, P 4826).

25 Süddeutsche Zucker-AG an die Herren Mitglieder des Aufsichtsrats vom 11.12.1944 (HADB, P 4826); Karl-Ernst Sippell an Süddeutsche Zucker-AG, Vorstand vom 19.12.1944 (ebd.).

1944 nahmen Tiefflieger die Zuckerfabrik ins Visier, woraufhin die Kampagne zehn Tage stillstand.[26]

Mitte Dezember 1944 spitzte sich die Situation weiter zu, da »wegen der fortgesetzten gefährlichen Alarme« die süddeutschen Werke »sehr viel still« lagen und mit Ausnahme von Rheingau und Groß-Gerau die Zuckerfabriken »mehr oder weniger alle schon durch Angriffe ziemlich heimgesucht« worden waren.[27] Zwar konnten die Werke mit der Kampagne 1944/45 beginnen, jedoch musste Waghäusel zwei Mal nach Treffern pausieren. Das Werk Offstein lag einmal acht Tage und ein anderes Mal 30 Stunden wegen Bordwaffenbeschuss still. Das Werk Regensburg erlitt am 20. Oktober 1944 bei einem Bombenangriff auf das Stadtgebiet und die Reichsbahnstrecke nach Hof Schäden, die aber innerhalb einer Woche repariert werden konnten, sodass die Rübenverarbeitung am 28. Oktober 1944 aufgenommen wurde.[28] Der Gesamtschäden des Luftkriegs summierten sich bis Mitte Februar 1945 auf 700.000 Reichsmark an Gebäuden und Maschinen sowie auf drei Mio. Reichsmark an Vorräten.[29]

Demgegenüber wurde die Zuckerfabrik Heilbronn im Dezember 1944 so schwer getroffen, dass an die Weiterführung des Betriebs nicht gedacht werden konnte.[30] Eine weitere Sorge betraf das Vordringen der Westalliierten, wodurch das Kriegsgeschehen immer näher an Süddeutschland heranrückte. Der Umzug der Südzucker-Zentrale von Mannheim ins württembergische Züttlingen sollte die Funktionsfähigkeit der Unternehmensverwaltung aufrechterhalten, gab aber auch dem Vorstandspersonal größere Sicherheit.[31]

26 Besuch der Zuckerfabrik Waghäusel am 9.12.1944 (Südzucker AG, Unternehmensarchiv, WAG 01_00_006).

27 Conrad Schumacher an Direktor Ulrich Pütter, Klettendorf vom 13.12.1944, S. 1 (Südzucker AG, Unternehmensarchiv, HV 01_00_150 Mappe 3).

28 Süddeutsche Zucker-AG an die Herren Mitglieder des Aufsichtsrats vom 30.10.1944 (ebd.); Karl-Ernst Sippell an Süddeutsche Zucker-AG, Vorstand vom 4.11.1944 (ebd.); Zuckerfabrik Regensburg, Berichtsjahr 1944/45 vom 14.2.1945 (Südzucker AG, Unternehmensarchiv, RE 01_00_002).

29 Werk Regensburg, Berichtsjahr 1944/45 vom 14.2.1945 (Südzucker AG, Unternehmensarchiv, RE 01_00_002); Werk Regensburg, Bericht über den Fliegerangriff auf Regensburg am 20. Januar 1945 vom 22.1.1945 (ebd., RE 01_00_001-2); Werk Regensburg, Bericht über den Fliegerangriff auf die Zuckerfabrik Regensburg am 28. Dezember 1944 vom 2.1.1945 (ebd.); Süddeutsche Zucker-AG an Kriegsschädenamt Regensburg vom 24.3.1945 (BArch, R 16, Nr. 2260).

30 Hubert Bläsi/Christhard Schrenk, *Heilbronn 1944/45. Leben und Sterben einer Stadt*, Heilbronn 2014, S. 69 ff.

31 Süddeutsche Zucker-AG, Mitteilung betr. Abteilungsverlegung vom 22.12.1944 (HADB, P 4826); Süddeutsche Zucker-AG, Mitteilung betr. Abteilungsverlegung vom 12.2.1945 (ebd.).

Abb. 37 Zerstörte Würfelzuckerabteilung in Waghäusel

Mit Ausnahme von Rheingau arbeiteten Mitte November 1944 alle verbliebenen süddeutschen Fabriken. Wenngleich sich durch die ständigen Alarme und die allgemeine Lage große Schwierigkeiten auftürmten und insbesondere die Fabrik in Stuttgart hemmende Verhältnisse umgab, räumte Schumacher ein, dass es »bisher […] so leidlich gut gegangen« sei.[32] Einen deutlichen Rückschlag bildete aber der am 16. Dezember 1944 eingetretene »Totalverlust« der Zuckerfabrik Jülich.[33]

Die erfahrene Ohnmacht ließ den Klettendorfer Direktor Josef Langer Mitte Dezember 1944 die fatalistische Frage stellen, wie lange das noch so fortgehen solle, da das Deutsche Reich keine Mittel mehr habe, der alliierten Luftüberlegenheit Herr zu werden. Deshalb sah er der »Zukunft mit großen Besorgnissen entgegen«. Langer nahm fest an, dass das »Jahr 1945 die Entscheidung in diesem furchtbaren Kriege bringen« würde und

32 Conrad Schumacher an Josef Langer vom 16.11.1944, S. 1 (Südzucker AG, Unternehmensarchiv, SCH 01_00_001).

33 Süddeutsche Zucker-AG an die Herren Mitglieder des Aufsichtsrats vom 11.12.1944 (HADB, P 4826); Karl-Ernst Sippell an Süddeutsche Zucker-AG, Vorstand vom 19.12.1944 (ebd.); vgl. Virnich, *Jülich*, S. 94 f.; Guido von Büren/Horst Wallraff, *Blicke auf den Bombenkrieg im »Reich« und an der Rur – Der 16. November 1844 in Düren und Jülich*, in: Guido von Büren/Horst Wallraff (Hg.), Zwischen »Führer« und Freiheit. Bombenkrieg und »Befreiung« an der Rur, Regensburg 2023, S. 140-187.

hoffte, dass »sich unsere Zukunft besser gestaltet als es gegenwärtig den Anschein hat«.[34] Eine politische Oppositionshaltung erwuchs aus der wachsenden Skepsis aber nicht.

Kurz nach dem Jahresbeginn 1945 berichtete Conrad Schumacher nach Klettendorf, dass in Offstein mit Ausnahme des Dachs über der Verdampfstation die meisten Schäden repariert waren. Die Fabrik arbeitete wieder, wenngleich mit den inzwischen »üblichen Unterbrechungen wegen den fortwährenden Alarmen«.[35] Dem Rübenantransport fehlten Lokomotiven, ein Teil der Rüben steckte zudem noch im Boden und konnte wegen der Kälte nicht gerodet werden, sodass wegen fehlender Rüben beispielsweise Offstein über Weihnachten und Neujahr pausierte, aber am 2. Januar 1945 die Verarbeitung der restlichen 150.000 Doppelzentner Rüben aufnahm. Die Kampagne entwickelte sich zu einer der »schwersten« seit Gründung der Fabrik, da ab Oktober 1944 immer wieder Tieffliegerbeschuss den Betrieb erschwerte oder sogar lahmlegte.[36] Am 17. Dezember 1944 starben drei Betriebsangehörige bei einem Jagdbomberangriff. Die absolute alliierte Luftüberlegenheit behinderte den Antransport der Zuckerrüben wie auch den Versand des fertigen Zuckers. In der zweiten Dezemberhälfte stellte die Reichsbahn nur noch 70 der 260 angeforderten Waggons.

Die Betriebsleitung hatte vor Beginn der Rübenverarbeitung befürchtet, dass das Arbeitsamt wegen der Schanzarbeiten am Westwall nur eine unzureichende Anzahl Kampagnearbeiter zuweisen könnte. Doch der Vormarsch der Westalliierten führte dazu, dass Mitte Oktober 1944 120 französische und belgische Zivilarbeiter gestellt wurden, die zuvor in einem inzwischen stillgelegten Walzwerk gearbeitet hatten. Diese waren »kräftig, aber durch die Bank arbeitsunlustig«.[37] Da sie für die Rübenverarbeitung »ungeeignet« waren, verlegte das Arbeitsamt die Leute in die eisenverarbeitende Industrie. Als Ersatz erhielt die Zuckerfabrik Offstein französische, polnische, serbische und sowjetische Kriegsgefangene, zuletzt auch eine Kolonne italienische Militärinternierte. Bis zuletzt blieben der stereotype Blick, die hierarchische Herrenhaltung und die Vorbehalte erhalten, wenn die Betriebsleitung von Offstein festhielt, dass

34 Josef Langer an Conrad Schumacher vom 18.12.1944, S. 2 f. (Südzucker AG, Unternehmensarchiv, SCH 01_00_001).

35 Conrad Schumacher an Direktor Josef Langer, Klettendorf vom 2.1.1945, S. 1 (ebd.).

36 Kampagnenbericht 1944/45 Zuckerfabrik Offstein o. D. [Februar 1945], S. 1 (ebd., OF 07_00_005).

37 Ebd., S. 2 ff.

die »Arbeitswilligkeit« der Zwangsarbeiter zu Klagen keinen Anlass gab, allein die »meisten Italiener« hätten eine »besondere Faulheit« an den Tag gelegt.[38]

Das Werk Groß-Gerau pausierte bereits ab dem 16. Dezember 1944, verarbeitete ab der zweiten Januarwoche 1945 noch 150.000 Doppelzentner aus der zerstörten Zuckerfabrik Wetterau im hessischen Friedberg. Heilbronn war ebenso schwer getroffen worden wie das Werk Regensburg, wo »an eine Weiterarbeit nicht mehr zu denken« war. Der Vorderbetrieb war stark beschädigt und zusätzlich vernichteten die Bomben das Zucker- und Schnitzellager mit 60.000 Doppelzentner Zucker und 40.000 Doppelzentner Schnitzeln. Der Gesamtschaden allein im Werk Regensburg wurde auf drei Mio. Reichsmark geschätzt.[39] Die süddeutschen Fabriken standen nach Einschätzung von Schumacher in der Gefahr erneuter Bombenangriffe. Demgegenüber hielt er die Verhältnisse in Schlesien noch für vergleichsweise günstig. Deshalb fragte Schumacher auch an, wie weit die dortigen Bilanzarbeiten vorangeschritten waren, da üblicherweise zum Jahreswechsel der Abschluss weitgehend fertiggestellt war.

38 Kampagnenbericht 1944/45 Zuckerfabrik Offstein o. D. [Februar 1945], S. 4 (ebd.).

39 Süddeutsche Zucker-AG an die Herren Mitglieder des Aufsichtsrats vom 17.1.1945, S. 1 (HADB, P 4826); Karl-Ernst Sippell an Süddeutsche Zucker-AG, Vorstand vom 13.2.1945 (ebd.); Karl-Ernst Sippell an Süddeutsche Zucker-AG, Vorstand vom 28.2.1945 (ebd.).

Kampagne 1944/45: Fortsetzung der Routinen

Im Frühjahr 1944 war in den Einzugsgebieten und den Landwirtschaftsbetrieben der verschiedenen Fabrikstandorte erneut die Aussaat erfolgt, um im Herbst die Ernte der »Erzeugungsschlacht« einfahren und zu Zucker, Melasse und Rübenschnitzeln weiterverarbeiten zu können. Mit den unter den Pflug genommenen Anbauflächen sollte die Zuckerproduktion des Mannheimer Konzerns zumindest stabilisiert werden. Der Luftkrieg zeigte zwar in den im Westen gelegenen Fabriken bereits empfindliche Auswirkungen, die Landung auf dem französischen Festland war jedoch noch nicht erfolgt. Auch stand die Rote Armee, die in der Winteroffensive 1943/44 die Ukraine rückerobert hatte und nach Rumänien vorstieß, noch weit weg. Alles in allem glaubte die Führungsmannschaft noch nicht, auf eine militärisch bedrohliche Situation reagieren zu müssen.

Die Berichte kreisten wie gewohnt im Frühjahr und Sommer 1944 um Witterungsverhältnisse oder sorgten sich um den Fortschritt bei Reparaturen und Umbauten. Doch im fern von Mannheim gelegenen Schlesien, dem noch außerhalb der Reichweite amerikanischer und britischer viermotoriger Bomber befindlichen »Reichsluftschutzkeller«,[1] hatte Mitte 1943 die Suche nach möglichen Produktionsflächen für Rüstungsbetriebe aus westlichen Landesteilen begonnen. Auch die Zuckerfabrik Münsterberg war verschiedentlich auf Vermittlung der Planungsbehörde beim Oberpräsidenten Niederschlesien von Kommissionen und Unternehmensbeauftragten besichtigt worden. Zwar war auf Anordnung des Oberpräsidenten einer Krakauer Monopolgesellschaft ein Schnitzelspeicher und ein Großteil des Fabrikhofs zur vorübergehenden Abstellung von Maschinen zur Verfügung gestellt worden. Es war jedoch vorgesehen, bis zum 15. September 1944 alles wieder zu räumen, damit die Kampagne reibungslos durchgeführt werden konnte.[2] Die am 7. Juli 1944 einsetzenden Bombenangriffe galten vordringlich den in Schlesien errichteten Hydrierwerken und Raffinerien.[3]

1 Vgl. Mirosław Sikora, *Die Waffenschmiede des »Dritten Reiches«. Die deutsche Rüstungsindustrie in Oberschlesien während des Zweiten Weltkrieges*, Essen 2014, S. 197; Mirosław Węcki, *Fritz Bracht – Gauleiter von Oberschlesien. Biographie*, Paderborn 2021, S. 503.

2 Zuckerfabrik Münsterberg AG an Hauptvereinigung der deutschen Zucker- und Süßwarenwirtschaft vom 12.6.1944, S. 1 (Südzucker AG, Unternehmensarchiv, HV 01_00_150 Mappe 3).

3 Peter Negwer, *Die alliierten Luftangriffe auf Schlesien 1944*, in: Schlesische Geschichtsblätter 41 (2014), Nr. 1, S. 1-22.

Quasi aus heiterem Himmel »beschlagnahmte« der Reichsverteidigungskommissar von Schlesien, NSDAP-Gauleiter Fritz Bracht, am 11. Juni 1944 die Zuckerfabrik Münsterberg »mit sofortiger Wirkung«, nachdem am 6. Juni 1944 ein Parteifunktionär aus dem Reichsministerium für die besetzten Ostgebiete die Zuckerfabrik in Augenschein genommen hatte. Die Standortleitung konnte dem zuständigen Südzucker-Vorstandsmitglied Schumacher über die Beweggründe nichts Näheres mitteilen, weil zuvor keine Verhandlung stattgefunden hatte und auch keine schriftliche Verfügung vorlag.[4] Die Betriebsdirektion alarmierte die Führungsebene und legte bei der seit Ende November 1943 wegen Zerstörung des Berliner Dienstgebäudes in die Tangermünder Konservenfabrik verlegte Hauptvereinigung der Deutschen Zucker- und Süßwarenwirtschaft telegrafisch Protest ein.[5] Die Eingabe vermochte aber gegen eine Weisung des mit umfassenden Vollmachten ausgestatteten Reichsverteidigungskommissars als nationalsozialistischer Sonderinstanz wenig auszurichten.[6] Doch die für den Folgetag angekündigte schriftliche Verfügung blieb aus. Die NSDAP-Kreisleitung hatte aber bereits seit Sommer 1943 die Ansiedlung eines westfälischen Industriebetriebs in den Gebäuden der Zuckerfabrik angestrebt. Die Lippstädter Westfälische Metall-Industrie AG sah aber davon ab, weil sich die Räume für deren Zwecke nicht eigneten.[7]

Stattdessen kamen am 19. Juni 1944 drei Vertreter der wegen des Vordringens der Roten Armee nach Westen verlagerten Landbewirtschaftungsgesellschaft Ukraine mbH, da die Zuckerfabrik Münsterberg von der »La.-Einsatzgruppe Süd« beschlagnahmt worden sei und als Ziel der in ihrem Auftrag vorgenommenen »Maschinentransporte« diene. Direktor Max Schöngart lehnte aber wegen der fehlenden Beschlagnahme-

4 Telegramm Zuckerfabrik Münsterberg, Direktor Max Schöngart, an Conrad Schumacher vom 11.6.1944 (Südzucker AG, Unternehmensarchiv, HV 01_00_150 Mappe 3); Conrad Schumacher an Direktor Max Schöngart vom 16.6.1944 (ebd.).

5 Hauptvereinigung der deutschen Zucker- und Süßwarenwirtschaft an Zuckerwirtschaftsverbände, Zuckerfabriken usw. vom 26.11.1943 (BArch, R 13-XXX, Nr. 82); Zuckerfabrik Münsterberg AG an Hauptvereinigung der deutschen Zucker- und Süßwarenwirtschaft vom 12.6.1944, S. 1 ff. (Südzucker AG, Unternehmensarchiv, HV 01_00_150 Mappe 3).

6 Zur Funktion eines Reichsverteidigungskommissars siehe die exemplarische Studie von Ralf Blank, *Albert Hoffmann als Reichsverteidigungskommissar im Gau Westfalen-Süd, 1943-1945*, in: Wolf Gruner/Armin Nolzen (Hg.), »Bürokratien«. Initiativen und Effizienz, Berlin 2001 (= Beiträge zur Geschichte des Nationalsozialismus, Bd. 17), S. 189-210; Węcki, *Bracht*, insb. S. 476 ff. und 500 ff.

7 Zuckerfabrik Münsterberg, Direktor Max Schöngart, an Conrad Schumacher vom 7.7.1943 (Südzucker AG, Unternehmensarchiv, SCH 01_00_003).

verfügung die Übergabe der Fabrik ab. Nachdem die Hauptvereinigung in ihrem Schreiben die Zustimmung der Landesbauernschaft als Voraussetzung jeglicher Übergabe benannt hatte, zogen die Beauftragten wieder ab. Die Landesbauernschaft sollte zu einer ablehnenden Stellungnahme veranlasst werden, die dem Reichsernährungsministerium und dem Speer-Ministerium zur Vermeidung einer Beschlagnahme zur Kenntnis gebracht werden sollte.[8]

Gauleiter Bracht hatte dagegen der Beschlagnahme zugestimmt, um dort ein Reparaturwerk für die in großer Zahl aus der Ukraine geraubten Traktoren und landwirtschaftlichen Maschinen aufzuziehen. Die Unterbringung der bei der Räumung ukrainischer Regionen aus den früheren Maschinen-Traktoren-Stationen geraubten Trecker und landwirtschaftlichen Maschinen kam aus Sicht der Besatzungsstrukturen und des Gauleiters Vordringlichkeit gegenüber der Zuckererzeugung zu. Die Ämterkonkurrenz und der ungehemmte Durchsetzungswille nazifizierter Institutionen beklagte Conrad Schumacher als rücksichtsloses Gegeneinanderarbeiten einzelner Stellen.[9] Die Atomisierung der NS-Kriegswirtschaft und -Herrschaft setzte ein.

Nachdem aber der Landesbauernführer einer zur Stilllegung der Zuckerfabrik führenden Beschlagnahme widersprechen wollte, ergab sich bei näheren Verhandlungen bei der Planungsbehörde des Oberpräsidenten am 21. Juni 1944 die Kompromisslinie, dem Reparaturwerk als »Gastbetrieb« gewisse Räumlichkeiten und Abstellflächen zu überlassen, aber die Zuckerproduktion möglichst unbeeinträchtigt fortzusetzen. Am nächsten Tag forderte der Frankensteiner NSDAP-Kreisleiter im Beisein eines Mannes des Reichsministeriums für die besetzten Ostgebiete den Betrieb ultimativ auf, allen Forderungen des Ministeriumsvertreters und damit den »kriegsbedingten Erfordernissen« zu entsprechen, wenn die beim Gauleiter bereits »bereit liegende Beschlagnahme-Verfügung« nicht zur Durchführung kommen solle.[10] Die inzwischen eingetroffenen 14 Waggons entlud die Reichsbahn und stellte die landwirtschaftlichen Maschinen einstweilen auf dem Bahngelände ab.

8 Zuckerfabrik Münsterberg, Direktor Max Schöngart, an Zuckerwirtschaftsverband Schlesien vom 19.6.1944 (Südzucker AG, Unternehmensarchiv, HV 01_00_150 Mappe 3); Hauptvereinigung der deutschen Zucker- und Süßwarenwirtschaft, Mohr, an Zuckerfabrik Münsterberg AG vom 17.6.1944 (ebd.).

9 Conrad Schumacher an Direktor Max Schängert vom 26.6.1944 (ebd.).

10 Zuckerfabrik Münsterberg AG an Hauptvereinigung der deutschen Zucker- und Süßwarenwirtschaft vom 24.6.1944, S. 2 ff. (ebd.).

Wegen der drohenden Erschwernis der Kampagnentätigkeit intervenierte die Zuckerfabrik Münsterberg AG bei der Hauptvereinigung, zumal die Rübenbauern um die Abgabemöglichkeit ihrer Ernte bangten. Anfang Juli 1944 war dann die »Weiterarbeit« der Zuckerfabrik »gesichert«, da der Landesbauernführer eine »feste Haltung bewiesen« hatte und der inzwischen ohne Territorium auskommenden Landbewirtschaftungsgesellschaft mbH in der Zuckerfabrik Münsterberg nur der Status als »Gastbetrieb« zukam, der nur einen Schnitzelspeicher für den Traktorreparaturbetrieb nutzen durfte.

Der zuständige Oberkriegsverwaltungsrat Professor Walter Traugott Renard stimmte bei einem Vororttermin zu, dass in Münsterberg mit 50 anstatt 200 ebenfalls deportierten ukrainischen Arbeitskräften nur ein verminderter Reparaturbetrieb aufgezogen wurde.[11] Insbesondere Parteistellen vom Ortsgruppen- bis zum Gauleiter, denen Direktor Max Schöngart eine »sture Einstellung« bescheinigte, gaben im »totalen Krieg« der Ansiedlung eines großen Rüstungsbetriebs den unbedingten Vorrang, zumal aus deren Sicht die nur zweimonatige Produktionsdauer gegen die Fortführung der Zuckerfabrik sprach. Insoweit ergab sich am Ende aus der begrenzten Belegung mit dem »Gastbetrieb« der Vorteil, dass dieser eine »gute Barriere« vor der kompletten Fabrikschließung und der Einweisung eines Rüstungsbetriebs bildete.[12]

In Schlesien galten die Zuckerfabriken bei NSDAP-Stellen zumindest außerhalb der Kampagne wenig. Hinzu kam, dass der NSDAP-Gauleiter und Reichsverteidigungskommissar Ende Juli 1944 ein Stellungssystem aufbauen wollte, zu dem auf Anweisung der Gauwirtschaftskammer Oberschlesien die Hotzenplotzer Zuckerfabriks AG für vermutlich vier Wochen zehn Mann abzustellen hatte.[13] Der NSDAP-Kreisleiter in Neustadt/Oberschlesien setzte aber Anfang August 1944 im Vorgriff in eigener Zuständigkeit sechs deutsche Männer und einen Ukrainer in Marsch. Von den 38 männlichen Arbeitern mussten 20 abgegeben werden. Damit verblieben der Zuckerfabrik nur noch 18 männliche Arbeiter und 25 englische Kriegsgefangene, die aber nach Ansicht des Direktors Rudolf Grünn »ohne entsprechende Anleitung und ohne Aufsichtspersonal natürlich minderleistungsfähig« sein würden. Da der bevorstehende Anlauf der Kampagne ein Mindestmaß an Personal erforderte, sollte der

11 Zuckerfabrik Münsterberg AG an Hauptvereinigung der deutschen Zucker- und Süßwarenwirtschaft vom 5.7.1944, S. 1 (ebd.).

12 Zuckerfabrik Münsterberg AG, Max Schöngart, an Conrad Schumacher vom 6.7.1944 (ebd.); Conrad Schumacher an Max Schöngart vom 6.7.1944 (ebd.).

13 Gauwirtschaftskammer Oberschlesien an Mitgliedsfirmen vom 30.7.1944 (ebd.).

Betriebsleitung zumindest wie in der Zuckerfabrik Bauerwitz die Benennung der abzugebenden Männer überlassen bleiben.[14] Durch »energische Maßnahmen« der Fabrikleitung gelang es im Oktober 1944, die auf dem Hof abgestellten landwirtschaftlichen Maschinen zu entfernen, was einen störungsfreien Hofbetrieb ermöglicht. Eine Halle diente weiterhin als Reparaturwerkstatt von landwirtschaftlichen Maschinen.[15]

Ansonsten machten die Standortverantwortlichen nur das, was sie immer im Herbst/Winter taten: Sie ließen angelieferte Rüben reinigen, häckseln, kochen usw., um Zucker raffinieren zu können. Die Fabriken Klettendorf, Ratibor, Bauerwitz, Haynau, Münsterberg sowie Oberglogau und Zülz wollten zwischen dem 7. und 10. Oktober mit der Rübenverarbeitung zu Zuckerschnitzeln und zwischen dem 10. und 18. Oktober mit der Zuckererzeugung beginnen.[16] Die Fabriken Zülz und Oberglogau der Hotzenplotzer Zuckerfabriks AG starteten am 17. bzw. 18. Oktober die Rübenverarbeitung auf Trockengut und auf Zucker am 20. bzw. 23. Oktober 1944.[17] Auch wenn in den schlesischen Fabriken ab Oktober 1944 erstmals Störungen durch Alarme und Bombenabwürfe drohten, rechnete Direktor Josef Langen damit, dass trotz der gering ausgefallenen Ernte von rund einer Mio. Doppelzentner Rüben die Kampagne »einigermaßen befriedigend« verlaufen und Mitte Dezember 1944 die Verarbeitung auf Zucker und Mitte Januar 1945 die Trocknung von Rübenschnitzeln abgeschlossen sein könnten.[18] Wenn nicht der Waggonmangel und die dadurch begrenzten Rübenmengen einen Volllastbetrieb verhindert hätten, würde der Kampagnenverlauf sogar »recht befriedigend« ausfallen.[19]

Im Einzelnen berichtete die oberschlesische Fabrik Zülz über den Kampagneverlauf, dass die Rekrutierung von Kampagnearbeitern »keine Schwierigkeiten« bereitet habe, weil das Arbeitsamt die übergroße Mehrheit der vorjährigen Kampagnearbeiter und Dienstverpflichteten wieder zugewiesen hatte und von den 111 bei der Wehrmacht gestellten

14 Hotzenplotzer Zuckerfabriks AG an Hauptvereinigung der deutschen Zucker- und Süßwarenwirtschaft vom 4.8.1944, S. 1 (ebd.); Hotzenplotzer Zuckerfabriks AG an Gauwirtschaftskammer Oberschlesien vom 5.8.1944 (ebd.).

15 Bericht über die schlesischen Fabriken Camp. 1944/45 vom 3.11.1944, S. 6 (ebd., OF 07_00_009).

16 Vom Rath, Schoeller & Skene AG, Direktor Josef Langer, an Süddeutsche Zucker-AG, Technisches Zentralbüro am 7.10.1944 (ebd., HV 01_00_150 Mappe 3).

17 Hotzenplotzer Zuckerfabriks AG, Robert Grünn, an Conrad Schumacher vom 17.10.1944 (ebd.).

18 Josef Langen an Conrad Schumacher vom 14.10.1944, S. 3 (ebd., SCH 01_00_001).

19 Josef Langen an Conrad Schumacher vom 25.11.1944, S. 1 (ebd.).

Anträgen auf Gewährung von Arbeitsurlaub immerhin die Hälfte, wenngleich verspätet, genehmigt wurde. Darüber hinaus erhielt die Fabrik Zülz 190 sowjetische Kriegsgefangene und weitere 34 für den Einsatz bei den Rübenniederlagen, wodurch »Abnahme und Verladung gesichert« waren. Die Kriegsgefangenen arbeiteten in der Fabrik »zufriedenstellend, draußen im Hof beim Rübenwerfen mussten sie dagegen fortwährend angeregt« werden.[20] Kurz vor dem Beginn der Winteroffensive der Roten Armee, die bereits Ende Januar 1945 die oberschlesischen Betriebe erreichen sollte, hielt der Bericht noch verschiedene Verbesserungspunkte fest, etwa den Einbau eines neuen Kapselgetriebes in der Umgehungsleitung der Kühltrommel der Schnitzeltrocknung – ganz so als gäbe es noch ein Morgen für die schlesischen Konzernbetriebe der Süddeutsche Zucker-AG. Auch wenn für die Kampagne 1945/46 keine Neuanschaffungen vorgesehen wurden, sollte die für »notwendig« erachtete zusätzliche Unterbringungsmöglichkeit von Kampagnearbeitern durch die »Erweiterung einer schon bestehenden Baracke vorgesehen« werden.[21] Erstaunlicherweise verfügte auch die Zuckerfabrik Ratibor mit 480 Männern, 280 kriegsgefangenen Engländern und 95 Frauen über einen ausreichenden Personalbestand.

In der Unternehmenszentrale bestand die Auffassung, dass Schlesien im Hinblick auf den Bombenkrieg noch »als Eldorado anzusprechen« war. Ganz so als wäre dort noch alles in bester Ordnung, riet Conrad Schumacher dazu, die Schnitzeltrocknung zu Gunsten der Zuckererzeugung zu beschränken.[22] Inwieweit hinter dieser Überlegung die Absicht stand, die Zuckervorräte zu vergrößern und mit einer Bevorratung ein erfahrungsgemäß in Mangelzeiten gut absetzbares Tauschgut zu besitzen, kann heute nicht mehr festgestellt werden.

Die Rote Armee rückte allerdings unaufhaltsam auf Oberschlesien zu. Obwohl eine Besetzung der Region durch sowjetische Truppen immer wahrscheinlicher wurde, sprach Mitte Januar 1945 Abteilungsleiter Kühnel vom SS-Wirtschafts-Verwaltungshauptamt in Klettendorf bei der vom Rath, Schoeller & Skene AG vor, um deren landwirtschaftliche Güter Prauß und Lohbusch zu erwerben. Er nahm auf eine am 9. Ja-

20 Fabrik Zülz-Schönowitz, Bericht über die Kampagne 1944/45 vom 10.1.1945, S. 2 (Südzucker AG, Unternehmensarchiv, SCH 01_00_004); das Werk Bauerwitz erhielt ebenfalls 45 % der bei der Wehrmacht angeforderten Männer, Bericht über die schlesischen Fabriken Camp. 1944/45 vom 3.11.1944, S. 3 (ebd.).

21 Fabrik Zülz-Schönowitz, Bericht über die Kampagne 1944/45 vom 10.1.1945, S. 7 (ebd.).

22 Conrad Schumacher an Direktor Ulrich Pütter, Klettendorf vom 13.12.1944, S. 1 (Südzucker AG, Unternehmensarchiv, HV 01_00_150 Mappe 3).

nuar 1945 ausgestellte Verfügung des Rechtsamts des SS-Wirtschafts-Verwaltungshauptamts Bezug, wonach die SS für die Heranziehung von Grundbesitz für den SS-Truppenübungsplatz Kurmark und das Konzentrationslager Groß-Rosen Ersatzland beanspruchen müsse. Auf dem abschriftlich in den Unterlagen von Conrad Schumacher überlieferten Schriftstück notierte dieser handschriftlich »Ihr dummen Säue! Bald wird Eure Zeit zu Ende sein!«[23] Der gegen die SS, vor allem aber gegen ihr angesichts der militärischen Lage vollkommen abseitiges Verhalten gerichtete Zorn stand stellvertretend für das allenthalben feststellbare Abrücken vom NS-Regime. Das war gleichwohl nicht ohne Risiko, weil es auch als Defätismus gedeutet werden konnte. Insgesamt steckte dahinter wohl vor allem die von Schumacher Anfang März 1945 gegenüber dem Aufsichtsratsvorsitzenden Kurt Schmitt geäußerte Sorge, dass die »ganze wertvolle Aufbauarbeit« womöglich »umsonst« gewesen sein könnte. Am meisten schmerzte ihn der »wahrscheinliche Verlust unserer schönen Landwirtschaft um Breslau herum von 18.000 Morgen«.[24]

In den Verhandlungen am 18. Januar 1945 reduzierte Kühnel bezeichnenderweise seine Forderung auf ein Gut, das nach dem Erwerb durch das SS-WVHA Georg von Richthofen aus dem Landkreis Nimptsch als Ersatz für die Enteignung eines größeren Landbesitzes und eines Steinbruchs abgetreten werden sollte.[25] Den Hinweis, dass der Verkauf von Liegenschaften nicht in der Zuständigkeit des Vorstands liege, sondern der ausdrücklichen Zustimmung des Aufsichtsrats bedürfe, wischte Kühnel mit dem Bemerken beiseite, dass für den Fall einer Verweigerung des freiwilligen Verkaufs er unter Bezugnahme auf das NSDAP-Parteiprogramm die Enteignung herbeiführen werde. Zur gleichen Zeit streckte auch die NSDAP-Gauleitung ihre Hand nach einer Unternehmensimmobilie aus, um dort Bauern anzusiedeln, die ihre Flächen für den Bau eines Krupp-Werks hatten abtreten müssen.

Der Klettendorfer Vorstand stellte sich auf den Standpunkt, einstweilen nicht nachzugeben, sondern Heinrich Burk wollte in direktem Kontakt mit dem Gauleiter dessen Haltung erkunden. Burk sprach in der Angelegenheit mit dem NSDAP-Kreisleiter, der einen Gesprächster-

23 SS-Wirtschafts-Verwaltungsamt (HG im Srab W-Kü/Sch (VI/12b) an Firma vom Rath, Schoeller & Skene AG vom 9.1.1945 (Südzucker AG, Unternehmensarchiv, HV 01_00_150 Mappe 3).

24 Conrad Schumacher an Kurt Schmitt vom 2.3.1945, S. 2 (Allianz SE, Historisches Archiv, NL 1, Nr. 161).

25 Heinrich Burk an Conrad Schumacher als Aufsichtsratsvorsitzender der vom Rath, Schoeller & Skene AG vom 20.1.1945, S. 1 (Südzucker AG, Unternehmensarchiv, HV 01_00_150 Mappe 3).

min vermitteln wollte, glaubte aber wegen der aktuellen Lage weder an ein Zusammentreffen mit Fritz Bracht noch an eine Umsetzung der SS-Pläne, die aus Sicht von Burk »durch die Geschehnisse der letzten Tage sowieso überholt« seien.[26]

Wie realitätsfern und losgelöst von der Kriegssituation diese SS-Initiative wirken musste, verdeutlicht allein schon die am 19. Januar 1945 erfolgte Einberufung des Fabrikdirektors Ulrich Pütter und weiterer Mitarbeiter zum Volkssturm.[27] Dass bald schon die Region von der Roten Armee besetzt sein würde, stand dem SS-Funktionär anscheinend gar nicht vor Augen, obgleich nur eine gute Woche später das Konzentrationslager Auschwitz militärisch besetzt und die dort verbliebenen Häftlinge befreit wurden.[28]

Durch den Räumungsbefehl der Stadt Breslau fand die Kampagne in Klettendorf am 20. Januar 1945 ein »plötzliches Ende«, woraufhin der Einwurf von Rohzucker eingestellt wurde. Um aber die spätere Betriebsfähigkeit der Zuckerfabrik aufrechtzuerhalten, erfolgte noch die Ausarbeitung der in den Vakuen und Maischen befindlichen Produkte, was wegen der wenigen deutschen Mitarbeiter und den eingesetzten »Polenfrauen« bis zum 4. Februar 1945 dauerte. Parallel erfolgte bis zum 24. Januar 1945, als noch Waggons gestellt wurden, die Rübentrocknung. 120.000 Doppelzentner Rüben blieben allerdings unverarbeitet. Der Bestand von 130.000 Doppelzentner Weißzucker und an Futtermitteln sollte mit der verbliebenen Belegschaft von 80 Männern und ein »paar polnischen Frauen« möglichst noch ausgelagert oder abgeliefert werden. Abschließende Gesamtzahlen der Kampagnenergebnisse konnten allerdings nicht mehr übermittelt werden.[29]

Die Zuckerfabriken Oberglogau, Zülz, Bauerwitz und Ratibor waren wegen des Herannahens der Front »außerordentlich gefährdet«. Panzerspitzen hatten am 23. Januar 1945 das Hydrierwerk der IG Farben bei Heydebreck O. S. [Kędzierzyn] erreicht und die Rote Armee nahm Cosel [Koźle] unter Artillerie-Beschuss. Die großen Flüchtlingstrecks unterstri-

26 Heinrich Burk an Conrad Schumacher vom 20.1.1945 (ebd.).

27 Klaus Mammach, *Der Volkssturm. Das letzte Aufgebot*, Köln 1981; David K. Yelton, *Hitler's Volkssturm. The Nazi Militia and the fall of Germany, 1944-1945*, Lawrence, Kan. 2002.

28 Jacek Lachendro, *Auschwitz nach der Befreiung*, Oświęcim 2023; Michael Wildt, *Zerborstene Zeit. Deutsche Geschichte 1918 bis 1945*, München 2022, S. 476 ff.; Ian Kershaw, D*as Ende. Kampf bis in den Untergang – NS-Deutschland 1944/45*, München 2011, S. 330 ff.

29 Vom Rath, Schoeller & Skene AG an Süddeutsche Zucker-AG, Technisches Zentralbüro vom 5.2.1945 (Südzucker AG, Unternehmensarchiv, HV 01_150 Mappe 3).

chen den Ernst der Lage, weshalb »ängstliche Gemüter« unter den Oberglogauern bereits das »Weite gesucht« hatten. Die Belegschaften der Zuckerfabriken blieben dagegen vollständig an ihren Arbeitsplätzen, obwohl nach Ansicht des Vorstands der Hotzenplotzer Zuckerfabriks AG, Richard Grünn, keine sichere Aussicht bestand, nach einem »Räumungsbefehl« über die noch intakten Oderbrücken »in das überfüllte Innere des Deutschen Reiches zu flüchten«.[30] Wegen Kohlenmangels musste in Oberglogau und Zülz am 19/20. Januar 1945 die Rübentrocknung stoppen.

Da mit keiner Wiederaufnahme der Kohlenbelieferung gerechnet wurde, konnten in beiden Fabriken immerhin 116.000 Doppelzentner Rüben nicht verarbeitet werden. Grünn, der vier Tage später mit seiner Frau per Auto in Richtung Westen abfuhr, meldete sich in der »Hoffnung, Sie in ruhigen Zeiten gesund wiederzusehen« auch im Namen seiner Oberglogauer »Arbeitskameraden« bei Schumacher ab. Vor Ort blieb Fritz Lachnit mit anderen Männern auf dem Posten, da die beiden Zuckerfabriken Oberglogau und Zütz nach einem deutschen Gegenangriff noch nicht besetzt worden waren. Obwohl wegen der drohenden Übergriffe eine Evakuierung von Frauen und Kindern aus Oberglogau zwingend erforderlich schien, saßen noch alle in grenzenloser Not dort fest. Fahrzeuge oder Eisenbahnzüge wurden nicht gestellt. Es herrschte Chaos, das noch tausende durch die Gegend streifende ausländische Zwangsarbeiter der IG-Farben-Fabrik verstärkten. Größere Gruppen fanden zeitweilig im »Gefangenenlager« der Fabrik Unterkunft. Auch wurden »über 1.000 Juden hier durchgeschleust«. Lachnit, der noch auf ein »Wunder« hoffte, wollte deshalb mit anderen Männern »aushalten bis zum äussersten«.[31]

Direktor Gotfried Mück verließ nach eigenen Angaben die Zuckerfabrik Ratibor am 4. Februar 1945. Denn ab dem 1. Februar hatten drei schwere Luftangriffe die Fabrik an entscheidenden Stellen beschädigt, bis einsetzendes Artilleriefeuer am 3. Februar 1945 anzeigte, dass bald mit dem Eintreffen sowjetischer Bodentruppen zu rechnen war. Auch dort mussten größere Mengen Zucker und Rübenschnitzel zurückgelassen werden. Einzig die Finanz- und Rübenbuchhaltung wurden in Löbau, wo sich das Leitungspersonal der schlesischen Zuckerfabriken zunächst sammelte, Direktor Josef Langer übergeben, damit dieser die Außenstände beizubringen in der Lage war.[32]

30 Richard Grünn an Conrad Schumacher vom 23.1.1945 (ebd.).

31 Fritz Lachnit an Conrad Schumacher vom 1.2.1945, S. 1 f. (ebd.).

32 Gotfried Mück an Conrad Schumacher vom 5.2.1945, S. 1 f. (ebd.).

Langer nahm Mitte Februar 1945 mit Schumacher Kontakt auf, nachdem sich die Situation »leider erheblich verschlechtert« hatte. Nach Lage der Dinge könne der Aufenthalt in Löbau »nicht von langer Dauer« sein. Er selbst habe den »Boden unter den Füßen verloren« und wisse nicht, wo er mit seiner Frau »Obdach« finden solle. Das Haus in Breslau war verloren, das Elternhaus in Mährisch-Neustadt keine Alternative, da er damit rechnete, dass »bei einem für uns ungünstigen Ausgang des Krieges der Sudetengau den Tschechen zufallen« würde. Selbst die Aufnahme bei seiner Tochter in Brandenburg schien ihm je nach Vormarsch der sowjetischen Truppen nur übergangsweise eine Lösung zu sein, weshalb er sich in seiner »Not« an Schumacher mit der Bitte wandte, ihm »irgendwo in Süddeutschland einen ländlichen Zufluchtsort« zuzuweisen.[33] Auf Langers Brief von 5. Februar 1945 antwortend, zeigte sich Schumacher froh, dass sein leitender Mitarbeiter »wenigstens sein nacktes Leben retten« konnte. Alles andere, wie die in Oberglogau und Zülz unverarbeitet gebliebenen Rüben, die »mit Mühe aufgebauten Fabriken« und die »schöne Landwirtschaft«, werde das Unternehmen wohl »abschreiben« müssen.[34] Schumacher sagte ihm aber zu, dass er angesichts der langen Dienstzeit für ihn und seine Gattin »immer noch ein Plätzchen frei« machen werde.[35]

Auch die in Süddeutschland gelegenen Standorte machten, sofern sie nicht durch Bombenangriffe vollständig zerstört worden waren, in den gewohnten Routinen und Rhythmen weiter. AR-Vizevorsitzender Sippell sah Mitte Dezember 1944 sogar noch die Strategie der Westalliierten, die deutsche Zuckererzeugung »entscheidend zu treffen«, angesichts der erreichten Verarbeitungs- und Erzeugungsmengen keineswegs auch nur annähernd erreicht. Trotz der schmerzlichen Schäden wollte er die Kampagne 1944/45 sogar »im Großen und Ganzen als ein Erfolg« bewertet wissen.[36] Das sah aber davon ab, dass in der Zuckerfabrik Stuttgart »dauernder Rübenmangel« herrschte. Da wegen der Sperrung des Bahntransports von Rüben keine Änderung in Sicht war, stellte die Stuttgarter Zuckerfabrik den Betrieb Ende Oktober 1944 und Mitte November tageweise ein.[37] Wegen einzelner Bombentreffer am 5. November und am 9. Dezember

33 Josef Langer an Conrad Schumacher vom 14.2.1945, S. 1 f. (ebd.); mit ähnlichem Tenor auch schon Josef Langer an Conrad Schumacher vom 5.2.1945 (ebd.).

34 Conrad Schumacher an Josef Langer vom 17.2.1945, S. 1 f. (ebd.).

35 Conrad Schumacher an Josef Langer vom 27.2.1945, S. 1 (ebd.).

36 Karl-Ernst Sippell an Süddeutsche Zucker-AG, Vorstand vom 19.12.1944 (HADB, P 4826).

37 Zuckerfabrik Stuttgart, Rübenverarbeitung, Wochen-Bericht Nr. 1 für die Zeit vom 23.-28.10.1944 (Südzucker AG, Unternehmensarchiv, ST 07_00_002); Zu-

1944 sowie anhaltendem Fliegeralarm blieben die Rübenverarbeitung und Zuckererzeugung weit hinter den Vorjahresergebnissen zurück.[38]

Erstaunlicherweise bewilligte die Wehrmacht sogar 47 Prozent der 150 Anträge auf Arbeitsurlaub von Soldaten, die meisten von ihnen waren eingearbeitete Stationsführer. Selbst die vom Arbeitsamt aus Frankenthal zugewiesenen Deutschen hatten zuvor in der dortigen Zuckerfabrik gearbeitet, waren also fachlich ausgewiesen. Deshalb zeigte sich die Betriebsleitung mit den Arbeitseinsatzverhältnissen im sechsten Kriegsjahr sogar recht »zufrieden«, auch wenn die »Arbeitsfreudigkeit« selbst bei der Stammbelegschaft »stark nachgelassen« habe. Allerdings erwiesen sich einige Kriegsgefangene während der Kampagne, aber auch bei Luftangriffen »als sehr zuverlässig«. Alles in allem zeugte die Verarbeitung von 1,5 Mio. Doppelzentnern Zuckerrüben in Offstein trotz des Rückgangs um ein Viertel von einem erstaunlich hohen Produktionsniveau. Da der Zuckergehalt aber ebenfalls um neun Prozent niedriger lag als im Vorjahr, blieb die Zuckererzeugung notgedrungen hinter den erwünschten Mengen zurück.[39]

Die Konzernzentrale rechnete im Südwesten ebenfalls mit einer neuen Großoffensive der Westalliierten und einem Vordringen von Bodentruppen. Ohnehin machten die Bombenangriffe und der Tieffliegerbeschuss die Arbeit fast unmöglich. Daneben fehlten Kohlen, um die aus Friedberg angelieferten 91.000 Doppelzentner Rüben in Groß-Gerau zu verarbeiten. Überhaupt war die Lage nach der Einschätzung von Conrad Schumacher Mitte Februar 1945 ausgesprochen schlecht: Die »Zentrale in Mannheim« sei nicht mehr existent, auch das Ausweichbüro in der Leibnizstraße 2 durch die »furchtbaren Angriffe […] baufällig« geworden. Ein Teil des Personals war mit Vorstand Curt Quensell nach Züttlingen verlegt worden, um dort die Rohzucker-, Futtermittel- und statistischen Angelegenheiten zu bearbeiten. Jacob Bühler blieb in Waghäusel, wo auch die von Hermann Pfeifer geleitete Finanz- und Versicherungsverwaltung sowie die Rechtsabteilung arbeitete. Der Einkauf,

ckerfabrik Stuttgart, Rübenverarbeitung, Wochen-Bericht Nr. 3 für die Zeit vom 5.-11.11.1944 (ebd.).

38 Zuckerfabrik Stuttgart, Rübenverarbeitung, Wochen-Bericht Nr. 3 für die Zeit vom 5.-11.11.1944 (ebd.); Zuckerfabrik Stuttgart, Rübenverarbeitung, Wochen-Bericht Nr. 7 für die Zeit vom 3.-9.12.1944 (ebd.); Zuckerfabrik Stuttgart, Rübenverarbeitung, Wochen-Bericht Nr. 11 für die Zeit vom 7.-13.1.1945 (ebd.).

39 Kampagnenbericht 1944/45 Zuckerfabrik Offstein o. D. [Februar 1945], S. 4 f. (ebd., OF 07_00_005).

die Verkaufsabteilung und das technische Zentralbüro nahmen in der Zuckerfabrik Frankenthal provisorisch Quartier.[40]

Die Zuckerfabrik Rheingau in Worms erlitt durch den Luftkrieg und die Besetzung der Stadt und der Zuckerfabrik durch US-amerikanische Truppen keinerlei Schäden. Stattdessen wurde sie nach dem Rückzug der Wehrmacht auf die rechte Rheinseite nach dem 21. März 1945 von der deutschen Artillerie beschossen, sodass das Zuckerschnitzellager mit 60.000 Doppelzentner Schnitzeln vollständig vernichtet wurde.[41] Das Werk Regensburg erhielt am 20. April 1945 die letzten Bombentreffer, die an den Anschlussgleisen sowie im Zuckerhaus schwere Schäden verursachten. In der Nacht vom 22. auf den 23. April 1945 kündete »Panzeralarm« vom Vorstoß der amerikanischen Truppen auf Regensburg. Ein großer Teil der Belegschaft wartete im Rohzuckerkeller, wo Schlaf- und Kochgelegenheiten eingerichtet worden waren, auf das Schweigen der Waffen.

Abgesehen von einzelnen Artillerietreffern, kam es in Regensburg zu keinen schweren Verlusten oder Todesopfern mehr. Allerdings hatte der Betrieb versucht, die im betrieblichen Kriegsgefangenenlager untergebrachten mehr als 500 sowjetischen Soldaten in das Stalag VII A Moosburg der Wehrmacht »abzuschieben«, um die eigene Beteiligung an der Ausbeutung von ausländischen Zwangsarbeitern zu verschleiern. Das misslang aber.[42] Die kampflose Übergabe der Stadt am 27. April 1945 verhinderte weiteres Blutvergießen.[43]

Die Nachkampagne und Planungsprozesse für die Ertüchtigung der Zuckerfabriken liefen in den süddeutschen Standorten, bis die alliierten Truppen ankamen. Die Erwartung, dass wohl auch unter der neuen Macht wieder Zucker benötigt würde, ließ die Menschen an ihren Routinen festhalten, ohne sich in Opposition zur bis zuletzt um ihren Fortbestand kämpfenden NS-Macht zu begeben.

40 Conrad Schumacher an Josef Langer vom 17.2.1945, S. 2f. (ebd., HV 01_00_150 Mappe 3); Süddeutsche Zucker-AG, Rundschreiben vom 12.2.1945 (Allianz SE, Historisches Archiv, NL 1, Nr. 161).

41 Zuckerfabrik Rheingau AG in Worms, Campagne 1946 vom 1.2.1947, S. 1f. (Südzucker AG, Unternehmensarchiv, HV 07_00_013).

42 Direktor Erich Kunze, Bericht über die Ereignisse in der Zuckerfabrik Regensburg nach dem letzten Fliegerangriff vom 6.6.1945, S. 2 (ebd., RE 01_00_001-2).

43 Rainer Ehm/Roman Smolorz/Konrad Zrenner, *April 1945. Das Kriegsende im Raum Regensburg*, Regensburg 2019, S. 303ff.

Kontinuitäten und Brüche in der Nachkriegszeit

Sicherstellung der Ernährungsgrundlagen durch Fortsetzung der Zuckerproduktion

Über die süddeutschen Werke liefen nach einer Einschätzung von Conrad Schumacher die »Kriegsgeschehnisse verhältnismäßig glimpflich« hinweg. Wenn auch das restlos zerstörte Werk Frankenthal völlig außer Betrieb war und nicht wieder aufgebaut würde, könnte die ebenfalls sehr starke Schäden aufweisende Zuckerfabrik Heilbronn nach ein bis zwei Jahren wieder in betriebsfähigen Zustand versetzt werden. Die Fabriken Regensburg, Groß-Gerau, Rheingau und Offstein erwiesen sich dagegen als nur »angekratzt, aber immerhin betriebsfähig«.[1] Aber beispielsweise plünderten in der Zuckerfabrik Regensburg befreite ehemalige Zwangsarbeiter zusammen mit deutschen Anwohnern die Vorräte, bis Anfang Juni 1945 die ungeordnete Übergangszeit in der Zuckerfabrik durch Abkommandierung amerikanischer Wachen endete.[2]

Das größere Problem bildete der Mangel an Saatgut, sodass der Rübenanbau im Frühjahr/Sommer 1945 um 60 Prozent hinter dem Vorjahr zurückgeblieben war und nur ein Viertel des Üblichen betrug. Die erwartet geringe Ernte würde gar nicht alle Fabriken beschäftigen und die hohen Fixkosten sicher nicht abdecken. Obwohl beispielsweise im Werk Regensburg bis Mitte Juni 1945 Klarheit über die zu ergreifenden Maßnahmen bestand, um im Herbst 1945 als einzige Zuckerfabrik Bayerns die erwarteten 1,4 Mio. Doppelzentner Zuckerrüben verarbeiten zu können, mussten noch die amerikanische Militärregierung und die Landesbehörden überzeugt werden, Material und Personal bereitzustellen.[3] Darüber hinaus konnten die für eine Inbetriebnahme erforderlichen technischen Überholungen und die Bevorratung an Kohlen und anderen Materialien nicht sichergestellt werden.

1 Conrad Schumacher an Rudolf Grünn vom 3.10.1945, S. 4f. (ebd., HV 01_00_150 Mappe 3).

2 Direktor Erich Kunze, Bericht über die Ereignisse in der Zuckerfabrik Regensburg nach dem letzten Fliegerangriff vom 6.6.1945, S. 2 (ebd., RE 01_00_001-2).

3 Dipl.-Ing. Anton Gaißmaier an Militärregierung vom 12.6.1945 (ebd., RE 01_00_001-1); Süddeutsche Zucker-AG, Werk Regensburg an Major Adams vom 13.6.1945 (ebd.).

Der Vorstand fasste im September 1945 den vom örtlichen Betriebsrat scharf kritisierten Beschluss, die Zuckerfabrik Waghäusel gar nicht erst anlaufen zu lassen, um je nach Lage eine »dauernde Stilllegung« vorzunehmen.[4] Dagegen wandten sich Belegschaft, Gewerkschaft und Landesdirektion für Wirtschaft, Ernährung und Verkehr Badens erfolgreich, sodass nach dem verspäteten Kampagnebeginn die Hoffnung auf dauerhafte Sicherung keimte. Allerdings drohte der Zuckerfabrik Waghäusel im Frühjahr 1946 der Abbau als Reparationsleistung, weshalb der Bruchsaler Landrat auf die negativen Auswirkungen auf die wirtschaftliche Lage seines Landkreises und die katastrophalen Folgen für die Ernährung verwies.[5] Vermögensverluste drohten aber vor allem auch durch den Umstand, dass das Stuttgarter Zuckerwerk auf einer Liste der für Reparationszwecke abzubauenden Firmen stand.[6] Mitte August 1946 sorgte der Bruchsaler Landrat aber mit der Mitteilung, dass das Werk Waghäusel »nicht für Reparationen vorgesehen« sei, bei Unternehmen und Belegschaft für Beruhigung.[7]

Der Gesamtzustand der Zuckerfabrik Rheingau in Worms stand einer Rübenverarbeitung ebenso im Wege wie die fehlenden Rübenmengen. Daraufhin wurde die 85-köpfige Stammbelegschaft nach Neu-Offstein verlegt.[8] Die dortigen Bemühungen um Zuweisung der erforderlichen 750 Arbeitskräfte waren nicht vollständig erfolgreich, da bei Kampagnenbeginn noch 80 Männer fehlten. Zudem befanden sich langjährige Stammarbeiter und erfahrene Saisonkräfte noch in Kriegsgefangenschaft. Wegen des unzureichenden Ernährungszustands, der bei einer Mehrheit der zugewiesenen Männer keine Zwölf-Stunden-Schicht erlaubt hätte, stellte die Zuckerfabrik auf einen Drei-Schicht-Betrieb um.[9] Insgesamt blieb die Ausbeute unter den Erwartungen und die Kampagne galt als die schlechteste seit dem Ersten Weltkrieg. Aber jeder Doppelzentner

4 Betriebsrat der Zuckerfabrik Waghäusel an Landesdirektor Frey für Wirtschaft, Ernährung und Verkehr vom 2.11.1945 (ebd., WAG_01_00_005).

5 Landrat Bruchsal an Militärregierung Bruchsal vom 29.4.1946 (ebd.); Betriebsrat der Zuckerfabrik Waghäusel an Landesdirektor Edmund Kauffmann vom 30.4.1946 (Südzucker AG, Unternehmensarchiv, WAG_01_00_005).

6 Amt für Vermögenskontrolle Stuttgart, Dr. Herbert Lemesic an Amt für Vermögenskontrolle Mannheim vom 17.6.1946 (StAL, EL 402/17 Bu 1277a).

7 Landrat Bruchsal an Süddeutsche Zucker-AG, Werk Waghäusel vom 17.8.1946 (Südzucker AG, Unternehmensarchiv, WAG_01_00_005).

8 Zuckerfabrik Rheingau AG in Worms, Campagne 1946 (Entwurf) vom 1.2.1947, S. 1 (ebd., HV 07_00_013).

9 Zuckerfabrik Offstein, Kampagnenbericht 1945/46, o. D. [Februar 1946], S. 1 f. (ebd.).

Verbrauchszucker trug zur Stabilisierung der Versorgungssituation bei, die die alliierten Militärregierungen nach Kräften abzusichern halfen.

Noch in der Diktion der NS-Kriegswirtschaft verhaftet, galten die zugewiesenen Arbeiter als »größtenteils arbeitsunlustig« und auf Zuckerdiebstahl aus. Unter den dienstverpflichteten Deutschen »verdarben« die »als notorische Nichtstuer bekannten Elemente« die »guten und arbeitswilligen Kräfte«. Die Betriebsleitung klagte über das vorzeitige Verlassen der Arbeitsplätze und den Absentismus eines Fünftels der Saisonarbeiter, der auch nicht durch Strafandrohungen des Arbeitsamtes verringert werden konnte. Zuckerdiebstahl nahm dem Bericht nach überhand. Auf eine vom Betrieb veranlasste Polizeikontrolle antwortete ein Teil der Belegschaft mit einer Streikdrohung. Wegen der Vordringlichkeit der Rübenverarbeitung und fehlender Ersatzkräfte sah die Betriebsleitung von einer »Kraftprobe« ab.

Die Zuckerfabrik Rheingau, die am 4. November 1946 bei Kampagnenbeginn über alle wesentlichen Materialien verfügt hatte, verarbeitete mehr als 600.000 Doppelzentner Rüben und gewann mit einer »buntzusammengewürfelten Belegschaft« von 540 Männern und 32 Frauen immerhin 77.336 Doppelzentner Verbrauchsrohzucker und 14.750 Doppelzentner Nachprodukt. Selbst die »Unterernährung« vieler Saisonarbeiter habe nicht »mangelnde Leistungen« nach sich gezogen, sondern nach Ansicht der Werkleitung lagen »Beweise eines erfreulichen Arbeitswillens« vor. Missstimmungen entstanden wegen des Mangels an Arbeitsschuhen und -kleidung. Der Kampagnebericht verzeichnete zeittypisch Zuckerdiebstähle, die aber »in erträglichen Grenzen geblieben« waren.[10]

Das in seine Standorte dezentralisierte Unternehmen war zwar nicht führungslos, hatte jedoch den Kontakt zu seinem Aufsichtsgremium verloren. Von Seiten der Führungsmannschaft um Conrad Schumacher bestand wohl auch wenig Neigung, die Banken- und Finanzvertreter angesichts all der alltäglich zu überwindenden Schwierigkeiten zu konsultieren. Insoweit blieb es dem amtierenden Aufsichtsratsvorsitzenden Kurt Schmitt vorbehalten, Anfang Oktober 1945 den Kontakt zu Schumacher zu suchen.[11]

10 Zuckerfabrik Rheingau AG in Worms, Campagne 1946 vom 1.2.1947, S. 2 und 12 f. (ebd.).

11 Kurt Schmitt an Conrad Schumacher vom 4.10.1945 (Allianz SE, Historisches Archiv, NL 1, Nr. 161).

Entnazifizierung und Austausch des Leitungspersonals

Die alliierten Militärregierungen wollten ehemalige Nationalsozialisten, sofern sie nicht als SS-Mitglieder oder höhere NSDAP-»Amtsträger« ab Ortsgruppenleiter dem *automatic arrest* unterlagen und Internierungslagern zugeführt wurden, weder in der öffentlichen Verwaltung beschäftigen noch von ihnen in Unternehmen Leitungsfunktionen besetzt sehen.[12] Das betraf aber nicht nur die Vorstandsebene oder die Mannheimer Prokuristen, sondern zugleich auch die Betriebsleitungen und Belegschaften der einzelnen Zuckerfabriken.

Beispielsweise wies die französische Besatzungsmacht den Prokuristen der Zuckerfabrik Waghäusel, Karl Veith, der neben der NSDAP auch der SS angehört hatte, am 31. Mai 1945 zunächst in das Bruchsaler Gefängnis ein. Seine Ehefrau sah ihn »in politischer Haft«.[13] Er selbst beklagte sich später, er sei in Bruchsal von französischen Geheimpolizisten »in unmenschlicher Weise geschlagen« worden, wodurch er insgesamt zehn Zähne verloren habe.[14] Nach fünf Wochen im Bruchsaler Zuchthaus kam er in das unter amerikanischem Kommando stehende Internierungslager in Ludwigsburg, in dem er sich wegen Gallenkoliken mehrfach in stationäre Behandlung begeben musste. Veith wurde erst am 17. Juni 1947 aus dem Internierungslager entlassen, damit er in seine Heimatgemeinde Waghäusel zurückkehrte, um dort sein Spruchkammerverfahren zu durchlaufen.[15]

Er brachte dort zahlreiche wohlmeinende Erklärungen bei,[16] darunter auch eine von Jacob Bühler, der bei Ausstellung des Verhaltenszeugnisses

12 Vgl. vor allem Lutz Niethammer, *Die Mitläuferfabrik. Die Entnazifizierung am Beispiel Bayerns*, Berlin 1982; Klaus-Dietmar Henke, *Politische Säuberung unter französischer Besatzung. Die Entnazifizierung in Württemberg-Hohenzollern*, Stuttgart 1981; siehe auch Mikkel Dack, *Everyday Denazification in Postwar Germany. The Fragebogen and Political Screening during the Allied Occupation*, Cambridge 2023.

13 Von seiner Ehefrau Lina für Karl Veith ausgefüllter Meldebogen vom 26.8.1946 (GLAK, 465 L, 14474).

14 Karl Veith, Politische Einstellung – Stellung zum Nationalsozialismus und Mitarbeit in diesem, o. D. [1947], S. 2 (ebd.).

15 Ministerium für politische Befreiung Württemberg-Baden, Internierten-Krankenhaus Nr. 2, Entlassungsschein für Karl Veith vom 17.6.1947 (ebd.); Andrew H. Beattie, *Allied Internment Camp in Occupied Germany. Extrajudicial Detention in the Name of Denazification, 1945-1950*, Cambridge 2020, insb. S. 113 ff. und 153 f. et passim.

16 Wilhelm Scheifele, Erklärung vom 26.9.1946 (GLAK, 465 L, 14474); Bürgermeister Hermann Endres vom 28.11.1946 (ebd.); Bürgermeister und Kreisrat Gustav Mül-

seinerseits ebenfalls noch nicht das Entnazifizierungsverfahren abgeschlossen hatte.[17] Die am 19. Januar 1948 erstellte Klageschrift beantragte, Veith als »Belasteten« einzuordnen, zumal er nach Ansicht der Militärregierung ein »überzeugter Nazi« gewesen war.[18] Karl Veith widersprach dieser Bewertung in einer Erklärung vom 4. März 1948 vehement und wollte als »rein nominell[es]« Mitglied angesehen werden. Er betrachtete sich stattdessen als zu jedermann hilfsbereiten Menschen und bezeichnete die Motor-SS als »›Herrenklub‹« und »politisch völlig uninteressierten ›Verein‹«, der hauptsächlich »Geselligkeit am Biertisch« gepflegt hätte.[19] Indem er angab, sich in der Zuckerfabrik der dort eingesetzten Kriegsgefangenen und ausländischen Zivilarbeiter »angenommen« und für deren »anständige Unterbringung, zusätzliche Ernährung sowie ausreichende Kleidung gesorgt« zu haben, setzte er eine von vielen eingeschlagene Verharmlosungs- und Entlastungsstrategie in Gang, die sich noch durch die Selbstviktimisierung als »fliegergeschädigt« und von den »Franzosen in unmenschlicher Weise« Misshandelter erweiterte.[20] Er sah durch seine Aussagen und die Zeugnisse dritter Personen den Beweis erbracht, »kein überzeugter Nazi« gewesen zu sein, sondern nach »persönlichen Kräften Widerstand geleistet« zu haben.[21]

Die Abwehr des Vorwurfs, ein politischer Aktivist oder ideologisch »vollkommen überzeugt« gewesen zu sein, fand in der in vielen Fällen angewandten bewussten Umkehrung der Verhältnisse durch die Eigenzuschreibung als Widerständler ihre Ergänzung. Das traf ganz die im Frühjahr 1948 dominante Stimmung, sodass die Spruchkammer Bruchsal in ihrer Sitzung am 3. März 1948 auch nur Entlastungszeugen hörte.[22] Der auf dieser Basis gefällte Spruchentscheid ordnete Veith der Gruppe der

ler, Erklärung o. D. [Ende 1946] (ebd.); Ferdinand Schuhmacher, Bescheinigung vom 10.1.1947 (ebd.).

17 Jacob Bühler, Zeugnis und Erklärung vom 30.11.1946 (ebd.).

18 Der öffentliche Kläger bei der Spruchkammer Bruchsal (54/40/219), Klageschrift gegen Karl August Veith vom 19.1.1948, S. 1 f. (ebd.).

19 Karl Veith an die Spruchkammer Bruchsal vom 4.3.1948, S. 1 f. (ebd.).

20 Ebd., S. 4; Kristine Khachatryan/Jürgen W. Falter, *»Der Partei trat ich aus Idealismus bei«. Entlastungsstrategien im Entnazifizierungsprozess*, in: Jürgen Falter u. a., »Wie ich den Weg zum Führer fand«. Beitrittsmotive und Entlastungsstrategien von NSDAP-Mitgliedern, Frankfurt a. M. 2022, S. 311-329; Hanne Leßau, *Entnazifizierungsgeschichten. Die Auseinandersetzung mit der eigenen NS-Vergangenheit in der frühen Nachkriegszeit*, Göttingen 2020, S. 218 ff.

21 Karl Veith an die Spruchkammer Bruchsal vom 4.3.1948, S. 5 (GLAK, 465 L, 14474).

22 Spruchkammer Bruchsal, Öffentliche Sitzung vom 23.3.1948, S. 2 ff. (ebd.).

»Mitläufer« zu, die ihm eine Sühneleistung in Höhe von 1.000 Reichsmark und die Übernahme der Verfahrenskosten auferlegte.[23]

Vorstand Conrad Schumacher klagte Anfang Oktober 1945 gegenüber dem vormaligen Klettendorfer Direktor Rudolf Grünn, dass er »natürlich auch verschiedenes auszustehen« habe. Im Einzelnen führte er aus, mehr als ein Vierteljahr von amerikanischen Militärstellen seines Hauses verwiesen worden zu sein. Seine Söhne waren aber heil aus dem Krieg heimgekehrt und überhaupt hielt er das Überleben für die »Hauptsache«.[24] Das Weitere werde sich finden. Er konnte sich allerdings wohl kaum vorstellen, dass auch Eingriffe in die Leitungsebene eines für die Nahrungsmittelerzeugung wichtigen Betriebes erfolgen würden.

Hans-Heinz Mehrle, Direktor der Zuckerfabrik Züttlingen, verlor am 6. September 1945 auf Veranlassung der US-amerikanischen Militärregierung seine Stellung, blieb aber als technischer Angestellter im Betrieb. In seine Direktorenposition trat der zuvor als Betriebsleiter des Werks Stuttgart tätige Hans Dietl, der als »politisch unbelastet« galt. Mehrle beantragte am 20. Oktober 1945 beim Prüfungsausschuss die Durchführung eines Vorstellungsverfahrens, da er »zu Unrecht« seiner Stellung enthoben worden sei.[25] Er sammelte unmittelbar Leumundszeugnisse von so genannten Halbjuden, von ehemaligen Waghäuseler Bekannten oder der Betriebsräte der Werke Waghäusel und Züttlingen.[26] Obwohl dem Züttlinger Betriebsdirektor Mehrle die vom 1. Mai 1937 bis zum Ende der NS-Herrschaft andauernde NSDAP-Mitgliedschaft sowie die Mitgliedschaft im Nationalsozialistischen Kraftfahrkorps, in der Motor-SS und im NS-Flieger-Korps sowie der Kirchenaustritt 1939 zur Last gelegt wurden, kam das paritätisch mit Direktor Hans Dietl und dem Betriebsratsvorsitzende Hermann Müller besetzte betriebliche Entnazifizierungskomitee im März 1946 zu der Bewertung, dass Mehrle kein Aktivist gewesen sei und ihm nur der Vorwurf gemacht werden könne, gegen die diversen Mitgliedschaften »nicht genügend Widerstand geleistet zu haben«.[27] In

23 Spruchkammer Bruchsal (54/40/219), Spruch vom 23.3.1948, S. 1 (ebd.).

24 Conrad Schumacher an Rudolf Grünn vom 3.10.1945, S. 2 (Südzucker AG, Unternehmensarchiv, HV 01_00_150, Mappe 3).

25 Heinz Mehrle an Oberbürgermeister Heilbronn, Prüfungsausschuss vom 20.10.1945 (StAL, EL 902-12 Bü 17894).

26 Heinz Mayer, Bestätigung für Herrn Mehrle vom 28.11.1945 (ebd.); Betriebsrat Zuckerfabrik Waghäusel, Erklärung vom 20.11.1045 (ebd.); Betriebsrat der Zuckerfabrik Züttlingen, Erklärung vom 17.10.1945 (ebd.).

27 Entnazifizierungskomitee der Zuckerfabrik Züttlingen, Direktor Hans Dietl/ Betriebsratsvorsitzender Hermann Müller vom 18.3.1946, S. 1 (ebd.).

einer gesonderten Stellungnahme setzte sich der Betriebsrat mit deutlichen Anklängen an nationalsozialistische Lexik und Gedanken dafür ein, Mehrle »im Kampf für die Ernährungssicherstellung unseres Volkes« als technischen Leiter in seine frühere Position eingesetzt zu wissen.[28]

Die vor der Spruchkammer Heilbronn geführte Anklage enthielt aber bereits zahlreiche Entlastungshinweise, sodass der Öffentliche Kläger eine Einordnung als »Minderbelasteter« anstrebte.[29] Der Züttlinger Betriebsrat und der örtliche Bürgermeister stellten Mehrle das Zeugnis aus, sich nie für den Nationalsozialismus betätigt und niemanden für dessen Ideen geworben zu haben. Es fanden sich wie in vielen anderen Fällen auch Zeugen, die ihm bestätigten, auch nach dem Inkrafttreten der Nürnberger Gesetze weiterhin Kontakt zu »Halbjuden« gehalten zu haben. Die Spruchkammer Heilbronn, die ihm die »sehr gute« Behandlung der unter seiner Leitung in der Zuckerfabrik arbeitenden sowjetischen Kriegsgefangenen positiv anrechnete und ihn wegen der über seine Ehefrau bestehende Verwandtschaft zur Familie Bassermann als »fanatischen Gegner der Rassenverfolgung« ansah, kam am 27. November 1946 unter dem Vorsitz von Wilhelm Rückersberg zu dem Spruch, ihn in die »Gruppe der Mitläufer« einzureihen, und erlegte ihm einmalig einen »Sonderbeitrag zu einem Wiedergutmachungsfonds« in Höhe von 2.000 Reichsmark sowie die Kosten des Verfahrens auf.[30]

Härter traf es Jacob Bühler, seit 1926 amtierendes Vorstandsmitglied der Süddeutsche Zucker-AG, der auf Weisung des Military Government Detachment H 87 am 8. Oktober 1945 vom Landrat von Bruchsal unter Bezugnahme auf das am 26. September 1945 von der Militärregierung in der amerikanischen Besatzungszone in Kraft gesetzte Gesetz Nr. 8 zur Befreiung auf dem Gebiet der gewerblichen Wirtschaft »ohne Verzug« als Direktor der Zuckerfabrik Waghäusel entlassen und auch aus seinem Bürgermeisteramt in Waghäusel entfernt wurde. Ihm war auch nicht mehr erlaubt, »irgendeinen Einfluss in der Geschäftsführung« oder auf Geschäftsvorgänge der Fabrik auszuüben. Fabrik und Bürgermeisterräume durften von ihm nicht mehr betreten werden. Darüber hinaus wurden im Rahmen der ausgesprochenen Vermögenssperre seine Konten

28 Süddeutsche Zucker-AG, Werk Züttlingen, Betriebsrat an Landrat Heilbronn, Hauptausschuss-Land vom 6.3.1946 (ebd.).

29 Der öffentliche Kläger bei der Spruchkammer Heilbronn (Az. 26/97/44) Klageschrift gegen Hans-Heinz Mehrle vom 22.10.1946 (ebd.).

30 Spruchkammer Heilbronn (Land) (Az.26/97/44), Spruch vom 27.11.1946, S. 3 (ebd.).

gesperrt.[31] Auch der in Waghäusel tätige Prokurist Hermann Pfeifer wurde am 16. November 1945 entlassen.[32] Bis zum 24. Oktober 1945 mussten insgesamt 20 Personen ihre Stellung im Werk Waghäusel aufgeben. Dem Antrag von Hans Schmitt auf Wiedereinstellung widersprach mit einem einstimmigen Beschluss der Betriebsrat, da Schmitt »als außerordentlicher Nazi bekannt« war.[33]

Da aber die Aufnahme der Rübenverarbeitung kurz bevorstand, beantragte Betriebsleiter Karl Drahansky im Schulterschluss mit dem Betriebsrat beim Bruchsaler Landrat erfolgreich die zeitweilige Weiterbeschäftigung von acht der betroffenen betrieblichen Fachkräfte, um nicht die »Versorgung der Bevölkerung mit Zucker zu gefährden«. Neben Vorarbeitern in zentralen Betriebsabteilungen, Meistern und dem Hauptkassierer handelte es sich um den am 1. Mai 1933 in die NSDAP eingetretenen und als Ortswalter der Nationalsozialistischen Volkswohlfahrt tätigen NS-Funktionär Ludwig Vettermann, der als Leiter des Zuckerversands tätig bleiben sollte.[34] Die Aufrechterhaltung der Zuckerproduktion wurde zum Argument, betriebliche Fachkräfte von der politischen Säuberung auszunehmen.

Das betraf aber nicht Jacob Bühler, der trotz seines Alters von fast 72 Jahren im April 1946 eine Überprüfung durch die vom Gesetz zur Befreiung von Nationalsozialismus und Militarismus bestimmten Spruchkammer Bruchsal beantragte, da er sich selbst als »Mitläufer« einstufte.[35] Beim US-amerikanischen Liaison and Security Office für den Landkreis Bruchsal bestanden nach den Ermittlungen Ende Juli 1945 »keine Zweifel über seinen Nazismus u. engste Zusammenarbeit mit dem und Sympathie für den Nazismus u. Kreisleitung, Militarist«.[36] Als seit 1930 amtierender Gemeindebürgermeister habe er das »Vertrauen« des Bruchsaler NSDAP-Kreisleiters Emil Epp besessen und eine einflussreiche Stel-

31 Military Government Detachment H 87 Landkreis Bruchsal an Landrat Bruchsal vom 8.10.1945 (Südzucker AG, Unternehmensarchiv, Waghäusel_Roth-Entnazifizierung).

32 Süddeutsche Zucker-AG, Curt Quensell/Hans Laußer an Landrat Bruchsal vom 16.11.1945 (GLAK, 344, 6985).

33 Betriebsrat der Zuckerfabrik Waghäusel an Landrat Bruchsal vom 22.11.1945 (ebd.).

34 Süddeutsche Zucker-AG, Werk Waghäusel, Direktor Karl Drahansky an Landrat Bruchsal vom 24.10.1945, S. 1 f. (Südzucker AG, Unternehmensarchiv, Waghäusel_Roth-Entnazifizierung); Landrat Bruchsal an Süddeutsche Zucker-AG, Werk Waghäusel vom 25.10.1945 (ebd.).

35 Meldebogen Jacob Bühler vom 24.4.1946 (GLAK, 465 L, 14431).

36 Office of Military Government Württ./Baden, Liaison and Security Office für den Landkreis Bruchsal, Informationen über Buehler, Jacob, Waghaeusel, Vorst. Mitglied vom 31.7.1946 (ebd.).

lung innerhalb der Zuckerwirtschaft mit einem hohen Jahreseinkommen von mehr als 150.000 Reichsmark ausgeübt. Bühler, der vor 1933 der DNVP angehört hatte, wurde vorgeworfen, der SS, DAF und der NSDAP Geldspenden gemacht und als »überzeugter Nazi« agiert zu haben. Epp habe er Zucker und der NSDAP-Kreisleitung einen Wagen geschenkt. Als Anzeichen seiner ideologischen Haltung galt auch sein 1941 erfolgter Kirchenaustritt, den er selbst als Reaktion auf die »unfaire Behandlung« durch die Kirche erklärte.

Erst später erreichten Landrat Werner Middelmann die von Albert Flegenheimer aus seinem New Yorker Exil vorgebrachten Vorwürfe, dass Bühler 1933 das vormalige »bestrentierende« Pachtgut Düllstadt von 160 Hektar Größe nicht nur am Unternehmen vorbei zu einem »außerordentlich günstigen Preis« privat erworben habe – Eigentümer war aber tatsächlich sein Sohn Alexander. Darüber hinaus habe er Flegenheimer »bei den Nazis denunziert«, woraufhin dieser mehrfach vom badischen Ministerpräsidenten und früheren NSDAP-Gauleiter Köhler zur Rede gestellt worden sei.[37] Das Ministerium für politische Befreiung Württemberg-Baden sah aber weder im vergleichsweise hohen Einkommen noch in dem vor 1933 erfolgten Erwerb des Gutes Düllstadt einen Beleg für dessen »Nutznießerschaft« der NS-Herrschaft.[38] Das Ministerium für politische Befreiung regte bei der Spruchkammer Bruchsal an, vor allem den »politischen Belastungen« u.a. durch Spenden und Schenkungen nachzugehen.[39]

Am 22. Mai 1947 erhielt Bühler die Klageschrift des öffentlichen Klägers der Spruchkammer Bruchsal, die ihn als »Belasteten« kategorisierte.[40] Bühlers Rechtsbeistand, Rechtsanwalt Karl Rödelstab, bestritt aber die Vorhaltungen von Geschenken an den NSDAP-Kreisleiter Emil Epp, indem er diesen als hinzuzuziehenden Zeugen benannte. Der noch im Interniertenlager 75 Kornwestheim Einsitzende habe ihn darüber

37 Albert Flegenheimer an Landrat Werner Middelmann vom 24.10.1946 (ebd.); Albert Flegenheimer, Aktennotiz betr. Gut Düllstadt o. D. (ebd.). Anfang Mai 1947 nahm Flegenheimer, als ihm Unterlagen über den Kauf des Guts Düllstadt durch Dr. Alexander Bühler zur Kenntnis kamen, von einer Weiterverfolgung seiner Hinweise Abstand, Albert Flegenheimer an Spruchkammer Bruchsal vom 5.5.1947 (ebd.).

38 Rechtsanwalt Karl Rödelstab an Spruchkammer Bruchsal vom 14.10.1947, S. (ebd.).

39 Ministerium für politische Befreiung Württemberg-Baden an Spruchkammer Bruchsal vom 23.4.1947 (ebd.).

40 Der öffentliche Kläger der Spruchkammer Bruchsal (54/40/96), Klageschrift Jacob Bühler vom 22.5.1947, S. 2 (ebd.); Der öffentliche Kläger der Spruchkammer Bruchsal (54/40/96) an Jacob Bühler vom 22.5.1947 (ebd.).

informiert, dass zwischen ihm und Bühler rein geschäftlicher Verkehr bestanden habe. Das Auto sei ihm 1937/38 auch nur leihweise überlassen worden, um dem NSDAP-Kreisleiter die Besorgung von im Interesse der Zuckerfabrik liegenden Angelegenheiten wie die Zuleitung von Saalbachwasser in den die Zuckerfabrik Waghäusel versorgenden Wagbach zu erleichtern. Einzelne Zuckerpakete habe dieser auch nur wie viele andere Adressaten, etwa das »jüdische Hilfswerk«, vor dem Krieg erhalten.[41]

Bei einer Einvernahme im Interniertenlager gab Epp zu Protokoll, dass er Bühler, dessen Parteimitgliedschaft nur zufällig bekannt geworden sei, als »Deutschnationalen« taxiert habe. Freundschaftliche oder persönliche Bindungen hätten nicht bestanden und Bühler sei auch ohne Einfluss auf die NSDAP geblieben, da er, Epp, sich von niemandem habe beeinflussen lassen.[42]

Nach einem Protestschreiben des Rechtsanwalts Rödelstab, der am 12. August 1947 die bisherigen Ermittlungen ein »Kabinettstück von Unobjektivität und Gehässigkeit« ohne Substanz nannte,[43] forderte der Öffentliche Kläger von der Militärregierung in Bruchsal eine revidierte Auskunftserteilung.[44] Der »Neuermittlung« folgten, nachdem die von den Alliierten in die Wege geleitete politische Säuberung im aufziehenden Ost-West-Konflikt und in den rechtlichen Formalisierungen des Entnazifizierungsverfahrens immer mehr den harmonisierenden Entlastungsgründen Platz machte, die üblichen Relativierungen. Das von ihm 15 Jahre belegte Bürgermeisteramt Waghäusel stellte ihm das Zeugnis aus, »sehr respektiert« worden zu sein und einer Absetzung und Verhaftung als »Nazigegner« 1933 nur wegen seiner guten Verbindungen zum badischen Ministerium entgangen zu sein.

Mitarbeiter bezeichneten ihn als Gründer der Deutschnationalen Volkspartei in Waghäusel, der bei der Übertragung von Hitler-Reden eine »Anti-Nazi-Haltung« gezeigt habe, und bestätigten, dass der leihweise dem NSDAP-Kreisleiter überlassene DKW weiterhin Eigentum der Süddeutsche Zucker-AG gewesen sei. Einzig der Betriebsrat der Zuckerfabrik Waghäusel blieb bei seiner Bewertung, die ihn als »unsozial« auswies, da er bei der Besetzung durch französische Truppen die Fabrik

41 Karl Rödelstab an Spruchkammer Bruchsal vom 20.6.1947 (ebd.).

42 Spruchkammer des Interniertenlagers 75, Kriminal-Kommissar Neu, an Spruchkammer Bruchsal vom 16.7.1947, S. 1 f. (ebd.).

43 Rechtsanwalt Karl Rödelstab an Spruchkammer Bruchsal vom 12.8.1947, S. 1 (ebd.).

44 Der öffentliche Kläger der Spruchkammer Bruchsal (54/40/96) an Militärregierung Bruchsal vom 13.8.1947 (ebd.).

schließen und sämtliches Personal entlassen wollte. Bühler sei zwar nicht als »großer Nazi« nach außen hin aufgetreten, gehöre aber zu den »Nazi-Nutznießern«. Er habe durch seine zentrale Stellung in Waghäusel alle seine Untergebenen und selbst Parteistellen zur Unterordnung veranlasst.[45]

Ermutigt durch die positiven Leumundszeugnisse, beantragte Rechtsanwalt Rödelstab Mitte Oktober 1947 den Übergang zum schriftlichen Verfahren und die Einreihung seines Mandanten in die Gruppe der Mitläufer.[46] Neben sachlichen Korrekturen, etwa über die Spendentätigkeit, ordnete die Antragsschrift seines Rechtsbeistands den NSDAP-Beitritt Praktikabilitätserwägungen für seine Vorstandstätigkeit bzw. das Bürgermeisteramt zu, während der 1941 erfolgte Kirchenaustritt allein aus Unstimmigkeiten mit der Badischen Landeskirche über die Festsetzung von Kirchensteuern für einen Kirchenneubau in Wiesental resultiert sei. Eigenaussagen und Leumundszeugnisse von Einwohnern Waghäusels oder von Südzucker-Managern bekräftigten die Verteidigungsstrategie, nur der Form nach Parteimitglied, aber niemals Parteigänger, Aktivist oder Anhänger der NS-Ideologie gewesen zu sein.[47]

Die aus dem Elsass nach Kirrlach zum Arbeitseinsatz dienstverpflichtete frühere Lehrerin Jeanne Engel erklärte, dass Bühler mit ihr »gemeinsam den Zerfall des Regimes« erwartet und mit dem NSDAP-Beitritt nur »zum Besten der Fabrik« gehandelt hätte.[48] Durch den Kontakt mit ihr habe Bühler ein »Opfer des Nationalsozialismus wiederholt gefördert und unterstützt« und sei dem »Prinzip der Humanität« anstatt dem Nationalsozialismus gefolgt.[49]

Am Ende unterwarf sich die Spruchkammer Bruchsal der Fülle der wohlwollenden Erklärungen und dem Trend, einer politischen Reintegration ehemaliger Nationalsozialisten in die deutsche Nachkriegsgesellschaft nicht im Wege zu stehen, und reihte Bühler am 14. November 1947 in die Gruppe der Mitläufer ein. Er hatte einem Wiedergutmachungsfonds einen Betrag von 1.500 Reichsmark zu leisten und die Kosten des

45 Militärregierung Bruchsal, Neuermittlung über Herrn Bühler, Jacob, Waghäusel für 2. Spruchkammerverfahren vom 29.8.1947, S. 1 f. (ebd.).
46 Rechtsanwalt Karl Rödelstab an Spruchkammer Bruchsal vom 14.10.1947, S. 1 (ebd.).
47 Curt Quensell, Erklärung vom 12.11.1947 (ebd.).
48 Jeanne Engel, Erklärung vom 6.7.1947 (ebd.).
49 Rechtsanwalt Karl Rödelstab an Spruchkammer Bruchsal vom 14.10.1947, S. 10 (ebd.).

Verfahrens zu tragen.[50] Bühler bemühte sich erfolgreich um die Reduzierung des zunächst auf 240.000 Reichsmark festgesetzten Streitwerts auf 160.000 Reichsmark.[51] Er ließ nicht locker und erreichte durch einen Folgeantrag, dass das Ministerium für politische Befreiung die fällige Verfahrensgebühr von 8.000 Reichsmark weiter um ein Viertel reduzierte.[52] Mitte März 1948 gingen der Sühnebetrag sowie die 6.005,64 Reichsmark Verfahrenskosten bei der Gerichtszahlstelle der Spruchkammer Bruchsal ein – und die Entnazifizierung lag hinter Jacob Bühler.[53] Im Unternehmen kam er zu keiner Funktion mehr, sondern blieb bis zu seinem Tod im November 1962 Pensionär der Süddeutsche Zucker-AG.

Dem zur näheren politischen Überprüfung des Personals eingesetzten betrieblichen Entnazifizierungsausschuss wurden auf Anordnung des Bruchsaler Landrats im Dezember 1945 betrieblicherseits Direktor Karl G. Stelzig sowie der während der NS-Zeit amtierende Bürgermeister von Kirrlach, Gustav Müller, hinzugezogen.[54] Auch wenn am 10. Januar 1946 auf zentrale Anweisung hin noch fünf Mitarbeiter aus politischen Gründen ausscheiden mussten,[55] stand nach Ansicht des betrieblichen Entnazifizierungsgremiums einer Weiterbeschäftigung von Karl Drahansky, obwohl dieser am 1. Mai 1933 der NSDAP beigetreten war, nichts entgegen. Auch der Prokurist Ludwig Vettermann sowie weitere zehn betriebliche Vorgesetzte konnten ihre Tätigkeit dauerhaft fortsetzen.[56] Im Nachgang legte die Militärregierung in Bruchsal aber fest, dass Vettermann keine Leitungsfunktion übernehmen dürfe, sondern »ge-

50 Spruchkammer Bruchsal (54/40/96), Spruch gegen Jacob Bühler vom 14.11.1947, S. 1 (ebd.).

51 Jacob Bühler, Antrag zur Reduzierung des Streitwerts vom 27.11.1947 (ebd.); Spruchkammer IV Bruchsal, Vorsitzender Ludwig Haas, an Jacob Bühler vom 19.12.1947 (ebd.).

52 Ministerium für politische Befreiung Württemberg-Baden, Ministerialabteilung Baden an Spruchkammer Bruchsal vom 12.3.1948 (ebd.).

53 Finanzamt Bruchsal betr. Einzahlungsanzeige für Sühnegelder, an die Spruchkammer Bruchsal vom 18.3.1948 (ebd.); Spruchkammer Bruchsal, Gerichtszahlstelle an die Spruchkammer Bruchsal vom 14.3.1948 (ebd.).

54 Betriebsratsvorsitzender Waghäusel, Heinrich Heiler an Landrat Bruchsal vom 1.12.1945 (Südzucker AG, Unternehmensarchiv, Waghäusel_Roth-Entnazifizierung); vgl. auch Werner Schmidhuber: *CDU in Waghäusel schreibt Geschichte, 1946-2006*, Waghäusel 2006, S. 3, http://www.s521781015.online.de/schwarzwurzel/2006_09_30_Chronik_60_Jahre.pdf [eingesehen: 10.1.2025].

55 Süddeutsche Zucker-AG, Werk Waghäusel an Landrat Bruchsal vom 21.1.1946 (Südzucker AG, Unternehmensarchiv, Waghäusel_Roth-Entnazifizierung).

56 Haupt-Arbeitsamt Karlsruhe, Nebenstelle Philippsburg an Landrat Bruchsal vom 30.1.1946 (ebd.).

wöhnliche Arbeit« übernehmen müsse.[57] Die Überprüfung der neun Betriebsräte erfolgte durch die Militärregierung, die die Männer als »annehmbar« kategorisierte.[58]

Am 25. April 1946 reichte die Südzucker-Zentralverwaltung Akzeptanzbescheinigungen für Direktor Erich Kunze (Regensburg) und Friedrich Gerstenberger (Ochsenfurt) ein.[59] Die von Direktor Stelzig gemachten Personalvorschläge für »Verwalter« von Zuckerfabriken waren allerdings in vier Fällen – Erich Kunze für Regensburg, Karl Lindemann für Groß-Gerau, Friedrich Gerstenberger für Ochsenfurt und Georg Müller für Waghäusel – wegen deren politischer Belastung von der Militärregierung abgelehnt worden. Zwar wurde kein Beschäftigungsverbot ausgesprochen, jedoch sperrte die Militärregierung deren Vermögen.[60] Erich Kunze bemängelte, dass wegen der Kontensperrung seine Unterschrift von den Banken auch bei Unternehmenszahlungen ebenfalls nicht anerkannt würde, was nach einer Regelung verlangte. Da überdies auch das Konto seiner während der NS-Zeit als Jüdin verfolgten Ehefrau gesperrt war, sah er sich zu Unrecht zurückgesetzt und kündigte eine Intervention beim Wiedergutmachungs-Kommissar an.[61]

Gegen die Regensburger Direktoren Erich Kunze und Heinrich Gerhardinger, der seit dem 16. Oktober 1945 als Nachfolger von Theodor Naegele als kaufmännischer Leiter des Werks Regensburg fungiert hatte, sprach die Militärregierung nach dem Gesetz 104 zur Befreiung von Nationalsozialismus und Militarismus ein Beschäftigungsverbot aus. Betriebsrat und Betriebsgewerkschaft verabschiedeten aber am 30. Juli 1946, unterstützt durch den einstimmigen Beschluss einer Betriebsversammlung, eine Resolution, die einerseits Erich Kunze zum »politisch Verfolgten« und Heinrich Gerhardinger als »Anwärter« und allseits bekannten »Anti-Nazi und Antimilitarist« stilisierte und andererseits »jede Einmischung von dritter Seite außerhalb des Landes Bayern in die

57 Süddeutsche Zucker-AG, Werk Waghäusel, Direktor Karl Drahansky an Landrat Bruchsal vom 9.4.1946 (ebd.).

58 Military Government Detachment H 87 Landkreis Bruchsal an Landrat Bruchsal vom 6.2.1946 (ebd.).

59 Süddeutsche Zucker-AG, Karl Drahansky an Military Government, Property Control vom 25.4.1946 (StAL, EL 402/17 Bu 1277a).

60 Amt für Vermögenskontrolle Mannheim an Süddeutsche Zucker-AG vom 17.6.1946 (ebd.).

61 Süddeutsche Zucker-AG, Werk Regensburg, Erich Kunze an Süddeutsche Zucker-AG, Zentralverwaltung vom 22.7.1946 (ebd.).

Denazifizierungs-Verhältnisse des Regensburger Werkes« zurückwies.[62] Davon unabhängig gab ihm der öffentliche Kläger der II. Spruchkammer Regensburg am 3. August 1946 mit der Entscheidung, dass er vom Gesetz 104 zur Befreiung von Nationalsozialismus und Militarismus »nicht betroffen« sei, einen politischen und wirtschaftlichen Freifahrtschein.[63] Daraufhin folgte am 23. August 1946 die Kontoentsperrung und die Wiedereinsetzung in seine betriebliche Position.[64] Dass es Gerhardinger vorbehalten war, in seinem Jahresbericht 1945/46 die Zuckerfabrik Regensburg schon vorsorglich als während der NS-Zeit angeblich verrufenen »Kommunistenbetrieb« mit nur »wenigen wirklichen Anhängern des Nazi-Regimes« einzuführen und die dortigen NSDAP-Mitglieder als nur »nominelle« zu charakterisieren, besitzt schon eine gewisse Ironie.[65]

Das alles stellte die Funktionsfähigkeit der Zuckerfabriken und den Unternehmensfortbestand nicht in Frage. Der Genehmigungsvorbehalt von Überweisungen in andere Besatzungszonen erschwerte allerdings die wirtschaftliche Tätigkeit immens, etwa wenn die Übertragung von Guthaben aus Lieferungen von Rohzucker an die Zuckerfabrik Rheingau AG in Worms in der französischen Zone im September 1946 nicht erfolgen konnte.[66] Erst am 2. Dezember 1946 genehmigte das Amt für Vermögenskontrolle die Überweisung von 376.054,13 Reichsmark.[67] Zahlungen in die britische Zone waren dagegen bereits früher möglich, dauerten aber mehr als einen Monat, sodass die Zuckerfabrik Jülich am 27. August 1946 wegen der notwendigen Vorfinanzierung der Kampagne

62 Betriebsrat und Gewerkschaft Süddeutsche Zucker-AG, Werk Regensburg vom 30.7.1946 (ebd.); Protokoll der Betriebsversammlung vom 22.7.1946 (Südzucker AG, Unternehmensarchiv, RE 01_00_001-2).

63 Der Ankläger der II. Spruchkammer Regensburg an Erich Kunze vom 3.8.1946 (StAL, EL 402/17 Bu 1277a); Süddeutsche Zucker-AG, Werk Regensburg, Erich Kunze an Süddeutsche Zucker-AG, Zentralverwaltung vom 8.8.1946 (ebd.).

64 Süddeutsche Zucker-AG, Werk Regensburg, Erich Kunze an Süddeutsche Zucker-AG, Direktor Stelzig vom 13.8.1946 (ebd.); Amt für Vermögenskontrolle Mannheim an Süddeutsche Zucker-AG vom 23.8.1946 (ebd.).

65 Heinrich Gerhardinger, Betriebsjahr 1945/46 vom 20.8.1946, S. 42 (Südzucker AG, Unternehmensarchiv, RE 01_00_2).

66 Süddeutsche Zucker-AG, Zentralverwaltung, Karl Stelzig an Amt für Vermögensverwaltung vom 16.8.1946 (StAL, EL 402/17 Bu 1277a); Finanzministerium, Hauptabteilung VI-Gesperrte Vermögen, Paul Judith an Amt für Vermögenskontrolle Mannheim vom 16.9.1946 (ebd.).

67 Amt für Vermögenskontrolle Mannheim, F.X. Immler, an Süddeutsche Zucker-AG vom 2.12.1946 (ebd.).

1946/47 um Überweisung ihres gesamten Guthabens über 311.637,56 Reichsmark bat.[68]

Die Wiederaufnahme der Tätigkeit nach Kriegsende erfolgte, abgesehen von einzelnen zeitweiligen Dienstenthebungen, vor allem mit den alten Kräften. Bühler schied altersbedingt und wegen seiner politischen Belastung Ende 1945 aus. Conrad Schumacher und Curt Quensell bildeten zusammen mit dem abwesenden Paul Beyer den Vorstand. Quensell, dem Albert Flegenheimer 1946 das Zeugnis ausgestellt hatte, sich ihm gegenüber »auch in den schwierigsten Zeiten immer anständig und korrekt benommen« zu haben,[69] erhielt unter anderem auch von seinem späteren Vorstandskollegen Müller eine positiv ausfallende Bescheinigung.[70] Die am 18. März 1947 bei der Spruchkammer Mannheim erhobene Klage beantragte, Quensell zu den »Belasteten« zu rechnen.[71] Der Spruch der Spruchkammer Mannheim war dagegen milder und sah ihn als »Mitläufer«, der zu einer Geldsühne von 2.000 Reichsmark und der Übernahme der Verfahrenskosten von 2.704 Reichsmark herangezogen wurde.[72]

Die Militärregierung Mannheim sprach am 15. Juli 1946 dagegen Müller ein Weiterbeschäftigungsverbot aus.[73] Er erhielt von der Spruchkammer Bruchsal am 19. Juli 1946 kurz danach eine Einordnung in die Gruppe der »Mitläufer«, woraufhin ihm eine Geldsühne von 2.000 Reichsmark auferlegt wurde.[74] Nach Begleichung der Sühneleistung konnte Müller als stellvertretendes Vorstandmitglied der Süddeutsche Zucker-AG fungieren, während Dr. Ludwig Kayser nach dem Tod von Conrad Schumacher am 18. Oktober 1948 als Vollmitglied in den Vor-

68 Zuckerfabrik Jülich Alex. Schoeller & Co. AG an Süddeutsche Zucker-AG, Zentrale vom 27.8.1946 (ebd.); Süddeutsche Zucker-AG, Zentralverwaltung, Karl Stelzig, an Amt für Vermögenskontrolle vom 29.8.1946 (ebd.); Finanzministerium, Hauptabteilung VI-Gesperrte Vermögen, Paul Judith, an Amt für Vermögenskontrolle Mannheim vom 16.9.1946 (ebd.).

69 Karl Wolff an Curt Quensell vom 26.9.1946 (GLAK, 465 N, 37994); positiv auch in eigener Sache Karl Wolff an Curt Quensell vom 17.1.1947 (ebd.).

70 Dr. Georg Müller, Erklärung zwecks Vorlage bei der Spruchkammer vom 10.10.1946 (ebd.).

71 Der öffentliche Kläger bei der Spruchkammer Mannheim (56/S/125), Klageschrift gegen Curt Quensell vom 18.3.1947, S. 1 (ebd.).

72 Spruchkammer Mannheim I (Az. 56/S/125/8292), Spruch vom 23.4.1947, S. 1 (ebd.); Curt Quensell an Spruchkammer Mannheim vom 27.9.1947 (ebd.); Finanzkasse Mannheim an Spruchkammer Mannheim vom 2.12.1947 (ebd.).

73 Oberbürgermeister Mannheim (IV/Bö) an Süddeutsche Zucker-AG vom 22.7.1946 (StAL, EL 402/17 Bü 1277a).

74 Spruchkammer Bruchsal (54/40/209), Vorsitzender Dr. Weipert an Georg Müller vom 19.7.1946 (ebd.).

stand einzog. Dabei blieb unberücksichtigt, dass der Jurist Kayser am 15. Dezember 1937 die Aufnahme beantragt hatte und zum 1. Mai 1937 in die NSDAP aufgenommen worden war.[75]

Der während des Krieges von seinem Vorstandsamt nur freigestellte Paul Beyer unterlag nach seiner Rückkehr nach Heidelberg am 9. August 1945 dem *automatical arrest* und wurde zunächst im Internierungslager in Seckenheim und ab Oktober 1945 im Internierungslager 75 in Kornwestheim festgehalten. Im März 1946 im Zusammenhang mit dort laufenden Prozessen in Belgien in Haft genommen, kehrte Beyer ein Jahr später, auf einem Auge erblindet, nach Deutschland zurück, musste aber noch bis August 1947 im Internierungslager Dachau zubringen, bevor er wieder in Heidelberg Quartier nahm.[76] Am 28. April 1948 sogar durch den Spruch der Spruchkammer Heidelberg als »entlastet« bewertet, ließ ihn sein Gesundheitszustand einem im September 1949 vereinbarten schiedlichen Ausscheiden nähertreten, das ihm ein geeignetes Bestätigungsschreiben über seine erfolgreiche Vorstandstätigkeit sowie eine Abschlusszahlung von 10.000 D-Mark zubilligte, nachdem er zuvor schon 5.000 D-Mark erhalten hatte.[77] Dabei spielte auch eine Rolle, dass die für sicher angenommene Restitution des 1937 von der Zuckerfabrik Klein-Wanzleben übernommenen Flegenheimer-Aktienpakets seiner erneuten Berufung in den Südzucker-Vorstand entgegenstand, war er doch 1937 als Vertrauensmann des inzwischen aus Klein-Wanzleben in den Westen übergesiedelten Saatzuchtunternehmens zum Vorstand aufgestiegen. Im gleichen Zuge erhielten die langjährigen Vorstände Jacob Bühler und der am 18. Oktober 1948 verstorbene Conrad Schumacher D-Mark-Pensionsverträge, die Bühler und den Erben Schumachers auf Dauer jährliche Zahlungen von jeweils 15.000 D-Mark und zusätzlich auf zwölf Jahre jeweils einen Betrag von 3.500 D-Mark zusicherten.[78]

Am 26. September 1950 berief der Verwaltungsrat den vorherigen Leiter der Außenhandelsstelle des Bundesministeriums für Ernährung, Landwirtschaft und Forsten, Leopold Fleischberger, in den Vorstand. Hermann Pfeifer und Hans Laußer erhielten Positionen als stellvertre-

75 NSDAP-Gaukartei Dr. jur. Ludwig Kayser (BArch, R 9361-IX, 19010107).

76 Paul Beyer, Lebenslauf o. D. [Februar 1948], S. 4 (GLAK, 465 Q, 9958).

77 Spruchkammer Heidelberg (59/1/18127-37758), Spruch vom 28.4.1948, S. 1 (ebd.); Protokoll über die Sitzung des Verwaltungsrates am 29.8.1949, S. 8 f. (Südzucker AG, Unternehmensarchiv, HV 01_00_183).

78 Protokoll über die Sitzung des Verwaltungsrates am 29.8.1949, S. 8 f. (ebd.). Die Süddeutsche Zucker-AG gab am 18. Oktober 1949 anlässlich des ersten Todestags für Freunde und Mitarbeiter Conrad Schumachers die Erinnerungsschrift »Conrad Schumacher zum Gedächtnis« (ebd., OF 07_00_009) heraus.

tende Vorstandsmitglieder. Laußer war ebenfalls der NSDAP beigetreten, allerdings am 5. Juli 1941.[79] Der Elitenwechsel, der den Vorstand ab Ende der 1940er Jahre deutlich veränderte, brachte vor allem Männer ins Amt, die während des Nationalsozialismus und des Kriegs in anderen Unternehmen und Institutionen tätig gewesen waren. Der politische Belastungsgrad blieb ohne Beachtung, insbesondere bei dem von außen zugeführten Personal.

Auch das Vorstandsmitglied Leonhard Fleischberger brachte seine eigene Vergangenheit mit. Als Generaldirektor der Zentralhandelsgesellschaft Ost für landwirtschaftlichen Absatz und Bedarf mbH (ZHO), des Staatsunternehmens zur landwirtschaftlichen Ausplünderung der besetzten Territorien Polens und der Sowjetunion, hatte er an zentraler Stelle der ökonomischen Besatzungspolitik agiert, ohne dass er sich nach Kriegsende als Teil des NS-Systems gesehen hätte. Am 30. Juni 1945 verhaftet und auch als Zeuge beim Nürnberger Prozess vernommen,[80] kam er in Frankfurt als Berater von Henninger-Bräu unter, angeblich um die Einrichtung einer Limonadenfabrik zu begleiten.[81] Am 30. Juli 1948 von der Spruchkammer München-Land nach neunstündiger Verhandlung in die Gruppe V der Entlasteten eingeordnet, gehörte er zu den erfolgreichen Mitorganisatoren des Nachkriegswachstums des Zuckerkonzerns.

Restitutionen und die tröstende Süße angeblicher Aussöhnung

Die NS-Zeit zeigte aber noch weitere Nachwirkungen. Das Office of Military Government im Stadtkreis Stuttgart bat am 10. Dezember 1945 das übergeordnete Detachment F-16 wegen der 1937 bestehenden jüdischen und ausländischen Besitzanteile an der Süddeutsche Zucker-AG um Untersuchung, erforderliche Maßnahmen und Bericht.[82] Der anlässlich eines Besuchs der Zuckerfabrik Waghäusel, wo die Zentralverwaltung ihren provisorischen Sitz genommen hatte, mündlich geäußerten An-

79 NSDAP-Gaukartei Hans Laußer (BArch, R 9361-IX, 25061107).
80 Leonhard Fleischberger an Dr. Dieter Friedel vom 13.10.1947, S. 1 (ebd., R 33-I, Nr. 2).
81 Leonhard Fleischberger an Hans Wagner o. D. [Februar 1948], S. 1 (ebd., R 33-I, Nr. 2).
82 Office of Military Government, Stadtkreis Stuttgart, Detachment F 10 Company A, Captain Robert A. McFetters an Office of Military Government, Detachment F 16 vom 10.12.1945 (StAL, EL 402/17 Bu 1277a).

kündigung folgte am 3. April 1946 unter Verweis auf das Gesetz 52, Artikel I, Absatz 2 die formelle Inkraftsetzung der vom Property Control Office des Military Government Bruchsal ausgesprochenen Vermögenskontrolle.[83] Die Anordnung der Vermögenskontrolle erfolgte nach Angaben des Amts für Vermögenskontrolle Mannheim, das am 25. März 1946 das Unternehmen unter Vermögenskontrolle genommen hatte, »wegen Arisierung«.[84] Das belgische Unternehmen Sucreries et Raffinerie des Reutschenk meldete im Mai 1946 Ansprüche aus dem Besitz von 9.505 Aktien im Nennwert von 100 Reichsmark an.[85] Die Süddeutsche Zucker-AG gab am 27. Mai 1946 an, bislang von deren Aktienbesitz und Dividendenansprüchen nicht gewusst zu haben.[86]

Zu Custodians bestellte Property Control Officer Loren L. Goldman die Südzucker-Manager Karl Drahansky und Karl G. Stelzig, die zuvor bereits inoffiziell diese Funktion ausgeübt hatten. Ihnen war aufgetragen, bis zum 3. Mai 1946 ein vollständiges Vermögensverzeichnis aufzustellen.[87] Karl Drahansky, der von der amerikanischen Militärregierung im April 1946 zum Treuhänder berufen worden war, galt nach der am 11. April 1946 erfolgten Überprüfung seines bei der Militärregierung Bruchsal eingereichten Fragebogens für die Militärregierung im Landkreis Bruchsal als »acceptable«.[88] Drahansky zog sich am 15. Mai 1946 als zweiter Unterverwalter zurück, sodass Direktor Karl Stelzig ab 24. Mai 1946 als alleiniger Treuhänder fungierte.[89] Über die Süddeutsche Zucker-AG war am 22. Mai 1946 die Vermögensverwaltung verhängt und mit 67.690.944 Reichsmark bewertet worden. Als Treuhänder fungierten zwischen dem

83 Military Government Bruchsal Property Control Office, 1st Lt. Loren L. Goldman an Karl Drahansky, Südzucker-Waghäusel vom 3.4.1946 (ebd.); Süddeutsche Zucker-AG, Karl Drahansky an Direktor Klöckers, Deutsche Bank Heidelberg vom 10.4.1946 (ebd.).

84 Amt für Vermögenskontrolle Mannheim an Amt für Vermögenskontrolle Stuttgart vom 27.6.1946 (ebd.); Amt für Vermögenskontrolle Mannheim an Finanzministerium, Hauptabteilung VI vom 19.8.1946 (ebd.).

85 Belgian Liaison Headquarters 3. US Army, Captain R. van de Moortel an Military Government Mannheim, Property Control Officer vom 20.5.1946 (ebd.).

86 Giesecke, Additional Report on Sueddeutsche Zucker-AG vom 31.5.1946 (ebd.).

87 Süddeutsche Zucker-AG, Zentralverwaltung an Military Government Property Control, Mannheim vom 4.4.1946 (ebd.).

88 Offices of Military Government, Landkreis Bruchsal (LLG/era/1b/1b) vom 11.4.1946 (ebd.); Süddeutsche Zucker-AG, Karl Drahansky an Military Government, Property Control vom 12.4.1946 (ebd.).

89 Süddeutsche Zucker-AG, Karl Drahansky an Militärregierung, Abteilung Vermögenskontrolle vom 15.5.1946 (ebd.); Military Government Mannheim, Property Control Office an Süddeutsche Zucker-AG, Karl Stelzig vom 24.5.1946 (ebd.).

25. März 1946 und den 25. Januar 1949, als die Oberfinanzdirektion Stuttgart die Freigabeanordnung ausfertigte, zunächst Karl Stelzig und später Dr. Hans Laußer.

Weit größere Bedeutung kam der Forderung Albert Flegenheimers und der Witwe seines Bruders Josef, Irma Flegenheimer, auf »Rückerstattung« u.a. der ihnen als »rassisch Verfolgte« entzogenen Aktien der Süddeutsche Zucker-AG gemäß Gesetz Nr. 59 über Sperre und Beaufsichtigung von Vermögen der Amerikanischen Militärregierung zu.[90] Albert Flegenheimer beanspruchte im Einzelnen die Rückerstattung der ihm im Jahre 1937 entzogenen nom. 118.800 Reichsmark Aktien der Ludwigshafener Walzmühle AG, eine für die Sächsische Konservenfabrik übernommene und seitens der Süddeutsche Zucker-AG eingezogene Ausfallbürgschaft in Höhe von 125.000 Reichsmark, eine beim Verkauf von unternehmenseigenen nom. 1,5 Mio. Reichsmark Süddeutsche Zucker-AG entgangene Vermittlungsgebühr von 187.500 Reichsmark sowie Jahresgehälter und Tantiemen.[91]

Darüber hinaus waren nom. knapp drei Mio. Aktien Süddeutsche Zucker-AG für 7.172.325 Reichsmark an die Zuckerfabrik Klein-Wanzleben verkauft worden. Vom Kaufpreis waren den Gebrüder Flegenheimer aber nur zwei Mio. zugegangen, mit denen das Schuldsaldo bei der Deutsche Bank AG abgedeckt wurde. Vom Kaufpreis waren ihnen also mehr als fünf Mio. Reichsmark entzogen worden. Ende August 1949 berichtete Flegenheimer als »Gast« des Verwaltungsrats nach einem Gespräch mit dem Chef der Decartellisation Branch, dass der »Fall Südzucker« dort weiterhin aktuell und nur »zurückgestellt« sei. Schritte würden erst nach einer Fühlungnahme mit ihm unternommen, wobei die Süddeutsche Zucker-AG ihre Beteiligungen an der Ludwigshafener Walzmühle und den Pfälzischen Mühlenwerken sicher aufgeben müsste.[92]

Nach längeren Verhandlungen schlossen Albert Flegenheimer und die Witwe von Josef Flegenheimer, Irma, am 18. Januar 1950 mit der Zuckerfabrik Klein-Wanzleben ehem. Rabbethge & Giesecke AG, der Einbecker Rabbethge & Giesecke Saatzucht GmbH sowie der Mannheimer Süddeutsche Zucker-AG einen Vergleich, der am 23. Juni 1950 rechtskräftig wurde. Die Parteien stimmten überein, dass ein Rücker-

90 Hans Dölle/Konrad Zweigert, *Gesetz über Sperre und Beaufsichtigung von Vermögen. Kommentar*, Stuttgart 1947.

91 Aktenvermerk betr. Entschädigungssache Albert Flegenheimer, Joseph Flegenheimer-Erben vom 20.2.1952 (StAL, EL 350 I, Bü 9478).

92 Protokoll über die Sitzung des Verwaltungsrates am 29.8.1949, S. 9 (Südzucker AG, Unternehmensarchiv, HV 01_00_183).

stattungsanspruch bestand und die Zuckerfabrik Klein-Wanzleben den Flegenheimers nom. 4.550.400 Reichsmark Aktien herausgab, aber selbst nom. 1,325 Mio. Reichsmark Aktien behielt. Die beiden Antragsteller Flegenheimer, die im Verhältnis 3:1 die Aktien aufteilten, erklärten sich einverstanden, alle über 600.000 D-Mark hinausgehenden Wiedergutmachungsleistungen der Rechtsnachfolger des Deutschen Reichs oder der Länder an die Zuckerfabrik Klein-Wanzleben abzuführen.[93]

Mit der Süddeutsche Zucker-AG schlossen Albert und Irma Flegenheimer ebenfalls am 18. Januar 1950 einen Vergleich, der die Rückgabe von nom. 118.800 Reichsmark Aktien der Ludwigshafener Walzmühle AG sowie die Vergütung des Nutzens in Höhe von gut 1.300 D-Mark, während Albert Flegenheimer den seinerzeitigen in D-Mark umgerechneten Kaufpreis in Höhe von 12.592 D-Mark an die Süddeutsche Zucker-AG erstattete. Die damals von der Firma Flegenheimer ausgezahlte Bürgschaftsleistung von 125.000 Reichsmark wurde mit 64.285,72 D-Mark zzgl. Zinsleistungen von 7.000 D-Mark abgegolten. Auch zu gleichen Teilen erhielten Albert und Irma Flegenheimer die Provisionsansprüche von 76.428 D-Mark zzgl. 10.500 D-Mark Zinsen. Die offene Frage der Tantiemen, Pensionen und Jahresgehälter sollte ebenfalls außerhalb des Rückerstattungsverfahrens per Vergleich geregelt werden.[94]

Auf diese Weise in seine Rechte als Großaktionär zurückgekehrt, fungierte Albert Flegenheimer am 26. September 1950 bereits wieder als Mitglied des Verwaltungsrats. Verwaltungsratsvorsitzender Hugo Zinßer, Vorstandsmitglied der Rhein-Main-Bank, ließ sich zusammen mit seinem Stellvertreter von der Südwestbank, Heinrich Klöckers, autorisieren, anschließend mit ihm alle offene »Angelegenheit zu regeln«.[95] Auf der Basis dieser Bemühungen schlossen Albert und Irma Flegenheimer am 9. Mai 1951 mit der Süddeutsche Zucker-AG einen zweiten Vergleich über nom. 774.000 Reichsmark entzogene Aktien, die in einer Größenordnung von 360.000 Reichsmark von der Süddeutsche Zucker-AG direkt aus eigenen Beständen zurückgegeben werden sollten. Die restlichen Aktien sollten nach dem Erwerb ebenfalls ausgehändigt werden.

Da über die betreffenden Aktien in Amsterdam ein gegen Ilario Montesi angestrengtes Schiedsverfahren noch schwebte, war verein-

93 Schlichter für die Wiedergutmachungssachen bei dem Amtsgericht Mannheim (Rest M 2998), Vergleich vom 18.1.1950, S. 1 ff. (StAL, EL 350 I Bü 9478).

94 Schlichter für die Wiedergutmachungssachen bei dem Amtsgericht Mannheim (Rest M 1246), Vergleich vom 18.1.1950, S. 1 f. (ebd.).

95 Niederschrift über die Sitzung des Verwaltungsrates am 26.9.1950, S. 7 (Südzucker AG, Unternehmensarchiv, HV 01_00_183).

bart, entsprechende Zahlungen Montesis anzurechnen, während sich die Südzucker an den Kosten des Schiedsgerichts zu einem Drittel beteiligte.[96] Nach Abschluss des Amsterdamer Schiedsgerichtsverfahren wollten beide Seiten über die formulierten, aber nicht anerkannten Ansprüche weiterverhandeln. Aus Sicht von Albert Flegenheimer hatte der Mannheimer Zuckerkonzern zu Unrecht an den Konkursverwalter 184.500 Reichsmark überwiesen. Irma Flegenheimer beanspruchte Zahlungen aus den Pensionsansprüchen ihres Mannes und Albert Flegenheimer machte Ansprüche auf Zahlung von Gehalt, Tantiemen und Wohnungsgeld für die Jahre 1936 bis 1940 sowie auf erworbene Pensionszahlungen geltend.[97]

Vom Land Baden-Württemberg forderten beide durch Klage vor der Wiedergutmachungskammer II des Landgerichts Stuttgart die einbehaltene Reichsfluchtsteuer in Höhe von rund 235.000 D-Mark zurück.[98] Auch mit Privatpersonen, die Immobilien und Grundstücke nutzten, die den Flegenheimers entzogen worden waren, kamen Vergleichsvereinbarungen zustande.[99] Andere, die im Zusammenhang mit dem 1937 erfolgten Ankauf keinen Bezug zu jüdischen Eigentümern erkannt haben wollten, widersprachen der Restitution.[100]

Zwei Jahre später, Ende 1952, erklärte Albert Flegenheimer den Verzicht auf alle Rechte aus dem erledigten Beratungsvertrag. Zur Erstattung aller Gehalts- und Versorgungsansprüche erhielt der Vorstand die Genehmigung zu einer mit Flegenheimer zu treffenden Abmachung, die ihm den in Aussicht genommenen Vergleichsbetrag von einer Mio. D-Mark zzgl. von 50.000 D-Mark Zinsen zusprach, da sich die »Erledigung der Angelegenheit« unverschuldet fast ein Jahr hingezogen hatte. Mit der

96 Schlichter für die Wiedergutmachungssachen bei dem Amtsgericht Mannheim (Rest M 1246), Vergleich vom 9.5.1951, S. 1 f. (StAL, EL 350 I Bü 9478).

97 Ebd.

98 Rechtsanwälte Dr. Ostertag, Dr. Ulmer, Dr. Werner, namens Irma und Albert Flegenheimer, an Wiedergutmachungskammer II beim Landgericht Stuttgart, Klage ES/A 10036 1509 Z gegen Land Baden-Württemberg vom 20.10.1951 (ebd.).

99 Schlichter für die Wiedergutmachungssachen bei dem Amtsgericht Stuttgart (Rest S 29), Teil-Vergleich mit Gustav Buchmüller vom 25.10.1948, S. 1 f. (ebd., EL 402-25 Bü 325); Schlichter für die Wiedergutmachungssachen bei dem Amtsgericht Stuttgart (Rest S 29), Vergleich mit Gustav Buchmüller vom 25.4.1949, S. 1 f. (ebd.); Schlichter für die Wiedergutmachungssachen bei dem Amtsgericht Stuttgart (Rest S 29), Endvergleich mit Gustav Buchmüller vom 22.10.1949, S. 1 ff. (ebd.).

100 Emil Daiber an Amt für Vermögenskontrolle Stuttgart vom 12.5.1949 (ebd., EL 402-25, Bü 326); Amt für Vermögenskontrolle Stuttgart, Dr. Eugen Hess an Emil Daiber vom 17.5.1949 (ebd.).

Auszahlung waren nach der Erklärung Albert Flegenheimer »alle irgendwie gearteten Rückerstattungsansprüche gegen Südzucker erledigt«.[101]

Wie konfliktär das Verhältnis zwischen Flegenheimer und dem Unternehmensvorstand blieb, zeigt unter anderem die Kontroverse über die aus Sicht Flegenheimers fahrlässig ungünstige Rübenverarbeitung in der Zuckerfabrik Rheingau in Worms. Bereits am 13. November 1952 hatte Flegenheimer dem Südzucker-Vorstand Kayser Vorhaltungen gemacht, dass die Kampagne fehlerhaft angefangen habe. Am Ende schloss die Kampagne in Worms mit einem hohen Betriebsverlust von 850.000 D-Mark ab, was Flegenheimer in der Aufsichtsratssitzung am 23. März 1953 scharf kritisierte.

Er beauftragte daraufhin den Brüsseler Zuckermanager René Arntzen mit einer technischen Begutachtung, der mit einem durchgängigen »Mangel an Überwachung« argumentierte und die eingetretene Infektion mit einem daraus resultierenden 36-stündigen Stillstand der Batterie als »groben Fehler« bewertete.[102] Die Ausarbeitung sah in Worms »grobe Nachlässigkeit«, »Missstände« und »Fehler« am Werk, die »vermeidbare Verluste« durch Mindereinnahmen in Höhe von 1,066 Mio. D-Mark nach sich gezogen hätten.[103] Sofern die Mängel rechtzeitig erkannt und abgestellt worden wären – so Arntzen –, hätte das Werk »mit einem Gewinn abschließen müssen«.[104] Die Erwiderung des Vorstands der Zuckerfabrik Rheingau AG räumte Mitte Mai 1953 zwar ein anteiliges Verschulden der Werkleitung ein, bestritt jedoch einen Teil der von Arntzen angestellten Berechnungen und wollte unterstreichen, dass sich Vorstand und technische Abteilung um das Werk Rheingau mit der eigenüblichen Sorgfalt »gekümmert« habe.[105] Arntzen erstellte Mitte Juli 1953 eine Replik, auf die der Rheingau-Vorstand mit einer Duplik reagierte, die jeweils die bereits geäußerte Position unterstrichen.[106] Eine Einigung über die Unternehmenspolitik scheiterte wohl insbesondere an dem fehlenden

101 Niederschrift über die Sitzung des Verwaltungsrates am 4.12.1952, S. 8 f. (Südzucker AG, Unternehmensarchiv, HV 01_00_183).

102 René Arntzen, Gutachterliche Äußerung über die Rübenverarbeitung der Kampagne 1952/53 der Zuckerfabrik Rheingau AG Worms vom 15.4.1953, S. 3 f. (ebd., WO 01_00_004).

103 Ebd., S. 8, 10 und 14.

104 Ebd., S. 17.

105 Zuckerfabrik Rheingau AG, Ludwig Kayser, Erwiderung auf das Gutachten des Herrn Arntzen, Brüssel, über die Rübenverarbeitung 1952/53 in Rheingau vom 19.5.1953, S. 17 (ebd., WO 01_00_004).

106 René Arntzen, Antwort auf die Erwiderung des Vorstandes der Zuckerfabrik Rheingau über die Ereignisse der Kampagne 1952/53 vom 18.7.1953 (ebd.); Zuckerfabrik Rheingau AG, Duplik auf die Replik von Herrn Arntzen wegen der

gegenseitigen Vertrauen, das sich nach den gemachten Erfahrungen nicht mehr einstellen wollte.

Dem Aufsichtsrat der Süddeutsche Zucker-AG gehörte Flegenheimer aber bis zum 18. Dezember 1956 an. Nach dessen Ausscheiden atmete die Unternehmensspitze spürbar auf. In gewisser Weise knüpfte die Süddeutsche Zucker-AG an die Zeit vor 1930 an, wodurch die NS-Zeit mit der Herausdrängung von jüdischen Aktionären und Aufsichtsräten, der Beteiligung am gewaltsamen Expansionismus und der Zwangsarbeit und deren Nachwirkungen bis hin zur Restitution und der Entnazifizierung gleichsam in einen großen Jutesack eingenäht und dem Vergessen ausgeliefert werden konnte. Erst eine veränderte gesellschaftliche Wahrnehmung schenkte der nur oberflächlich geregelten Thematik wieder besondere Aufmerksamkeit, die das Unternehmen zu einer glaubwürdigen Reaktion aufforderte.

Ergebnisse der Kampagne 1952/53 in Zuckerfabrik Rheingau AG vom Oktober 1953 (ebd.).

Schluss

Die Entwicklung der Süddeutsche Zucker-AG zwischen Weltwirtschaftskrise und Wirtschaftswunder der Nachkriegszeit weist einerseits im Verhältnis zu anderen Industrieunternehmen Besonderheiten auf. Andererseits kann sie beispielsweise im Verhältnis zum NS-Regime und bei der Ausbeutung von ausländischen Zwangsarbeiterinnen und Zwangsarbeitern als geradezu typisch gelten.

Denn mit der Konzernbildung zur Süddeutsche Zucker-AG reagierten die Beitrittsunternehmen 1926 auf die durch den Ausgang des Ersten Weltkriegs veränderten Produktions- und Marktbedingungen, die vor allem den Zugang zu den Weltzuckermärkten blockiert hatte. Der durch die Fusion geschaffene größte Zuckerkonzern im Deutschen Reich kam im Zusammenhang mit der Bündelung der Eigentümerinteressen durch das von der Deutsche Bank AG mit der italienischen Montesi-Gruppe und den Gebrüdern Flegenheimer gebildete Konsortium weithin unbeschadet durch die Weltwirtschaftskrise und schrieb durchgängig Gewinne.

Die Dividendenpolitik mit verlässlich hohen Auszahlungen an die Aktienbesitzer befriedigte vor allem die Verzinsungs- und Tilgungswünsche der Deutsche Bank AG, die den anderen Konsorten den Aktienkauf vorfinanziert hatte. Dadurch geriet der Südzuckerkonzern vor 1933 sowohl in die Kritik nationalsozialistischer Agrarpolitiker als auch in das Visier der revolutionären KPD, die in der Umgebung von Waghäusel erkennbar an Einfluss gewannen.

Von einzelnen Mitarbeitern abgesehen, gehörten Vorstandsmitglieder erst nach 1933 der NSDAP an. Allerdings erfolgte eine nachholende Nazifizierung durch deren späteren Pateibeitritt und das symbolische Entgegenkommen gegenüber NSDAP-Regionalpolitikern wie dem vormaligen Ministerpräsidenten Badens, Walter Köhler. Die etablierten Maßnahmen zur betrieblichen Sozialpolitik erfuhren durch regimespezifische Aktivitäten wie die Finanzierung von Parteitagsreisen oder Bauten im Sinne der »Schönheit der Arbeit« eine ausdrückliche Erweiterung. Die Beendigung der Betriebsratstätigkeit gewählter Gewerkschafter im Frühjahr 1933 entsprach den Wünschen der Unternehmensleitung.

Deren Ersetzung durch einen von der Deutschen Arbeitsfront bestimmten Vertrauensrat und das gelegentliche Hineinregieren von NS-Strukturen in die Betriebe sorgten für Konflikte, in denen das Unternehmen meistens die eigenen Interessen durchzusetzen wusste. Die

Inkorporierung beispielsweise von Conrad Schumacher in das regionale NS-Gremienwesen blieb auch wegen dessen häufiger Nichtanwesenheit nur oberflächlich. Allerdings griff der Unternehmensvorstand die Wünsche von NS-Stellen zu einem Finanzengagement in der Autarkiewirtschaft, etwa in Zellwollebetriebe, auf. Insgesamt zählte das Unternehmen besonders im Hinblick auf Produktion und Gewinn zu den Nutznießern des NS-Systems.

Der nach 1933 aktivistisch von Nationalsozialisten dynamisierte Antisemitismus fand rasch bei Vorstandsmitgliedern Widerhall und auch der Aufsichtsratsvorsitzende Albert Zapf, ein früherer nationalliberaler Reichstagsabgeordneter, schwenkte bereits 1933 auf den neuen Kurs ein. Zwar konnten sich Albert Flegenheimer oder auch der frühere Bankvorstand Theodor Frank bis 1937 in den Unternehmensgremien halten. Jedoch befürworteten die anderen Vorstände deren Herausdrängung, weil die von der NSDAP 1935 unter Hinweis auf den angeblichen »jüdischen Einfluss« ergriffenen Maßnahmen die wirtschaftliche Entfaltung des Unternehmens zu behindern begannen. Offenkundige Hinweise auf einen ideologischen Rassenantisemitismus fehlen und eine gegenüber den Regimevorgaben beschleunigte »Entjudung« fand nicht statt. Die Alt-Vorstände Bühler und Schumacher nutzten den Antisemitismus aber als Instrument, um in den Leitungsfunktionen von außen hinzugetretene Personen loszuwerden und die frühere Alleinherrschaft der »echten« Südzucker-Vorstände wiederherzustellen. Die eigentliche »Arisierung« der Flegenheimer-Aktien erfolgte auf Vermittlung der Deutsche Bank AG durch die Zuckerfabrik Klein-Wanzleben ehem. Rabbethge & Giesecke AG. Die Deutsche Bank AG löste damit noch bestehende Schulden ab, während der deutsche Staat u. a. durch Reichsfluchtsteuer und Sperrkonten den Vermögensraub vornahm. Aber am Ende versagte der Südzucker-Vorstand sowohl Flegenheimer als auch Frank kleinlich die zustehenden Tantiemen- und Pensionszahlungen.

Der nach 1933 wesentlich erweiterte Beteiligungsbesitz an der Zuckerfabrik Jülich, der Zuckerfabrik Löbau sowie an einigen zuvor vor allem im Besitz des tschechischen Zuckermagnaten Ernst von Janotta befindlichen schlesischen Zuckerfabriken deutete auf einen Wachstumswunsch in andere Anbau- und Verarbeitungsregionen des Deutschen Reiches hin. Die Neuwerke zogen über Jahre hinweg erhebliche Investitionen und sogar Verluste nach sich. Der *return on invest* blieb marginal. Ähnliches kann über den Ausflug in die durch die Montesi-Gruppe vermittelte Erdölraffinerie in Triest gesagt werden. Das Geschäft blieb zäh und der damit verbundene Vertrauensverlust in die Kooperation mit Ilario

Montesi sorgte nach 1937 für eine aufwendig zu organisierende Lösung der wirtschaftlichen Verbindungen und die Übernahme des Aktienpakets. In diesem Zusammenhang gelang es dem Vorstand, dem dominanten Einfluss der Zuckerfabrik Klein-Wanzleben zu entgehen. Stattdessen erfolgte eine Weitergabe der übernommenen Aktien an Unternehmen, die zwar Renditeerwartung hegten, jedoch keinen direkten Einfluss auf die Unternehmenspolitik nehmen wollten.

Der Übergang in die Kriegswirtschaft erfolgte nicht ohne Reibungen, aber sowohl die Rübenverarbeitung als auch die Zuckererzeugung stiegen selbst in der Kriegszeit weiter. Die wirtschaftlichen Kerndaten zeigten bis zur Kampagne 1943/44 den anhaltenden Unternehmenserfolg. Ab 1943 versetzte der Luftkrieg dem Unternehmen an seinen Produktionsstandorten aber ernste Schläge, die einzelne Zuckerfabriken wie Frankenthal komplett zerstörten. Allerdings hielt das Unternehmen seine Produktion auf erstaunlicher Höhe.

Die Fortsetzung der wirtschaftlichen Tätigkeit ermöglichte vor allem die Rekrutierung einer erheblichen Zahl von ausländischen Ersatzarbeitskräften. Sie wurden wie selbstverständlich und in der Unterstellung, zur Ausbeutung von unterworfenen Völkern berechtigt zu sein, unmittelbar nach Kriegsbeginn ab September 1939 angefordert, um die Lücken in der Belegschaft zu stopfen. Mehrheitlich zwangsweise ausgehoben, als Kriegsgefangene zur Arbeit abkommandiert und wie Zivilarbeiter aus Polen oder der Sowjetunion rassistisch diskriminiert, hielten die ausländischen Arbeiter, die an manchen Standorten mehr als zwei Drittel der Kampagnenbelegschaften stellten, den Saisonbetrieb am Laufen. Zu den Zwangsarbeitern gehörten aber auch mindestens ein deutscher Sinto sowie deutsche Juden.

Da nicht wenige der 1939/40 dem Betrieb auf dem Wege der Dienstverpflichtung zugewiesenen Deutschen durch Krankmeldung ausfielen oder den Arbeitsplatz spontan wieder verließen, erkannten die Betriebsleitungen, dass beispielsweise Kriegsgefangene vor Ort blieben und ihnen gegenüber größere Repressionsmöglichkeiten bestanden. Allerdings machte die saisonale Zuweisung eine angemessene Anlernung erforderlich, zumal in aller Regel im Folgejahr, durch die jeweilige Verfügbarkeit bedingt, die Arbeitsämter eine andere Zusammensetzung der nationalen Gruppen und des Rechtsstatus vornahmen. Die Behandlung entsprach im Wesentlichen den Vorgaben des Regimes, wobei der Betrieb im funktionalen Interesse der Produktion beispielsweise für die vollkommen zerlumpt und ohne Schuhe ankommenden »Ostarbeiter« die notwendige Ausstattung zu beschaffen suchten. Auch die arbeitsplatznahe Aufstellung von Baracken sollte die anfänglich behelfsmäßige Unterbringung verbessern und die Anmarschwege verkürzen. Allerdings kam es auch zu Repression und Antreibereien. In Einzelfällen starben in den Betrieben auch dort eingesetzte Zwangsarbeiter, da diese in den verdunkelten Werken einer erhöhten Unfallgefahr ausgesetzt waren oder sogar Opfer von Gewalttaten wurden.

Angaben zur Zahl der im Südzuckerkomplex Zwangsarbeit verrichtenden Personen sind schwer zu machen, da anscheinend die Konzernzentrale keine kumulierenden Verzeichnisse führte. Während der Kampagne 1943/44 mussten mehrere Tausend ausländische Zwangsarbeiterinnen und Zwangsarbeiter für den Südzuckerkonzern arbeiten. Unter Berücksichtigung der jährlich wechselnden Zusammensetzung der Zwangsarbeitergruppen und der Fluktuation muss davon ausgegangen werden, dass weit mehr als 10.000 Männer, Frauen und auf den landwirtschaftlichen Betrieben auch Kinder zur Zwangsarbeit herangezogen wurden. Das Unternehmen partizipierte mithin in erheblichem Maße am NS-Zwangsarbeitssystem und profitierte von der Zwangsarbeit, indem das Unternehmen seine betrieblichen Routinen bis zum Eintreffen der Alliierten fortsetzen konnte.

Die Süddeutsche Zucker-AG nutzte den militärischen Expansionismus des NS-Regimes und streckte ihre Hände zum einen nach der Zuckerfabrik Erstein im Elsass aus. Nach eigenen Angaben war die Beteiligung an der ökonomischen Durchdringung der von der NSDAP-Gauleitung Baden-Elsass mit dem Ziel der Germanisierung dominierten Sonderzone eine »Prestigeangelegenheit«. Das Unternehmen konnte seine Absichten aber nicht durchsetzen, weil die belgischen Aktionäre dem Verkauf nicht zustimmten und NSDAP-Gauleiter Robert Wagner die dortige Zuckerwirtschaft genossenschaftlich organisieren wollte – auch wegen seiner Vorbehalte gegen dem Mannheimer Zuckerkonzern. Zum anderen stellte das Unternehmen Personal ab, um in der Ukraine vier Zuckerfabriken in der Hoffnung treuhänderisch zu verwalten, dass nach einem gewonnenen Krieg diese ins Eigentum der Süddeutsche Zucker-AG übergehen würden. Der Vormarsch der Roten Armee setzte nach gut einem Jahr der Ostexpansion ein Ende.

Nach einer kurzen Phase der Unsicherheit begann im Frühjahr 1945 die Aussaat und im Herbst 1945 arbeiteten einzelne Zuckerfabriken wieder, sofern die wichtigsten Reparatur- und Aufräumungsarbeiten erledigt werden konnten. Auf die ostdeutschen und schlesischen Standorte bestand kein Zugriff mehr, und für die süddeutschen Zuckerfabriken waren wegen des ungeklärten Vermögensentzugs Treuhänder eingesetzt.

Abgesehen von Jacob Bühler, der sein Vorstandsamt nach Kriegsende nicht mehr ausüben durfte, gelang den meisten Prokuristen wie auch dem Unternehmen ein weithin bruchloser Übergang in die Nachkriegszeit. Nachdem Albert Flegenheimer seinen Alt-Besitz restituiert bekommen hatte und auch die Süddeutsche Zucker-AG gegen Zahlung einer Pauschalsumme alle Streitigkeiten mit ihm beilegen konnte, war nach innen wie nach außen die ökonomische Normalität eines Zuckerunternehmens wiederhergestellt. Mit dem Verkauf seiner Aktienanteile und dem Ausscheiden von Albert Flegenheimer aus den Unternehmensgremien sowie dem Eintritt von Rübenanbauern ins Aktionariat ab 1950 setzte die Süddeutsche Zucker-AG ihren Weg zunächst ohne öffentliche Kritik und ohne Erinnerung an ihre Beteiligung am NS-Staatsrassismus sowie am Massenverbrechen der Zwangsarbeit fort.

Quellen- und Literaturverzeichnis

Archive

Allianz SE, Historisches Archiv
Arolsen Archives
Bundesarchiv Berlin
Bundesarchiv Koblenz
Gemeindearchiv Waghäusel
Landesarchiv Baden-Württemberg, Generallandesarchiv Karlsruhe
Landesarchiv Baden-Württemberg, Staatsarchiv Ludwigsburg
Stadtarchiv Heilbronn
Stadtarchiv Markgröningen
Stadtarchiv Ochsenfurt
Stadtarchiv Stuttgart
Südzucker AG, Unternehmensarchiv

Literaturverzeichnis

Apel, Eberhard, *Die Kontingentierung der deutschen Zuckerwirtschaft. Probleme, Versuche und Ergebnisse in 4 Jahrzehnten*, Emsdetten 1934.

Bähr, Johannes/Kopper, Christopher, *Munich Re. Die Geschichte der Münchener Rück 1880-1980*, München 2015.

Bardua, Heinz, *Stuttgart im Luftkrieg 1939-1945*, Stuttgart 1985.

Baumann, Ulrich u. a., *Das Wehrmachtsgefängnis Anklam 1933-1945*, Schwerin 2021.

Beattie, Andrew H., *Allied Internment Camp in Occupied Germany. Extrajudicial Detention in the Name of Denazification, 1945-1950*, Cambridge 2020.

Berghoff, Hartmut/Grieger, Manfred, *Die Geschichte des Hauses Bahlsen. Keks – Krieg – Konsum 1911-1974*, Göttingen 2024.

Bischoff, Jutta, *Französische Kriegsgefangene im Stalag 326 (VI K) Senne*, Schloß-Holte-Stukenbrock 2022.

Blank, Ralf, *Albert Hoffmann als Reichsverteidigungskommissar im Gau Westfalen-Süd, 1943-19345*, in: Wolf Gruner/Armin Nolzen (Hg.), »Bürokratien«. Initiativen und Effizienz, Berlin 2001 (= Beiträge zur Geschichte des Nationalsozialismus, Bd. 17), S. 189-210.

Bräutigam, Petra, *Südwestdeutsche Unternehmer der mittelständischen Industrie während des Nationalsozialismus*, in: Thomas Großbölting (Hg.), Unternehmerwirtschaft zwischen Markt und Lenkung. Organisationsformen, politischer Einfluss und ökonomisches Verhalten 1930-1960, München 2002, S. 121-140.

Büren, Guido von/Wallraff, Horst, *Blicke auf den Bombenkrieg im »Reich« und an der Rur – Der 16. November 1944 in Düren und Jülich*, in: dies. (Hg.), Zwischen »Führer« und Freiheit. Bombenkrieg und »Befreiung« an der Rur, Regensburg 2023, S. 140-187.

Büttner, Ursula, *Weimar. Die überforderte Republik, 1918-1933. Leistung und Versagen in Staat, Gesellschaft, Wirtschaft und Kultur*, Bonn 2008.

Corni, Gustavo/Frizzera, Francesco, *Vom Ersten Weltkrieg bis zum Ende der Weimarer Republik*, in: Horst Möller u. a. (Hg.), Agrarpolitik im 20. Jahrhundert. Das Bundesministerium für Ernährung und Landwirtschaft und seine Vorgänger, Berlin 2020, S. 11-108.

Corni, Gustavo/Gies, Horst, *Brot – Butter – Kanonen. Die Ernährungswirtschaft in Deutschland unter der Diktatur Hitlers*, Berlin 1997.

Dack, Mikkel, *Everyday Denazification in Postwar Germany. The Fragebogen and Political Screening during the Allied Occupation*, Cambridge 2023.

Dölle, Hans/Zweigert, Konrad, *Gesetz über Sperre und Beaufsichtigung von Vermögen. Kommentar*, Stuttgart 1947.

Dye, Alan/Sicotte, Richard, *How brinkmanship saved Chadbourne. Credibility and the International Sugar Agreement of 1931*, in: Explorations in Economic History 2 (2006), S. 223-256.

Eberlein, Michael u. a., *Torgau im Hinterland des Zweiten Weltkriegs. Militärjustiz, Wehrmachtsgefängnisse, Reichskriegsgericht*, Leipzig 1999.

Ehm, Rainer u. a., *April 1945. Das Kriegsende im Raum Regensburg*, Regensburg 2019.

Essner, Cornelia, *Die »Nürnberger Gesetze« oder die Verwaltung des Rassenwahns 1933-1945*, Paderborn 2002.

Evans, Richard J., *Das Dritte Reich, Bd. 2: Diktatur*, Frankfurt a. M. 2007.

Fakhri, Michael, *The 1937 International Sugar Agreement. Neo-colonial Cuba and economic aspects of the League of Nations*, in: Leiden Journal of International Law 4 (2011), S. 899-922.

Ders., *Sugar and the making of international law*, Cambridge 2014.

Falter, Jürgen W., *Hitlers Parteigenossen. Die Mitglieder der NSDAP 1919-1945*, Frankfurt a. M. 2020.

Feldman, Gerald D., *Die Allianz und die deutsche Versicherungswirtschaft 1933-1945*, München 2001.

Frei, Norbert, *Die Wirtschaft des »Dritten Reiches«. Überlegungen zu einem Perspektivwechsel*, in: ders./Tim Schanetzky (Hg.), Unternehmen im Nationalsozialismus. Zur Historisierung einer Forschungskonjunktur, Göttingen 2010, S. 9-24.

Friedländer, Saul, *Das Dritte Reich und die Juden. Die Jahre der Verfolgung 1933-1939*, München 2000.

Fritsche, Christiane, *Ausgeplündert, zurückerstattet und entschädigt. Arisierung und Wiedergutmachung in Mannheim*, Ubstadt-Weiher 2013.

Gehrig, Astrid, *Zwischen Betriebsinteresse und Lenkungswirtschaft. Drei mittelständische Unternehmer im »Dritten Reich«*, in: Thomas Großbölting (Hg.), Unternehmerwirtschaft zwischen Markt und Lenkung. Organisationsformen, politischer Einfluss und ökonomisches Verhalten 1930-1960, München 2002, S. 69-119.

Gerlach, Christian, *Kalkulierte Morde. Die deutsche Wirtschafts- und Vernichtungspolitik in Weißrussland 1941 bis 1944*, Hamburg 2000.

Grieger, Manfred, *Betriebliche Sozialpolitik und Zwangsarbeit. Zwei Seiten der nationalsozialistischen »Betriebsgemeinschaft« im Wintershall-Konzern*, in: ders. u. a., Expansion um jeden Preis. Studien zur Wintershall AG zwischen Krise und Krieg, 1929-1945, Frankfurt a. M. 2020, S. 167-233.

Ders., *Die Süße der Industriegesellschaft: Die Fallersleber Zuckerfabrik 1879-1995*, in: Stadt Wolfsburg (Hg.), Hoffmannstadt Fallersleben. Zeitreise durch ein Jahrtausend, Braunschweig 2010, S. 228-241.

Ders./Karlsch, Rainer, *Treibstoff für den Weltkrieg. Die Deutsche Erdöl AG, 1933-1945*, Frankfurt a. M. 2024.

Gruner, Wolf, *Der Geschlossene Arbeitseinsatz deutscher Juden. Zur Zwangsarbeit als Element der Verfolgung 1938-1943*, Berlin 1997.

Guttmann, Barbara, *Kirrlach, Waghäusel und Wiesental in der Zeit des Nationalsozialismus*, in: dies. (Hg.), Stadt Waghäusel. Die Geschichte von Kirrlach, Wiesental und Waghäusel, Karlsruhe 1994, S. 465-539.

Dies., *Die kurzen Jahre der Weimarer Republik*, in: dies. (Hg.), Stadt Waghäusel. Die Geschichte von Kirrlach, Wiesental und Waghäusel, Karlsruhe 1994, S. 433-464.

Haar, Ingo, *Zur Sozialstruktur und Mitgliederentwicklung der NSDAP, in:* Wolfgang Benz (Hg.), Wie wurde man Parteigenosse? Die NSDAP und ihre Mitglieder, Frankfurt a. M. 2009, S. 60-73.

Hachtmann, Rüdiger, *Vom Wilhelminismus zur neuen Staatlichkeit des Nationalsozialismus. Das Reichsarbeitsministerium 1918-1945*, Göttingen 2023.

Ders., *Das Wirtschaftsimperium der Deutschen Arbeitsfront 1933-1945*, Göttingen 2012.

Häger, Hartmut, *Gustav Fränkel – ein jüdischer Unternehmer, Bürgervorsteher und Wohltäter in Hildesheim*, in: Hildesheimer Jahrbuch für Stadt und Stift Hildesheim (2012), S. 121-162.

Hankeln, Laura, *Antiziganistische Kontinuitäten in Baden-Württemberg. Die Rolle der Kriminalpolizei in der Entschädigungspraxis von Sintize und Sinti sowie Romnja und Roma*, in: Alyn Beßmann u. a. (Hg.), NS-Verfolgte nach der Befreiung. Ausgrenzungserfahrungen und Neubeginn, Göttingen 2022, S. 187-202.

Henke, Klaus-Dietmar, *Politische Säuberung unter französischer Besatzung. Die Entnazifizierung in Württemberg-Hohenzollern*, Stuttgart 1981.

Herbert, Ulrich, *Fremdarbeiter. Politik und Praxis des »Ausländer-Einsatzes« in der Kriegswirtschaft des Dritten Reiches*, Berlin 1985.

Hilberg, Raul, *Die Vernichtung der europäischen Juden*, Bonn 2024.
Hörath, Julia, *»Asoziale« und »Berufsverbrecher« in den Konzentrationslagern 1933 bis 1938*, Göttingen 2017.
Hoffmann, Artur J./Süddeutsche Zucker-Aktiengesellschaft Mannheim (Hg.), *150 Jahre Werk Waghäusel, 1837-1987*, Mannheim 1987.
Hoischen, Josef, *Wandlungen der deutschen Zuckerwirtschaft gegenüber der Vorkriegszeit*, Bottrop 1934.
Holzer-Böhm, Edith/Schad, Petra, *Die »Zigeunerfamilien« Guttenberg in Markgröningen und Schorndorf*, in: Ludwigsburger Geschichtsblätter (2022), S. 98-117.
Jäger, Günther, *Kriegsgefangenenlager in Ochsenfurt*, Ochsenfurt 2007.
James, Harold, *Die Deutsche Bank im Dritten Reich*, München 2003.
Ders., *Die Deutsche Bank und die »Arisierung«*, München 2001.
Kershaw, Ian, *Das Ende. Kampf bis in den Untergang – NS-Deutschland 1944/45*, München 2011.
Khachatryan, Kristine/Jürgen W. Falter, *»Der Partei trat ich aus Idealismus bei«. Entlastungsstrategien im Entnazifizierungsprozess*, in: Jürgen Falter u. a., »Wie ich den Weg zum Führer fand«. Beitrittsmotive und Entlastungsstrategien von NSDAP-Mitgliedern, Frankfurt a. M. 2022, S. 311-329.
Klinkhammer, Lutz, *Faschismus und Nationalsozialismus zwischen 1936 und 1945. Ein Bündnis und sein Scheitern*, in: Glauning, Christine/Geppert, Daniela (Hg.), Zwischen allen Stühlen. Die Geschichte der italienischen Militärinternierten, 1943-1945, Berlin 2017, S. 14-27
Kowall, Nikolaus, *»Arbeit und Brot« – die sozioökonomische NS-Propaganda vor 1933*, in: Wirtschaftsdienst. Zeitschrift für Wirtschaftspolitik 6 (2023), S. 406-412.
Kozicki, Norbert, *Friedrich Eberts Regierungstruppen nach der Novemberrevolution. Die Geschichte des Freikorps Aulock, der 3. Marine-Brigade Loewenfeld und des Freikorps Epp. Beiträge zum Ursprung des deutschen Faschismus*, Berlin 2023.
Kratz, Philipp, *»Sparen für das kleine Glück«*, in: Götz Aly (Hg.), Volkes Stimme. Skepsis und Führervertrauen im Nationalsozialismus, Frankfurt a. M. 2006, S. 59-79.
Kuby, Erich, *Verrat auf Deutsch. Wie das Deutsche Reich Italien ruinierte*, Hamburg 1982.
Kurz, Jörg, *»Wie liegt die Stadt so wüste …«. 75 Jahre Zerstörung Stuttgarts*, Stuttgart 2019.
Lachendro, Jacek, *Auschwitz nach der Befreiung*, Oświęcim 2023.
Lamm, Rolf W., *Die Wirkungen der Kontingentierung vom 27. März 1931 innerhalb der deutschen Zuckerwirtschaft*, Berlin 1935.
Langsdorf, Fritz, *Die hessische und die süddeutsche Zuckerwirtschaft. Eine entwicklungsgeschichtliche Abhandlung zur Einheitsbewegung in der deutschen Land- und Nahrungsmittelwirtschaft*, Neuwied a.Rh. 1935.

Lehmann, Heinrich, *Die schlechte Lage der deutschen Zuckerwirtschaft nach dem Kriege und der Versuch ihrer Besserung durch den Chadbourne-Plan*, Bottrop 1933.

Lehnen, Luisa, *Das Konzentrations- und Bewahrungslager Kislau (1933-1939). Ein Werkstattbericht*, in: Zeitschrift für die Geschichte des Oberrheins (2019), S. 299-336.

Leßau, Hanne, *Entnazifizierungsgeschichten. Die Auseinandersetzung mit der eigenen NS-Vergangenheit in der frühen Nachkriegszeit*, Göttingen 2020.

Limmer, Hans, *Die Holzverzuckerung in ihrer Bedeutung für die deutsche Forst-, Ernährungs- und Treibstoffwirtschaft*, Diss. Nürnberg 1942.

Mammach, Klaus, *Der Volkssturm. Das letzte Aufgebot*, Köln 1981.

Meister, Johannes, *Die »Zigeunerkinder« von der St. Josefspflege in Mulfingen*, in: 1999. Zeitschrift für Sozialgeschichte des 20. und 21. Jahrhunderts 2 (1987), S. 14-51.

Melzer, Rolf, *Konflikt und Anpassung. Freimaurerei in der Weimarer Republik und im »Dritten Reich«*, Wien 1999.

Meyer, Franz, *»Ab heute gegen alle Judenknechte«. Frankenthal in der NS-Zeit*, in: Volker Christmann/Edgar J. Hürkey (Hg.), Frankenthal. Die Geschichte einer Stadt, Frankenthal (Pfalz) 2013, S. 727-779.

Müller, Roland, *Von der Entrechtung zum Mord – Stuttgart im Deportations- und Vernichtungsprozess*, in: Roland Ostertag (Hg.), Zeichen der Erinnerung. Gedenkstätte im Stuttgarter Nordbahnhof für die aus Stuttgart, Württemberg und Hohenzollern deportierten Menschen jüdischen Glaubens, Sinti und Roma, Stuttgart 2009, S. 18-24.

Mußgnug, Dorothee, *Die Reichsfluchtsteuer 1931-1953*, Berlin 1993.

Negwer, Peter, *Die alliierten Luftangriffe auf Schlesien 1944*, in: Schlesische Geschichtsblätter 1 (2014), S. 1-22.

Neliba, Günter, *Die Opel-Werke im Konzern von General-Motors (1929-1948) in Rüsselsheim und Brandenburg. Produktion für Aufrüstung und Krieg ab 1935 unter nationalsozialistischer Herrschaft*, Frankfurt a. M. 2000.

Niethammer, Lutz, *Die Mitläuferfabrik. Die Entnazifizierung am Beispiel Bayerns*, Berlin 1982.

Nützenadel, Alexander, *Zwischen Staat und Markt 1914-1989*, in: Werner Plumpe u. a., Deutsche Bank. Die globale Hausbank 1870-2020, Berlin 2020, S. 233-527.

Odebrecht, Walter, *Zur Geschichte der Zuckerfabrik*, in: Löbauer Journal 18 (2009), S. 45-67 und 22 (2015), S. 13-42.

Ostertag, Roland (Hg.), *Zeichen der Erinnerung. Gedenkstätte im Stuttgarter Nordbahnhof für die aus Stuttgart, Württemberg und Hohenzollern deportierten Menschen jüdischen Glaubens, Sinti und Roma*, Stuttgart 2009.

Panwitz, Sebastian, *Das Haus des Kranichs. Die Privatbankiers von Mendelssohn (1795-1938)*, Berlin 2018.

Pawłoś, Dariusz/Dąbrowski, Darius, *Die Vernichtung der Warschauer Bevölke-*

rung während des Warschauer Aufstands und das Schicksal der Zivilbevölkerung nach seinem Zusammenbruch, in: Stiftung »Polnisch-Deutsche Aussöhnung« (Hg.), Wahrheit, Erinnerung, Verantwortung. Der Warschauer Aufstand im Kontext der deutsch-polnischen Beziehungen, Warszawa 2010, S. 41-94.

Pfeifer & Langen (Hg.), *Kölner Zucker. 100 Jahre Pfeifer & Langen*, Köln 1970.

Pohl, Manfred, *Die Geschichte der Südzucker AG 1926-2001*, München 2001.

Pruns, Herbert, *Innovationen in der Rübenzuckerindustrie. Ein frühes Segment des Industrialisierungsprozesses*, in: Rolf Walter (Hg.), Innovationsgeschichte, Stuttgart 2007, S. 209-248.

Regling, Horst, *Von der Rübenbahn zum Fahrradweg. 100 Jahre Geschichte der Oderbruchbahn*, Angermünde 2013.

Reuter, Franz, *Zentrale Direktive und lokale Dynamik. Der nationalsozialistische Völkermord an den südwestdeutschen Sinti und Roma*, in: Peter Steinbach/Thomas Stöckle/Sybille Thelen/Reinhold Weber (Hg.), Entrechtet – verfolgt – vernichtet. NS-Geschichte und Erinnerungskultur im deutschen Südwesten, Stuttgart 2016, S. 281-327.

Rogge, Karl, *Kontingentierung der deutschen Zuckerwirtschaft*, Berlin 1931.

Schaal, Dirk, *Rübenzuckerindustrie und regionale Industrialisierung. Der Industrialisierungsprozess im mitteldeutschen Raum 1799-1930*, Münster 2005.

Schmidhuber, Werner, *CDU in Waghäusel schreibt Geschichte, 1946-2006*, Waghäusel 2006, http://www.s521781015.online.de/schwarzwurzel/2006_09_30_Chronik_60_Jahre.pdf.

Schmoll, Peter, *Regensburg – die Katastrophe vom 17. August 1943*, Regensburg 2018.

Schneider, Michael, *Unterm Hakenkreuz. Arbeiter und Arbeiterbewegung 1933 bis 1939*, Bonn 1999.

Schneider, Michael C., *Die Isabellenhütte Heusler während der Zeit des Nationalsozialismus 1933-1945*, Wiesbaden 2024.

Schneider-Braunberger, Andrea H., *Das Bankhaus Metzler im Nationalsozialismus*, München 2022.

Dies., *Miele im Nationalsozialismus. Ein Familienunternehmen in der Rüstungs- und Kriegswirtschaft*, München 2023.

Dies./Meder, Philip, *Verantwortung gegenüber der eigenen Geschichte. Eine Bestandsaufnahme der Aufarbeitung der nationalsozialistischen Vergangenheit deutscher Unternehmen*, in: Zeitschrift für Unternehmensgeschichte 2 (2024), S. 361-375.

Schuhladen-Krämer, Jürgen, *Zwangsarbeit in Karlsruhe 1939-1945. Ein unbekanntes Kapitel der Stadtgeschichte*, Karlsruhe 1997.

Schumacher, Egon, *Cellulose als Futtermittel*, München: Univ. Diss. 1943.

Schuster, Jochen, *Freimaurer und Justiz in Norddeutschland unter dem Nationalsozialismus. Die beruflichen Folgen der Mitgliedschaft in Logen für Richter und Staatsanwälte*, Frankfurt a. M. 2007.

Schwinge, Gerhard (Hg.), *Die Evangelische Landeskirche in Baden im Dritten Reich. Quellen zu ihrer Geschichte*, Bd. 6: Generalregister, Karlsruhe 2005.

Seher, Siegfried, *Zellwolle – ein Weg zur Freiheit*, Kelheim, Donau 1938.
Sikora, Mirosław, *Die Waffenschmiede des »Dritten Reiches«. Die deutsche Rüstungsindustrie in Oberschlesien während des Zweiten Weltkrieges*, Essen 2014.
Simon, Fritz, *Der Einfluss der deutschen Zuckersteuer und des deutschen Zuckerzolls auf die deutschen Zuckerpreise*, Würzburg 1929.
Spoerer, Mark, *Von Scheingewinnen zum Rüstungsboom. Die Eigenkapitalrentabilität der deutschen Industrieaktiengesellschaften 1925-1941*, Stuttgart 1996.
Ders., *Zwangsarbeit unter dem Hakenkreuz. Ausländische Zivilarbeiter, Kriegsgefangene und Häftlinge im Deutschen Reich und im besetzten Europa 1939-1945*, Stuttgart 2001.
Ders./Martin Götz, *Von einer NS-Autarkiegründung zum Exportunternehmen. Die Entwicklung des Chemiefaserwerks in Kelheim 1935 bis 2004*, Stuttgart 2025.
Spohr, Herbert, *Die Marktordnung der deutschen Zuckerwirtschaft in der Nachkriegszeit unter Berücksichtigung der nationalsozialistischen Marktregelung vom 10.11.1934*, Göttingen 1936.
Streit, Fritz, *Die Geschichte der Gründung der »Süddeutschen Zellwolle Aktiengesellschaft« (Sitz Kelheim)*, Bayreuth 1936.
Stuhlpfarrer, Karl/Lechner, Stefan, *Umsiedlung Südtirol, 1939-1940*, Wien 2024.
Treiber, Richard, *Die Probleme der deutschen Zuckerwirtschaft der Gegenwart unter besonderer Berücksichtigung des internationalen Chadbourne-Abkommens vom 9. Mai 1931*, Tübingen 1933.
Ulmer, Martin, *Die Ausplünderung der Juden durch die regionalen Finanzbehörden*, in: Heinz Högerle u.a. (Hg.): Ausgrenzung, Raub, Vernichtung. NS-Akteure und »Volksgemeinschaft« gegen die Juden in Württemberg und Hohenzollern 1933-1945, Stuttgart 2019, S. 269-294.
Veith, Hans Joachim/Veith, Günter, *Kommentar zu Dividendenabgabeverordnung mit Durchführungsbestimmungen, der Verordnung über den Kapitalverkehr, Formularen und allen anderen einschlägigen Vorschriften*, München 1941.
Virnich, Carl-Josef, *Zuckerfabrik Jülich 1880-2006*, Jülich 2007.
Vorländer, Herwart, *NS-Volkswohlfahrt und Winterhilfswerk des Deutschen Volkes*, in: Vierteljahrshefte für Zeitgeschichte 3 (1986), S. 341-380.
Wachsmann, Nikolaus, *Gefangen unter Hitler. Justizterror und Strafvollzug im NS-Staat*, München 2004.
Wallbaum, Hans, *Die deutsche Zuckerwirtschaft, ihre Entwicklung und ihr Beitrag zur Stärkung des deutschen Wehrpotentials*, Diss. Berlin 1943.
Wallbaum, Uwe, *Die Rübenzuckerindustrie in Hannover. Zur Entstehung und Entwicklung eines landwirtschaftlich gebundenen Industriezweigs von den Anfängen bis zum Beginn des Ersten Weltkriegs*, Stuttgart 1998.
Węcki, Mirosław, *Fritz Bracht – Gauleiter von Oberschlesien. Biographie*, Paderborn 2021.
Wildt, Michael, *Zerborstene Zeit. Deutsche Geschichte 1918 bis 1945*, München 2022.
Windolf, Paul/Marx, Christian, *Die braune Wirtschaftselite. Unternehmer und Manager in der NSDAP*, Frankfurt a.M. 2022.

Winkelmann, Arne/Schuster, Timo, *Die Ludwigshafener Walzmühle. Industriebau – Wahrzeichen – Zeitzeuge*, Frankfurt a. M. 2020.
Woehrle, Christophe Lucien, *Französische Kriegsgefangene in Franken im Zweiten Weltkrieg. Die oberfränkische Verwaltungsstadt Bamberg und die unterfränkische Industriestadt im Vergleich*, Diss. Bamberg 2022.
Wolf, Dieter, *Luftkriegsereignisse in Mannheim 1939-1945*, Mannheim 2003.
Yelton, David K., *Hitler's Volkssturm. The Nazi Militia and the fall of Germany, 1944-1945*, Lawrence, Kan. 2002.
Zeller, Fred, *100 Jahre VSZ. Die Stimme der süddeutschen Rübenanbauer*, Ochsenfurt 2021.
Zertus GmbH (Hg.), *Zuckerfabrik Tangermünde seit 1826. Die Geschichte des Familienunternehmens Zertus*, Hamburg 2016
Zimmermann, Michael, *Rassenutopie und Genozid. Die nationalsozialistische »Lösung der Zigeunerfrage«*, Hamburg 1996.

Abbildungsnachweis

Alle Abbildungen Südzucker AG, Unternehmensarchiv, außer

Abb. 8 und 9:	Privatbesitz Mark Flegenheimer
Abb. 24:	Pfeifer & Langen Industrie- und Handels KG
Abb. 27:	Narodowe Archiwum Cyfrowe, Krajowy Urząd Dokumentacji Fotograficznej - Górny Śląsk, 3/8/0/250/292
Abb. 32:	Cristal Union, Zuckerfabrik Erstein
Abb. 33:	Stadtarchiv Waghäusel, Wa-A IX.I.07 Kriegsgräber Zweiter WK
Abb. 34:	Generallandesarchiv Karlsruhe, 357 Zugang 1973-55 Kartei Nr. 22
Abb. 36:	Stadtarchiv Waghäusel, StAWa Fo Zuckerfabrik 1944 Gi Schu 1
Abb. 37:	Stadtarchiv Waghäusel, Privatbesitz Peter Hiltwein

Dank

Die Drucklegung eines Buches bietet eine gute Gelegenheit, all jenen zu danken, die auf die eine oder andere Weise zur Fertigstellung beigetragen haben. Zuallererst möchte ich stellvertretend für den Vorstand der Südzucker AG dessen Vorsitzenden Dr. Niels Pörksen für die Entscheidung danken, die Anregung des Unternehmenskommunikators Dr. Dominik Risser aufgegriffen und die in die NS-Zeit fallende Entwicklungsetappe des Unternehmens zum Gegenstand einer gesonderten Darstellung gemacht zu haben. Denn sie bestätigt manche Vermutung, ersetzt manche Beschönigung und ergänzt das historische Wissen um bislang unbekannte Aspekte. Die Überblicksdarstellung lädt zu künftigen Vertiefungen oder Neubewertungen ein. Sie ermöglicht aber heute schon unternehmenspolitische Schlussfolgerungen.

Die fachlich ausgewiesene Gesellschaft für Unternehmensgeschichte (GUG) hat im Auftrag der Südzucker AG das Projekt in gewohnt professioneller Weise durchgeführt. Die Geschäftsführerin der GUG, Frau Dr. Andrea Schneider-Braunberger, wählte mich wiederum als Autor, wofür ich ebenso danke wie für die vorab von Michael Bermejo-Wenzel kundig zusammengestellten Quellen. Das im Werk Offstein angesiedelte Team Unternehmensarchiv hat mir umfassenden Archivzugang gewährt und durch Sachverstand, Ausdauer und Neugierde bei der Erstellung des Buchmanuskripts und der Auswahl der Bildmotive bis zuletzt sehr geholfen. Dafür und für die freundliche Aufnahme danke ich der Leiterin, Frau Monika Remien, und ihrem Historikerkollegen Thomas Baumann von Herzen. Ich hoffe, Sie sehen Ihre Mühen in der vorliegenden Buchform Früchte tragen.

Den Mitarbeiterinnen und Mitarbeiter der zahlreichen für die Studie genutzten Archive soll ebenfalls Dank abgestattet werden wie auch der Staats- und Universitätsbibliothek Göttingen und der Stadtbibliothek Wolfsburg, die erneut viele Fernleihen beschafft hat. Für die Erstellung einer orientierenden Übersichtskarte der damaligen Konzernstandorte hat Moritz Görke gesorgt. Wie immer stehe ich wegen der zahlreichen Korrekturen in den drei Druckfahnen bei Hajo Gevers in der Schuld, der das Buchvorhaben im Wallstein-Verlag bekannt unaufgeregt begleitet und kompetent ins Ziel gebracht hat.

Hinweise zum Text gaben Dr. Andrea Schneider-Braunberger, Michael Ganninger, Dr. Günter Riederer und Fred Zeller. Ihnen will ich danken, dass sie mich auf vermeidbare Fehler hingewiesen und Verbesserungen vorgeschlagen haben. Alle weiter bestehenden Unzulänglichkeiten, etwa wenn mein Dank fleißige Hände, aufmerksame Augen und kundige Köpfe vergessen haben sollte, sind einzig mein Versäumnis.

Gifhorn, im Juni 2025

Register

Personen

Behörden/Institutionen/Unternehmen

Orte

Standorte und Konzernwerke der Süddeutsche Zucker-AG, 1933-1945

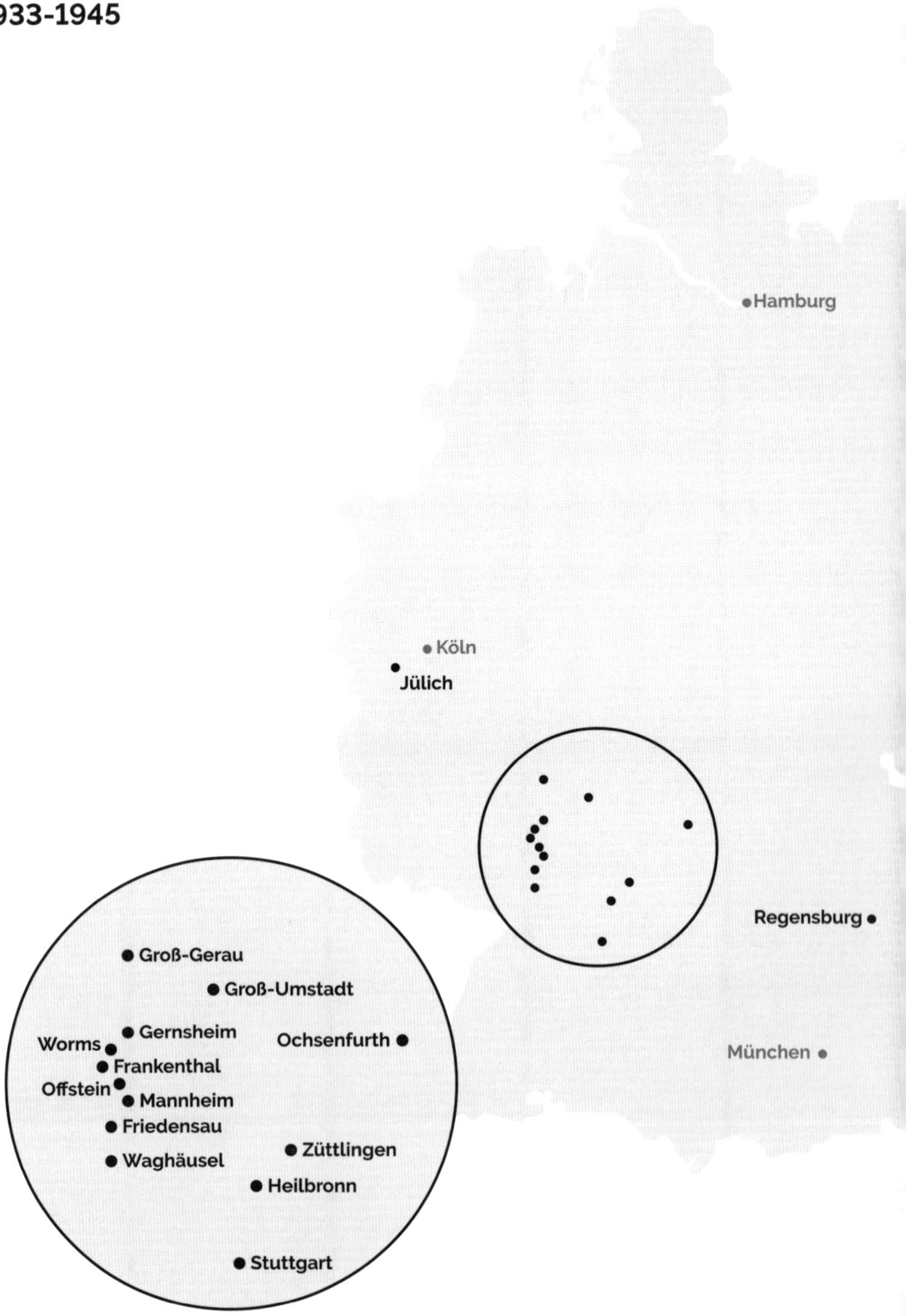